连淑能 著

# 英汉对比研究

（增订本）

# Contrastive Studies of English and Chinese

中国教育出版传媒集团
高等教育出版社·北京

**内容简介**

本书分上下两篇:“英汉语言文化”与“中西传统思维方式”。上篇首先论述英汉对比研究的重要性、英汉语言对比研究、英汉语言文化对比研究、英汉文化语言学的研究对象、英汉文化语言学的研究方法，进而挑选十对带有普遍意义的英汉语言文化专题，采用宏观与微观相结合的方法，逐题进行对比分析。所讨论的内容涉及英汉的语法特征、修辞手段、表现方法、文体风格、翻译技巧、写作技巧、思维方式以及相关社会文化因素。下篇首先论述思维方式的定义、类型，思维方式与语言和文化的关系，思维方式的四大基本特征，进而挑选十对中西传统思维方式的主要特征，逐对进行对比分析，并概括这十对特征之间的相互联系。本书深入浅出，旁征博引，论述与实例并茂，学术性与实用性并重，对高等院校英语师生、英汉语研究者、译者、对外汉语师生及广大英汉语学习者都有参考价值。

# 原版序

近几年来，国内语言学界兴起了一股热潮，叫做汉英比较研究。投身于这种研究工作的有多少人，我不知道，但是我注视着一位身居前列、奋勇争先的来自厦门的中年人——连淑能。

为什么连老师的成绩比许多人好呢？除了他聪明过人、勤奋好学之外，我估计厦门大学的师、友，尤其是几位前辈学者的指点提携，对他是起了很大作用的。

汉英比较研究有许多条路可走，连老师的着眼点是语法和修辞。这是一条既有理论价值，又有实用意义的路。他继承了赵元任、王力、吕叔湘等先生的传统，同时又采摘了外国学者 O. Jespersen，H. W. Fowler，R. Quirk 等的精华，加以消化熔铸。脚踏实地，取精用宏，这是他的成功诀窍。

关于本书有什么内容，可供什么人使用，作者在前言中已经作了介绍，我不必饶舌。但是书中有好些精彩之处，我忍不住要说几句。例如作者指出：

1. 英译汉往往要破句重组：

In the doorway lay at least twelve umbrellas of all sizes and colours.

门口放着一堆雨伞，少说也有十二把，五颜六色，大小不一。

2. 英语用指物主语的句子，汉译往往要改用指人主语：

An *idea* suddenly struck me.

**我**突然想到了一个主意。

3. 汉译有时要用动词代替英语原句中的抽象名词：

He had surfaced with less *visibility* in the policy decisions. ( B. Barnhart )

在决策过程中，他已经不那么**抛头露面**了。

4. 汉语“他能吃能睡”，英语该怎么说呢？

“He can eat and sleep”? Who cannot? “He can eat well and sleep well”? “eat well”可能指吃得好，肯花钱在食品上面。作者的答案是：

He is a good eater and a good sleeper. 可谓笔曲而达。

我还要写下去吗？读者进了大观园，还是让你们自己观赏去吧。

王宗炎

1993年1月27日

于中山大学回春楼

# 增订本前言

本书于1993年出版后，年年重印，仍常常供不应求。十多年来，作者收到国内外读者大量来信、来电，充分肯定本书的价值并加以热情鼓励，希望能早日见到增订本。读者的厚爱鞭策作者加倍努力，现在终于把增订本奉献给读者。效果如何，敬请读者评判。

20世纪70年代以来，学科之间互相交叉、渗透，形成了一系列的交叉学科和综合学科。许多重大问题几乎都要靠多学科的互相结合才能解决。通过跨学科研究来促进创新，是一条十分重要的途径。

跨学科的交叉复合效应极大地拓宽了研究的视野，丰富了学科的理论与方法，增强了人们对知识结构的相关性和整体性的认识和把握。跨学科研究可以吸收相关学科的研究成果，取其精华，系统地加以综合、交叉、渗透，进行归纳与概括，产生“杂交优势”，并能从整体的角度把握对象，产生“整体大于部分之和”（即 $1+1>2$）的整体效应，使认识达到新的层次和高度。学科之间的互相启发、借鉴、类比、移植、改良、碰撞和摩擦产生了灵感的火花，增强了人们的观察能力、理解能力、分析能力和解决问题的能力。跨学科研究还能促使人们打破常规的、传统的学科界限，吸收相关学科研究的思维方法，兼收并蓄，互相利用，打破思维定势，从全新的角度去思考问题，寻找新的研究方法，对各种思维方法进行整合、重建，产生质的飞跃，使思维方式更具广阔性、深刻性、批判性、独立性、灵活性和敏捷性。与传统学科相比，新兴交叉学科处于社会需要与学科发展的交点上，有更宽广的开采领域、更旺盛的滋生力和更多样的生长点，因而更富有活力和创造力，是科研成果的滋生地，是培养创新思维和创新能力的摇篮。控制论的创始人维纳指出，“两个科学家之间的交流，具有巨大的创造科学和复兴科学的价值，但必须具有下列前提：至少有一位科学家代表越过边界，长驱深入，并能把邻近科学的思想吸收到一个有效的思考计划中去。”培根也说过，“我们不应该像蚂蚁一样只会收集，也不应该像蜘蛛一样光会从肚子里吐丝，而应该像蜜蜂一样采百花来酿蜜。”如果把自己的知识局限在一个狭小的天地里，视野不宽，就很难有大的建树。纵观古今中外，许多大科学家和专家几乎都是跨学科的复合型人才，如牛顿、爱因斯坦、李四光、钱学森、林语堂、赵元任、王力、吕叔湘、王宗炎等。

语言历来与文化密切相关，尤其与哲学、社会、逻辑、思维、心理等有千丝万缕的联系。外语科研正处在从微观到宏观、微观与宏观相结合的时期。把外语内部结构系统与外部领域结合起来的宏观研究是当今外语科研创新的生长点和滋生地。

如今英汉语言文化的对比研究已经成了英汉语学者科研的一个热点，也是学生论文选题的一个热点。学者和学生已不满足于仅仅进行语言方面的对比，而是进而把语言与文化结合起来，进行跨英语与汉语、跨西方文化与中国文化的跨语言、跨文化的交叉性研究。这种研究其实已经形成了外语界自己的一门学科——英汉／汉英文化语言学。

“英汉对比研究”是一个模糊而宽广的题目：“英汉”可以指语言，也可以指语言与文化。作者取其后者。此次再版增订了各章节的内容，尤其是与英汉语言相关的社会和文化因素，另外还开辟了新的专题，论述并比较中西传统思维方式，扩大了对比的深度和广度。增订本上篇首先论述英汉对比研究的重要性、英汉语言对比研究、英汉语言文化对比研究、英汉文化语言学的研究对象、英汉文化语言学的研究方法，进而挑选了十对带有普遍意义的英汉语言文化专题，逐题进行对比分析。所讨论的内容涉及英汉的语法特征、修辞手段、表现方法、文体风格、翻译技巧、写作技巧、思维方式以及相关社会文化因素。下篇首先论述思维方式的定义、类型，思维方式与语言和文化的关系，思维方式的四大基本特征，进而挑选了十对中西传统思维方式的主要特征，逐对进行对比分析，并概括这十对特征之间的相互联系。作者把英汉语言文化和中西传统思维方式的主要特征汇集成册，目的是让读者把语言、文化与思维方式联系起来，以便深入进行对比研究。当然，英汉对比远远不止书中所讨论的专题和内容。英汉语言文化和中西思维方式的对比研究，是个很大的题目，这里只能取其要点，择其主流，论其大略。

书中新增的部分内容曾在刊物上或论文集里发表，后来几经修改，此次又作了较大幅度的增订。在写作过程中，作者参阅了国内外大量书刊，采用了中外许多名家的观点和例证进行对比分析。所引用的原文和材料一般已注明出处，未注明出处的是由于辗转引用，未能查出原作者或译者，作者在此向原作者或译者一并表示感谢。

我国外语界德高望重的老前辈、中山大学外国语学院博士生导师王宗炎教授特地为本书原版写了序言，作者深表感谢。

连淑能

2009年12月于厦门大学外文学院

# 目　录

上　篇

# 英汉语言文化

Language & Culture:
English vs. Chinese

# 绪　论

# 语言与文化

## Language and Culture

人们在外语教学中逐渐认识到，要学好外语，必须了解其特点，要了解其特点，最有效的方法是与母语的特点作比较。熟悉外语和母语的特点，并加以科学对比，分析其差异的因素，这无疑有助于确定教学的重点和难点，增强教学的预见性和针对性，从而提高教学的效果。美国著名语言学家 Charles C. Fries 在《作为外语的英语教学》一书中认为，“The most effective materials are those that are based upon a scientific description of the language to be learned, carefully compared with a parallel description of the native language of the learner”。（最有效的教材是这样的教材：它的立足点是一方面对所学的外语进行科学的描写，一方面又对学生的母语进行相应的描写，并加以仔细的比较）我国著名语言学家吕叔湘（1980:i）在《中国人学英语》一书中也指出，“我相信，对于中国学生最有用的帮助是让他认识英语和汉语的差别，在每一个具体问题——词形、词义、语法范畴、句子结构上，都尽可能用汉语的情况来跟英语作比较，让他通过这种比较得到更深刻的领会。”在外语教学中，直接法强调学生摆脱母语，通过模仿学习外语。这种方法在学习的初级阶段，在一定的语言环境之中，尤其对于儿童来说，确实能培养学生用外语进行思维和交际的能力，并有助于获得外语语感。而当学生到了面临纷繁复杂的语言现象而处于盲目的状态时，母语的干扰便阻碍了学生外语水平的提高，这时尤其要借助于各种对比分析（contrastive analysis）的方法，特别是两种语言和文化的对比分析。这些对比分析，有利于学生预防和排除母语的干扰，克服盲目性，增强自觉性，从而达到正确运用外语的目的。所谓“知彼知己，百战不殆”，这个道理对于语言学习也适用。

翻译教学和研究的经验表明：翻译理论和技巧必须建立在不同语言和文化的对比分析的基础上。英汉互译的若干基本原则和技巧，如选词 (diction)、转换 (conversion)、增补 (addition)、省略 (omission)、重复 (repetition)、替代 (substitution)、变换 (variation)、倒置 (inversion)、反说 (negation)、拆离 (division)、缀合 (combination)、阐释 (annotation)、浓缩 (condensation)、重组 (reconstruction)，以及时态、语态、语气、习语、术语等的译法，都集中地体现了英汉的不同特点。机器翻译是让计算机按照人所制定的程序和指令进行不同语言的对比转换，也离不开对比分析。翻译之所以困难，归根结底是因为语言差异和文化差异。因此，对比、分析和归纳这些差异，便是翻译学的重要任务。

不同语言的对比分析不仅有利于教学和翻译，也有助于语言交际。通过对比分析，人们可以进一步认识外语和母语的特性，在进行交际时，能够有意识地注意不同语言各自的表现方法，以顺应这些差异，防止表达错误，避免运用失当，从而达到交际的目的。

对比分析也是语言研究的重要手段。著名语言学家赵元任认为，“所谓语言学理论，实际上就是世界各民族语言综合比较分析研究得出的科学结论。”中外许多著名的语言学家历来都重视语言的对比研究。他们的论著常常通过研究别国语言来论述本国语言，或通过不同语言的对比分析来揭示本国语和外国语的共同规律和特殊规律，因而具有很高的学术价值和实用价值。我国第一部汉语语法马建忠的《马氏文通》(1898 年)、黎锦熙的《新著国语文法》(1924 年)、吕叔湘的《中国文法要略》(1942 年)、王力的《中国现代语法》(1943 年) 和《中国语法理论》(1944 年)、赵元任的《中国话的文法》(1968 年) 等汉语名著都是通过汉语与外语的对比研究产生的。

对比语言学 (contrastive linguistics) 是一门新兴的语言学科。在国外，这门学科的形成始于 20 世纪 50 年代。1957 年，美国著名语言学家 Robert Lado 出版 *Linguistics Across Cultures* 一书，开启了现代应用对比语言学。在我国，对比语言学的研究直至 80 年代才得到语言学界的重视。目前，这门学科的研究正方兴未艾，不少专家学者从微观（即语言的内部结构，如语音、词汇、语义、语法）和宏观（即把语言放到语境、社会和文化中去研究，如语言与心理、语言与社会、语言与文化）这两大领域开展对比研究，努力探讨建立我国的对比语言学和（汉外 / 外汉）文化语言学（cultural linguistics）。

## 一、英汉语言对比研究

英汉语言对比研究侧重于英汉的共时对比分析研究，旨在寻找、描述并解释英汉的异同，尤其是不同之处（difference）和特殊之处（peculiarity），并将研究的结果应用于有关领域。从研究对象看，包括理论研究和应用研究：

1. 理论研究。运用普通语言学和英汉语言学的理论，研究对比分析的概念、性质、任务、目的、对象、范围、分类、方法以及可比性原则等。从历时和共时的角度，用单向或双向的方法，可以进一步分为英汉语言系统对比、语言史对比、语法史对比、对比语音学、对比词汇学、对比语法学、对比修辞学等，着重于建立科学的、具有普遍指导意义的理论体系。

2. 应用研究。用不同方法对不同层面进行微观和宏观的共时对比分析，其研究结果可以应用于语言教学、翻译、写作、交际等方面。

英汉语言方面的对比研究可以从各种角度进行，方法也应该多种多样，如：浅层、中层和深层的层次对比，认知－功能语法对比，专题对比，等等，从微观、宏观、微观与宏观相结合，理论、应用、理论与应用相结合等各个方面进行，其研究的结果也会多种多样，如：彼此相同，同中有异；彼此相异，异中有同；似同实异，似异实同；此有彼无，此多彼少，此浅彼深，此宽彼窄，此褒彼贬，此可彼否，此简彼繁，此显彼隐，此刚彼柔，此聚彼散，此形彼意，此物彼人，此明彼暗，此代彼复，此实彼虚，此动彼静，此客彼主，此迂彼直，如此等等，或者相反的情况。英汉对比分析的角度举例如下。

（1）层次对比分析

① 表层：结构、形式、语义对比分析，如

语音：英语的语调、汉语的声调、音位（数目、划分、英汉元音

与辅音的近似与空缺)、词与句的重音、英汉语的节奏

文字：字母与汉字、象形表意文字、表音文字、表意文字、形声文字

词语：构词法、形态特征、词的界定、虚词、新词、外来词、习语

语义：语义场、词化程度、词汇的理据性、词语搭配、英汉词语的语义关系，如：对应、近似、并行、包孕、交叉、替换、空缺、冲突；一系列微妙的差异，如：贬褒、宽窄、新旧、感情色彩、民族风韵、国情特色、语用背景

句法：句子成分、句子结构、句型、语序

篇章：篇章粘连性（cohesion)、篇章连贯性（coherence)、语句的逻辑扩展模式、篇章结构

② 中层：表达方式、方法对比分析，如涉及语法、修辞、逻辑、语体、语用等方面的表达方式方法对比分析；在特定语境中，用词、造句、成章、衔接、搭配、表现风格等方面的表达方式对比分析，如：英汉的刚性与柔性、形合与意合、繁复与简短、物称与人称、被动与主动、静态与动态、抽象与具体、间接与直接、替换与重复等。

③ 深层：中西文化和思维方式差异在英汉语言中的表现（这一层次的对比分析已进入下面所列的宏观的语言与文化的研究范畴)，如：西方的理性思维与中国的悟性思维是英语与汉语的哲学背景。这一深层差异必然表现在用词造句成章的各个方面，如：英语较常受亚里士多德的演绎法逻辑思维模式的影响，常用“突显”语序；常用形合法、结构被动式和概括笼统的抽象性词语；注重显性衔接、语法关系和语义逻辑，注重形式接应，“前呼后应”；喜欢词语和结构的主从分明、长短交错和替代变换；表达方式比较严谨、精确，模糊性较小，歧义现象较少，用词造句遵守严格的词法和句法，造句成章也服从某种逻辑规则，适合于科学思维和理性思维。汉语常用意合法、

意念被动句和生动具体的形象性词语；常采用非演绎式的、往往是领悟式的归纳型、经验式的临摹型或螺旋式、漫谈式的思维模式，注重时间先后和事理顺序，常用“自然”语序；注重隐性连贯，较常只把事情或意思排列起来，让读者自己去领悟其间的关系；注重语流的整体感，喜欢词语和结构的整体匀称、成双成对、对偶排比和同义反复，表达方式注重整体性，较多依赖语境；中国人习惯于整体领悟，常常通过语感、语境、悟性和“约定俗成”来表达和理解语句。

（2）认知－功能语法对比分析（cognitive-functional approach）

运用这一对比分析法，以功能为主，论述英语和汉语如何表达同一认知范畴（如：指称、方所、时间、比较、数量、正反、关系），所采用的方法和手段有何异同，研究的路子是“由里到外”，如赵世开主编的《汉英对比语法论集》（上海外语教育出版社，1999）就是这一研究方法的代表作。

（3）专题对比分析

王宗炎（1985）认为，“对比分析可分为两种：一种是纯理论研究，没有其他目的。这种分析应当力求详尽、明白（explicit）、严格，像其他纯理论研究一样。可是这是长期性工作，要用大量的人力、物力和时间。一种是供教学用的，只要抓住要点，加以阐述，不要求细大不捐，系统也不必十分严密。在我国目前情况下，后者的可行性无疑较大。”按照后者的构想，有的学者打破以上层次界限，用宏观和微观相结合的方法，就英汉的语法特征、修辞手段、表现方法、思维习惯、文化因素等方面，取其具有普遍性、代表性、典型性和实用性的专题，深入对比分析。这种“专题对比分析法”，不求系统齐全，而求突出特征差异，可以深入研讨而避免泛而不深。这类专题如：

① 英汉某项语法特点比较
② 英汉语序特点比较
③ 英汉某项修辞特点比较
④ 英汉某类语篇特点比较
⑤ 英汉某类语体特点比较
⑥ 英汉某项语用特点比较

⑦ 英汉成语特点比较

⑧ 英汉当代某种文风比较

⑨ 造成英汉语言差异的语言内部因素

⑩ 造成英汉语言差异的语言外部因素

⑪ 造成 Chinglish 的语言因素与文化因素

## 二、英汉语言文化对比研究

长期以来，语言学者关心的是语言的内部形式和结构，但却忽视与语言密切相关的社会和文化因素。现在人们逐步认识到，掌握一门语言，至少应掌握两套规则：一是结构规则，即语言的内部系统，包括语音、词汇、语法等等；二是使用规则，即使用语言是否恰当、得体并为人接受的种种因素。一句话，若语音、词汇和语法都正确，但不合说话人的身份，用于不恰当的场合，或不问听话人的社会和文化背景，违反当地的风俗习惯，不合所在国的国情，仍然达不到交际的目的，甚至会产生严重后果。这些使用规则，均涉及社会和文化的种种因素。于是，专门研究这类问题的学科也就诞生了，其中“社会语言学”“跨文化交际学”和“文化语言学”就是日益受到重视的学科。

我国有关语言与文化的研究，虽然早已有学者论述，但长期以来未得到足够的重视。1950 年，罗常培发表了《语言与文化》，篇幅不长，却涉及古今中外的语言与文化，可谓中国文化语言学的先驱之作。他在该书中强调，“语言学研究不能抱残守缺地局限在语言本身的资料以内，必须要扩大研究范围，让语言现象跟其他社会现象和意识联系起来，才能格外发挥语言的功能，阐扬语言学的原理。”该书从语词的语源和变迁看过去文化的遗迹，从造词心理看民族的文化程度，从借字看文化的接触，从地名看民族迁徙的踪迹，从姓氏别号看民族来源和宗教信仰，从亲属称谓看婚姻制度。全书从语词的涵义论述语言与文化的关系，对我国的社会语言学和文化语言学研究具有开创意义。可惜这样早期的杰作未能扩大影响，反而遭到冷遇。此后近三十年，由于与西方的交往不多，文化差异引起的矛盾冲突和交际失误一直未能引起足够的重视。改革开放以后，请进来、走出去的人越来越多，无论是中国人还是外国人，都会感到交际中最大的困难是：语言障碍与文化差异。

自从20世纪70年代末我国实行改革开放以来，中外语言障碍和文化碰撞引起了我国空前的“外语热”和“文化热”。国内一大批学者对汉语语言学研究的历史和现状开展了讨论并进行了反思。在国外研究潮流和国内改革开放形势的推动下，语言学界出现了探讨创建中国自己的语言学理论的可喜现象，从而开始了语言学研究的改革与创新时期。这一时期的标志是我国的“语言与文化”研究热潮。80年代中期，中国语言学界发生了一件令人振奋的大事：以游汝杰、陈建民和申小龙等为代表的一批中青年学者开始著书立说，大声疾呼，努力把复杂的中国语言同丰富的中国文化结合起来研究，打出了“中国文化语言学”的旗号，在国内外语言学界乃至其他人文科学领域产生了一定的影响。在短短的几年中，初步形成了一门相对独立的、有自己的研究对象和研究方法的新学科。20多年来，中国文化语言学的研究方兴未艾，部分有关学者提出了自己的理论观点，并形成了自己的学派。

中国文化语言学的诞生，是有一定的原因的。自从1898年马建忠借鉴拉丁语法发表了我国第一部汉语语法《马氏文通》以来，汉语学界注重的是汉语语法研究，尤其是模仿西方早期的语法理论，引进西方语法学的概念、术语和方法，着重对具体的语言现象作分析与描写，没有形成完整的汉语语法体系。汉语不同于西方语言，但汉语研究却老是模仿西方的语言理论。用西方的语言理论来描写汉语，往往陷入重重困惑。20世纪80年代中期以后，我国语言学界受到国外社会语言学和跨文化交际学研究潮流的冲击，越来越多的学者深感只有把语言与社会文化结合起来，把语言作为一种社会现象和文化现象来研究，以文化阐释语言，以语言阐释文化，并研究这两者的关系，才能更正确、更全面、更深刻地认识语言；只有把中国文化引入中国语言的研究领域，才能使逐渐成为冷门的中国语言学从西方的理论框框里摆脱出来，建立起符合汉语特点的中国语言学理论。

改革开放之后，语言学者发现：英美的语言学研究早已摆脱只是描写语言内部结构形式的框框，从语言学的圈子里走出来，与其他学科相结合，如语言与社会、语言与心理、语言与电脑，并进入了跨文化交际研究领域。汉语所依托的中国文化如此丰富，汉语又与中国文化紧密相关，为什么不把复杂的中国语言同丰富的中国文化结合起来研究，从中国文化看汉语，从汉语看中国文化？于是，汉语学界部分学者从专注于语法现象的狭窄天地里走出来，与丰富多彩、博大精深的中国文化相结合，走上了宏观研究的康庄大道。

语言学者还发现，外国的语言学研究已经走过了相当一段历程，进入了一个新天地。现代语言学的奠基人索绪尔（F. de Saussure）于1916年所提出的语言学说，虽然是“哥白尼式的革命”，对语言学的贡献很大，但他的学说只是“就语言和为语言而研究语言”，不研究与语言密切相关的外部要素。后来“美国语言学的牛顿”布龙菲尔德（L. Bloomfield）于1933年所提出的结构主义描写语言学（descriptive linguistics）理论，只注重描写、分析和归纳语言的表层现象，还是停留在语言的内部结构。接下来乔姆斯基（N. Chomsky）在1957年发起的语言学革命（Chomskyan Revolution）中提出了转换生成语法（Transformational-Generative Grammar），研究实验室里“理想的说话人和听话人”的语法能力，研究如何用有限的规则去生成无限的句子。遗憾的是，所有这些都还是语言的微观研究，局限于语言本身，且其对象一般不超过句子的范围。然而，人不是生活在实验室的真空管里。人不仅要自己说话，而且要与人交谈；不仅要说单个的句子，而且要把句子组成话语来进行交际，于是产生了篇章语言学（text linguistics）。语言学家还要研究“谁在何时用何种语言向谁说话”（Who speaks what language to whom and when），“什么人在什么情况下为了什么目的对什么人说什么话并且得到什么结果”，“什么时候说话，什么时候不说话，跟谁说什么，什么时候说，在什么场合说，用什么方式说”，怎么说才会让人接受，才算得体、恰当，才能产生预想的结果。这就产生了一门新的学科，着重研究社会上各种人的语言交际能力，叫做社会语言学（sociolinguistics），那是20世纪60年代的时候，吕叔湘称之为“语言学的又一次解放”。但是，这还不够。人不仅要生活在同一个社会里与本国人、本族人交谈，还要到外国去，到异乡去，与不同文化背景的外国人、外族人交际，这就不仅有语言不同的问题，还有文化不同的问题，于是又产生了一门新学科，叫做跨文化交际学（intercultural communication）。这门学科也诞生于60年代，专门研究不同文化背景的人进行交际所产生的言语问题和非言语问题。

从上述可以看出，国外语言学研究走的是一条由语言内部扩展到语言外部、由微观扩展到宏观、由小范围扩展到大范围、“由小店铺扩展到百货商店再扩展到超级市场”的历程。从语言学的角度看，18 世纪是哲学的世纪，19 世纪是历史比较的世纪，20 世纪是描写、转换生成和多元化的世纪，21 世纪将是多学科交叉研究的世纪。索绪尔只讨论语言（langue）但不讨论言语（parole）；结构主义注重描写，重点是语言内部的形式（form）和结构（structure）；转换生成语法着力于研究理想化的人（an idealized man）怎样用有限的规则生成无限的句子，重点是语法能力（grammatical competence）；社会语言学的旨趣是研究社会的人（a social man）跟别人交际的时候怎样使用语言，重点是交际能力（communicative competence）；文化语言学旨在研究同一个文化圈的人（cultural men）的语言与文化的关系，重点是语言的文化背景（cultural background）。汉外 / 外汉文化语言学注重研究中外语言与中外文化的关系以及中外语言文化的异同（language and culture: Chinese vs. Foreign）。可以预见，未来的现代语言学研究，将继续以微观研究与宏观研究相结合为特征，多元化的语言理论、跨学科研究和边缘学科将进一步发展。随着冷战的结束和国际交往的加强，社会语言学、文化语言学和跨语言、跨文化的研究将出现空前盛况。

近几十年来，电子、航空、通信、交通等事业的飞跃发展使世界变小了。冷战结束之后，国与国之间的交往日益加强。当代国际大交流的局面使语言差异与文化障碍成了国际交往中的一大突出问题。为此，许多国家都加强这一领域的研究。美国出现了跨文化交际学，英国出现了语用学，苏联出现了语言国情学，中国出现了文化语言学。随着我国改革开放国策的实施，中外交往日益频繁，语言差异与文化障碍交织在一起，向外语教学、对外汉语教学、翻译理论与实践、语言学、社会学、文化学、交际学等领域的研究，提出了一系列新的课题，其中的“对比语言学”“社会语言学”“跨文化交际学”“文化语言学”等跨语言、跨学科的研究，反映了当今语言学界研究的新动向。中西文化大交流又促使大批学者对中国文化的历史和现状展开了讨论并进行了反思，对西方文化进行深入研究并加以评估。系统而又科学地开展英汉语言与中西文化的双向、交叉对比研究，无疑有助于克服跨文化交际中的种种障碍，有助于学习和研究英汉语言与中西文化，有助于研究翻译理论技巧，有助于建立我国的文化语言学，有助于建立一门新的学科——汉外/外汉文化语言学，也必然有助于中国文化的现代化。语言与文化的跨学科研究，反映了当今语言学研究的发展趋势。

汉语研究当年陷于困境的时候，外语学界的日子还算好过一些，因为改革开放初期，许多中国人急着要出国去看一看，不少外国人也急着要到中国来瞧一瞧。国内大批人想学外语，出现了“外语热”；国外也有不少人想学汉语，出现了“汉语热”。外语教学和对外汉语教学门庭若市，到处办外语班，可谓“生意兴隆”。可是，好景不长。中国人学了外语，人是出去了，外国人学了汉语，人是进来了；中国人虽然会说些外语，外国人也会说点汉语，可是中国人和外国人常常谈不拢，不是话说得不对，而是说出来的话闹出了许多笑话，甚至产生了误会、矛盾和冲突。人虽没有出国，就在国内搞翻译，也遇到不少头痛的问题。许多对外宣传材料介绍中国文化和当代国情，充满中国独特的词语和说法，搞宣传的人说来顺口，写来顺手，可是搞翻译的人却感到非常棘手，例如“脱贫攻坚战”“部署旧城改造冲刺阶段”“化妆品进军香港市场”“慰问各条战线坚守岗位的职工”等等，这些火辣辣的言辞（fiery words）如果照样翻译，不问中外不同的国情，不问外国读者或听者可能的反应，就达不到宣传的效果。诸如此类，都是社会文化差异的问题。

大量的跨文化交际活动所产生的误会、矛盾和冲突，使教外语的人发现，只教学生外语还不够，还得教外国文化；只教外语和外国文化也不够，还得比较外语和汉语，比较外国文化和中国文化。这是因为师生身处中国，平常用的是汉语，而且深深地打上了中国文化的烙印。外语教学常常受到汉语和中国文化的影响，因而学生学出来的往往是中式外语。要适应跨文化交际的需要，外语师生必须力争成为“双语人”（bilingualist）和“双文化人”（biculturalist）。

所幸，中国语言学研究终于摆脱了困境，找到了一条出路，创建了中国文化语言学。我们这些从事跨语言、跨文化教学、研究和交际的人，作为中国与外国之间交流的桥梁，应该把中国语言文化与外国语言文化结合起来，建立一门适合于自己的学科——“汉外文化语言学”或“外汉文化语言学”。①

## 三、英汉文化语言学的研究对象

中西方任何语言，都具有深刻的人文属性，其差异主要在于人文属性的具体内涵及表现形式。中国文化语言学的建立为中国外语学界和对外汉语教学界创立汉外 / 外汉文化语言学提供了宝贵的理论、方法及其他可资借鉴的启示。把文化语言学从汉语学界引入外语学界和对外汉语教学界，使之成为一门跨语言、跨文化的边缘交叉学科，这无疑有助于中国文化语言学自身的发展，有助于中国的外语教学与研究和对外汉语教学与研究，有助于中外文化的教学与研究，有助于英汉对比语言学和中西对比文化学的教学与研究，也有助于翻译研究和跨文化交际。

英汉文化语言学是一门跨语言与文化、跨英语与汉语、跨西方文化与中国文化的交叉性学科。它所包含的学科内容使之具有综合性和多元性的特点：它不仅要研究语言与文化的关系，而且要从文化因素去解释语言，或从语言现象去解释文化；它不仅要比较英语与汉语的异同，而且要比较西方文化与中国文化的异同，并且把这两种比较的结果联系起来，解释英汉语言异同的文化因素，或中西文化异同所表现的语言现象；它不仅要探讨如何从中西文化的角度来研究英汉语言，而且要探讨如何从英汉语言的角度来研究中西文化；它不仅要寻找英汉语言的差异和中西文化的差异，而且要探讨哪些差异因素影响英汉语言的学习和运用。这门交叉学科涉及语言学、英语语言学、汉语语言学、英汉对比语言学、文化学、中国文化学、西方文化学、中西对比文化学，还有中西哲学、思维科学、认知科学等。这门学科要继承中外语言和文化的研究成果，尤其要吸收西方的人类语言学、社会语言学、心理语言学、功能语言学、篇章语言学、应用语言学、语言国情学、跨文化交际学、符号学、语用学、翻译学等有关理论和观点，并引进中国文化语言学的研究成果，拓展更加广阔的视野。英汉文化语言学如同大规模集成电路和庞大的系统工程，它以哲学的高度、历史的眼光、现代的角度，将宏观和微观相结合，从横纵、虚实、深浅、中外等各个层面，进行发散性、多学科、多角度、多层次的综合研究。它将以崭新的学科面貌，浓厚的中国特色，屹立于世界边缘学科之林。这门学科的建立有待于各学科、领域有关学者的通力协作。

英汉文化语言学的研究对象可以分为理论研究、实用研究和应用研究：

1. 理论研究。包括英汉文化语言学的体系、性质、任务、目标、原则、方法；英汉语言与中西文化的关系、英汉文化语言学与相关学科（如人类语言学、社会语言学、交际语言学、民族语言学）的关系。从语种和文化类型的角度出发，还可分为汉语文化语言学和英语文化语言学。

2. 实用研究。侧重点是从中西文化的异同解释英汉语言的异同，或从英汉语言的异同探究其文化渊源，突出差异之处。由于研究的范围从英汉语言扩展至中西文化，进入了宏观领域，按照不同的目的、角度和范围，实用研究可以多种多样、丰富多彩，以下仅举几例：

（1）体现中西文化差异的英汉词语涵义。例如，英汉成语、谚语、俚语、敬语、谦语、俗语、熟语、委婉语、禁忌语、交际语、问候语、礼貌语、祝福语、致谢语、吉祥语、恭维语、称谓语、歇后语、双关语、体态语、拟声词、重叠词、颜色词、数量词、动物词、植物词、食物词、味觉词、季节词、方位词、服饰词、人体器官词、自然气象词、政治词语、宗教词语、角色用语、民间信仰词语、含有典故和神话的词语、民族或国情惯用词语、新生事物词语以及其他词语所包含的不同文化涵义。英汉词义的对应关系是一个复杂的课题，涉及不同的语言、社会、文化等种种因素。英汉词义的贬褒、宽窄、新旧、感情色彩、民族风韵、国情特色、语用背景等一系列微妙的差异以及英汉词义之间的对应、近似、并行、包孕、交叉、替换、空缺、冲突等种种关系往往在双语词典中得不到反映，缺乏外语语感和有关知识的学生常常难以把握语义、语境和语用所涉及的种种问题而导致望文生义、张冠李戴、中式英语和欧化汉语。

（2）体现中西思维方式差异的英汉语法特征。例如，西方的理性思维在英语语法中所体现的“法治”，重形合，重形式接应（formal cohesion），结构要求齐整，句子以形寓意，以法摄神，句段严密规范，采用焦点句法，因而“语法是硬的，没有弹性”且富于强制性；中国的悟性思维在汉语语法中所体现的“人治”，重意合，重意念连贯（semantic coherence），结构不求齐整，句子以意役形、以神统法，句段流泻铺排，采用散点句法，因而“语法是软的，富于弹性”和灵活性。

（3）体现中西文化差异的思维方式及英汉表现方法。西方文化的科学精神与中国文化的人文精神体现于不同的思维方式，如个体分析与整体综合、逻辑抽象与直觉形象、三段推理与辩证统一、客体思维与主体思维、空间观念与时间顺序、线性演绎与螺旋归纳、精确性与模糊性等。这一层次的对比分析与社会、文化、心理、语境（实际情景、上下文、篇章语境）相结合，已进入宏观的文化语言学范畴。从中西文化差异（如生产方式、生活习惯、历史传统、哲学思想、价值观念、民族心理、审美情趣等方面）解释中西不同的思维方式及其在汉英语言里不同的表现方法，例如，体现西方科学认知型文化的逻辑理性、客体思辨和抽象思维在英语中的表现之一是：追求名词化、物称化和抽象化，崇尚客观、间接、规范和错落、变换、替代的表达法；体现中国政治伦理型文化的中庸和谐、阴阳平衡和辩证统一在汉语中的表现之一是：追求均衡美和对称美，喜用对偶、排比、重复、重叠的表达法，以及常用同义组合和反义合成的四字格。

（4）体现中西文化差异的英汉修辞特征

（5）体现中西文化差异的英汉语篇特征

（6）体现中西文化差异的英汉语体特征

（7）体现中西文化差异的英汉语用特征

（8）体现中西文化差异的英汉当代文风

3. 应用研究。英汉文化语言学的研究成果可以广泛地应用于跨文化交际、英汉互译和语言教学等领域。事实上，这些领域已成为独立的学科。这些学科可视为英汉文化语言学的相关学科或应用学科。

（1）跨文化交际学。指跨越不同文化的言语交际（verbal communication）和非言语交际（nonverbal communication）。社会语言学家海姆斯（Hymes, 1971）所提出的“交际能力”，包括四方面的内容：① 能分辨合乎语法的语言形式；② 能分辨实际可被接受的语言形式；③ 能分辨恰当或得体的语言形式；④ 能分辨一种语言形式的常用程度。此外，还有非语言形式的问题，如能分辨身势语（body language）或无声语言（silent language）的不同涵义，包括身体的姿势、头部的动作、面部的表情、眼睛的使用（眼神、睁眼、闭眼、眨眼、目光接触等）、手臂的动作、对时间的态度（交际的准备、开始、结束，对时间的掌握等）、对空间的态度（交际者之间的距离、在不同交际场合对空间的掌握等）、不同的交际习惯等。对于具有不同文化背景的人来说，交际能力便是跨文化的交际能力，其中认识社会文化因素的差异是极其重要的。不同文化背景的人进行交际，往往产生种种矛盾和问题，专门研究这类矛盾和问题的学科，便是跨文化交际学（intercultural communication）。

影响跨文化交际的因素，有语言方面的，也有非语言方面的。这里涉及交际者的哲学观、伦理观、价值观、心理特征、思维模式、时空观念、宗教信仰、风俗习惯、表达方式等等一系列有关社会、民族和文化的背景和传统。不同民族文化背景的人往往用本民族的文化观念和框框套套去观察其他民族的社会文化现象，常常导致民族或文化偏见。人们在交际中若不能顺应民族文化差异，便会产生文化冲击（culture shock）和交际失误。诸如此类都是这门学科所要研究的课题。

20 世纪 60 年代初，跨文化交际学在美国兴起。当时美国正处于肯尼迪时期，美国和平队（Peace Corps）首次到一些发展中国家，经历了种种文化冲击，有的队员甚至承受不了，要求退出和平队回国。这就引起了学者们的注意，觉得很有必要研究外国文化。此外，随着航空事业的迅速发展，许多北美人首次到国外旅游，也经历了痛苦的文化冲击。50–60 年代又是美国语言学迅速发展的时期，语言学家从大量的跨文化交际活动所产生的文化冲突中认识到，文化的大部分是隐性的（covert culture），人们又往往缺乏自觉的跨文化意识（cross-cultural awareness），必须加以深入研究。50 年代末，美国出版了两本书，引起了全美社会的很大反响。一本是 1958 年美国南亚问题专家、作家 Eugene Burdick 和 William Lederer 所著的短篇小说集《丑陋的美国人》（*The Ugly American*）。该书着力刻画 20 世纪 50 年代美国驻东南亚的外交官员和经济援助人员漠视当地人及其文化的令人反感的形象。美国国务院把此书发给其外交官，让他们当作一面镜子来对照。此书出版后，引起了全美社会的注意，后来此书书名也成了一个成语，专指居住在外国的美国人的令人反感的形象，尤指漠视当地人及其文化的美国人。另一本书是1959年美国人类学家Edward Hall所著的《无声的语言》（*The Silent Language*）。此书的早期广告曾以这样醒目的提问开始：“我们为何是丑陋的美国人？”（Why are we Ugly Americans？）作者在此书及以后的著作中所提供的答案奠定了美国跨文化交际学的基础。该书叙述了50年代美国对外经济援助人员由于对受援国的社会文化缺乏了解而遭遇的种种挫折。作者从这一系列的事实中论证了解和研究异国文化的必要性，指出提高文化意识（cultural literacy）的重要性。该书论据丰富，涉及美洲、亚洲、大洋洲许多国家和民族的文化特征、社会现象、风俗习惯等，提出了跨文化交际学的一套基本理论，对文化的本质、结构和模式作了系统而富有创造性的探索，并结合实际阐述跨文化交际中的障碍和克服这些障碍的途径。

60年代，美国已有一些大学开设跨文化交际学课程，至今已有几百所大学开设一门至几门这类课程。有些大学还授予跨文化交际学的硕士和博士学位。美国的“跨文化教育、训练和研究学会”（Society for Intercultural Education, Training and Research）已逐渐发展成为国际性组织。这门学科正越来越受到学者们的注意。

我国学者于80年代初开始介绍国外（尤其是美国）的跨文化交际研究，随后成立了有关研究学会并举办研讨会，有的大学还开设这方面的课程。但时至今日，从已出版或发表的论著和选读本来看，仍然有待于深入探讨跨文化交际学（尤其是结合中国语言与文化）的学科理论建构。

（2）文化翻译学。翻译不仅是语言的转换，也是文化的移植。翻译实际上是通过语言手段传递文化信息，是跨文化交际活动。翻译与语言、文化密切相关，这已成为翻译界的共识。自20世纪80年代后期起，当代国际译学已从文学翻译研究的兴旺期转入译学全方位研究时期，其重点是跨文化转换，而不是语符转换，是译作功能（prospective translation），而不是原作的描述（retrospective translation）；评价译作的标准，重在译入文化系统所起的作用，而不是传统的纯文学标准。

翻译是一门交叉学科和开放性学科。翻译不仅是语言的问题，而且还受文化的影响和制约。翻译的难易和优劣，与语言有关，更与文化有关。我国著名翻译家王佐良（1989）主张把翻译研究与文化比较结合起来，把文化比较看作是翻译研究中的决定因素。他指出，“翻译不仅涉及语言问题，也涉及文化问题。译者不仅要了解外国的文化，还要深入了解自己民族的文化。不仅如此，还要不断地把两种文化加以比较，因为真正的对等应该是在各自文化中的含义、作用、范围、感情色彩、影响等等都是相当的。翻译者必须是一个真正意义上的文化人。人们会说：他必须掌握两种语言；确实如此，但是不了解语言当中的社会文化，谁也无法真正掌握语言。”当代符号学翻译观把译论的基础由对比语言学扩展到对比文化学的广阔天地。建立文化翻译学，通过社会文化对比来解决翻译中语言之外的各种问题，这已日益受到学者们的关注。

当代某些翻译理论和标准大多过分强调忠实于原文，忽略了翻译的其他因素，尤其是文化差异、翻译动机、译文用途和译文读者。中国对外宣传类题材的汉译英就是一个突出的例子。从事这项工作的老专家发现许多“译文无误，但外国读者费解。其‘病因’在于中外文化（广义的文化）差异甚大，我国大陆的情况尤其特殊。本来，一般外国人对中国事物就知之不多（正如一般中国人对外国事物也知之不多一样）。再加上四十年来社会制度和意识形态的巨变，影响到大陆生活的每一个方面，语言文字作为信息、思想、观念和感情交流的符号，随之也发生了巨大的变化。大陆上大量独特的词汇和说法，在外语中难以找到现成的词汇来表达。”（段连城，1992）对于这类题材的英译，首先必须有很强的跨文化意识和对外宣传意识，充分认识到中西文化的差异，把握原文的意图，预测译文读者可能的反应，注重宣传效果，采用“解释性翻译”，才能避免中式英语所产生的“莫名其妙”“不知所云”“哭笑不得”“各取其意”的效果。对于英汉互译来说，E. Nida的“对等反应”理论是关于具有不同文化背景的原作读者与译作读者的等效反应。他写道：“传统翻译理论把翻译的重点放在语言的表现形式上，……新的翻译理论则认为，翻译的重点不应当是语言的表现形式，而应当是读者对译文的反应，还应把这种反应和原作读者对原文所可能产生的反应作对比。”这里所说的原作读者和译作读者反应的对比，其实已是文化翻译学的问题了，也就是他及许多学者所指出的，要格外重视两种不同文化的差异，力争翻译上的同等效果。译者应该精通语言和文化，做一个人类文化学的语言专家。

近几十年来，西方译学把许多学科的最新成果运用到译论研究中，努力开拓译学研究的新途径。这些学科包括对比语言学、社会语言学、应用语言学、文体学、语用学、语义学、心理学、符号学、逻辑学和比较文学。这一动向也影响了我国的译学研究。随着我国改革开放的深入，在文化研究热潮的冲击下，不少学者主张建立具有中国特色的翻译学，把中国的宏观描写理论与西方的微观分析理论结合起来，从翻译语言学研究扩展至翻译文化学研究，从规范性研究扩展至描写性研究，不以某名家的标准为统一规范，而以语言文化差异、翻译动机、原文特点、译文用途、读者对象等因素来确定译法的优化组合，建立开放性的翻译理论。看来，建立文化翻译学已势在必行，这方面仍待深入研究。

（3）语言教学。这包括外语教学和母语教学。语言是文化的载体，文化制约语言，语言教学要联系其相关文化，这已日益成为语言教师的共识。从文化角度研究语言，探讨哪些文化因素直接影响语言的学习和运用，如何将语言教学与文化教学融为一体，这已是近几年来语言教学尤其是外语教学和对外汉语教学研究的一个热点。

现代教育思想强调要加强学生的综合素质教育，培养一专多能的复合型人才。外语教学改革要适应传统教育思想向现代教育思想的转变，途径之一是把外语教学与文化教学结合起来，充实学生的知识结构，拓展学生的文化视野，提高学生跨文化的交际能力和适应当代社会需求的能力。语言文化一体化教学是将文化教学渗透、融化在语言教学中，其最有效的方式之一是通过语言对比和文化对比来进行外语教学。教师在教授外语时，应自觉地、积极地、有计划地传授有关知识，尤其是注意目的语文化与母语文化的对比分析。外语教学中的文化因素包括两方面的内容：一是与语言学习和运用密切相关的文化因素，即语言中所包含的文化因素，这些因素直接影响跨文化的交际能力，因而属于交际文化范畴，这一范畴包括语言交际文化和非语言交际文化；二是与语言学习和运用有关的文化背景知识，这些属于知识文化范畴。语言交际文化可以从词汇、语法、语义和语用等层面结合文化差异因素和交际学理论加以对比分析。总之，语言交际文化的教学应从语言、文化、交际三方面入手，从跨文化交际的角度出发，采用汉外 / 外汉对比的方法，对表层语言文化进行精确描写，从深层语言文化进行准确解释，揭示外语教学中的文化因素以及跨文化交际中误解和冲突的缘由。

## 四、英汉文化语言学的研究方法

在这个学科体系中，语言已是大海，文化更是汪洋。如何着手进行英汉语言与文化的研究？这是目前有志于这方面研究的学者经常思索的问题。对此，笔者有以下几点想法。

1. 关于语言和文化方面的研究。英语语言学和汉语语言学可以从历时研究和共时研究这两方面入手。历时研究包括英汉语言的内部历史（如影响英汉语言产生和发展的语言内部因素）和外部历史（如影响英汉语言产生和发展的历史、社会、文化和名家、名著、辞书等语言外部因素）；共时研究包括古代、近代、现代等各个时期的汉语和英语，大陆和港澳台的现代汉语，英国、美国和其他国家的现代英语。

英语语言学和汉语语言学为英汉对比语言学提供了研究的基础。英汉对比研究应包括对比研究的历史、现状和发展趋势，并探讨建立一门新的学科——“英汉对比篇章语言学”（E-C contrastive text linguistics）。

本学科文化方面研究的主要目的是通过文化来研究语言，重点应有利于由文化导入语言。由于不同的地理环境、生活方式、生产方式、行为方式、交际方式、历史背景、政治制度、经济体制、风俗习惯、宗教信仰、思想观念、语言文字等种种因素，中国和西方属于两大不同的文化体系。文化包罗万象，有物质文化、制度文化、行为文化、精神文化、交际文化，其中精神文化应作为研究的突破口，并可以此作为纲领。精神文化也包括许多方面，如哲学观、价值观、伦理观、审美观、时空观、心理特征、思维方式、宗教信仰等等。笔者在《论中西思维方式》（2009）和《外语科研的创新问题》（2002）中认为，哲学观最重要，因为哲学是关于世界观、价值观、方法论的学说，是在具体各门科学知识的基础上形成的。但哲学本身也是一个广阔的天地，哪一方面最易与语言联系起来？哲学的根本问题是思维和存在、精神和物质的关系问题，涵盖了方法论、认识论等，其中认识论是思维科学通向哲学的桥梁，而思维科学中所探讨的思维方式是沟通语言与文化的桥梁，可以作为精神文化研究的突破口。一方面，思维方式与文化密切相关，是文化心理诸特征的集中体现，又对文化心理诸要素产生制约作用。思维方式体现于民族文化的所有领域，尤其体现于哲学、语言、科技、美学、文学、艺术、医学、宗教以及政治、经济、法律、教育、外交、军事、生产和日常生活实践之中。思维方式的差异，正是造成文化差异的一个重要原因。另一方面，思维方式又与语言密切相关，是语言生成和发展的深层机制，语言又促使思维方式得以形成和发展。语言是思维的主要工具，是思维方式的构成要素。思维以一定的方式体现出来，表现于某种语言形式之中。思维方式的差异，正是造成语言差异的一个重要原因。语言的使用体现思维的选择和创造；翻译的过程，不仅是语言形式的转换，而且是思维方式的变换。要研究语言的特征及其转换，要研究语言与文化的关系，必须深入研究与语言和文化均有密切关系的思维方式。有些英语学者已把英汉语言与中西思维方式联系起来进行单向、双向或交叉对比研究，但至今尚未取得突破性成果。我国英语学者比较中西思维方式，多从英汉语言的角度，抓住一些语言现象，联系中西的某些"思维方式"进行比较，但对于什么是思维方式、思维方式的要素、类型、特征，中西思维方式是什么、有何不同等一系列有关思维学的理论知识，缺乏专门的深入研究，显然不如哲学、思维学、逻辑学的专家学者内行。要把英汉语言与中西思维方式联系起来研究，英语界、汉语界、语言学界、哲学界、思维学界、逻辑学界、文化学界等各有所长，也各有所短，各学界学者如何各自取长补短，从不同的角度进行深入而不是肤浅的跨学科研究，这是研究能否取得突破的关键。

2. 关于语言与文化的关系。英汉文化语言学研究英汉语言与中西文化的相互关系，用中西文化解释英汉语言，或用英汉语言解释中西文化。英语语言学、汉语语言学、中国文化学、西方文化学以及其他相关学科是研究的基础。本学科的研究除了必须具备普通语言学、理论语言学等基本理论知识之外，还必须着重从文化的角度去研究语言的内部系统，如语音与文化、词语与文化、语义与文化、语法与文化、修辞与文化、语篇与文化、语体与文化、语用与文化、文风与文化等。词语是文化的积淀，最能明显地反映文化的特征。从文化方面研究语义，可以建立一门新的学科——文化语义学。语篇是表达和翻译的基本单位，应该作为研究语言的突破口。语篇与文化的关系，思维方式如何表现于语篇，都是重要的课题。

在英汉语言与中西文化的汪洋大海中，哪些语言现象与哪些文化现象互相关联？如何互相关联？如何准确描写并深入解释这些关联？这些便是本学科研究的关键。文化包罗万象，语言又是一个复杂的系统，两者关系密切，水乳交融，错综复杂，在分析其具体现象时，往往发现两者难以完全直接联系。语言与文化各有互不关联的东西，文化语言学只能涉及语言和文化中互有关联的部分，不能在语言中处处寻找文化内涵。因此，在论证语言与文化的关系时，必须注意"对号入座"，恰如其分，必须有可靠的、充分的依据，经得起反证或证伪，不能按主观的印象、推测和联想加以挂靠，以致造成牵强附会，不能只抓住某些"似是而非"的例证就轻易下结论，更不能望文生义、张冠李戴、随意引申。这种主观随意性是当前研究中一个值得注意的倾向。

从宏观的角度看，语言与文化互相影响，互相制约。语言是文化的载体，文化是语言的"管轨"，这已成为许多学者的共识。然而，从微观的角度分析，在寻找、描写和解释具体的语言现象或因素与具体的文化现象或因素的相互关系时，却出现许多复杂的情况。大体说来，这种相互关系至少有以下三类：（1）互相关联；（2）互不关联；（3）部分关联。

（1）互相关联。某种文化因素基本上可以解释某种语言现象，或某种语言现象基本上可以解释某种文化因素。例如，用中国人的"悟性"解释汉语的"意合"，用西方人的"理性"解释英语的"形合"；用中国人的"主体意识"解释汉语的"人称"，用西方人的"客体意识"解释英语的"物称"；用汉语的"形象性"解释中国人的"意象思维"，用英语的"抽象性"解释西方人的"逻辑思维"，如此等等。英汉语言与中西文化互相关联的现象正是本学科研究的重点。

（2）互不关联。某种语言现象没有与之相关联的文化因素，两者无法互相解释。这方面常有一些“似是而非”的对应关系。王宗炎教授（1997: 148-154）曾指出一些令人信服的例证，例如，英语的单数第一人称“I”处处大写，这不是说英语的人“个人主义和自我存在的象征，带着膨胀了的个人主义色彩”，而是如 *The World Book Dictionary*（1981: 1044）所解释的：“In the old handwritten manuscripts a small *i* was likely to be lost or to get attached to a neighboring word，and a capital helped keep it a distinct word”。又如，汉语常用“我们”代替“我”，如“我们认为”，“在我们看来”，其实是“我认为”，“在我看来”的意思，这并不是因为中国人“重社会，表现出集体主义倾向”，所以才“乐意使用集体的字眼”。用“我们”代替“我”，并非汉语独有的特点，英语也常用 we 代替 I，这种用法在一般英语词典就可查到，许多英语惯用法词典还列举用 we 代替 I 的多种用法，如：Inclusive we（说话者把听话者包括在内），Editorial we（表示作者代表编辑部），Paternal we（带有关怀意味），Royal we（用作君主自称，相当于中国皇帝自称的“朕”）等。用 we 而不用 I 显得比较谦逊，许多人在一般的、轻松的文字或讲话中也常用 we 而不用 I。再如，汉语喜用缩略语，这不能解释为中国人“注重勤俭节约”，因为缩略语是一种普遍的语言现象，英语也有大量的缩略语，那又如何解释呢？如此看来，英汉语都有类似的用法，又找不出其不同文化涵义的依据，就不能按主观的推想理所当然地解释英语或汉语用法中特有的文化因素了。又如，西方人自我介绍时先说名字，再说单位；中国人自我介绍时先说单位，再说名字，这并不是因为“西方人以自我为中心”，而中国人“重社会，表现出集体主义倾向”。西方人自我介绍时先说职称或尊称，再说名字；中国人自我介绍时先说名字，再说职称或尊称，这也并不是因为“西方人看重通过竞争得到的荣誉和地位”，而中国人不看重所得到的荣誉和地位。这类词序的问题，不能从上述的文化因素去找原因，因为其显而易见的漏洞是：如果不是自我介绍，而是介绍他人或不同文化背景的外国人，上述的英汉语词序的文化涵义又如何解释呢？

（3）部分关联。某种语言现象中只有部分可以找到与之相关联的文化因素，或某种文化因素中只有部分可以找到与之相关联的语言现象，关联中有不关联的部分，或不关联中有关联的部分，两者无法完全互相解释，必须加以分别说明。论证常常只考虑到问题的一方面而忽略了另一方面，因而经不起反证。例如，中国人追求和谐的心理常常表现在汉语词语结构排列的匀称性，因而四音节成了中国人喜闻乐见的语音结构，这是有道理的，但为了强调这一点，接着说三音节的词语几乎都是贬义的，这就片面了，因为三音节词语中只有部分是贬义的，如："煽阴风""点鬼火""抓辫子""戴高帽""拍马屁""走后门"等，其他的就不一定，甚至可以是褒义的，如："爱国家""有理想""学先进""反贪污""顾大局""攀高峰"等。这个结论应把"几乎都是"改成"部分"，因而很难解释汉语三音节结构的文化涵义。又如，中国人的文化传统提倡"尊卑有序""长幼有序""内外有别""亲疏有别"，这种等级和亲疏观念常常表现在汉语词语结构排列的次序，如："君臣""男女""父子""婆媳""中外"等，这种解释是有一定道理的，但也应说明还有其他的格式，如："阴阳""雌雄""叔伯""敌我"等，这类词语的顺序就难以用上述的文化涵义来解释了。英汉语言与中西文化互相关联的现象常常有例外的情况，互相关联的现象还常常是相对、相比较而言的，在互相解释的时候应予以充分的注意，以确保论证的严密性和完整性。

在解释和论证英汉语言与中西文化的相互关联时，还应注意避免以下情况：结论正确，例证不妥或引申有误；例证正确，引申不妥或结论有误；顾此失彼，互相矛盾；"以偏概全"或"以全代偏"，把个性当作共性或把共性当作个性。例如，英语 rice 可以概括汉语的"米、稻、谷、米饭"，poetry 可以概括汉语的"诗、词"，temple 可以概括汉语的"庙宇、寺院、圣堂、神殿、教堂"，cousin 可以概括汉语的"堂兄弟、堂姐妹、表兄弟、表姐妹"，spirit 可以概括汉语的"精神、心灵、灵魂、鬼怪、妖精、魔鬼"，此外，汉语表达烹饪方法的词语比英语多，分类较细，如此等等，从而证明英语词语的概括性比汉语强，并与英美民族的抽象性思维和中国人的具象性思维联系起来。这样的解释值得商榷，因为这一论证经不起反证，汉语也可以用"桌子"概括英语的 table，desk，用"虾"概括英语的 shrimp，prawn，lobster；用"会议"概括英语的 meeting，conference，council，congress，convention，convocation 等；用"神"概括英语的 god，spirit，deity，divinity 等；用"意见"概括英语的

contrary opinion，different views，complaints，reservation，objection，dissatisfaction，criticism，disagreement 等，这又如何解释呢？有一种解释是：这类同样语义范围内词项数量的多少及复杂性与其文化的注重点、着重点、常用性或重要性（cultural emphasis）等因素成正比：词项较多，切分较细，表明其所指对象在该文化中较为注重或常用，但不与上述的文化因素联系起来解释。

在寻找语言特征或文化特征时，个性与共性、部分现象与普遍现象的界定有个量化和定性的问题。如果大量的调查研究证明，某种语言现象或文化现象拥有绝大多数的例证，这些例证又足以证明在该语言中或该文化中的本质特征，并经得起例外的反证，这就可以确定其为特征或特点，否则就难以下定论。语言与文化所表现的现象十分复杂，涉及的知识非常广泛，研究其特征及相互关联时应作具体、动态、多角度的分析，并用大量可靠的例证加以论证，不能轻易一概而论，不能为了得出某种预想的结论而采取“一刀切”的态度，忽视可能还有反面例证的情况。

英汉文化语言学是一门跨越英语、汉语、西方文化、中国文化以及其他相关学科的交叉性学科。如何使有关学科有机地、合理地交叉联系在一起，是本学科能否健康发展的关键问题。中国的英语学者和汉语学者在论证英汉语言与中西文化的特点及其关系时，各有长处和短处：英语界的中国学者在国内论证英语问题可谓内行，但不如英美的语言学者内行；论证西方文化不如西方的有关学者内行，甚至也未必比中国的其他有关学者透彻；论证汉语和中国文化不如中国语言学界、哲学界、文化学界的学者内行。汉语界的中国学者论证汉语问题可谓内行，但论证中国文化未必比中国哲学界、文化学界的学者透彻，在联系英语和西方文化时又不如中国英语界、英美语言学界、哲学界和文化学界的学者内行。因此，英语学者和汉语学者研究本学科时，必须特别注意解决“多张皮”的问题（即与其他多种学科不相往来的问题），大力进行跨学科研究，取别人之长，补自己之短，对不是自己内行的知识尤其要虚心、谨慎，努力使自己成为“双语人”和“双文化人”。

研究语言与社会、语言与文化的关系已成为当代语言学研究的一个热门课题。这一热潮也波及人类学界、社会学界、民族学界、文化学界和教育界。社会语言学的研究为外语教学提出了新的任务，即不仅要使学生具备乔姆斯基所说的“语言能力”(linguistic competence)，而且要具备海姆斯所提出的“交际能力”(communicative competence)。学生运用的语言不仅要“合乎语法”(grammaticality)，而且要恰当、得体(appropriateness)，可以为人接受(acceptability)。这就为外语教学提出了新的要求，即必须让学生了解并熟悉所学语言的社会和文化背景知识。美国外语教学协会(American Council on the Teaching of Foreign Languages)在其外语教学大纲中，已正式提出学生必须具备包括五项内容的交际能力：听、说、读、写和有关国家或民族的社会文化背景知识。这实际上是跨文化交际能力。

培养外语学生具有跨文化的交际能力，其道理是显而易见的。人们在跨文化交际中都深有体会，外国人往往能够容忍、原谅并理解说外语的人在语言方面的差错(如语音、词汇、语法)，但对无视社会文化差异、使用不当的言辞或非言语的行为，却不能容忍。这方面的错误常常导致交际的失误，轻者被视为无礼、无知，重者引起误解、摩擦甚至冲突。这说明，语言方面的障碍虽然克服了，但社会文化差异引起的障碍仍然会影响有效的交际，甚至更为严重。

从研究方法看，英汉文化语言学既是描写性的，又是解释性的。描写语言学基于经验主义，面向具体的语言材料，注重语言现象的观察、发掘和整理，注重精细地描述语言事实，注重分析语言结构形式的表层现象，着眼于描写语言行为(performance)，满足于单纯地从语言内部结构形式寻找语言现象的原因。文化语言学则把语言的内部结构形式和语言的外部社会文化因素联系起来，解释纷繁复杂的语言现象。它不仅要描写语言现象，而且更要从社会文化角度解释这些语言现象，探讨语言与文化的内在联系，寻找文化对语言的制约作用，从而全面揭示语言的文化属性。描写主义主张“让语言现象说话”，认为语言材料摆多了，道理自然就出来了。然而，语言材料只是表层现象，还必须透过这些现象，追根穷源，从文化深层探究“为何有这些语言现象”，解释语言行为和语言能力。就英汉语言来说，不仅要寻找其不同的语言现象，还要从中西文化的对比分析来探究英汉“为何有不同的语言现象”，解释两个民族不同的语言行为和语言能力。吕叔湘写过如下题词：“指明事物的异同所在不难，追究它们何以有此异同就不那么容易了。而这恰恰是对比研究的最终目的。”② 这个题词可以成为对比研究的指导思想。

## 注　释

① 参见连淑能：(1) 关于建立汉英文化语言学的构想，原载于黄国文、张文浩主编《语文研究群言集》，广州：中山大学出版社，1997年；转载于《全国优秀英语学术论文集》，北京：中国国际广播出版社，1999年；《世界学术文库》，北京：中国言实出版社，1999年。(2) 再论关于建立汉英文化语言学的构想，原载于《外语与外语教学》2004年第1期；转载于杨自俭主编《英汉语比较与翻译5》，上海：上海外语教育出版社，2004年。(3) 现代语言学的研究历程——兼论语言与社会、文化的研究，原载于厦门大学外国语言文学研究所编《语言符号与社会文化》，福州：福建人民出版社，1996年；转载于《全国优秀英语学术论文集》，成都：成都科技大学出版社，1996年。

② 吕叔湘的这一著名题词是1990年为杨自俭、李瑞华编的《英汉对比研究论文集》(上海：上海外语教育出版社) 写的。

# 1

# 综合语与分析语

## Synthetic vs. Analytic

综合语的特征是运用形态变化来表达语法关系。Webster's Ninth New Collegiate Dictionary 给综合语定义为：A synthetic language is "characterized by frequent and systematic use of inflected forms to express grammatical relationships"。拉丁语、德语及古英语等都属于这类语言。

分析语的特征是不用形态变化而用语序及虚词来表达语法关系。The Random House College Dictionary 给分析语定义为：An analytic language is "characterized by a relatively frequent use of function words, auxiliary verbs, and changes in word order to express syntactic relations, rather than of inflected forms"。汉语是典型的分析语。

现代英语是从古英语发展而来的，仍然保留着综合语的某些特征，但也具有分析语的特点：有形态变化，但不像典型的综合语那么复杂①；语序比汉语灵活，但相对固定；虚词很多，用得也相当频繁。现代英语运用遗留下来的形态变化形式（hereditary inflection）、相对固定的语序及丰富的虚词来表达语法关系，因此属于综合–分析语（synthetic-analytic language）。

形态变化、语序和虚词是表达语法关系的三大手段，三者之间有密切的关系②。汉语由于缺乏形态变化，表达语法关系只好借助语序和虚词；现代英语摈弃了古英语大部分的形态变化，因而表达语法关系除了借助遗留下来的形态变化形式，还必须借助语序和虚词。这正如 E. Gowers（1987: 36）所说："English has got rid of most of its inflections, and expresses grammatical relations by devices like prepositions and auxiliary verbs and by the order of its words"。三大语法手段在英汉两种语言中具有不同的特征。此外，英语采用拼音文字，句子有语调（intonation）；汉语采用方块文字，字有声调（tone）。英汉表达方法的差异与这些因素均有密切的关系。

## 一、英语有形态变化，汉语没有严格意义的形态变化

所谓形态变化，即词的形式变化，主要包括以下两方面：

1. 构词形态，即起构词作用的词缀变化（affixation），包括大量的前缀（prefix）和后缀（suffix）。英语的词缀灵活多变，常常一缀多义，不仅规模大，数量多，而且种类齐全。汉语利用词缀构词仍处在发展中，不论规模、数量或种类，都不及英语。

英语可以运用丰富的词缀构词造句，如：

He moved astonishingly fast.
He moved with astonishing rapidity.
His movements were astonishingly rapid.
His rapid movements astonished us.
His movements astonished us by their rapidity.
The rapidity of his movements was astonishing.
The rapidity with which he moved astonished us.
He astonished us by moving rapidly.
He astonished us by his rapid movements.
He astonished us by the rapidity of his movements.

（Otto Jespersen：*The Philosophy of Grammar*）

他的行动，快得惊人。
他行动的速度快得令人惊讶。
他行动速度之快，令人惊讶。
他的快速行动使我们感到惊讶。
我们对他的快速行动感到惊讶。

英语通过词形变化，改变词性，用这些词灵活组句，可以表达一个几乎相同的意思；汉语没有词形变化，就难以用这么多的句式来表达同样的意思。英汉互译时，往往要改变词性、转换词类，才能通顺地表达原意。

2. 构形形态，即表达语法意义的词形变化。如：

我给他一本书。I gave him a book.
他已给我两本书。He has given me two books.
他爸爸常常给他一些书。His father often gives him books.

汉语的“我”“他”没有形式变化，同一个词可以表示主格、宾格或所有格；“书”没有形式变化，可以表示单数或复数；动词“给”也没有形式变化，可以表示现在、过去或已完成的行为。但英语对应的词 I，me，he，him，his，book，books，gives，gave，has given 却有形式变化。这类变化，往往是英语初学者首先遇到的难点之一。

英语的动词、助动词和情态动词常常结合起来，运用其形态变化，表示动词的时、体、语态和语气。汉语没有这类变化，有时虽可借助一些半独立的词语来表示，但多数是隐含在句中或上下文里的。如：

1）They *told* me that by the end of the year they *would have been working* together for thirty years.
他们告诉我，到（那年）年底，他们在一起工作就有三十年了。

2）New factories *are being built* all over the country.
全国到处都在兴建新工厂。

3）During the wartime，years like these *would have meant* certain death for many people. Many *would have become* beggars and others *would have been compelled* to sell their children.
战争期间（要是）碰到这样的年景，很多人肯定会死去，很多人会逃荒要饭，很多人会被迫卖儿卖女。

现代英语的形态变化主要是动词的变化（conjugation）和静词（名词、代词、形容词、副词）的变化（declension），以及上述的词缀变化。这些变化有：性（gender）、数（number）、格（case）、时（tense）、体（aspect）、语态（voice）、语气（mood）、形容词和副词的比较级和最高级（comparison）、人称（person）和词性（part of speech）等。有了这些变化，一个词（或词组）常常可以同时表达几种语法意义，例如从词的形态可以判别它的词类、在句中的作用、与其他词的关系等。汉语没有形态变化，一般要通过借助词语、安排语序、隐含意义或用其他办法分别表达语法意义：

1）Thus *encouraged*，they made a still *bolder* plan for the next year.
（由于）受到了这样的鼓励，他们为第二年制定了一个更大胆的计划。（过去分词短语 thus encouraged 含被动意义，作状语，表示原因；形容词比较级 bolder 含有与过去相比的意义）

2）I regret *not having taken her advice*.
我后悔没有听她的劝告。（not having taken her advice 是动名词短语完成体的否定式，作动词的宾语）

3）The book *is said to have been translated* into many languages.
据说此书已译成多种语言。（双重被动式，其中 to have been translated 是不定式完成体的被动态）

现代英语的形态变化虽然不如典型的综合语那样复杂，但却使用得十分频繁。H. Sweet（1920: 69）认为：

> The English inflections，few as their number is，are an integral and essential part of the language. ... The excessive frequency of these forms gives them great morphological weight. ... We cannot but accept Sayce's dictum, "once inflectional, always inflectional". Hence, while English appears as almost uninflectional when compared with such a language as Latin, it appears in the opposite light when compared with an isolating language such as Chinese.

严格说来，汉语没有形态变化。汉语的数量助词（如"们"表示复数）、动态助词（如"着""了""过"表示动词的体）与结构助词（如"的""地""得"表示定语、状语与补语），虽类似英语的形态变化，但这些成分的使用在汉语里常常缺乏普遍性：有的场合一定要用，有的场合可用可不用，有的场合甚至不能用。这类不成规则的习惯用法取决于汉语语感，因而给学习汉语的外国人造成了很大的困难，正如 Derk Bodde（1991: 34）引用 Dobson 和 Victor Purcell 的话所说的：

> Another grammatical feature causing numerous difficulties is what Dobson calls "the rule of economy". By this he means that although certain important grammatical devices (notably the particles) do exist in Literary Chinese to indicate verb mood, noun number，nominalization of words, and the like, their use is by no means always mandatory and depends very much on the whim of the writer. ... The language is not governed by rules which require the introduction of such indications as a matter of prescribed necessity.

> Much the same point has been expressed by Victor Purcell in language that is less scholarly, more intemperate, but for that reason more arresting: The rule is, if you can possibly omit, do so. The result may be that the meaning is quite hidden, but the reader is supposed not only to have an encyclopedic knowledge to assist him in his guess work, but to have unlimited time for filling in ellipses. This does not mean that the language has no words to fill in the ellipses, or that there are no words to convey tense, number, or mood. It merely means that the spirit of the language is against their use.

英语形态变化的使用却有严格的规则，往往带有强制性。例如，汉语可以说“学生们”，但在“两个学生”“他们是学生”中，却不能加“们”，而英语的 student 都要加 -s。又如，“我们（的）学校”（our school）、“你看见（了）没有？”（Have you seen it?）中的“的”和“了”可用可不用，而英语相应的词却有形态变化。再如，“着”表示动作正在进行，但 He is dying 却不能译为“他正在死着”，而应译作“他快要死了”。

英汉形态变化的多寡或有无反映了英汉语言文化的不同特征。古希腊是西方文化的发源地，希腊语是希腊人的思维工具，亚里士多德的逻辑体系与希腊语有密切的关系，如亚里士多德根据希腊语的主语和谓语把判断结构分析成主词和宾词。希腊语是一种综合语，词性明确，结构清楚，歧义性低，具备严密的性、数、格和时、体、态等范畴，适合严谨的哲学和科学思维。英语作为一种印欧语，深受希腊语和亚里士多德逻辑的影响。例如，英语有严格的数的范畴，名词有可数和不可数之分，可数名词必须“戴帽”（加冠词 a / an / the）或“穿鞋”（加 -s / -es），或既“戴帽”又“穿鞋”，才能在句中使用，如汉语可说“我要书”，这里的“书”，指称和数量是模糊的：可以是这本（这些）书，也可以是那本（那些）书，还可以是任何一本（几本）书，而英语则不可说 I want book，必须说 I want *a* book 或 I want *the* book 或 I want（*some*）books 或 I want *the* books。这种强制性的规则反映了注重数学的精确性思维，又如，英语有严格的时间范畴，动词的形式有时、体、语态和语气之分，这也反映了西方人较强的时间观念。西方无数的科学家，如牛顿、康德、爱因斯坦，都没有离开对时间的思考。相比之下，中国人较习惯的是悟性思维，常常依靠语境、语感或“约定俗成”来表达和理解。汉语缺乏形态变化反映了中国人自古以来的模糊性思维。

由于汉语缺乏形态变化，一个词本身难以表达性、数、格、时、体、语态、语气、词类、比较级和最高级等语法意义，必须与其他词联系起来或结合起来，如借助词序或虚词，甚至语境或语感，才能确定其意义。汉语的这一特点与中国人注重整体关联性的思维方式（relational thinking）有关。John Meskill（1973: 599）就这一特点与英语作了比较：

> The monosyllabic, noninflecting, and ideographic characters provided a congenial medium for relational thinking, which has been a distinctive quality of Chinese thought and culture. By virtue of the language structure, attention is focused on word relations rather than on individual words themselves.While this is in some degree true of any language, it is outstandingly so in the case of Chinese. In English, a noun is a noun and connotes a kind of "substance", imaginary or real. But in Chinese almost any word, excepting "empty" particles, can be a noun, depending on its position and function in the sentence. ... Their exact meanings cannot be determined except in relation to other words. The reliance on word order and the use of auxiliary words to make meanings clear inevitably stress the importance of word relations and pattern.

## 二、英语语序比较灵活，汉语语序相对固定

形态变化与语序有密切的关系。形态变化越多的语言，语序越灵活，反之亦然。拉丁语是典型的形态语言，词即使移动了位置，也可以从其形态标志识别其语法意义，因而语序很灵活。例如，拉丁语的主语和宾语有不同的形式，其位置可以改变而意义却完全相同，Amor vincit omnia = Omnia vincit amor，意思都是“爱能征服一切”（Love conquers all things）。汉语是典型的分析语，词没有形态标志，位置不能随便移动，词语之间的关系主要通过安排语序及使用虚词来表达。例如上句，若把语序改变为“一切能征服爱”，则意思完全相反。英语属综合-分析语，语序不如拉丁语灵活，但也不如汉语固定。例如上句，若把语序改变为“All things conquers love”，从主语（things）与动词的形态（conquers）未能保持一致（S-V concord）判断，此句为语法病句。它既不能像拉丁语句那样改变语序而仍然表达相同的意思，又不能像汉语句那样改变

语序而表达不同的意思。英语有部分形态变化，语序改变了，可以凭借这些形态标志判别句子是否合乎语法，但形态变化又不如拉丁语齐全，语序不能任意改变。英语的语法意义可以通过语序或虚词来表达，在许多情况下也可以用形态标志来表示。形态、语序和虚词这三大语法手段互相配合或交替运用，使英语词语和从句的位置比汉语灵活。

1. 英汉句子的主要成分如主语、谓语动词、宾语或表语的语序基本上相同，一般地说，英汉的排列顺序都是：主—动—宾（表）。但与汉语相比，英语语序倒置的现象比较多。H. Fowler（1965: 297）将英语语序的倒装现象归为九类：

1）Interrogative inversion（疑问倒装）:

***What*** in the world ***do you*** mean?（C. Dickens）

你的意思究竟是什么呀?

2）Imperative inversion（命令倒装）:

***Come you***，everybody!

大家都来吧!

3）Exclamatory inversion（惊叹倒装）:

***What a beautiful voice*** you have!（B. Shaw）

你有多么好的嗓音啊!

4）Hypothetical inversion（假设倒装）:

A pair of black eyes might have done some execution ***had they been placed*** in a smoother face.（W. Thackeray）

一对乌溜溜的眼睛如果长在一副再细净些的面庞上，就足以迷人的了。

5）Balance inversion（平衡倒装）:

***Inexpressible was the astonishment*** of the little party when they returned to find that Mr. Pickwick had disappeared. (C. Dickens)

当这一小伙人回来发现匹克威克先生不见了的时候，那惊愕之态简直无法形容。

6）Link inversion（衔接倒装）:

***Such are the rewards*** that always crown virtue.（W. Shakespeare）

这样的报酬常常是美德所应得到的。

7）Signpost inversion（点题倒装）:

***By negation is meant*** the denial or absence of facts.

否定是指否认事实或不存在事实。

8）Negative inversion（否定倒装）:

*Not a finger did I* lay on him.（R. Quirk）
我没有指责过他。

9）Metrical inversion（韵律倒装）:
Good friend for Jesus' sake，forbear
To dig the dust enclosed here，
*Blessed be he* that spares these stones
And *curst be he* that moves my bones.（W. Shakespeare）
好朋友呀，看在耶稣的份上，请你住手，
别来挖掘这块土丘。
那肯保存这些石头的，但愿他添福添寿，
那要来动我的骸骨的，但愿他挨骂挨咒。（莎士比亚自撰墓志铭）

这些倒置现象，部分是由于语法的要求，部分是出于修辞的需要。英语语序能够如此灵活地倒置，形态变化和运用丰富的连接词是两个重要原因。汉语缺乏形态变化，少用或不用连接词，语序相对固定。除了诗词或某些惯用的句式外，汉语语序的改变大多是把宾语提到动词或主语之前，从而引起宾语的句法功能的改变，如"她文章写得很好""酒他喝得太多"，等等。英语有结构性倒装（structural inversion），也有功能性倒装（functional inversion），汉语则功能性倒装居多。英语形态变化规则要求句中词语之间保持语法关系一致（grammatical concord），有了这种一致的关系，词语之间只要前后呼应，就容易灵活安排。H. Sweet（1920: 57）认为，"The free word order in such a language as Latin is mainly the result of concord"。汉语没有这种一致的关系，只能按照表意的需要排列语序。如：

1）He *had to* quit the position and *went* in exile，*having been deprived of* his power.
他被剥夺了权力之后，只好离职，流落他乡。

2）*We had been dismayed* at home while reading of the natural calamities that *followed* one another for three years after we *left* China in 1959.（Hewlett and Nowell Johnson: *To China at Ninety*）
自从我们在 1959 年离开中国以后，中国连续三年遭到自然灾害。当我们在国内读到这方面的消息时，心情颇为焦虑。

3）No man *thinks* more highly than I *do* of the patriotism，as well as abilities，of the very worthy gentlemen who *have just addressed* the house.（Patrick Henry）
刚才几位可敬的先生向全体代表发言了。对于这几位先生的爱国精神及才干，我个人比任何人都更钦佩。

4）It *must be* a great satisfaction to all ranks and races engaged in our common effort that the Japanese *have been challenged* and *beaten* in jungle warfare in Burma，and that their boastfulness *should have received* a salutary exposure.

在缅甸丛林战中，日军受到挑战并被击败；他们的自吹自擂，这回可得到了有益的揭露——这对于从事于我们共同事业的各阶层人士、各民族人民来说，必然是一件大快人心的事。

5）Rocket research *has confirmed* a strange fact which *had already been suspected*: there *is* a "high-temperature belt" in the atmosphere, with its center roughly thirty miles above the ground.

人们早就怀疑大气中有一个高温带，其中心在距地面约 30 英里高的地方。利用火箭加以研究后，这一奇异的事实已得到了证实。

2. 汉语的定语一般在名词的前面，而英语的定语在许多情况下可以通过形态变化或借助连接词语置于名词的前后，位置比较灵活：

一个很重要的问题
*a very important* question
a question *of great importance*

一个可以辩论的题目
*a debatable* subject
a subject *which can be debated*

以空前的速度
at an *unprecedented* speed
at a speed *unprecedented*

英语的修饰词和被修饰词有时借助形态变化或连接词还可以互相转化，从而改变其修饰关系，汉语则往往不能有类似的转化：

There is *no inconsistency* in what he said.
There is *nothing inconsistent* in what he said.
他说的话并没有前后矛盾之处。

*Her sparkling eyes* betrayed her great excitement.
*The sparkle of her eyes* betrayed her great excitement.
她闪亮的眼睛说明她非常激动。

There isn't much to live for in this *jail of a house*.（C. Dickens）
住在这监牢似的房子里，活着没有多大意思。
My *fool of a doctor* told me to make my will.（John Galsworthy）
我那笨蛋医生叫我写遗嘱。

英汉的定语一般都紧挨着名词，但英语的定语有时可以远离名词，借助语法关系前后一致的原则，中间插着一些别的词语。这种情况，若不细加分析，往往导致误译：

1） Many sketches are in existence of peasants seated by the roadside and men and women at work in the fields.

至今仍保存着许多速写，画的是坐在路旁的农民和在田里劳动的男男女女。

2） The second aspect is the application by all members of society, from the government official to the ordinary citizen, of the special methods of thought and action that scientists use in their work.

第二方面是使用科学家们在工作中所运用的特殊的思想方法和行动方法。社会所有成员，从政府官员到普通老百姓，都要使用这些方法。

汉语没有形态变化，少用甚至不用关联词，没有定语从句，名词之前的定语也不宜太长。英语借助形态变化、丰富的关系词和其他连接手段，定语可以前置，也可以后置，后置的短语和从句可以很长。如：

1） They were forced to put forward an alternative *of separate development for all races in these so-called homelands, with a promise of eventual independence for the Africans in these areas.*

他们不得不变换花样，提出所有种族在自己的所谓本土上分别发展的办法，并许诺非洲人最终在这些地区获得独立。

2） An element is a substance *that cannot be broken down into simpler substance by ordinary chemical means.*

元素是一种物质，这种物质不能用一般的化学方法再分解成更简单的物质。

翻译英语定语时，必须根据原文的意思和汉语的习惯灵活处理。即使是翻译英语的单词定语，有时也要改变其位置，或转换成汉语的谓语或其他成分，如：

1） Keith: *A little yellow, ragged, lame, unshaven* beggar. (John Galsworthy)

基思：一个讨饭的，身材矮小，面色苍黄，衣衫褴褛，一瘸一拐，满脸胡子。

2） She had such *a kindly, smiling, tender, gentle, generous* heart of her own. (W. Thackeray: *Vanity Fair*)

她心地厚道，为人乐观，性情温柔，待人和蔼，心胸宽广。

3） She was *an intelligent, attractive and somewhat temperamental* daughter of a well-to-do doctor in Haddington. (*The New Encyclopedia Britannica*)

她是哈丁顿一位富裕医生的女儿，聪慧迷人，但小有脾气。

类似以上数个描写性词语连用时，在英语里多作定语，少作谓语（heavy attribute，small predicate），在汉语里则多作谓语，少作定语（small attribute，heavy predicate）。翻译时若能灵活利用这一不同特点，译文往往比较符合表达习惯。

3. 在表达多层逻辑思维时，英语可充分利用语法三大手段——形态变化、语序和虚词，常用包孕许多修饰成分或从句的复合句或长句，句中各部分的顺序比较灵活。汉语表达同样意思时，主要借助语序和虚词，常用短句、分句、散句、松句、紧缩句、省略句、流水句、并列句或并列形式的复句，按照一定的时间和事理顺序，有先有后，有主有次，逐层叙述。这些英汉句子里的语序，常常不同，甚至完全相反。一般说来，句中若有叙事部分和表态部分，英语常常是表态部分（判断、结论等）在前，叙事部分（事实、描写等）在后，即先总提后分述，或先讲结果后追叙过去，汉语的顺序往往相反；句中若有长短部分，英语常常是先短后长，即头轻脚重（end-weight），汉语的顺序往往相反；句中若有意思强弱、程度轻重或范围大小的部分，英语常常是先弱后强、先轻后重、先小后大，汉语的顺序往往相反；句中若有连用数个前置定语，英语常常是越能说明人和事物本质的越靠近名词，或越能让人印象深刻的越靠近名词（"each is more impressive than the preceding"，Fowler，1965: 92），汉语的顺序往往相反；句中若有描写性或限制性部分，英语常常用作定语，少作谓语，而汉语则多作谓语，少作定语；汉语的时间顺序和逻辑关系常常按照由先到后、由因到果、由假设到推论、由事实到结论这样的次序排列，而英语可以借助形态变化和丰富的连接词语，根据句子的意思和结构的需要灵活排列，顺序往往与汉语不同。试比较：

1）I believe strongly that it is in the interests of my countrymen that Britain should remain an active and energetic member of the European Community. (Edward Heath)
我强烈地认为，英国应该继续是欧洲共同体中一个积极而充满活力的成员，这是符合我国人民利益的。

2）I was all the more delighted when, as a result of the initiative of your Government, it proved possible to reinstate the visit so quickly.
由于贵国政府的提议，才得以这样快地重新实现访问。这使我感到特别高兴。

3）On earth，where fog or rain would interfere with transmission，lasers would have to be beamed through evacuated pipelines to prevent power loss.

地球上的雾或雨会干扰激光的传播，因此，为了防止能量的损失，激光必须从真空管道通过。

4）It is easy to see what weight can be overcome and what thrust is necessary to maintain flight.

要知道应该抵消多大重力并需要多大推力才能保持飞行，这很容易。

5）Nowadays it is understood that a diet which contains nothing harmful may result in serious disease if certain important elements are missing.

如今人们知道，如果食物中缺少了某些重要的成分，即使其中不含有任何有害的物质，也会引起严重的疾病。

6）The assertion that it was difficult，if not impossible，for a people to enjoy its basic rights unless it was able to determine freely its political status and to ensure freely its economic，social and cultural development was now scarcely contested.

如果一个民族不能自由地决定其政治地位，不能自由地保证其经济、社会和文化的发展，要享受其基本权利，即使不是不可能，也是不容易的。这一论断，几乎是无可置辩的了。

由于英汉思维习惯和表达方法的差异，改变语序、重组结构便成了翻译中的一种常用手段，长句翻译尤其如此，如：

1）① The tendency of a body to continue in motion ② is clear to one who observes that ③ an automobile or a train moves for some distance even when brakes are used to check this motion.

这句不太长，但却包含复合句：先讲结论，再讲事实。汉语的语序恰好相反：③—②—①

汽车或火车在已经刹车的情况下还会向前移动一定的距离。看到这种情况的人就会明白，运动着的物体具有继续运动的倾向。

2）① Category two contains only four items, and ② I shall say no more about them except that, ③ since they are under consideration, ④ we should not let the grass grow under feet, but attempt, as early as possible, to arrive at a common understanding ⑤ in the interest of humanity.

这是一个并列复合句，包孕多个修饰语和从句，借助虚词和形态变化，按照英语的表达习惯，把五层意思连接起来。汉语要表达同样的意思，必须按照汉语的思维习惯重新安排，拆成七个部分，组成三个句子，顺序是①—③—⑤—④—②：

> 第二类只包括四项内容，而且都已在审议之中。为了人类的利益，我们应该不失时机，力图尽快达成共识。除此之外，别的我就不多说了。

3）① I believe that ② I speak for every sincere and serious representative in the United Nations — ③ so I am encouraged to believe by the speeches to which we have already listened this morning — ④ when I say that ⑤ the anniversary must be an occasion for an honest assessment of our failures in the past, ⑥ matched by an equally determined will to do better in the future, ⑦ so that we can escape from frustration and ⑧ turn the anniversary into an inspiration and an achievement. (from the United Nations documents)

这是一个多重复合句，借助虚词和形态变化，按照英语的表达习惯，先表态，后叙事，把八层意思连接起来，其语序几乎与汉语的表达习惯相反：⑤—⑥—⑦—⑧—④—①—③—②

> 这次周年纪念会应该是一个老老实实地评估我们过去失误的时机，同时也应该是一个表达我们有同样决心要做好今后工作的时机。这样，我们就可免遭挫折，并可把这次周年纪念变成一种鼓舞和成就。当我讲这番话时，我相信——今天上午我们听到的发言也使我相信——我是代表联合国每一位真诚和严肃的代表讲话的。

Robert Kaplan（1966: 400–401）在论及 intercultural education 时比较了东方人和西方人的思维方式，提出了“cultural thought patterns”的问题：

> The English language and its related thought patterns have evolved out of the Anglo-European cultural pattern. The expected sequence of thought in English is essentially a Platonic-Aristotelian sequence, descended from the philosophers of ancient Greece and shaped subsequently by Roman, Medieval European, and later Western thinkers.

Kaplan 由此比较了 the culturally or linguistically determined “preferred order in discourse bloc”，认为西方人写文章的思维常常是直线型（straight line）的，而东方人写文章的思维常常是螺旋型（circular line）的。Robert Norton（1987）也有类似的观点：

> Writing in English has often been characterized as based almost entirely on a deductive thought pattern such as that characteristic of Aristotelian logic. In this

pattern, one properly begins with a general topic sentence and then systematically restricts its meaning by presenting more specific details at several levels of generality — proceeding from the most general to the least general. This consistent progression in a more or less straight line is what linguists and others have called linearity.

English essayists are deductive writers, using mostly restrictive and coordinate relationships in an overall general-to-specific sequence, whereas Chinese essays are more likely to use a non-deductive, non-linear approach to writing that involves primarily a specific-to-general sequence and other types of relationships, as what is called "circular/spiral", "indirect" or "rambling" style. It is a widely held notion that English is basically a deductively organized language.

In English essays the proportion of restrictive and coordinate relationships predominated and the percentage of general-to-specific restrictive sequences (characteristic of deductive organization) was much higher than the corresponding percentage of specific-to-general sequences.Furthermore, the prediction that Chinese essayists are not deductive writers is equally well substantiated by the higher percentage of specific-to-general sequences found for them among the restrictive relationships. It is fairly obvious from the predominance of specific-to-general sequences in Chinese essays that Chinese writings tend to be inductively organized.

Many linguists maintain that discourse, which involves the interrelationships of sentences and paragraphs, is concerned basically with what goes on in the writer's mind. The above differences at the discourse level are often found at the sentence level.

演绎式是英语语篇结构的基本模式，正如 Baker（1985:37）所说："The deductive structure is basic, much more widely used, and useful, than the inductive one, because it sustains itself page after page, even through chapters in a whole book. You set down your thesis, your general proposition, then *explain* it in detail and at length, presenting *pros* and *cons* as needed"。然而，语篇结构是灵活的，可以因人、因时、因地、因文体、因题材、因意图等各种因素而采用各种模式，如演绎式（deductive）、归纳式（inductive）、混合式（hybrid）等。Edward Hall（1976:160）指出，"North American thinking values the inductive approach and causality"。

英语逻辑性较强，语句常常借助形态标记，按逻辑理性原则排列。汉语为形象语言，其特点是对自然界的模拟。按照感知机制组织起来的语言，其临摹性（isomorphism）高于按照逻辑机制组织起来的语言。汉语是临摹性较强的语言，注重现实的事理逻辑和时间顺序，常常采用领悟式的归纳型和经验式的临摹型思维模式，语句按“自然”语序排列，不用形态标记。时间顺序原则是汉语临摹性的典型例证。汉语结构直接反映现实的时间先后和事理顺序，犹如对现实生活经历的临摹，语序与思想过程合拍。当然，汉语语篇也有类似英语的逻辑顺序。洪堡特（1895）认为，“汉语没有形式上的语法区别，抛弃了一切无用的附属装置，从而使句子跟思想的顺序密切对应。”

在谋篇的过程中，英语民族偏重直线式（linear）思维，偏爱演绎推理，注重追溯因果；中国人偏重迂回式（cyclical）思维，偏爱直觉领悟，注重总揽整体。外国人习惯开门见山，一落笔就点明主题、交代要点，然后再逐层细叙、分析推理，较常按照从一般到细节、从概括到具体、从整体到个体的原则。中国人习惯从多方面说明来龙去脉，阐述各种情况，迂回曲折，螺旋环绕，让对方逐步意会言者的意思，最后点出要旨或主题。如：

> Soccer is a difficult sport. A player must be able to run steadily without rest. Sometimes a player must hit the ball with his or her head. Players must be willing to bang into and be banged into by others. They must put up with aching feet and sore muscles.

以上这则短文，首句是主题句（topic sentence），其他 4 句是用来说明主题句的。在汉语中，我们则习惯于“前因后果”：

> 足球运动员必须能不停地奔跑，有时得用头顶球，愿意撞别人或被别人撞，必须忍受双脚和肌肉的疼痛，所以说，足球运动是一项难度大的运动。

## 三、英汉都有大量的虚词，但各有特点

英语的虚词（form word），也称结构词（structural word）或功能词（function word），包括冠词、介词、助动词、并列连接词（coordinator）和从属连接词（subordinator）等。汉语的虚词（empty word）包括介词、助词（particle）和连词等。英汉虚词都是与实词（notion word / full word）相对而

言的，在句中主要起辅助和连接等作用。英汉虚词各有特色：不仅种类不同，用法也不同。如：

1. 英语经常使用定冠词和不定冠词，这是英语的一大特点。用不用冠词，什么地方用冠词，用什么冠词，常常有正误之分或意思之别。这是中国人学习英语的难点之一。因为汉语没有冠词，英译汉时可以省略，但有时一个冠词之差，意思大不相同，这时汉语就要用不同的词语来表达。如：

out of question 毫无疑问
out of *the* question 不可能的

*a* hundred and one 许许多多
one hundred and one 一百零一

She was with *a* child. 她带着一个孩子。
She was with child. 她怀着孕。

They are students of our school. 他们是我校的部分学生。
They are *the* students of our school. 他们是我校的全体学生。

I have lived here for more than *a* year. 我住在这里已一年多了。（一年又几个月）
I have lived here for more than one year. 我住在这里已不止一年了。（两年以上）

Please take *a* chair. 请坐。
He took *the* chair today. 今天他主持会议。/ 今天他拿走了那张椅子。
He took *the* chair of the committee. 他接受了委员会主席的职务。

2. 汉语有丰富多彩的助词，这是汉语的一大特点。助词可分为动态助词（如："着""了""过"）、结构助词（如："的""地""得"）和语气助词（如："吗""呢""吧""啊""嘛""呀""哪"）等。这些助词的作用，有一部分相当于英语的形态变化，有一部分却能左右结构、表达丰富的语气色彩：

啦　他早来啦！（确定语气）
Why, he's been here a long time!
这回我可亲眼看见啦！（感叹语气）
This time I've actually seen it for myself.
她真来啦？（疑问语气）
Has she really come?

吧　今天不会下雨吧？（揣测语气）

It isn't going to rain today, is it?

你好好想想吧！（提议语气）

Just think it over.

明天就明天吧。（认可语气）

All right, let's make it tomorrow.

咱们走吧。（商量语气）

Let's go.

打吧，打不下去；跑吧，跑不了，敌人只好投降。（假设语气）

Unable to fight on or to escape, the enemy were forced to surrender.

呀　快来呀！（请求语气）

Come here, quick!

他的话说得对呀！（说服语气）

What he said is right.

啊　多好的天儿啊！（赞叹语气）

What a fine day!

你这话说的是啊。（肯定语气）

What you said is quite true.

你啊，老这样下去可不行！（加重语气）

Look! You can't go on like this.

你可要小心啊！（嘱咐语气）

Do be careful!

嘛　这也不能怪他，头一回嘛。（答辩语气）

He's not to blame. After all, it was the first time he'd done it.

呗　你不会骑车就学呗。（当然语气）

You can't ride a bike? Well, learn to.

呢　远得很，有好几千里地呢。（确认语气）

It's a long way off — thousands of *li* away.

哪　加油干哪！（催促语气）

Speed up! (Come on!)

语气助词（emotional particle）是汉语最重要的特征之一。英语没有这类词，句中的语气一般要借助语调（intonation）或其他办法来表达：

You must be feeling rather tired.

你一定觉得有点儿累。

你一定觉得有点儿累了。（较肯定的语气）

你一定觉得有点儿累了吧。（半信半疑的语气）

学习汉语的许多外国人不懂如何使用语气助词，因而讲出来的汉语很蹩脚，缺乏汉语的“原味”和“语感”，有时还闹出笑话。例如下面这句话，外国人在特定的语境里不知道该选用哪个语气词，常常花了很多时间去查汉语词典，但也很难确定：

明天你来（呢、啊、呗、哪、吗、嘛、啦、吧、呀）？

汉语有了语气词，表示情绪的语调就居于次要的地位了。汉语的声调（tone）用来表示字义的变化，也不适宜用来表示情绪。

3. 英语常用介词，汉语则少用介词。英语介词除了单独作为一类词使用外，还可以构成形式多样的合成介词和成语介词。这类词和短语不仅数量大，而且使用十分频繁，与汉语相比，显得相当突出。汉语介词大多是从动词“借”来的，严格说来，如王力（1984: 241）所说，“现代中国语根本就没有真正的介词”。英译汉时，英语的介词常常译成汉语的动词：

1）What is he *at*?
他正在**干**什么?

2）John voted *with* the Tories.
约翰投票**支持**保守党。

3）He is a man *above* vulgar interests.
他是一个**脱离了**低级趣味的人。

4）Peter drew his knife *on* the robber.
彼得拔刀向那个强盗**砍**去。

5）It looks as if we are *in for* a storm.
看来我们免不了要**碰上**一场暴风雨了。

6）If a man couldn't walk into a room and tell who was *for* him and who was *against* him, then he wasn't much *of* a politician.（D. Halberstam: *The Best and the Brightest*）
要是一个人不能一上任就看出谁**支持**他，谁**反对**他，那他就不配**搞**政治。

4. 英语表示并列和从属关系的连接词，不仅种类和数量比汉语多，而且使用率也比汉语高。除了与汉语相似的连接词（如：or 或者，not only...but also 不但……而且，if 如果，because 因为，unless 除非，when 当……时候）外，英语还有连接代词、关系代词、连接副词和关系副词（这些代词和副词如

who，whom，whose，that，what，which，when，where，why，how等)。这些词在句中使用相当频繁。汉语没有这类起连接作用的代词和副词，也少用或不用其他连接词，句中的并列或主从关系，在口语、非正式文体和古汉语中常常借助语序、上下文和副词等表达，只有在书面语和正式文体中才常用连接词，但其出现频率也不及英语。如：

1）This was the period *when* Einstein began the research *which* resulted in the creation of his famous Theory of Relativity.
就在这期间，爱因斯坦开始进行了一项研究。经过这项研究，他创立了著名的相对论。

2）He spoke *so* well *that* everybody was convinced of his innocence.
他说得那么好听，谁都相信他是无辜的了。

3）Practically all substances expand *when* heated *and* contract *when* cooled.
几乎所有的物质都是热胀冷缩的。

汉语有些副词（如“才”“就”“也”“还”等）经常跟连词配合使用，既起副词的修饰作用，又起关联上下语句的作用，如“只有……才……”“如果……就……”“即使……也……”“不但……还……”等。这类副词有时也可以单独起关联作用，如：

1）*Even if* you go there it won't do any good.
去了**也**是白去。

2）*Only after* I had heard his explanation did I understand what it was all about.
听了他的解释，我**才**知道这是怎么回事。

3）We cannot really learn anything *until* we rid ourselves of complacency.
不克服自满情绪，**就**无法学到任何东西。

汉译英时，常常要增补连接词：

1）火车未停，请勿开门。
Don't open the door *until* the train stops.

2）鸡蛋未孵，勿先数雏。
Don't count your chickens *before* they are hatched.

3）喝水不忘掘井人。
*When* you drink water，think of those *who* dug the well.

4）无事不登三宝殿。
I wouldn't come to you *if* I hadn't something to ask of you.

英语组合语句的手段是形态、语序和虚词配合使用，三者相辅相成，互相调剂，互相替换。H. Sweet（1920: 44）认为，“Inflection itself has exactly the same function as the use of form words.”如：

the nature *of* man（虚词）
*man's* nature（形态代替虚词，同时改变语序）

Tell him the news.（语序）
Tell the news *to* him.（借助虚词改变语序）

汉语没有发达的形态变化，组合语句主要借助语序和虚词。

英语表达语法意义的三大手段有严格的规范，有时虽可根据表达的需要选择某种手段，但一般都有强制性，如在什么情况下该用词形变化，用词的何种形式（如 -ed 或 -ing），在什么情况下该用虚词，用什么虚词（如 to 或 for），如此等等，都有一定的规则。随意违反这些规则。往往不符合表达规范。汉语则不同。张志公（1985: 4–16）指出，“汉语语法是强制中有灵活性，灵活中有强制性。……在汉语里，带有绝对强制性的规则比较少，而既有规则又有可选择的方式多，因此，从表达的需要来选择的余地就很大了。”例如，汉语的虚词，就大多数而论，很难说是纯粹的语法成分。如果是纯粹的语法成分，那就当用必用，不当用必不可用。然而，汉语的虚词在一般当用的地方可以不用，用与不用对句子的语法完整性并没有影响。如：

这些问题已经解决了。
这些问题已经**被**解决了。
These problems have been solved.

昨天他很早起床。
昨天他很早**就**起床了。
Yesterday he got up very early.

## 四、英语是语调（intonation）语言，汉语是声调（tone）语言

形态、语序和虚词这三大语法手段与语音表意手段也有密切的关系。

由于现代英语的形态变化减少，语序变得相对固定，又没有类似汉语的语气助词可用来表达各种语气，因此，借助语音表意便成了一种重要的手段。

C. L. Wrenn（1978:143）对此有过较为清楚的论述：

> In a language in which inflexion has been greatly reduced, word-order must become relatively more rigid. One consequence of this tendency to a fixed word-order will be an increase in the role of intonation in the language. For since the varying of the order of words is no longer so possible as a means of conveying shades of meaning such as those that depend on emphasis, this emphasis must be obtained by other means; and the varying of tone to indicate meanings no longer expressible by placing emphatic words in appropriate positions in the sentence (as is done in Latin) is one of the chief of those employed in Modern English. Moreover, in a language of the Germanic type with a relatively fixed stress, like English, musical variety of tone to indicate shades of meaning becomes much more natural. For these reasons such a language as Chinese, with the distinctions of inflexions, and even the whole scheme of parts of speech, completely removed, finds its natural way of development through a fundamental system of tones and tone-groups (called *tonemes*). A change of tone in Chinese will turn "to buy" into "to sell", for instance. In English, though the process of reduction of inflexion and its consequences has reached nothing like so far as the so-called *monosyllabism* of Chinese, and therefore intonation does not play so fundamental a part in the syntax of the language, intonation has, nevertheless, a very important and far-reaching role. A rising or falling tone in the parts of the sentence determines much of its meaning. Moreover, there is a very close bond between stress and tone or pitch, a strong stress, for instance, often corresponding with a rising tone. Such a sentence as "You are going to buy that house" may be a statement of fact (declaratory) or a question (interrogative) according to whether the tone is falling or rising at its end.

英语的语音表意手段主要是语调（intonation）和重音（stress）。语调的升降变化有六种：降调（falling tone）、升调（rising tone）、降升调（fall-rise）、升降调（rise-fall）、平调（level）和降加升调（fall-plus-rise）③。这些语调的变化可以表达不同的语义和语气，重音的改变可以表示不同的词类、词义或强调。语调和重音密切配合，可以表达意义的差别：

{ You may 'not go. 你不可以去。
  You 'may not go. 你可以不去。

All cats don't like WÀTer.（=All cats dislike water)
猫都不喜欢水。
'All cats don't like WÁTer.（=Not all cats like water)
猫并不都喜欢水。

I didn't leave HÓME，because I was afraid of my FÀther.
我没有离开家，因为我怕我父亲。
I didn't leave home because I was afraid of my FǍther.
我离开了家，但不是因为我怕我父亲。

You | said he would CÒME |
你说过他会来的。
| You said he would CÒME |（I was personally doubtful)
你说过他（准）会来的。（可我不大相信）
You | said HĚ would come |（You didn't say that his wife was coming as well)
你说过他（自己）会来的。（但你没说他的夫人也要来）
You | SǍID he would come |（But that doesn't mean he really will)
你说是说过他会来的。（但并不意味着他真的会来）
You | SÀID he would CÓME |（And, my goodness, there he is!)
你是说过他一定会来的。（啊，他来了！）④

汉语没有形态变化，语序比英语固定，虽有语气助词表达各种语气，语音表意仍为一种相当重要的手段。汉语的语音手段主要是声调（tone，亦称字调）。汉语的每个音节，都有能够区别字义、词义的声调。现代汉语普通话的声调有四个：阴平（ˉ）、阳平（ˊ）、上声（ˇ）和去声（ˋ），是音节的高低升降变化。声母和韵母相同的字、词，其意义往往靠不同的声调来区别。掌握不住声调，很可能把“我爱妈”说成“我挨骂”，把“你的衣服”说成“你的姨夫”。H. Sweet 曾谈到在一次中英官员谈判时，译员告诉英国人，中国官员把英国称为 your country of devils（guǐ guó 鬼国）。后来才知道译员听错了，中国官员说的是“guì guó”（贵国 your honored or distinguished country)，可见声调表意的重要性，这也是外国人学习汉语的一大难点。

此外，汉语的语音表意还有其他一些手段，如语调⑤，以及重读与轻读的差别。

汉语的语气也常用语调表示。语调跟音量、音长、音高都有关系，但主要是由声音的高低升降变化形成的，并且主要表现在句尾。语调大体上可分为平直调、高升调、曲折调和低降调四种。平直调（声音平直）常用于说明意见、叙述事实的陈述句；高升调（先低后高）常用于疑问句、短促的命令句，或表示愤怒、紧张、警告、号召的句子；曲折调（先降后升或先升后降）常用于故作反语、讽刺含蓄或表示惊讶、厌恶、迟疑情绪的句子；低降调（先高后低）常用于感叹句、一般祈使句，或表示坚决、肯定的句子。汉语的语气还常用语气词表示，或既用语气词又用语调表示。如：

她不认识我。（平直调）　　她不认识我啦。
她不认识我？（高升调）　　她不认识我吗？
她不认识我！（低降调）　　她不认识我啊！
惨象，已使我目不忍视了；流言，尤使我耳不忍闻。我还有什么话可说呢？（鲁迅：《记念刘和珍君》）（曲折调）

重读与轻读也有意思的差别：

| | |
|---|---|
| 我叫他去。（“去”重读） | I'll ask him to go. |
| 我叫他去。（“去”轻读） | I'll go and call him. |
| 我想起来了。（“起来”重读） | I'll get up. |
| 我想起来了。（“起来”轻读） | I've thought it out. |

汉语字音由声母、韵母和字调三部分构成，讲汉语的人常常利用这三部分的重复或变化来增强表达效果。外国人要学会说有“汉语味”的汉语，必须逐渐在心理上和习惯上接受汉语音节的特殊性，培养像中国人那样特有的音节感。

汉语语音的另一特点是音节匀称，成双成对。古代汉语单音节占优势，现代汉语双音节占优势⑥，如“言”分化成“言论”“言谈”“言语”等。许多单音节词的表达受到限制，常常造成同音混淆、单音歧义的现象，因而扩展为双音节，如把两个意义相同或相近的字合起来用，如“墙壁”“艰难”，或两字重叠，如“星星”“宝宝”，或在前后加上一个不增加多少意义的字，如“老虎”“石头”。有的三音节词压缩成双音节词，如“落花生”→“花生”、“机关枪”→“机枪”，有的多音节词压缩成双音节词或四音节词，如“长途汽车车站”→“长途车站”、“教育部部长”→“教育部长”，许多双音节词往往还要求别的双音节词跟它相配，如“伟大人物”（不说“伟大人”）、“进行调查”

(不说“进行查”)、“管理图书”(不说“管理书”)。双音节化促成了四字短语。汉语存在着大量以种种方式组成的四字格，其中 2–2 节拍几乎占 80% 左右，如“丰衣足食”“日月星辰”“左思右想”“动手动脚”“千头万绪”“微乎其微”等。

总之，双音节化和四音节化（predominance of disyllables and quadrisyllables over monosyllables and trisyllables）是现代汉语的主要节奏倾向。这一主要倾向继承并发扬了自古以来所形成的骈偶传统，即追求词句整齐，重视音韵和谐，讲究辞藻华丽，词语和句式往往成双成对。对偶、排比、反复和重叠成了中国人所喜闻乐见的修辞方式。与英语相比，汉语的这类均衡美和节奏美，不能不说是一大特色：

> It was a day as fresh as grass growing up and clouds going over and butterflies coming down can make it. It was a day compounded from silences of bee and flower and ocean and land, which were not silences at all, but motions, stirs, flutters, risings, fallings, each in its own time and matchless rhythm. (E. Bradbury: *The Vacation*)
>
> 绿草萋萋，白云冉冉，彩蝶翩翩，这日子是如此清新可爱；蜜蜂无言，春花不语，海波声歇，大地音寂，这日子是如此安静。然而并非安静，因为万物各以其适宜的时刻，特有的节奏，或动，或摇，或震，或起，或伏。

## 注　释

① Henry Sweet has called Old English (A. D. 450–about 1200) the period of full endings; Middle English (A. D. 1200–about 1500), the period of leveled endings; and Modern English (A. D. 1500–the present), the period of lost endings. Leveled endings means that the final vowels, *a*, *o*, *u*, are changed or leveled to *e*. Lost endings means that only a few have remained, and these few have for most part become non-syllabic. For example:

| OLD English | MIDDLE English | MODERN English |
|---|---|---|
| leorn-ian | lern-en | learn |
| mon-a | mone-e | moon |
| sun-u | sun-e | son |
| stan-as | ston-es | stones |

参见 A. Zeiger: *Encyclopedia of English*. Revised edition. p. 430. New York: Arco Publishing Company, Inc., 1978.

② 从 C. L. Wrenn 所论述的英语五大特点可以看出形态变化、语序和虚词这三大语法手段

的关系：

What are the characteristic features which outstand in making the English language what it is, which give it its individuality and make it of this worldwide significance?

**First and most important** is its extraordinary receptive and adaptable heterogeneousness — the varied ease and readiness with which it has taken to itself material from almost everywhere in the world and has made the new elements of language its own.

**A second outstanding characteristic of English** is its simplicity of inflection — the ease with which it indicates the relationship of words in a sentence with only the minimum of change in their shapes or variation of endings.

**A third quality of English**, therefore, is its relatively fixed word order. A fixed word order in relation to meaning in the sentence takes the place of the freedom made possible by the system of inflections.

**Another consequence, fourthly,** of the loss or reduction to the minimum of the inflections which English once had, is the growth of the use of periphrase or roundabout ways of saying things, and of the use of prepositions to take the place of the lost inflections.

**A fifth quality of English** is the development of new varieties of intonation to express shades of meaning which were formerly indicated by varying the shapes of words.

It may fairly be said that English is among the easiest languages to speak badly, but the most difficult to use well. (From *The English Language* by C. L. Wrenn, pp. 6–9 London: Methuen & Co. Ltd., 1978.)

③ Leech, G. 和 Svartvik, J. 对英语几种主要语调所表达的意义解释如下：

1. The falling tone expresses certainty, completeness, independence and an air of finality;
2. The rising tone expresses uncertainty, incompleteness and dependence (including yes-no questions, parenthetical and subsidiary information in a statement; encouraging or polite denials, commands, invitations, greetings, farewells, etc.)
3. The fall-rise tone combines the falling tone's meaning of "assertion, certainty" with the rising tone's meaning "dependence, incompleteness". At the end of a sentence, it often conveys a feeling of reservation; at the beginning or in the middle of a sentence, it is a more forceful alternative to the rising tone, expressing the assertion of one point, together with the implication that another point is to follow.

参见 G. Leech & J. Svartvik: *A Communicative Grammar of English*. pp. 38–39. London: Longman Group Ltd., 1974.

④ 例引自 R. Quirk, S. Greenbaum, G. Leech and J. Svartvik: *A Grammar of Con-temporary English*. pp. 383, 1051. Essex: Longman, 1972.

⑤ 参见张静主编：《新编现代汉语》，修订本，第 160–162 页，上海：上海教育出版社，1986 年；张志公主编：《现代汉语》，上册，第 41–43 页，北京：人民教育出版社，1985 年。

⑥ 吕叔湘指出，"作为现代汉语里的语汇单位，双音节比单音节多得多。……《普通

话三千常用词表（初稿）》收名词1 621个，其中多音的（绝大多数是双音的）1 379个，占85%；收形容词451个，其中多音的（绝大多数是双音的）311个，占69%；收动词941个，其中双音的573个，占61%（另有三音节的2个）。从这里可以看出：这三类词里都是双音的占优势，而以名词为最甚。”参见《现代汉语单双音节问题初探》，见《汉语语法论文集》（增订本），第423页，北京：商务印书馆，1984年。

# 2

# 刚性与柔性

## Rigid vs. Supple

英语有综合语的特征，受形态的约束，因而“语法是硬的，没有弹性”；汉语是分析语，不受形态的约束，因而“语法是软的，富于弹性”[①]。O. Jespersen（1954: 334）也认为综合语有刚性，分析语有柔性，他指出，“Analysis means suppleness, and synthesis means rigidity; in analytic languages you have the power of kaleidoscopically arranging and rearranging the elements that in synthetic forms are in rigid connexion”。

### 一、英语的刚性

英语句子有严谨的主谓结构。这个结构通常由名词性短语（NP）和动词性短语（VP）构成。主语不可或缺，谓语动词是句子的中心，两者协调一致（S-V concord），提纲挈领，聚集各种关系网络（connective nexus）。因此，英语句子主从分明，层次清楚，多层递进，前呼后拥，严密规范，句式呈“聚集型”（compactness）。

英语的主语和谓语动词搭配，形成句子的核心（kernel），谓语动词控制句子主要成分的格局。句子尽管错综复杂，千变万化，但根据谓语动词的类别和特征，都可以把英语的主谓结构归结为五种基本句型：[②]

基本句型（一）：主语 + 动词（SV）

The telephone rang. 电话铃响过了。

The meeting has begun. 会议开始了。

基本句型（二）：主语+动词+表语（SVP）

We are students. 我们是学生。
She appeared cheerful. 她显得很高兴。

基本句型（三）：主语+动词+宾语（SVO）

Labor created man. 劳动创造了人。
The news surprised me. 这个消息使我感到惊奇。

基本句型（四）：主语+动词+间接宾语+直接宾语（SVoO）

She sang us a song. 她给我们唱了一首歌。
I sent him a letter. 我给他寄了一封信。

基本句型（五）：主语+动词+宾语+宾语补足语（SVOC）

He painted the door green. 他把门漆成绿色。
We elected him our monitor. 我们选他当班长。

英语各种长短句子，一般都可以看作是这五种基本句型及其变式、扩展、组合、省略或倒装：

（1）基本句型的变式。上述五种基本句型都是陈述句、肯定句和主动句。由这些基本句型可以转换为以下几种主要的变式：

① 陈述句变为疑问句：陈述句通过改变语序或使用助动词可以变为疑问句，如：

Has the meeting begun? 会议开始了吗?
Did you send him a letter? 你给他寄信了吗?

② 肯定句变为否定句：肯定句通过使用否定词、助动词可以变为否定句，如：

We are not students. 我们不是学生。
The telephone did not ring. 电话铃没有响。

③ 主动句变为被动句：基本句型（三）、（四）、（五）的大部分主动句通过使用助动词（和介词）、改变语序和动词的形态可以变为被动句，如：

The door was painted green. 门已漆成绿色。
A letter was sent to him. 已经给他寄了一封信。

④ "There + be + 主语"结构：这种表示"存在"的句型可以看作是基本句型（一）的不同形式：

There was a meeting yesterday. 昨天有一个会议。
There came a knock at the door. 有敲门的声音。

（2）基本句型的扩展。上述五种基本句型及其变式，还可以通过以下方式加以扩展：

① 增加修饰语：修饰语主要是定语和状语，可以采用单词或词组，也可以采用从句，如：

1）*Now the integrated* circuit has reduced *by many times* the size *of the computer of which it forms a part, thus creating a new generation of portable minicomputers.*
现在集成电路成了计算机的组成部分，使计算机的体积大大缩小，从而产生了新一代的袖珍式微型计算机。

2）*When Chou En-lai's door opened* they saw *a slender* man *of more than average height with gleaming eyes and a face so striking that it bordered on the beautiful.*（Agnes Smedley: *The Great Road*）
周恩来的房门开了。他们看到了一位身材修长的人，比普通人略高，目光炯炯，面貌引人注目，称得上美男子。

② 扩展基本句型的成分。基本句型的成分是单词，若采用词组或从句，句型结构即得以扩展：

1）*The kaleidoscope of shifting interests of the nations during the negotiation* made it impossible *to sort out the "winners" and "losers".*
谈判期间，各国的利益变化不定，好像万花筒似的，这就使人难以分辨出究竟谁是"胜者"，谁是"输家"。

2）*The structure of the steel and the resulting properties* will depend on *how hot the steel gets and how quickly or slowly it is cooled.*
钢的结构及其形成的性质，取决于加热的温度和冷却的速度。

（3）基本句型的组合。基本句型及其变式、扩展，还可以通过并列连词或标点连接起来，组合成并列句或并列复合句：

1）A few stars are known which are hardly bigger than the earth, *but* the majority are so large that hundreds of thousands of earths could be packed inside each and leave room to spare; here and there we come upon a giant star large enough to contain millions of millions of earths.

人们所知道的几个星球并不比地球大多少，但绝大多数的星球却大得足以容纳成千上万个地球还绰绰有余；我们到处都能遇见大得足以包容千千万万个地球的巨星。

2）Our Charter, being a historical product, has its limitations, *and* although we have always considered that strict respect for the principles it embodies is the key to considerable progress in international coexistence, we now venture to suggest certain changes, which are technical rather than political, to improve the machinery available to the Organization, since the lofty aims to which we aspire will be the more readily attainable the better the machinery at our disposal.

我们的宪章，作为历史的产物，有其局限性。因此，尽管我们一向认为，严格地尊重宪章所体现的原则是国际共处中取得可观进步的关键，我们仍然冒昧地建议作出某些变更——技术性的而非政治性的变更——借以改善本组织现有的机构，因为我们所掌握的机构越完善，我们所向往的崇高目标就越容易达到。

（4）基本句型的省略。基本句型及其变式、扩展和组合，根据表达的需要，可以省略某些成分或词语。一般说来，省略的部分可以复原，省略句仍然可以看作是基本句型的变体。如：

1）To err is human, to forgive (*is*) divine.

人孰无过，恕过者神。

2）If one had but two heads and neither required sleep!（T. H. Huxley）

（= *It would be nice* if one had but two heads and neither required sleep !）

人要是有两个脑袋，而且都不需要睡觉，那就好了。

3）Every language has its peculiarities; they are established by usage, and whether (*they are*) right or wrong, they must be complied with.

每种语言都有特点，这些特点是在习惯使用中形成的，不论正确与否，都得遵守。

4）A serious matter this for you and me. (B. Shaw)

（= A serious matter *is* this for you and me. / This *is* a serious matter for you and me.）

对你和我来说，这是件严重的事情。

（5）基本句型的倒装。基本句型及其变式、扩展和组合，根据表达的需要，可以调换其正常的语序。一般说来，调换的语序可以复原，倒装句也可以看作是基本句型的变体：

1）The greatest truths are the simplest, *so are the greatest men*.
最伟大的真理总是最朴素的，最伟大的人物也是最朴素的。

2）*Neither could theory do* without practice, *nor* (*could*) *practice* (*do*) without theory.
理论离不开实践，实践也离不开理论。

3）*Such treatment* I did not expect, for I never had a patron before. (S. Johnson)
这种待遇是我所未曾意料到的，因为过去我从未有过恩人。

4）*Naked* you want it, *naked* you'll have it. (I. F. Aldridge)
你要求把事实和盘托出，那就这样吧。

5）Deal with us nobly, *women* though we be. (Mrs. Browning)
虽然我们是妇女，请以高尚的态度对待我们。

6）Never *was night* so still; never *was a sky* so deeply blue, nor stars so bright and serene.
夜从无如此沉寂，天从无如此深蓝，星亦从无如此明亮。

A. S. Hornby 编著的英语学习词典 *Oxford Advanced Learner's Dictionary of Current English* (*OALD*, Third Edition, London: Oxford University Press, 1974) 根据谓语动词的类别及其与其他词语的搭配习惯，把英语用谓语动词造句的型式（verb pattern）归纳为 25 型[③]，用数码表示；另一部英语学习词典 *Longman Dictionary of Contemporary English*（*LDCE*, London: Longman Group Ltd., 1978）则根据词的语法特征和搭配习惯归纳出一张 Table of Codes，共 80 型语法代码，以表中字母（横列）+ 数字（纵列）的交叉代码显示，附在词典的后衬页[④]。后来两部词典都对此作了修订和改进：*OALD*（2002）根据词的语法和语用特征把用谓语动词造句的型式（verb pattern scheme）归纳为 32 型，用缩略字母表示，附在词典的后衬页[⑤]；*LDCE*（1998）归纳出一套 Grammar Codes，共 25 型语法代码，用缩略字母表示，对词的语法特征和具体用法加以详细注明，附在词典的后衬页[⑥]。除了动词之外，名词、形容词、副词等的造句规则也有一定的型式。不管英语句型如何划分，一般都可从其结构形式找出一定的规律，并在词典里加以编码，附在单词之后，以供造句时仿效。

英语是主谓结构（subject-predicate）的语言，每个句子通常都有（逻辑）主语和（逻辑）谓语，Chomsky 的转换生成语法把句子基本生成规则归结为 S（sentence）—NP（noun phrase）+ VP（verb phrase）。英语的主谓结构与西方的逻辑、科学和哲学密切相关，这正如 John Meskill（1973: 601）所说：

> The English sentence must have a subject and a predicate. This structure lends itself to the concept of the law of identity, which is the basis of Aristotelian logic. This subject and predicate proposition gives rise to the philosophical concepts of substance and attribute. Study of substance leads to the idea of a supreme being in religion and atoms in science. From the concept of substance is derived the idea of causality, which in turn gives rise to science. So the categories of Western thought are identity, substance, and causality, perhaps all traceable to the sentence pattern in Western languages.

英语注重句子结构完整，注重结构形式规范，句子尽管繁简交替、长短交错，但形式仍不致流散，其主要原因是英语有许多聚集句子的手段，如形态标志及连接词语使各种成分关系明确，it、there 这类填补词（expletives）使句子结构完整，等等。O. Jespersen（1951: 25–26）指出：

> It became an invariable custom to have a subject before the verb, and therefore a sentence which did not contain a subject was felt to be incomplete. ... many of the rules concerning the use of *it* are seen to be due on the one hand to the speaker's wish to conform to certain patterns of sentence construction found in innumerable sentences with other subjects or objects, and on the other hand to his wish to avoid clumsy combinations which might even sometimes lead to misunderstanding.

英语句子复杂而不流散的另一重要原因是：句子成分之间或词语之间必须在人称、数、性和意义等方面保持协调一致的关系（concord / agreement）。这一原则包括以下三方面：

① 语法一致（grammatical concord）：即在语法形式上保持主语和谓语动词之间数与人称的一致（如单数第三人称后的动词加 -s / -es），主语和表语之间数的一致（如 *She* is a *student* → *They* are *students*），宾语和宾语补足语之间数的一致（如 I found *the boy* a bright *pupil* → I found *the boys* bright *pupils*），人称代词、某些限定词和它们的照应对象之间的人称、数或性的一致（如 The *girl* has seen *her* mother），等等。

② 意义一致（notional concord）：即在意义上保持一致，如主语形式为复数，但意义为单数，谓语动词依意义采取单数形式，反之亦然：

> Two thousand dollars *is* more than he can afford.
> 两千美元他可付不起。

My family *are* all fond of playing table tennis.
我们全家人都爱打乒乓球。

非限定动词作状语或定语，其逻辑主语或逻辑宾语必须与句子的主语或被修饰语保持协调一致：

1）*Sent* to zoos in Tokyo and other cities, *the pandas* are reported to have settled down very well.
这些熊猫送到东京和其他城市的动物园以后，据说都适应得很好。

2）*Mary* felt sad not *to have been invited* to the banquet.
玛丽没有被邀请去参加宴会，心里很难受。

3）Tradition has it that the island-city was founded in A. D. 451 when a *coast-dwelling people called* the Venetti fled across the lagoon before *advancing Hun barbarians*. (C. Lucas: *A Valentine for Venice*)
传说这座岛城是公元 451 年建立的。那时候，野蛮的匈奴人步步逼近，居住在沿岸的那些被称为威尼替的民族，在匈奴人来到之前就逃过了环礁湖。

③ 就近原则（principle of proximity）：即谓语动词的人称和数往往和其最靠近的词语保持一致，如：

Either you or I *am going*.
要么你去，要么我去。
Neither you, nor I, nor anyone else *knows* the answer.
你和我，以及其他任何人，都不知道这个答案。

英语句子成分之间这种协调一致的原则，使句子结构受到形态的约束，因而句式严谨、规范，缺乏弹性。Eric Partridge（1939:11）认为：

In comparison with other languages, English can perhaps be classified, not unfairly, as masculine: "it is", says Jespersen, "the language of a grown-up man and has very little (that is) childish or feminine about it".

对此 Jespersen（1956）作了解释：

The English language is a methodical (but not rigidly methodical), energetic, business-like and sober language, that does not care much for finery and elegance (though it can be delightfully elegant when the need arises), but does care for logical consistency (in such large issues as syntax)and is opposed to any attempt to narrow-in life by police regulations and strict rules either of grammar or of lexicon. As the language is, so also is the nation.⑦

## 二、汉语的柔性

相比之下，汉语的主谓结构要复杂得多。主语不仅形式多样，而且可有可无：它可表示施事、受事，也可表示时间、地点；可用名词、动词，也可用形容词、数量词；句子可以没有主语，也可以省略主语，还可以变换主语并予以隐含。汉语语段里各部分的主语根据语境可以隐含承接，时隐时现，若隐若现，灵活多变。王力（1984: 52–55）说，“西洋的语法通则是需求每一个句子有一个主语的，没有主语就是例外，是省略。中国的语法通则是，凡主语显然可知时，以不用为常，故没有主语却是常例，是隐去，不是省略。”试比较下列英汉句子的主语：

1）文章翻译完了。（受事主语）
The article has been translated.

2）全市到处在兴建新工厂。（地点主语）
New factories are being built all over the city.

3）现在正下着毛毛雨。（时间主语）
It's drizzling at the moment.

4）累得我站不起来了。（无主句）
I'm so exhausted that I can't stand up.

5）他有个女儿，（ ）在北京工作，（ ）已经打电话去了，（ ）听说明天就能回来。（变换主语并隐含）
He has a daughter, who works in Beijing. Someone has phoned her and it is said that she will be back tomorrow.

6）凤姐还欲问时，（ ）只听二门上传出云板，（ ）连叩四下，（ ）将凤姐惊醒。（曹雪芹：《红楼梦》）
Before Xifeng could ask more she was woken with a start by four blows on the chimebar at the second gate.

7）（ ）如今没奈何，（ ）把你雇在间壁人家放牛，（ ）每月可以得他几钱银子，你又有现成饭吃，只在明日就要去了。（吴敬梓：《儒林外史》）
There is no way out but to set you to work looking after our neighbor's buffalo. You'll make a little money every month, and you'll get your meals there too. You are to start tomorrow.

汉语的谓语也复杂多样：它可以是动词、名词或形容词；可以是一个动词，也可以是多个动词，还可以没有动词；可以是一个单词，也可以是多个词组；可以是连动式、兼语式、把字式、紧缩式或主谓式；可以不必与主语搭配而独立成句，构成非主谓句。吕叔湘、朱德熙（1979:13）说，“汉语句子的谓语不一定要有一个动词，这是和西欧语言不同的。谓语的主要成分可能是一个动词，也可能是一个名词或是一个形容词。”试比较下列英汉句子的谓语：

1）天高云淡。（形容词作谓语）

The sky is high and the clouds are pale.

2）他出国留学去了。（连动式谓语：他出国+他留学去了）

He has gone abroad for further studies.

3）我介绍他加入协会。（兼语式谓语：我介绍他+他加入协会）

I recommended him for membership of the Association.

4）别害怕，他能把你怎么样？（把字式谓语：把你怎么样）

Don't be afraid, what can he do to you?

5）不到黄河心不死。（紧缩式谓语：由“我如果不到黄河，心就不死”紧缩）

One will never stop until one reaches one's goal. / Ambition never dies until all is over.

6）这项合同经理要签名。（主谓式谓语：经理要签名）

This contract should be signed by the manager.

7）这姑娘长得漂亮，鹅蛋形脸，两眼又深又黑，披着又长又密的头发。

She is a pretty girl with an oval face, deep dark eyes and long heavy clinging tresses.

8）许多房子，盖着琉璃瓦，曲曲折折，无数的朱红栏杆。（吴敬梓：《儒林外史》）

Many houses were roofed with glazed tiles and set within winding red balustrades.

9）他们这群人，又想吃人，又是鬼鬼祟祟，想法子遮掩，不敢直捷下手，真要令我笑死。（鲁迅：《狂人日记》）

All these people wanting to eat human flesh and at the same time stealthily trying to keep up appearances, not daring to act promptly, really made me nearly die of laughter.

汉语不受形态的约束，没有主谓形式协调一致的关系，也就没有这种关系可以驾驭全句。汉语主谓结构具有很大的多样性、复杂性和灵活性，因而句式呈“流散型”（diffusiveness）。

汉语缺乏严谨的主谓结构与中国的传统哲学思想密切相关。John Meskill（1973:603）指出：

> Without the subject-predicate pattern in sentence structure, the Chinese did not develop the idea of the law of identity in logic or the concept of substance in philosophy. And without these concepts, there could be no idea of causality or science. Instead, the Chinese develop correlational logic, analogical thought, and relational thinking, which, though inappropriate to science, are highly useful in sociopolitical theory. That is why the bulk of Chinese philosophy is philosophy of life. ⑧

汉语的主谓结构大约只占50%，另外的50%左右是话题结构，即“话题（topic）+说明（comment）”。话题结构先提出话题，然后讲与话题相关的事，行为或动作只是其中之一，话题也未必是行为或动作的施事者，“Not obligatory from a grammatical standpoint, the sentence starts with context and topic rather than jumping immediately to a subject as it is frequently the case in English”（Nisbett, 2004: 158），其中的“informational units of topic and comment are basic to the structure of sentences”（Jack Richards, 1985）。英语注重主语（subject-prominent），汉语则注重话题（topic-prominent）。吕叔湘（1979: 120）也说，中国人习惯“把他心中认为最重要的一个词提出来做句子的主语，然后把其余的部分照原来的次序说出来做句子的谓语。”赵元任（Chao Y. R., 1968: 45）早就指出汉语大约一半的句子是topic+comment结构：

> The grammatical meaning of subject and predicate in a Chinese sentence is *topic* and *comment*, rather than actor and action. ... In Chinese, the proportion of applicability of the actor-action meanings is still very low, perhaps not much higher than 50 percent and wider conception of topic and comment is much more appropriate.

赵元任把话题句比作英语的路标：*Third Street, keep right.* John Meskill (1973: 603) 认为孔子的名言（the Chinese Golden Rule）也属于这类句型：己所不欲，勿施于人。(What you don’t wish for yourself, don’t do to others.)

由于汉语重内在意念而不重外在形式，汉语的句型也就难以像英语那样以谓语动词为中心从形式上去划分。汉语句型的研究结果表明，按照句子结构去划分句型，不仅型式量大繁杂（一般归纳为几十个句型不等，有的多达130多个句型），而且难以概括齐全，颇有争议。英语重形合（hypotaxis），较宜以成分格局为主、功能意义为辅来划分句型；汉语重意合（parataxis），较宜以功能意义为主、成分格局为辅来划分句型。按照表意功能及表达形式，汉语句型大体可以分为七大类：

1. 话题句，其基本格式是“话题+说明”（topic+comment），如：

开车他没有经验。He is inexperienced in driving.
婚姻的事我自己做主。As for my marriage, I'll make my own decision.
这艘船是中国制造的。This ship was built in China.

2. 主谓句，包括“施事句”“有无句”“描写句”“说明句”，如：

（1）施事句，其基本格式是“施事+行为+（受事）”，如：

他在学习开车。He is learning how to drive.
她点头表示同意。She nodded her agreement.
雨水促使杂草生长。The rain caused the weeds to grow.

（2）有无句，其基本格式是“领有者+（没）有+被领有者”，如：

他有两部小车。He has two cars.
她有热情，有朝气。She is full of vigor and enthusiasm.
此事有百利而无一弊。It has every advantage and no draw-back.

（3）描写句，其基本格式是“主语+描写（形容词）”，如：

这部小车很新。This car is brand-new.
房间干干净净。The room is very clean.
这东西又便宜又好。It is cheap but good.

（4）说明句，其基本格式是“主语+说明（名词）”，如：

今天星期日。Today is Sunday.
我上海人。I'm from Shanghai.
这箱子八十磅。This box weighs eighty pounds.

3. 关系句，即表达各种关系的复句，大多由上列两类句子通过各种方式组合或变通而成，如：

（因为）他天天练习开车，（所以）很快就学会了。He soon learnt how to drive

because of his daily practice.

如处理得当，问题不难解决。The problem will not be difficult to solve, if properly handled.

只要虚心，就会进步。Provided you are modest, you'll surely make progress.

4. 紧缩句，由复句紧缩而成，表达复句的并列、转折、假设、条件、因果、让步等关系。形式像单句，有的是单句，有的仍是复句，如：

不进则退。He who does not advance falls backward.

酒醉智昏。When wine is in, wit is out.

上梁不正下梁歪。If the upper beam is not straight, the lower ones will go aslant. / When those above behave unworthily, those below will do the same. / A crooked stick will have a crooked shadow.

5. 存现句，即表示人或事物存在或消失的句子，如：

黑暗中来了一部车子。A car is coming in the dark.

前面是一片稻田。There is a stretch of rice fields ahead.

还有许多工作要做。Much remains to be done.

6. 呼叹句，即交谈中相互呼唤、应对或感叹的句子，如：

是呀，他车开得真好！ Yes, he is an excellent driver!

多么新鲜的水果啊！ How fresh the fruit is!

看她多精神！ Look how energetic she is!

7. 祈使句，即表达要求、命令或请求的句子，如：

请勿酒后开车。Please don't drink and drive.

不要总以为自己对。Don't think you are always right.

别管我，救火要紧！ Don't bother about me! Put out the fire first!

尽管汉语可以从功能意义和表达形式划分出几大类型，但其表现形式仍十分复杂，而且难以概括齐全。汉语是重语感、重变通的语言，组句的自由度很大，句子长长短短，不求形式齐整，而求意思通顺。许多语句形式和语法功能灵活多变（flexibility of grammatical function），表达和理解往往靠语义、语境、语序、语感、悟性、交际意图和约定俗成，而不靠像英语那样的S-V concord之类的主谓语言形式和逻辑协调一致的规则。从形式看，汉语似乎有不少“非逻辑”表达方式（illogical expression），试比较：

晒太阳 to bask in the sun
晒衣服 to sun one's clothes

吃食堂 to have one's meals in the mess
吃苹果 to eat an apple

还他的债 to pay him one's debts
还他的钱 to pay him back

住四人 four people live in ...
住旅馆 to stay at a hotel

在家养病 to recuperate at home
闭目养神 to sit in repose with one's eyes closed

救火 fire fighting
救国 to save the nation

打扫卫生 to do some cleaning
打扫房间 to clean a room

补充缺额 to fill a vacancy
补充人力 to replenish manpower

恢复疲劳 to get refreshed
恢复健康 to recover one's health

这类“非逻辑”表达方式，从英语语法的角度看，难以解释得通，但从汉语语言文化及其心理性、社会性和历史性的角度看，是可以理解的[⑨]。例如，“晒太阳”，正如“烤火”一样，从物理解释，是人被太阳晒、被火烤，但从说话人的心理解释，是人有意地利用太阳和火的光和热，或无意地经受那光和热的作用，因而太阳和火是被动的，人是主动的。这可以联想到中国人的主体思维：“万物皆备于我”（孟子）。又如，“救火”和“养病”，从英语“动词+宾语”的语法关系无法解释，但从汉语“救”和“养”的多方面意思和“救火”“养病”这类习语的特定意思看，“救”可以解释为“援助使脱离灾难或危险”（《现代汉语词典》，2005:732），“救火”作为词典的词条，意为“在失火现场进行灭火和救护工作”；“养病”可以解释为“因患病而休养”（《现代汉语词典》，2005:1579），其中有因果关系。

语言是心理现象和社会现象，是人的思维工具，但未必如实反映客观事物，也未必样样都符合逻辑，这正如 Jespersen（1956:11）所说："No language is logical in every respect"。英语和汉语都有"非逻辑"表达方式，只是此多彼少的问题，以下多举些英语的例子[10]：

汉语：自行车：并非自行
自来水：并非自来
马路：并非专门给马走
火车：并非火的车
电气化：电难道是气吗?
一辆摩托车骑三个人：车骑人?
吃公款、吃钉子、吃大户、吃官司：把什么拿来吃?
中国队大胜（大败）美国队：怎么说也是中国队赢！

英语：eggplant（茄子）：没有 egg（蛋）
sweetmeat：是糖果、蜜饯，不是甜的肉
quicksand（流沙）：可能流动得不快
fill out（填写）vs. fill in（填写）the form
a slim chance = a fat chance：渺茫的机会
quite a lot = quite a few：相当多，不少
burn down（烧成平地）vs. burn up（烧掉）
hamburger（汉堡包）：没有 ham（火腿）
The alarm went on（闹响）vs. went off（闹响）
boxing rings（拳击台）：不是圆形的，而是方的
public bathrooms（公共厕所）：无 baths（浴室）
sweetbread：不是甜面包，是小牛（羊）胰脏、杂碎
drive on a parkway（公园大道上开车）：不是停车道上开车
a wise man（聪明的人）vs. a wise guy（自以为是的人）
overlook（忽视，忽略）vs. oversee（监视，监督，看管）
pineapple（菠萝）：既没有 pine（松树），也没有 apple（苹果）
Stars are out（能看见星星）vs. Lights are out（看不见灯光）
wind up my watch（让表开始走）vs. wind up this article（不是开始写文章，而是文章写完了）

这类 illogical 或难以解释的表达方式，大多本来不像话，因为讲这种话的人多了，便成了话。约定俗成，习惯成了自然，语言学者都把这些归入固定的习惯用语，不必再去追究其是否合理了。

汉语缺乏形态变化，缺乏词性标记，较少使用连接词，语句的结构关系较难分辨，因而语法歧义的现象也比较多，如：

烤羊肉：roast mutton / to roast mutton
两个乡干部：two village cadres / cadres from two villages
鸡不吃了：The chicken has stopped eating. / I won't eat any more chicken.

汉语偏重意会，略于形式，因而脱离一定语境的语句也较易产生语法歧义，以下各例也是如此：

1）他欠你的钱（他 + 欠你钱 / 他欠你的 + 钱）
2）准备了两年的食物（准备了两年的 + 食物 / 准备了 + 两年的食物）
3）对于他的态度（对于 + 他的态度 / 对于他的 + 态度）
4）我和他的老师（我和他的 + 老师 / 我 + 他的老师）
5）热爱人民的总理（热爱 + 人民的总理 / 热爱人民的 + 总理）
6）神秘的少女的心（神秘的 + 少女的心 / 神秘的少女的 + 心）
7）找到了孩子的妈妈（找到了孩子的 + 妈妈 / 找到了 + 孩子的妈妈）
8）喜欢的是她（喜欢她 / 她喜欢）
9）研究方法很重要（研究的方法 / 对方法进行研究）
10）是前天发的电报（回答"这是什么" / 回答"什么时候发的电报"）
11）财务组应该清查（"财务组"是施事：清查别人 / "财务组"是受事：被清查）
12）我差一点没跟他结婚（想跟他结婚，事实上也跟他结婚了 / 不想跟他结婚，也没有跟他结婚 / 跟不跟他结婚无所谓，不过事实上没有跟他结婚）

汉语的哲学背景是儒、道、佛的悟性。悟性注重直觉领悟，表现在汉语里即显示"得意忘言"，不拘于形式结构，因而模糊性较大，歧义现象较多：一个深层结构（语义结构）可表现为多个表层结构（句法结构），多个深层结构也可表现为一个表层结构。表达和理解汉语往往要靠语境、悟性和"约定俗成"。例如以下男女学生的一段对话，说的是还书的事，旁听的美国学生却把它理解成"something romantic"：

男：你还（有几本书）没有给我呢。
女：给你了，我给你了！
男：没有，你没有给我。
女：给了，我全都给你了。
男：真的吗？
女：真的，我全给你了！

这段对话都省略了宾语“几本书”，双方的理解与表达全靠语境。许多汉语句子都习惯省略句子的某个（些）成分，如宾语、主语、动词等，如果脱离语境，容易产生歧义。Nisbett（2004:157）就此与英语作了对比：

> East Asian languages are highly "contextual." Words (or phonemes) typically have multiple meanings, so to be understood they require the context of sentences. English words are relatively distinctive and English speakers in addition are concerned to make sure that words and utterances require as little context as possible. The linguistic anthropologist Shirley Brice Heath has shown that middle-class American parents quite deliberately attempt to decontextualize language as much as possible for their children.They try to make words understandable independent of verbal context and to make utterances understandable independent of situational context.

英语受形态变化规则的约束，有不少词性标记，常用关系词和连接词，语句的结构关系比较清楚，因而语法歧义比汉语少。英语语法歧义主要见于表意形式含糊的结构，尤其是模棱两可的修饰关系，如：

1）John saw Mary *with the binoculars*.
  a. 约翰用双筒望远镜看到了玛丽。(with 短语修饰 saw)
  b. 约翰看见玛丽带着双筒望远镜。(with 短语修饰 Mary)
2）*All* of the arrows *didn't* hit the target.（S. C. Levinson）
  a. 不是所有的箭都射中靶子。(部分否定)
  b. 所有的箭都没有射中靶子。(全部否定)
3）He loves the dog more than *his wife*.（R. Quirk）
  a. 他爱这只狗胜过爱他的妻子。(... than he loves his wife)
  b. 他比他妻子更爱这只狗。(... than his wife loves the dog)
4）I knew that you had seen him before I met you.（R. Quirk）
  a. 我知道在我见到你之前，你就看见过他了。(=I knew that, before I met you, you had seen him)
  b. 在我见到你之前，我就知道你看见过他了。(=Before I met you, I knew that you had seen him)

汉语句式的多样化还表现在：有完全句（full sentence），也有大量的不完全句（minor sentence），或称“小句”。完全句有主谓结构或话题结构，不完全句没有完整的主谓结构或话题结构，由词或词组构成。不完全句可以作完全句的主语或话题，也可以作完全句的谓语或说明。大量完全句由不完全句组成，主谓关系或话题与说明的关系比较松散，不受形式、形态、主谓之间形式与逻辑一致关系（S-V concord）的束缚与限制，因而复杂多样，灵活多变。完全句与不完全句混合交错，组成了流水句。吕叔湘（1979: 27）指出，"用小句而不用句子做基本单位，较能适应汉语的情况，因为汉语口语里特多流水句，一个小句接一个小句，很多地方可断可连。"这些句式似句似段，若断若连，流泻铺排，主谓难分，主从难辨，形散神聚，意尽为界，富有弹性，恰似流水，不仅常见于口语，书面语也不乏其例：

1）接着，他继续设想，鸡又生鸡，用鸡卖钱，钱买母牛，母牛繁殖，卖牛得钱，用钱放债，这么一连串的发财计划，当然也不能算是生产的计划。（马南邨：《燕山夜话》）

He went on indulging in wishful thinking. Chickens would breed more chickens. Selling them would bring him money. With this he could buy cows. The cows would breed too and selling oxen would make more money for him. With the money, he could become a money lender. Such a succession of steps for getting rich, of course, had nothing at all to do with production.

2）河面大小船只泊定后，莫不点了小小的油灯，拉了篷。各个船上皆在后舱烧了火，用铁鼎罐煮饭，饭焖熟后，又换锅子熬油，哗地把蔬菜倒进热锅里去。一切齐全了，各人蹲在舱板上三碗五碗把腹中填满后，天已夜了。（沈从文：《鸭巢围的夜》）

After the boats large and small had moored, all lit tiny oil lamps and fixed up mat canopies. Rice was boiled in iron cauldrons over fires in the stern, and once this was cooked the vegetables were fried in another pan of sizzling oil. When the meal was ready, everyone aboard could wolf down three or five bowls. By then it was dark. (Gladys Yang 译)

3）芙蓉镇街面不大。十几家铺子、几十户住家紧紧夹着一条青石板街。铺子和铺子是那样的挤密，以至一家煮狗肉，满街闻香气；以至谁家娃儿跌跤碰脱牙、打了碗，街坊邻里心中都有数；以至妹娃家的私房话，年轻夫妇的打情骂俏，都常常被隔壁邻居听了去，传为一镇的秘闻趣事，笑料谈资。偶尔某户人家弟兄内讧，夫妻斗殴，整条街道便会骚动起来，人们往来奔走，相告相劝，如同一河受惊的鸭群，半天不得平息。不是逢圩的日子，街两边的住户还会从各自的阁楼上朝街对面的阁楼搭长竹竿，晾晒一应布物：衣衫裤子，裙子被子。山风吹过，但见通街上空"万国旗"纷纷扬扬，红红绿绿，五花八门。再加上悬挂在各家瓦檐下的串串红辣椒，束束金黄色的苞谷种，个个白里泛青的葫芦瓜，形成两条颜色富丽的夹街彩带……人在下边过，鸡在下边啼，猫狗在下边梭窜，另有一种风情，另成一番景象。（古华：《芙蓉镇》）

> The main street of Hibiscus was not big. Paved with flagstones it was wedged between a dozen shops and a few scores of houses. These buildings were so packed together that if one shop stewed dogmeat, the aroma filled the whole street; if some child fell and knocked out a tooth or smashed a bowl, the whole street knew of it; neighbors often overheard the secrets girls confided to each other and the jokes between young married couples, then regaled the whole town with these titbits. If brothers fell out or husband and wife came to blows, the whole place was in a turmoil as all rushed to intercede. On days when there was no market, people fixed up long bamboo poles between their upstairs windows and those across the street, to sun their clothes and bedding. The wind blowing from the hills made these flutter like flags all the colours of the rainbow. And the clusters of red peppers, golden maize cobs, pale green calabashes and gourds hanging from the eaves formed bright borders on either side. Below, people came and went, cocks crowed, cats and dogs padded to and fro — it was a distinctive sight.（杨宪益译）

这也正如 H. W. Fowler（1965: 526）所说的："Rhythmic speech or writing is like waves of the sea, moving onward with alternating rise and fall, connected yet separate, like but different, suggestive of some law, too complex for analysis or statement, controlling the relations between wave and wave, waves and sea, phrase and phrase, phrases and speech."

英语里类似汉语的不完全句叫做破句（fragments）。这类句式没有完整的主谓结构，只有词、短语或从句，在英语里原属语法错误，一般仅用于对话、标题、告示等特定的语境，或用作修辞手段。与汉语相比，英语的破句不属于常规句式。汉语流散型句式与口语有密切的关系。"现代汉语的书面语同口语基本上是一致的，它是在口语的基础上产生和发展起来的。口语是书面语的源泉，对书面语始终起着决定性的作用。"[11]

总之，英语重形合，词有形态变化，造句注重形式接应（formal cohesion），要求结构完整，句子以形寓意，以法摄神，语法呈现显性（explicitness）、刚性（rigidity），因而严密规范，采用的是焦点句法，具有严谨的客体意识；汉语重意合，字词缺乏形态变化，造句注重意念连贯（semantic coherence），不求结构齐整，句子以意役形，以神统法，语法呈现隐性（implicitness）、柔性（suppleness），因而流泻铺排，采用的是散点句法，具有灵活的主体意识。

王力（1984:53）指出，“就句子的结构而论，西洋语言是法治的，中国语言是人治的。”所谓“法治”，即句子的形式严格受到语法的制约，如句子必须有主语和谓语动词，及物动词必须有宾语，这些“不管用得着用不着，总要呆板地求句子形式的一律”。所谓“人治”，即句子比较不受形式的约束，可以因表意的需要而加以变通，词语的分合伸缩比较灵活，“用得着就用，用不着就不用”，只要双方意思明白，就可以了。汉语的句子可以没有主语（如“下雨了”）、没有动词（如“我二十岁”），动词该带宾语的却不一定带宾语（如“词典来了，赶快去买吧”）；英语句子除了必须有主语和谓语动词之外，及物动词一定要带宾语，找不到宾语也要用主语的反身代词来作“替身”，如 Insects hide *themselves* in winter，或用 it 来代替主语或宾语：We are born to slave *it* for our lord（W. Thackeray）。至于虚词，如介词、连接词，用与不用，英语都有较为严格的区分，汉语则灵活得多了。林语堂（1994:91）认为，“中国话，中国语法，显示出明确的女性特征。”这种特征便是柔性。

## 注　释

① 参见王力：《中国语法理论》，见《王力文集》第一卷，第141页，济南：山东教育出版社，1984年。

② 参见《英语基础语法新编》，厦门大学外文系英语语法小组（刘贤彬、蔡丕杰、连淑能）编著，福建人民出版社，1972年初版。1984年连淑能负责增订再版，加强对书中的重点和难点的论述，作了较大的修订、增补和调整，先后印刷7次，共60多万册，在内地及港澳地区发行。这是我国外语界罕有的一项科研成果。该书首次提出英语五大基本句型之说（SV、SVP、SVO、SVoO、SVOC）。全书以句子为重点，以基本句型为线索，用句法带词法，通过层次分析，解剖句子结构，由简到繁，由繁返简，辅以简易图解。出版之后，收到海内外读者大量来信，普遍认为“这是一部速成英语语法书”，英语五大基本句型之说也常被英语学者及其教材和论著采用，影响较大，1988年荣获福建省社会科学（1979—1987）优秀成果奖、厦门市社会科学优秀成果荣誉奖。

③ 参见 A. S. Hornby: *Oxford Advanced Learner's Dictionary of Current English*, Third Edition, London: Oxford University Press, 1974. 另见 A. S. Hornby: *Guide to Patterns and Usage in English, 2nd Edition*, London: The English Language Book Society & Oxford University Press, 1975.

④ 参见 *Longman Dictionary of Contemporary English*, London: Longman Group Ltd., 1978.

⑤ 参见 A. S. Hornby: *Oxford Advanced Learner's English-Chinese Dictionary*, Extended Fourth Edition, Hong Kong: Oxford University Press & Beijing: The Commercial Press, 2002.

⑥ 参见 *Longman Dictionary of Contemporary English (English-Chinese)*. Hong Kong: Addison Wesley Longman China Ltd. & Beijing: The Commercial Press. 1998.

⑦ 比较 Jespersen 对英语的这段解释与以下 William Camden 对欧洲其他语言的解释：
The Italian is pleasant, but without sinews, as a still fleeting water. The French, delicate, but even nice as a woman, scarce daring to open her lips for fear of marring her countenance. The Spanish, majestical but fulsome, running too much on the O, and terrible like the Devil in a play. The Dutch, manlike, but withal very harsh, as one ready at every word to pick a quarrel. Now we, in borrowing from them, give the strength of consonants to the Italian, the full sound of words to the French, the variety of terminations to the Spanish, and the mollifying of more vowels to the Dutch, and so (like Bees) gather the honey of their good properties and leave the dregs to themselves. And thus when substantialness combineth with delightfulness, fulness with fineness, seemliness with portliness, and currantness with stayedness, how can the language which consisteth of all these sound other than most full of sweetness. — Again, the long words that we borrow, being intermingled with the short of our own store, make up a perfect harmony；by culling from out which mixture (with judgment) you may frame your speech according to the matter you must work on, majestical, pleasant, delicate, or manly, more or less in what sort you please. Add hereunto, that whatsoever grace any other language carrieth in verse or prose, in Tropes or Metaphors, in Ecchoes, and Agnominations, they may all be lively and exactly represented in ours.
With these two laudatory opinions it is amusing to contrast that expressed in the following passage from Samuel Putnam's *Marguerite of Navarre*, 1936. "She seems to have held the opinion which Charles V (1500–1558) was to voice, to the effect that Latin was the language of prayer, Italian the language of music, Spanish the language of love (a position that later was accorded to Italian) , French the language of courts, German the language in which one addressed one's servants, and English the language in which one spoke to one's horses" (From *Remains of Britain*. Britain：Messrs. John Russell Smith, 1870) 。

⑧ John Meskill (1973:602) 还认为：Dispensability of the subject in Chinese makes it easy to think of the cosmos as being in a perpetual circular process of transition without postulating an external agency to actuate or control the process. This is a key concept in Chinese cosmology. According to Tungsun Chang, this view reflects a lack of interest in substance, the substratum of things. Written characters are merely signs. But from signs come things. The ancient Chinese did not investigate the substratum of things, but were only interested in signs and their relations. This statement may be a little extreme, but it cannot be gainsaid that Chinese traditional thought was weak in exploring the idea of substance or substratum。

⑨ 参见王宗炎:《谈谈语言和逻辑》，见《汉英语文研究纵横谈》，第 143–144 页，北京：北京大学出版社，1997 年。

⑩ 参见 Wilfred Funk：*Our Crazy Language*. 英语这类似是而非的表达方式往往令人望文生义：（1）busybody≠忙人=（贬义）好管闲事的人=a person who takes too much interest in other people's affairs（*LDCE*，1998：186）；2）the long and（the）short of it≠它的长短处（cf. merits and demerits）=总的结果/情况，要点，总而言之，总之=the general result, expressed in a few words（*LDCE*，1998：896）；（3）She has a weakness for pork. ≠吃猪肉她可不行。=她有爱吃猪肉的嗜好。（weakness for=a strong liking, esp. for something that is bad or slightly disapproved of, *LDCE*，1998：1742）；（4）sweet milk ≠加糖牛奶=新鲜牛奶（*OALD*，2002：1545；《新英汉词典》2000：1386）；（5）horseplay≠马戏（cf. circus）=喧闹（的行为），喧哗（*LDCE*，1998：738）；（6）What a shame！≠真可耻！=多可惜啊！（*LDCE*，1998：1393）；（7）hundred and one ≠ 一百零一（cf. one hundred and one）=许多（《英汉大词典》，1993：855）；（8）*Reminiscences of Marx* ≠《马克思回忆录》=《回忆马克思》；（9）outstanding issues ≠突出的问题=悬而未决的问题（《新英汉词典》，2000：931）；（10）a matter of the last importance ≠最不重要的事情=极端重要的事情（《英汉大词典》，1993：998）。

⑪ 参见胡裕树主编：《现代汉语》，第 399 页，上海：上海教育出版社，1979 年。

# 3

# 形合与意合

## Hypotactic vs. Paratactic

所谓形合，指的是词语或分句之间用语言形式手段（如关联词）连接起来，表达语法意义和逻辑关系。*The American Heritage Dictionary* 给形合定义为："The dependent or subordinate construction or relationship of clauses with connectives, for example, I shall despair *if* you don't come"。英语造句主要采用形合法（hypotaxis）。

所谓意合，指的是词语或分句之间不用语言形式手段连接，其中的语法意义和逻辑关系通过词语或分句的含义表达。*The World Book Dictionary* 给意合定义为："The arranging of clauses one after the other without connectives showing the relation between them. Example: The rain fell; the river flooded; the house washed away"。汉语造句主要采用意合法（parataxis）[①]。

美国翻译学家 E. Nida（1982:16）认为，英汉在语言学上最重要的一个区别就是形合和意合的不同：

> 就汉语和英语而言，也许在语言学上最重要的一个区别就是形合和意合的对比。在英语以及大多数的印欧语言中，句子的从属关系大多是用连接词如 *if*, *although*，*because*，*when*，*in order that*，*so*，*so that* 等词明确地表示出来的，但是，这同一概念，我们用意合的方法基本上也同样可以表达出来。那就是说，将两个句子放在一起并没有连接词表明其相互关系，而从句子本身的意思中体现出来。例如，我们说 *Because it is late*，*I must leave.* 在这里两个句子的逻辑关系是用连接词 *because* 表示出来的；但是我们也可以说 *It is late*，*I must leave.* 在这里，虽然没有明确的词汇表明相互的关系，但是这种关系显然是存在的。

我国清代翻译家严复对中西语言的句法差异也指出：

西文句中名物字，多随举随释，如中文之旁支，后乃遥接前文，足意成句。故西文句法，少者二三字，多者数十百言。假令仿此为译，则恐必不可通，……此在译者将全文神理，融会于心，则下笔抒词，自善互备。（《天演论》译例言，1898）

## 一、英语的形合法

英语造句常用各种形式手段连接词、短语、分句或从句，注重显性衔接（explicit cohesion），注重句子形式，注重结构完整，注重以形显义。英语是重形式的语法型语言。

英语句中的连接手段和形式（cohesive ties）不仅数量大，种类多，而且用得十分频繁。

1. 关系词和连接词。关系词包括关系代词、关系副词、连接代词和连接副词，如 who，whom，whose，that，which，what，when，where，why，how 等，用来连接主句和主语从句、宾语从句、表语从句或定语从句。连接词包括并列连词和从属连词，如 and，or，but，yet，so，however，as well as，(n)either ... (n)or ... 及 when，while，as，since，until，so ... that，unless，lest 等，用来连接词、词组和分句。英语造句几乎离不开这些关系词和连接词，汉语则少用甚至不用这类词，如：

1）All was cleared up some time later *when* news came from a distant place *that* an earthquake was felt the very day the little copper ball fell.
过了一些时候，从远方传来了消息：在小铜球坠落的当天，确实发生了地震。这一切终于得到了澄清。

2）*When* I try to understand *what* it is *that* prevents so many Americans from being *as* happy *as* one might expect, it seems to me *that* there are two causes, of *which* one goes much deeper than the other.
为什么如此众多的美国人不能如想象中那样幸福呢？我认为原因有二，而两者之间又有深浅之分。

3）It had been a fine, golden autumn, a lovely farewell to those *who* would lose their youth, *and* some of them their lives, *before* the leaves turned again in a peacetime fall.
那是个天气晴朗、金黄可爱的秋天，美好的秋色为那些青年送别。待到战后和平时期，黄叶纷飞的秋天再度来临时，昔日的青年已经失去了青春，有的丧失了生命。

4）It is flattering to believe *that* they are too profound to be expressed *so* clearly *that* all *who* run may read, *and* very naturally it does not occur to such writers *that* the fault is with their own minds *which* have not the faculty of precise reflection.（W. S. Maugham: *Lucidity, Simplicity, Euphony*）
认为自己的思想深奥，不可能表达得很清楚，让任何人都能理解，这是言过其实。这样的作家当然不会想到，问题还是出在自己的脑子缺乏精确思考的能力。

5）It was *what* sentimentalists, *who* deal in very big words, call a yearning after the ideal, *and* simply means *that* women are not satisfied *until* they have husbands *and* children on *whom* they may centre affections, *which* are spent elsewhere, *as* it were, in small change.（W. Thackeray: *Vanity Fair*）
一般情感主义者喜欢用大字眼，称之为对于理想爱情的渴望。换言之，他们认为女人的情感平时只能零星发泄，必须有了丈夫和孩子，情感收聚起来有了归宿，自己才能得到满足。

2. 介词。介词包括简单介词（如 with，to，in，of，about，between，through）、合成介词（如 inside，onto，upon，within，without，throughout）和成语介词（如 according to，along with，apart from，because of，in front of，on behalf of, with regard to）。据 G. Curme 统计，英语各类介词共约 286 个。介词是英语里最活跃的词类之一，是连接词、短语或分句的重要手段。R. Bander (1978: 51–52) 指出，“A preposition may be defined as a connecting word showing the relation of a noun or substitute for a noun to some other word in the sentence. ... Prepositions appear constantly in English speech and writing. ... Over ninety percent of preposition usage involves these nine prepositions: *with*, *to*, *from*, *at*, *in*, *of*, *by*, *for* and *on*”。英语造句几乎离不开介词，汉语则常常不用或省略介词：

1）The many colors *of* a rainbow range *from* red *on* the outside *to* violet *on* the inside.
彩虹有多种颜色，外圈红，内圈紫。

2）He had a disconcerting habit *of* expressing contradictory ideas *in* rapid succession.

他有一种令人疑虑不安的习惯：一会儿一个看法，自相矛盾，变化无常。

3）This was an intelligently organized and fervent meeting *in* a packed Town Hall, *with* Mr. Strong *in* the chair.
这是一次精心组织起来的会议。市政厅里济济一堂，热情洋溢，主持会议的是斯特朗先生。

4）Power can be transmitted *over* a great distance *with* practically negligible loss if it is carried *by* an electric current.
电流可以把动力传送到很远的地方，其消耗几乎可以忽略不计。

5）The present onslaught *of* vehicles poses a serious threat *to* urban life and pedestrian peace *of* mind.
当前，车辆横冲直撞，严重地威胁着城市生活，路上行人无不提心吊胆。

6）Change *of* information, if any, *concerning* the contents *of* this section will be found *in* the appendix *at* the end *of* this book.
本节内容如有更改，均见本书末附录。

7）She said, *with* perfect truth, that "it must be delightful to have a brother," and easily got the pity *of* tender-hearted Amelia, *for* being alone *in* the world, an orphan *without* friends or kindred.(*Vanity Fair*)
她说道，"有个哥哥该多好啊，"这话说得入情入理。她没爹没娘，又没有亲友，真是孤苦伶仃。软心肠的阿米莉亚听了，立刻觉得她可怜。

3. 其他连接手段，如形态变化形式，包括词缀变化，动词、名词、代词、形容词和副词的形态变化（如性、数、格、时、体、语态、语气、比较级、人称等）及其保持前后一致的关系（grammatical and notional concord），广泛使用代词以保持前呼后应的关系，以及使用 it 和 there 作替补词（expletives）起连接作用，等等。英语常常综合运用上述的关系词、连接词、介词以及其他连接手段，把各种成分连接起来，构筑成长短句子，表达一定的语法关系和逻辑联系。如：

1）He boasts *that* a slave is free the moment *his* foot touches British soil *and* he sells the children *of* the poor *at* six years *of* age *to* work *under* the lash *in* the factories *for* sixteen hours a day. (B. Shaw: *The Man of Destiny*)
他吹嘘说，任何奴隶一踏上英国的土地就获得自由，而他却出卖穷人家六岁的孩子到工厂干活，每天十六小时，受尽鞭打责骂。

2）They *would have had* to live the rest of their lives under the stigma that they *had* recklessly *precipitated* an action which *wrecked* the Summit Conference and conceivably *could have launched* a nuclear war.

他们恐怕免不了在有生之年要蒙受不洁之名，人们会说他们贸然采取行动，使高峰会议遭到搁浅，而且，可以设想，还可能挑起了一场核战争。

3）Could any spectacle, for instance, be *more* grimly whimsical *than* that of gunners *using* science to shatter men's bodies *while*, close at hand, surgeons use it to restore them? (*The Personality of Man*)
例如，炮手用科学毁坏人体，而就在附近，外科医生则用科学使其恢复健康，难道还有什么比这种情景更加严酷得离奇古怪?

4）*There* is nothing *more* disappointing to a hostess *who has gone* to a lot of trouble *or* expense *than* to have her guest *so interested in talking* politics *or* business *with* her husband *that* he fails to notice the flavor *of* the coffee, the lightness *of* the cake, *or* the attractiveness *of* the house, *which* may be her chief interest *and* pride. (*Western Manners*)
最令女主人失望的是，她花了许多心神或费用来招待客人，可是这位客人只顾津津有味地与她的丈夫谈政治、谈生意，却没注意到香喷喷的咖啡，松软的糕点，或房子里吸引人的东西，而这些却可能是她感兴趣并引以为豪的主要所在。

5）Even *in its* blasted condition, *with* boards and sackings *in* most *of* the windows, *with its* thick dust *and its* bare room, *with its* cracked plaster *and its* damaged roofs, the hotel had been a new world, a breadth and dignity, full *of* adventure possibilities. (*Betrayed Spring*)
这家旅馆，尽管遭到破坏，窗户大多钉上了木板，并挂着粗麻布，到处是厚厚的尘土，房间空荡荡，墙上的灰泥也破裂了，屋顶也毁坏了，可总是一个宽阔而庄严的新天地，值得去探险。

英语和其他欧洲语言的形合特点，与亚里士多德严密的形式逻辑以及16至18世纪风行欧洲的理性主义是一致的。理性主义强调逻辑推理，注重形式论证，表现在英语里即注意形态的外露，拘谨于结构成形、形式完整。西方人的思维方式注重逻辑理性，语言学研究注重形式结构分析，这种“见形不见意”的方法植根于西方形式逻辑的理性传统，表现在英语里即显示语句拘泥于形式结构，语法呈显性（explicit），比较刻板，注重以形达意，主要采用形合法。形合法运用形态变化形式和显示逻辑－语法关系的连接词语（logic-grammatical connector），严谨地表达言者想要表达的意思，听者或读者可以尽可能不依靠语境就能理解（low-context），这是“作者责任型”（writer-responsible）语言。Nisbett（2004: 60）指出：

> The relative degree of sensitivity to others' emotions is reflected in tacit assumptions about the nature of communication. Westerners teach their children to communicate their ideas clearly and to adopt a "transmitter" orientation, that is, the speaker is responsible for uttering sentences that can be clearly understood by the hearer — and understood, in fact, more or less independently of the context. It's the speaker's fault if there is a miscommunication.

英语“以形统意”“以形摄神”“以形显义”这种重形式、重结构的特点，也体现在西洋画里。西洋画讲求形似，着重写生，追求形象逼真，讲究透视、解剖、光学等科学原理，表现客体的色彩变化、明暗对比、高低远近、大小比例等，注重“历历具足”“甚谋甚细”的精确性，采用几何形的焦点视法，重视写实，给人以真实的感觉。

## 二、汉语的意合法

汉语造句少用甚至不用形式连接手段，注重隐性连贯（implicit coherence），注重时间和事理顺序，注重功能、意义，注重以意役形。汉语是重意会的语义型语言。

汉语的形合手段比英语少得多：没有英语所常用的那些关系代词、关系副词、连接代词和连接副词；英语连接性词语大约有100个，而汉语的并列连词、从属连词与关联副词配合使用的连接词语仅约50个；汉语介词数量少，大约只有35个，而且大多是从动词虚化而“借”来的，或兼用作动词，比英语286个介词（短语）要少得多。王力（1984:474）指出，汉语“所谓欧化的介词当中，其实有大部分不是真的介词，只是靠着西文的反映，就显得它们有介词性罢了。”汉语一些介词，如“在”“向”“进”“到”“沿”“过”“从”“为”“给”“用”“拿”“依”等，原均为动词。汉语介词和连词常常可以省略，甚至不用，尤其是口语，用了反而显得多余。高名凯（1986:366）指出，“汉人平常说话不喜欢用太多没有基本意义的虚词，只是把事情或意思排列起来，让人去了解这两个事情或两个意思之间所生的关系如何。……不过这并不是说汉人说话不合逻辑，因为不加虚词，我们也知道这句话的意思。”汉语没有词的形态变化，没有it和there这类替补词，代词也用得较少，总之，句子不受严谨的主谓结构的约束，少用或不用关联词语，摆脱形式的束缚，“抛弃一切不必要的附属成分，只留下纯粹的思想”②，直接表达现实和思维过程，重意合而不重形合，词语之间的关系常在不言之中，语法意义和逻辑联系常隐含在字里行间。汉语的意合法往往还采用以下手段：

1. 语序。汉语少用或不用关联词语，语义与语序密切相关，洪堡特（1895）也认为，“汉语没有形式上的语法区别，抛弃了一切无用的附属装置，从而使句子跟思想的顺序密切对应。”汉语的许多主从复句，虽然不用关联词，形式类似并列复句，但分句含义却有主有次。从句若前置，一般有“因为”“如果”“虽然”“即使”等含义。据统计，汉语中三分之二的因果句不到必要时，不用关联词。先“因”后“果”，几乎不用“因为”，属常态；先“果”后“因”，大多用“因为”，属变态。如：

1）（因为）她不老实，我不能信任她。

*Because* she is not honest, I can't trust her.

我不能信任她，因为她不老实。

I can't trust her, *because* she is not honest.

2）人（若）不犯我，我（则）不犯人。

We will not attack *unless* we are attacked.

3）说是说了，没有结果。（=我虽然说了，但是没有结果。）

I've made proposals, *but* they proved futile.

4）打肿脸充胖子，吃亏是自己。

*If* you get beyond your depth, you will suffer.

5）人到事中迷，就怕没人提。

*When* a man is lost in a labyrinth, *what* he needs badly is a hint.

6）抓住了主要矛盾，一切问题就可以迎刃而解。

*Once* the principal contradiction is grasped, all problems can be readily solved.

2. 反复、排比、对偶、对照等。这些句式的词句整齐，结构匀称，可以互文见义，往往不用关联词：

1）他不来，我不去。（=如果他不来，我就不去。）

*If* he won't come here, I'll not go there.

2）种瓜得瓜，种豆得豆。

*As* you sow, so will you reap.

3）不怕慢，只怕站。

*It's better* to move ahead slowly *than* just to mark time.

4）吃苦在前，享乐在后。

Be the first to bear hardships *and* the last to enjoy comforts.

5）聪明一世，糊涂一时。

Smart as a rule, *but* this time a fool.

6）不知苦中苦，哪知甜中甜?

*If* you have never tasted the bitterness of gall, how can you know the sweetness of honey?

7）东边闪电出日头，西边闪电必有雨，南边闪电天气热，北边闪电有雷雨。

*If* it lightens in the east, it will be sunny; *if* it lightens in the west, it will be rainy; *if* it lightens in the south, it will be sultry; *if* it lightens in the north, it will be stormy.

3. 紧缩句。这类意合句式是由复句紧缩而成的。所谓“紧”，就是紧凑，是取消各分句之间的语音停顿，让它们紧紧地挨在一起；所谓“缩”，就是压缩，是略去原来分句的一些词语，让它们简约一些[③]。这类隐性关系句简明紧凑，分句之间的语法关系和逻辑联系往往是隐含的：

1）有饭大家吃。（=如果有饭的话，那就让大家吃吧）

Let everybody share the food *if* there is any.

2）不到黄河心不死。

*Until* all is over, ambition never dies.

3）狐狸再狡猾也斗不过好猎手。

*However* sly a fox may be, it is no match for a good hunter.

4）狼披羊皮还是狼。

A wolf remains a wolf *even though* it is in sheep's clothing.

5）问遍千家成行家。

Learn from numerous advisers, *and* you'll become a master.

6）上梁不正下梁歪。

*If* the upper beam is not straight, the lower ones will go aslant. / *When* those above behave unworthily, those below will do the same.

4. 四字格。四字格是汉语里广为运用的语言形式。吕叔湘（1984: 423–

430）指出，“2+2的四音节是现代汉语里的一种重要的节奏倾向。……四音节的优势特别表现在现代汉语里存在着大量四音节熟语即‘四字格’这一事实上。”四字格往往历经锤炼，言简意赅，常常是意合法的佳作：

1）不进则退

He *who* does not advance falls backward. / Move forward, *or* you'll fall behind.

2）酒醉智昏

*When* wine is in, wit is out.

3）物极必反

*Once* a certain limit is reached, a change in the opposite direction is inevitable.

4）玩火自焚

*Whoever* plays with fire will perish by fire.

5）欲盖弥彰

*The more* one tries to hide, *the more* one is exposed.

6）远交近攻

Befriend those far away *while* attacking those nearby.

王力（1984:141）指出，“西洋语的结构好像连环，虽则环与环都联络起来，毕竟有联络的痕迹；中国语的结构好像无缝天衣，只是一块一块的硬凑，凑起来还不让它有痕迹。西洋语法是硬的，没有弹性的；中国语法是软的，富于弹性的。惟其是硬的，所以西洋语法有许多呆板的要求，如每一个clause里必须有一个主语；惟其是软的，所以中国语法只以达意为主，如初系的目的位可兼次系的主语，又如相关的两件事可以硬凑在一起，不用任何的connective word。”

英语注重形合，注重结构、形式，常常借助各种连接手段，因而比较严谨（preciseness）；汉语注重意合，注重功能、意义，常常不用或少用连接手段，因而比较简洁（conciseness）。英译汉时，往往要先分析英语句子的结构、形式，才能确定汉语句子的功能、意义；汉译英时，往往要先分析汉语句子的功能、意义，才能确定英语句子的结构、形式。英汉互译往往是英语语法型语句与汉语语义型语句之间的转换，也是树形句法与流水句法之间的转换。如：

1）A body *in* motion remains *in* motion *at* a constant speed *in* a straight line *unless* acted upon *by* an external force.

没有外力作用，运动的物体就连续做匀速直线运动。

2 ) There is no more difference, *but* there is just *the same* kind of difference, *between* the mental operations of a man of science *and* those of an ordinary person *as* there is *between* the operations and methods of a baker or of a butcher *who* weighs out his goods in common scales *and* the operations of a chemist *who* performs a difficult and complex analysis by means *of* his balance and finely graduated weights. (T. H. Huxley)

科学家的思维活动和普通人的思维活动之间存在着差别，这种差别就像一个面包师或者卖肉者和一个化学家在操作方法上的差别一样。前者用普通的磅秤称东西的重量，而后者则用天平和精密砝码进行艰难复杂的分析。其差别不过如此而已。

3 ) The growth of class consciousness among the workers was inhibited by continued high levels of employment *and* rising earnings for almost 15 years, *combined with* the propaganda of views in the labor movement *reflecting* the influence of Keynesian theories *about* the ability of capitalism to solve permanently the problem of "boom and bust" *through* a "managed economy" *of* built-in stabilizers.

将近十五年来，就业率一直保持高水平，工资收入不断增长。凯恩斯有一套理论，认为资本主义制度有能力通过名曰"内在稳定因素"的"国家调节经济"永远解决繁荣与萧条交替出现的问题。而劳工运动则宣传反映凯恩斯理论影响的观点。这种种因素结合在一起，就使工人阶级觉悟的提高受到阻碍。

4 ) 从其交友知其为人。

Tell me *whom* you associate with *and* I'll tell you *who* you are.

5 ) 我过去所受的那些委屈和刺激，比起他来，也只是小巫见大巫，算不得什么。(李六如:《六十年的变迁》)

*What* little pain and adversity I've experienced so far are simply nothing *compared to what* he's gone through.

6 ) 我们约他做攻守同盟，本想彼此提携，有福同享，有祸同当，不料他倒先来沾我们的光了。(茅盾:《子夜》)

*When* we got him to go in with us *it was on the understanding that* we sink or swim together, but now *it turns out that* he was only out to sponge on us!

7 ) 再试纺，顶多忙一阵子，过了几天，还不是外甥打灯笼——找舅（照旧）。(周而复:《上海的早晨》)

And *if* we're now going to have a check spinning it'll only mean *that* we'll be busier than ever for a spell *and* then *after* a few days things will be back to *what* they were before.

中国人的思维方式注重直觉领悟，语言表达与分析重意不重形，表现在汉语里即显示“偏重心理，略于形式”（黎锦熙），“结构独特，灵活多变，颇多隐含，着重意念”（龚千炎），语句不拘于形式结构，语法呈隐性（implicit），注重心理意会，主要采用意合法。意合法运用言内外语义成分，如语序变化、上下文语境、言者心理因素和言外事理逻辑，较少使用表示逻辑-语法关系的连接词语（logic-grammatical connector），“重意轻言”，重意境、意合、意会，重对语句的融会贯通，凭经验、语境、语感和悟性去意会和补足语句的整体内容，轻于对语句形式结构的构建和分析，只要能够达意、通顺、流畅，词语可以简略，隐含其意，让人思而得之，即使句子结构显得不完整，甚至不合“逻辑”，也不搞“形式主义”。汉语句子，即使没有人称或非人称，没有主语或动词，没有词语的形态变化，读者也可以意会到人或事物，领会到主语或宾语、主动或被动、真实或虚拟、现在或过去、单数或复数，了悟到句子的意思和“言外之音”。清末以前的汉语没有标点符号，文章也没有分段，学会断句是读书的基本功，如何理解，全靠读者自己去意会。如果要确定一个汉语词的词类，由于没有像英语那样的形态标记，只好看它在句中的含义和功能，这也可以看出汉语是重意而不重形的语言。

汉语用这种注重意念的方法，抛弃可有可无的形式束缚，简洁地表达言者想要表达的意思，听者或读者常常要依靠语境和语感从整体上去领会（high-context）④，这是“读者责任型”（reader-responsible）语言。Nisbett（2004: 60）指出：

> Asians teach their children a “receiver” orientation, meaning that it is the hearer’s responsibility to understand what is being said. ... Westerners — and perhaps especially Americans — are apt to find Asians hard to read because Asians are likely to assume that their point has been made indirectly and with finesse. Meanwhile, the Westerner is in fact very much in the dark. Asians, in turn, are apt to find Westerners — perhaps especially Americans — direct to the point of condescension or even rudeness.

正因为汉语是重意不重形的意合语言，中国自古以来的汉语研究注重的是汉字、语音、字义、词义，训诂学、文字学、音韵学高度发达，但没有语法学，直至1898年才出现了借鉴拉丁语法的第一部汉语语法《马氏文通》。马氏语法系统模仿西方早期的语法，虽在汉语语法研究中不断改善，但仍不能令人满意地解释和分析汉语。西方语言较注重形式结构，因而语法学高度发达；汉语较注重功能意义，因而与语用和文化的关系更为密切。把复杂的中国语言同丰富的中国文化结合起来研究，便成了学术界的一个热门课题[5]。

汉语“以意统形”“以神摄形”“遗形写神”，这种重领悟、重意会的美学观念，体现了中国哲学重悟性而不重形式论证，也可在中国文化的其他领域里找到例证。例如，中国画讲求神似，重泼墨写意，轻工笔勾勒，注重整体气韵，讲究“遗形似而尚骨气”，为艺术的真实而冲破生活的真实，画人物着力表现精神和个性，画山水、花鸟、树木，则着力表现意趣和形态特点，“虚空上幻现的一花一鸟，一树一石，一山一水，都蕴含着无限的深意，无边的深情”，如此“诗中有画，画中有诗”，突出主体，把与此关系不大的内容舍去，造成画面虚白，留下意会－联想的空间，达到“虚实相生，无画处皆成妙境”。中国书法崇尚“笔断意连”“意在笔先”“意到笔不到”“心手达情”“神采为上，形质次之”。中国园林讲究曲径通幽、遮掩错落、精致入微，贵步换景移，忌一览无余。中国戏曲讲求神似为主，形神兼备，虚拟写意，运用动作和道具的虚拟性、舞台美术和服装脸谱的象征性，例如马鞭挥舞，似骏马狂奔，木桨划动，如小舟缓行。文学贵含蓄，忌直露。中国诗词注重传神的意境，如马致远的名句“枯藤老树昏鸦，小桥流水人家”，既无主谓语，也无连接词，仅用意象词语就把画面意境简洁而含蓄地描绘出来，留下想象、联想和领悟的空间。中国独特的歇后语，如“十五个吊桶打水——七上八下”，“高射炮打蚊子——大材小用”，常隐去后段，让听话人自己领悟，从而形成思维的跳跃。佛教禅宗讲究“顿悟”，主张“不立文字”“直指人心”，相信瞬刻之间，便可“豁然贯通”，“恍然大悟”。《易经》讲究“书不尽言，言不尽意”，只可意会，不可言传。庄子是先秦悟性的典型代表，倡导“万物一体”论，认为“道不可言，言而非道”；孟子的“诚”，老子的“道”，玄学家的“无”，理学家的“太极”，都靠直觉、灵感、顿悟来领会，而不用概念和语言去描述，也不用逻辑推理去论证。冯友兰（1996:13）说，“中国哲学家的言论、著作富于暗示之处，简直是无法翻译的。只读译文的人，就丢掉了它的暗示，这就意味着丢掉了许多。”

## 三、形合、意合与文体

英语和汉语都有形合句和意合句。一般地说，英语形合句多，汉语意合句多，但其多少与文体密切相关。书面语没有口语的辅助语言手段，如表情、手势、语调等，又要表达复杂的逻辑关系，必须常常借助关联词语和其他形式手段，因而形合句比口语多。现代汉语受西方语言的影响，形合句比古代汉语多。O. Jespersen（1954:57）对古汉语曾评论说："Undoubtedly Chinese of the old style carries with it an impressive dignity through the immediate succession of nothing but momentous notions；it acquires a simple greatness because it throws away all unnecessary accessory elements and thus, as it were, takes flight to pure thinking。"从古代汉语流传下来的大量成语、谚语，大多匀称对偶，节奏铿锵，琅琅上口，言简意赅，至今仍为汉语意合句的重要组成部分。现代庄重文体、科技文体和论述文体较多采用形合句，以表达清晰的逻辑关系和复杂的思想内容。例如严复以下几段有关翻译的著名论述，用汉代以前的雅语，常以单句代复句，以平列代主从，多取意合法：

> 译事三难信达雅。求其信已大难矣。顾信矣不达。虽译犹不译也。则达尚焉。……
> 易曰修辞立诚。子曰辞达而已。又曰言之无文。行之不远。三者乃文章正轨。亦即为译事楷模。故信达而外。求其尔雅。此不仅期以行远已耳。实则精理微言。用汉以前字法句法。则为达易。用近世利俗文字。则求达难。往往抑义就词。毫厘千里。审择于斯二者之间。夫固有所不得已也。岂钓奇哉。……
> 新理踵出。名目纷繁。索之中文。渺不可得。即有牵合。终嫌参差。译者遇此。独有自具衡量。即义定名。……一名之立。旬月踟蹰。（严复:《天演论》译例言，1898）

这几段论述若译成现代汉语和现代英语，则多取形合法：

> 翻译工作有三大困难：忠实、通顺、典雅。要做到忠实于原文已经很不容易，但如果只注意忠实于原文而忽略了译文的通顺，那么，即使译了，也等于没译，可见译文通顺也是需要的。……
> 《易经》指出，"修辞要注重表达准确。"孔子也说过："做文章，不过是把意思表达得明畅罢了。"他又说："言语缺乏文采，就不能扩大影响。"可见，这三方面都是写作所必须遵循的原则，也是翻译的标准。因此，除了表达准确、通顺之外，我还力求文字古雅，这不仅仅是为了扩大影响而已。其实，那些精辟的道理

和微妙的语言，用汉代以前的词法和句法去翻译，倒还易于表达，而用现代通俗文字去翻译，反而不容易表达得明畅，而且往往为了迁就词句而损害原意，使得译文差之毫厘，谬以千里。对以上两种情况，经过反复考虑，我选择了前者。这乃是出于不得已，而非追求文字的新奇啊！……

新的学说接二连三地出现，新的名称也随之多了起来。这些新名称，从汉语里无法找到，即使勉强牵连凑合，毕竟嫌有出入。译者遇到这种情况，只有运用自己的判断力，按照新名称的含义去确定译名。……有时为了确定一个译名，往往要花上十天或个把月的时间，反复推敲。……

Translation has to do three difficult things: to be faithful, expressive, and elegant. It is difficult enough to be faithful to the original, and yet if a translation is not expressive, it is tantamount to having no translation. Hence expressiveness should be required too. ...

*The Book of Changes* says that the first requisite of rhetoric is truthfulness. Confucius says that expressiveness is all that matters in language. He adds that if one's language lacks grace, it won't go far. These three qualities, then, are the criteria of good writing and, I believe, of good translation too. Hence besides faithfulness and expressiveness, I also aim at elegance. I strive for elegance not just to make my translations travel far, but to express the original writer's ideas better, for I find that subtle thoughts are better expressed in the vocabulary and syntax of pre-Han prose than those of the vulgar writings of today. Using the latter often leads to distortion of meaning, which, however slight, results in vast misunderstanding. Weighing the pros and cons, I opted for the former, as a matter of necessity, not trying to be different. ...

New ideas come one after another, with a multiplicity of new names. No equivalents can be found for them in Chinese. Straining for resemblances, one gets only contrarieties. The translator is obliged to use his own discretion, doing his best to find a term suited to the sense. ... A single term often took weeks and months of deliberation. (王佐良译)

意合法在汉语里属“常态”，在英语里属“变态”。这类“变态”常见于一些简练的谚语、表达复合句内容的简单句，以及表达状语从句意义的定语从句，如：

1） Man proposes, God disposes.
谋事在人，成事在天。

2 ) The best shortcut would still take five hours.

(即使) 抄近路也要五小时。

3 ) A successful old age is easiest for those *who have strong impersonal interest involving appropriate activities*. (Bertrand Russell)

如果老年人对个人以外的事情怀有强烈的兴趣，并参加适当的活动，他们的晚年是最容易过得好的。

4 ) 不打不相识。

Out of blows friendship grows. / No discord, no concord.

5 ) 敌进我退，敌驻我扰，敌疲我打，敌退我追。

The enemy advances, we retreat; the enemy camps, we harass; the enemy tires, we attack; the enemy retreats, we pursue.

## 注　释

① Baugh, A. C. & T. Cable (1993:65) 对形合法和意合法作如下解释：One of the most obvious features of syntactic style in any language is the degree to which grammatical and semantic relationships are expressed by subordinate clauses. A high proportion of long sentences with subordination, as in the prose of Edward Gibbon or Henry James or the poetry of John Milton, is known as *hypotactic* style, whereas shorter sentences and a higher proportion of principal clauses, as in the prose of Ernest Hemingway, is *paratactic*. Parataxis may also be interpreted as immature and childish, as in examples given by S. O. Andrew:

Then I asked him; then he replied ...

They came to a place on the road; there stood a temple.

There lived in the convent a certain monk; he was called Martin: he said ...

It is important to bear in mind that parataxis and hypotaxis are stylistic options and not syntactic necessities. ... It is modern notions that equate hypotaxis with sophistication and parataxis with primitiveness.

② 参见 O. Jespersen: *Language, Its Nature, Development and Origin*, p. 57, London: George Allen & Unwin Ltd., 1954.

③ 参见张静主编:《新编现代汉语》，修订本，第 422 页，上海：上海教育出版社，1986 年。

④ Fred E. Jandt (1998:228) 认为，"In low-context cultures, verbal messages are elaborate and highly specific and tend to also be highly detailed and redundant. Verbal abilities are highly valued. Logic and reasoning are expressed in verbal messages. In high-context cultures, most of the information is either in the physical context or internalized in the person. Very little is in the coded, explicit, transmitted part of the message. High-context cultures decrease the perception of self as separate from the group. High-context cultures are more sensitive to nonverbal messages; hence, they are more likely to provide a context and setting and let the point evolve. It has been said that language separates people. When understood from the perspective of high and low context, that statement makes sense. In high-context cultures, people are brought closer by the importance of their shared context. Those meanings are often lost in low-context cultures"。

⑤ 20 世纪 80 年代中期以后，中国出现了“文化热”。以游汝杰、陈建民和申小龙等为代表的一批中青年学者开始著书立说，大声疾呼，努力把复杂的中国语言同丰富的中国文化结合起来研究，打出了“中国文化语言学”的旗号，在国内外语言学界乃至其他人文科学领域产生了一定的影响。在短短的几年中，它初步形成了一门相对独立的、有自己的研究对象和研究方法的新学科。20 多年来，中国文化语言学的研究方兴未艾，各有关学者提出了自己的理论观点，并形成了自己的学派。1997 年连淑能发表了《关于建立汉英文化语言学的构想》(载《语文研究群言集》，黄国文、张文浩主编，中山大学出版社)，之后又发表了《再论关于建立汉英文化语言学的构想》(载《外语与外语教学》，2004 年第 1 期)，努力倡导将中国文化语言学的理论引入外语学界，并加以发展、完善，以此进行中外语言文化对比研究，例如把英语与汉语、西方文化与中国文化这四者结合起来，建立“英汉文化语言学”或“汉英文化语言学”，并于 1999 年开始招收这个研究方向的博士生。

# 4

# 繁复与简短

## Complex vs. Simplex

从属结构（subordination[①]）是现代英语最重要的特点之一。F. Crews（1974: 88）认为，“subordination，the placing of certain elements in modifying roles，is a fundamental principle of writing”。从句和短语可以充当句子的主要成分和从属成分。从句可以层层环扣，短语往往不短，书面语句子常常显得又繁又长（long-winded），有的句子可长达100至200个单词，甚至长至整个大段。现代英语虽较不常用特长的句子，但包孕式的复合句（complex sentence with embedded clauses）仍很常见，这对说汉语的人来说，句子仍然繁复，具有相当的长度。D. Houston读了中国大学生写的近百篇英语作文之后感叹说，“One of the hardest sentence patterns for Chinese learners of English to grasp, it seems to me, is subordination. Mature English writing is heavily subordinated in multiple layers; coordination is thought of as the sentence pattern of the child and the poorly educated”。据统计，专业作者写的英语句子平均长度为20个词[②]，受过教育的人写的英语句子平均长度为25个词[③]。总的看来，英语句子比汉语句子长得多。

英语书面语句子显得长而复杂，原因是多方面的。英语词语之间的语法关系，除了通过安排语序来表达外，还常常采用各种各样表示关系和连接的手段，如介词（词组）、连词、关系代词、关系副词、连接代词、连接副词、非谓语动词（词组）、词的形态变化（如词尾变化、格的变化），等等。英语用来连接词、语的这些手段，比起汉语来，显得非常丰富而灵活。另一方面，能充当英语句子成分的，有长短几乎不加限制的短语和从句，从句中还可以有从句

(dovetail several dependent clauses into each other)，再加上各种并列成分，附加成分（如同位语、插入语、独立成分），尤其是形形色色的修饰成分，这样一来，这些各式各样的长短成分，通过丰富而灵活的连接手段，可以接成枝叶横生的“参天大树”。

英语以主谓核心协调（S-V concord）控制全句结构，有词的形态变化约束，有连接手段连接词语和从句，有代词使词语前呼后应，这些因素都可以使冗长的句子不致流散。R. Eastman（1984:184）指出，“The English sentence is extremely plastic. It can be enlarged, combined, adjusted with almost any degree of fineness to accommodate a writer's thought”。因此，英语句子，尤其是书面语的句子，常常是环扣镶嵌，盘根错节，句中有句。换言之，英语造句主要采用“楼房建筑法”(architecture style)，句子一般有完整的结构，许多有关的成分通过各种表示关系和连接的手段组成关系联结（conjunctive nexus），直接或间接地黏附在这个句子结构的里外、前后、左右或中间，整个句子成了庞大复杂的“高楼大厦”。

以下长句引自美国官方的一篇文章④，原用以讽刺官场中流行的冗长句式。此句是作者为嘲弄不良文风而故意仿造的 parody，虽不能代表英语的常规句式，但也可以看出英语句子的“繁复”能够达到何种程度：

> The present movement toward simplification of language and directness of statement in government writing and the elimination of jargon and unnecessary wordiness as well as the use of short, direct statements instead of long sentences which are difficult to understand because the reader is apt to get lost before he arrives, if he ever does, at the meaning intended by the writer, is a valuable attempt to achieve economy and intelligibility, for many pamphlets, instruction sheets, ordinary memoranda and assorted missives circulated through the War Department fail of their primary purpose through befogging their contents by use of pseudo-official phraseology which only the initiated can hope to understand and of which even they cannot be certain without reference either to the key works needed for translating them or to their own garbled and confused memories of dealing, usually without much success and always after a long period of time and travail, with similar kinds of wording in similar situations, so, though don't be too hopeful, for someone with unusual gifts and energy in applying them will manage triumphantly to misunderstand you no matter what you say or how you say it, try saying what you

have to say as simply and as briefly as you can, and then after you've said it, stop saying it and don't say it any more.

E. Gowers（1987: 39）在其 *The Complete Plain Words* 书中探讨了“Why do so many writers prefer complexity to simplicity”这一问题，找出了几方面的原因：

1. 官员总对那些传统的旧时流行词语（outworn words and phrases）和习以为常的官方、议会和外交语言依依不舍，认为这种词语能够显示官方的尊严，而普通词语就难以做到。

2. 许多作者仍然对青春时期所喜欢的长词（lovely long words）情有独钟，如 irrelevant，disenchantment，confrontation，intractable，discriminatory，opportunistic，因为这些词语经过精心挑选，来之不易，能够显示作者有身份、有学问，而普通词语就难以做到。

3. 许多作者尤其是官员，都有这样一种心理：言辞精确有时是危险的，因而“Mistiness is the mother of safety”（Newman）。政客早就知道言辞精确是危险的，尤其是大选的时候。因此，为了“cover the utterance with a mist of vagueness”，宁可采用“the hackneyed official phrase, the wide circumlocution, the vague promise, the implied qualification”，以使言论闪烁其词（hedging），晦涩不清（obscurity）。

4. 为了使言辞显得彬彬有礼，常常借助委婉语使言语婉转、含糊，这样就不易冒犯他人。含糊的言辞比较不会令人惊恐和忧虑，而普通词语往往会产生令人不愉快的联想。委婉又含糊的言辞常常使本来非常简单的语句变得复杂、难懂。

5. 不少作者喜欢炫耀、卖弄和表现自己（show off），生怕所写的东西被认为是肤浅的、外行的，因而“parade their knowledge of long or unfamiliar or

foreign words, or show that they are familiar with the latest fashion”，从而使言辞复杂起来。

6. 有些作者懒得“clear thinking”，随便借用别人那些现成的复杂语句，正如 George Orwell 所说，Sloppy and ready-made phrases “will construct your sentences for you and even think your thoughts for you to a certain extent”。

Gowers 引用了一些例句来说明 complexity 这一病症，为了便于理解，还加注了简易英语译文：

1) NATO has expressed its fundamental change of policy as “evolving in place of the overriding medium-term defence hypothesis to which all economic planning was functionally subordinate, an antithesis of balancing *desiderata*, such as the politico-strategical necessity against the economico-social possibility and further these two components against the need for a maximum of flexibility”. (Quoted *The Economist*, from which the translation also is taken)

**Translation:**

What this really means is that, whereas a national defence programme has been taken hitherto as something imposed from above which could not be altered, now the military requirements of NATO will be made to match the economic achievements of the individual countries.

2) Experiments are described which demonstrate that in normal individuals the lowest concentration in which sucrose can be detected by means of gestation differs from the lowest concentration in which sucrose (in the amount employed) has to be ingested in order to produce a demonstrable decrease in olfactory acuity and a noteworthy conversion of sensations interpreted as a desire for food into sensations interpreted as a satiety associated with ingestion of food. (Quoted in *The Lancet*, from which the translation also is taken.)

**Translation:**

Experiments are described which demonstrate that a normal person can taste sugar in water in quantities not strong enough to interfere with his sense of smell or take away his appetite.

针对这种嗜好 complexity 的文风，不少语言学家都呼吁要加以改进。Gowers（1987: 47）引用 Fowler 兄弟在 *The King's English* 里的话说：

> Anyone who wishes to become a good writer should endeavour, before he allows himself to be tempted by more showy qualities, to be direct, simple, brief, vigorous and lucid.
>
> This general principle may be translated into general rules in the domain of vocabulary as follows:
>
> Prefer the familiar word to the far-fetched.
> Prefer the concrete word to the abstract.
> Prefer the single word to the circumlocution.
> Prefer the short word to the long.
> Prefer the Saxon word to the Romance.

相比之下，汉语常用散句、松句、紧缩句、省略句、流水句、并列句（coordination）或并列形式的复句（composite sentence），以中、短句居多，最佳词组或句子的长度一般为 4 至 12 字。书面语虽也用长句，字数较多，结构较复杂，但常用标点或虚词把句子切开，与英语相比，还属短句。没有标点符号的一气呵成的类似英语的那种长句在汉语里是不正常的（例如本句）。汉语句子多数显得结构简化，无拖沓、盘错之感，"甚至有些西洋人看见了中国作品的译文，觉得简短可爱。"⑤

汉语没有形态变化，少用甚至不用关联词，词语之间的语法关系主要是通过安排语序和使用助词来表达的，词语的先后次序一般是按照时间顺序和事理关系来排列的。换言之，汉语造句主要采用"流水记事法"（chronicle style），常用分句或流水句来逐层叙述思维的各个过程（streamline the thoughts）。这些特点，大大限制了汉语单句的长度。此外，汉语定语修饰语一般前置，一个单词所能承受的修饰词语是很有限的。一个名词前面不可"的""的"（定语）不已，一个动词前后也不可"地""地"（状语）或"得""得"（补语）不已。一个单词若有两个以上稍长的修饰语，就显得"负荷过重"了。

汉语的复句与英语的复合句所指的范围也不同。汉语复句指的是"有两套以上彼此不作句子成分的结构中心（或单句形式）"⑥。联合复句表示并列、连贯、递进、选择等关系，大体相当于英语的并列句；偏正复句表示因果、假设、条件、让步、相承、目的、时间、比较等关系，大体相当于英语带状语从句的复合句。因此，严格说来，汉语没有像英语那样的主语从句、宾语从句、表语从句、定语从句、同位语从句等语法概念。虽然汉语也有句子结构作整个句子的成分（如主语、表语、宾语、定语、状语、补语），其作用相当于英语的从句，但这些句子结构一般都是寥寥数语的小句或主谓词组，整个句子还可仍然是单句。汉语的许多复句由于省略关联词和标点符号，可压缩成紧缩句。这种句式结构紧凑，言简意赅，最能体现汉语的特色。此外，汉语还常用松散句，多用省略句、无主句，少用虚词、附加成分或联合成分，句子松散、舒缓、轻松、活泼，显得简短，无冗长之感。王力（1984: 457）指出，"中国人作文虽讲究炼句，然其所谓炼句只是着重在造成一个典雅的句子，并非要扩充句子的组织。恰恰相反，中国人喜欢用四个字的短句子，以为这样可以使文章遒劲。由此看来，西洋人做文章把语言**化零为整**，中国人做文章几乎可以说是**化整为零**。"

英语句子呈现句首封闭、句尾开放（right-branching）的特征。修饰语、插入语可以后置，又有关系词与被修饰语连接，句子可以不断向句尾扩展、延伸。英语还常用先行代词"it"及其他预指性代词，把真正的主语或宾语移到后面，并根据需要加以不断扩充，形成句子的末端重量（end-weight）。英语句子可以顺线性向后扩展延伸（natural linear expansion）的特点导致句子长度大大超过汉语，也使句子变得繁复。G. R. Kress（1971: 101）指出：

> It seems possible that certain types of complexity vary from language to language. The degree of left or right-branching seems to be a variable between languages, with languages such as Japanese or Turkish employing left-branching, English on the other hand, tending towards right-branching. Other types of complexity might also be language dependent.

汉语句子则呈现句首开放、句尾收缩（left-branching）的特征。句首虽可开放，向左伸展，但扩展的长度和程度受到种种限制，不能像英语那样层层环扣、向后不断扩展延伸。汉语句子只能逆线性向前延伸（reversed linear expansion）的特点导致句子长度大大不如英语，因而句子显得简短。吕叔湘（1980: 156）指出：

> 汉语的定语只能放在前边，就不便很长。定语长了，听的人（或读的人）老在惦着那个被修饰的名词，不知道你说的是什么人或什么东西，就要着急，也容易疲劳，搞得不好还会"迷路"。英语的定语从句放在后头，说的是什么人或什么东西已经在前边交代了，听的人就不着急了，因此英语里的定语从句可以拉得很长。

以下用一首著名的英语儿歌说明这种语言现象：

英语句子顺线性向后扩展延伸（natural linear expansion: right-branching）
基本句：This is the farmer that sowed the corn,
向后延伸：That kept the cock that crowed in the morn,
再延伸：That waked the priest all shaven and shorn,
再延伸：That married the man all tattered and torn,
再延伸：That kissed the maiden all forlorn,
再延伸：That milked the cow with the crumpled horn,
再延伸：That tossed the dog,
再延伸：That worried the cat,
再延伸：That killed the rat,
再延伸：That ate the malt,
再延伸：That lay in the house that Jack built.

从理论上说，英语 right-branching 的扩展是无限的，因而句子可以拉得很长，但汉语句子却无法借助连接词不断地向后扩展，必须在适当的地方收缩，另行处理其余信息：

杰克盖了那幢房子，
房子里堆放着麦芽，
麦芽让老鼠吃了，
老鼠叫老猫宰了，
……

汉语句子逆线性向前延伸（reversed linear expansion：left-branching）
基本句 学术报告。
向前延伸←—— 关于当代语言学研究动向的学术报告。
再延伸 ←—— 李教授关于当代语言学研究动向的学术报告。
再延伸 ←—— 你们到语言学院听了李教授关于当代语言学研究动向的学术报告。
再延伸 ←—— 我听说你们到语言学院听了李教授关于当代语言学研究动向的学术报告。
再延伸 ←—— 昨天我听说你们到语言学院听了李教授关于当代语言学研究动向的学术报告。

汉语句子虽可逆线性向前延伸，但受到种种限制，例如当人们说一句话时，其实一开口就把句子的长度预定好了，无法在表达时不断在句首向前扩展、延伸，即使在笔头表达时句子可以不断修改、补充，向前扩展，但由于汉语采用意合法，缺乏像英语那样丰富的形合手段，只能“意尽为界”，“适可而止”，无法把句子扩展到句法不能容忍、信息量超负荷的地步。另一方面，汉语句子顺线性向后扩展、延伸更是受到种种限制：

汉语句子顺线性向后扩展、延伸（natural linear expansion: right-branching）
基本句：学术报告。
向后延伸：学术报告的效果。
再延伸：学术报告的效果很好。

到此已很难再延伸下去了。总之，汉语句子可以逆线性向前延伸，但受到种种限制，顺线性向后延伸更加困难，这些因素都促使汉语句子必须简短。以下每对首句的前置修饰语似乎太多了些，这也是学生英译汉作业经常出现的问题；如果把句子分割重组，使之简短，则比较符合汉语的表达习惯：

{ 厦门是一座四季如春、风景如画、令人流连忘返的美丽的海岛城市。
厦门是一座美丽的海岛城市，这里四季如春，风景如画，令人流连忘返。

{ 他提醒我那些不提起或许会忘记的事。
他提醒了我，要不然我就把那些事给忘了。

{ 我难以宽恕地偷偷看她的信。
我偷偷摸摸地看她的信，这实在是难以宽恕的。

{ 他们无情地摘他们所看到的花。
他们见花就摘，毫不爱惜。

{ 水兵们蜂拥成又欢又笑的圆圈，把这两个人围了起来。
水兵们欢欢笑笑，蜂拥而至，把这两个人围了起来。

以下随机举例说明英汉句子扩展机制的差异：英语句子向后扩展（right-branching）vs. 汉语句子向前延伸（left-branching）或分割重组：

1）The time has long passed *when they sought comfort in the thought that our economic plans were unrealistic and unworkable.*
以前他们认为我们的经济计划是不现实的、行不通的，并以此聊以自慰。这样的岁月，早已一去不复返了。

2）Are we disposed to be of the number *of those who having eyes, see not, and having ears, hear not, the things which so nearly concern their temporal salvation*? (Patrick Henry: *Speech in the Virginia Convention of Delegates*)
对于与自己的救世活动密切相关的事情视而不见、充耳不闻的人，难道我们心甘情愿与之为伍吗?

3 ) With refreshing candor, Smith provides a unique glimpse *of what lies beneath the smiles of the two leaders at diplomatic receptions and the reassuring formulas of their official communiqués.*
两位领导人在外交招待会上面带笑容，他们的官方公报措辞又令人放心。在这一切背后，真实情况如何呢？史密斯作了独特的描绘，其坦率程度，令人耳目一新。

英语句子呈现句首封闭、句尾开放（right-branching）的特征，可谓受亚里士多德的演绎法逻辑思维模式的影响，正如Robert Norton（1987）所说：“Writing in English has often been characterized as based almost entirely on a deductive thought pattern such as that characteristic of Aristotelian logic”。英语语段甚至句子，通常突出关键词语（key word）或主题句（topic sentence），喜用主从结构（subordination），注重分析推理，直线性（linearity）、有秩序、有层次地围绕主旨展开，信息安排往往采用“突显”语序（salient order）：由近及远，开门见山，一语破的，头短尾长，可以向后延伸、扩展。

汉语句子呈现句首开放、句尾收缩（left-branching）的特征，与上述的汉语特点有关，也受儒、道、佛的悟性思维模式的影响。汉语语段甚至句子，比较注重话题，注重“意识流”，注重事理和先后顺序，常常采用非演绎式的、往往是领悟式的归纳型（because-therefore structure）或螺旋式（circular / spiral / indirect）的思维模式，喜欢先讲来龙去脉，再说主题要旨，或先摆事实，再讲道理，信息安排常常按照“自然”语序（natural order）：由远及近，头长尾短，“意尽为界”，点到为止，通常呈现句首开放、句尾收缩，难以像英语那样向后延伸、扩展。

根据上述的英汉特点，英译汉时常常要破句重组，化繁为简，如：

1 ) In the doorway lay at least twelve umbrellas of all sizes and colors.
门口放着一堆雨伞，少说也有十二把，五颜六色，大小不一。
（比较：门口放着至少有十二把五颜六色、大小不一的雨伞。）

2 ) There are many wonderful stories to tell about the places I visited and the people I met.
我访问了一些地方，也遇到了一些人。要谈起来，奇妙的事儿可多着哩。
（比较：关于我所访问的一些地方和遇见的一些人有许多奇妙的故事可以讲。）

3）Can you answer a question which I want to ask and which is puzzling me?

我有一个问题弄不懂，想请教你，你能回答吗?

（比较：你能回答一个使我弄不懂而又想问你的问题吗?）

4）If the man who was seen to take an umbrella from the City Church last Sunday evening does not wish to get into trouble, he will return the umbrella to No. 10 Broad Street. He is well known.

上星期日傍晚，有人曾见某君在市教堂取走雨伞一把。取伞者如不愿卷入纠纷，还是将伞送至布罗德街十号为妙。此君为谁，尽人皆知。

5）Gentlemen, I am ashamed to see men embarked on so great and glorious an undertaking, as that of robbing the public, so foolishly and weakly dissenting among themselves. (Fielding: *Jonathan Wild*)

诸位先生，有些人正在干着一番光荣而伟大的事业，那就是掠夺大众。这时候，他们居然这么愚蠢，这么虚弱，在自己人中间发生内讧。对于这些，我真觉得丢脸。

英语注重形合，句子结构可以借助各种连接手段加以扩展和组合，形成纷繁复杂的长句；汉语注重意合，少用甚至不用连接词语，因而语段结构流散，但语意层次分明。英语长句的汉译常常要采用分解、拆散和重组的变通手段进行灵活处理：

1）Many man-made substances are replacing certain natural materials because either the quantity of the natural product can not meet our ever-increasing requirements, or, more often, because the physical properties of the synthetic substance, which is the common name for man-made materials, have been chosen, and even emphasized, so that it would be of the greatest use in the fields in which it is to be applied.

人造材料通称为合成材料。许多人造材料正在代替某些天然材料，这或者是由于天然物产的数量不能满足日益增长的需要，或者更经常是由于人们选择了合成材料的一些物理性质并加以突出而造成的。因此，合成材料在拟用的领域中将具有极大的用途。

2）Closely linked with this commitment is the new last paragraph of the preamble which reaffirms that principle of the Charter of the United Nations in accordance with which Member States must refrain from the use of force or the threat of force against the territorial integrity or political independence of any State and which declares that the establishment and the maintenance of international peace and security are to be promoted with the least diversion for armaments of the world's human and economic resources.

与这一承诺密切相连的是序言中新增加的最后一段，它重申联合国宪章的一条原则，即会员国不得使用武力或武力威胁来侵犯任何国家的领土完整或政治独立，并且声明要尽量减少把世界人力及经济资源用于军备，以促进建立和维护国际和平与安全。

3）But the mingled reality and mystery of the whole show, the influence upon me of the poetry, the lights, the music, the company, the smooth stupendous changes of glittering and brilliant scenery, were so dazzling, and opened up such illimitable regions of delight, that when I came out into the rainy street, at twelve o'clock at night, I felt as if I had come from the clouds, where I had been leading a romantic life for ages, to a bawling, splashing, link-lighted, umbrella-struggling, hackney-coach-jostling, patten-clinking, muddy, miserable world. (C. Dickens: *David Copperfield*)

然而，整场演出既有现实感又有神秘感。诗歌、灯光、音乐、演员，舞台背景的变幻，和谐壮观，光彩夺目，华丽灿烂，这一切都感染了我；整个场面是这样的令人眼花缭乱，心旷神怡。午夜时分，我走出戏院来到了雨淋淋的街上，感到刚才仿佛是在仙境中传奇般地生活了好久，而现在则已离开了这个仙境，来到了另外一个世界。这里是一片叫喊声，一阵阵飞溅开来的泥浆，一盏盏路灯，一把把挤来挤去的雨伞，一辆辆争先恐后的出租马车，一声声咯噔咯噔的木鞋声，一片泥泞，一片惨状。

有些长句，结构十分复杂，译成汉语时，不仅要先对句子进行解剖，而且要根据意思加以改写，这样才比较容易下笔，如：

原句：Oh, Simplicio, if I should succeed in convincing you of the artfulness — though it is no great artistry — of this author, I should rouse you to wonder — and also to indignation — when you discovered how he, covering his cunning with the veil of your naiveté and that of other mere philosophers, tries to insinuate himself into your good graces by gratifying your ear and puffing up your ambition, pretending to have convicted and silenced these trifling astronomers who wanted to assail the ineradicable inalterability of the Peripatetic heavens, and what is more, to have struck them dumb and overpowered them with their own weapons.

改写：Oh, Simplicio, I wish I could convince you of the artfulness — though it is no great artistry — of this author. He, covering his cunning with the veil of your naiveté and that of other mere philosophers, tries to insinuate himself into your graces. He regards these astronomers who wanted to assail the ineradicability and inalterability of the Peripatetic heavens as trifling only, and pretends to have convicted and silenced them, and what is more, to have struck them dumb and overpowers them with their own weapons. In this way he gratifies your ear and puffs up your ambition. When you discovered how he did this, I should rouse you to wonder — and also to indignation.（周煦良改写）

汉译：啊，辛普利邱，但愿我能够说服你，使你看出这位作者的伎俩——虽则并不是怎样高明的伎俩。他利用你的天真和其他不懂天文学的哲学家的天真，为自己打掩护，企图博取你们的欢心。他把那些想要攻击逍遥学派天界的稳固性和不可动摇性的天文学家，说成是毫不足道的，并自命已经驳倒他们，使他们无辞以答；不但如此，他还自命用他们自己的武器驳得他们哑口无言，无力还击。他就是用这种伎俩使你觉得娓娓动听，并鼓起你的无名勇气，如果你一旦发现他是怎样做到这样的，我当会引起你的惶惑——并且使你感到愤慨。（周煦良译）

汉语的分句或流水句，译成英语时，常常要化简为繁，组合成复合句或长句，如：

1）老栓正在专心走路，忽然吃了一惊，远远地看见一条丁字街，明明白白横着。他便退了几步，寻找一家关着门的铺子，蹩进檐下，靠门立住了。（鲁迅：《药》）

Absorbed in his walking, Old Shuan was startled when he saw the cross road lying distinctly ahead of him. He walked back a few steps to stand under the eaves of a shop in front of its closed door.

2）因为距离远，又缺乏交通工具，农村社会是与外界隔绝的。这种隔绝状态，由于通讯工具不足，就变得更加严重了。

The isolation of the rural world because of distance and the lack of transport facilities is compounded by the scarcity of information from the mass media.

3）原来悟空手疾眼快，正在那混乱之时，他拔下一根毫毛，叫声“变！”就变做他的本相。（吴承恩：《西游记》）

As Sun Wukong was deft of hand and quick of eye, he plucked one of the hairs from his body in the midst of the fray and shouted “Change!” It changed into his own double.

4）他这时已是将近六旬的人，一表人才，高个儿，眉目清秀，头发又多又黑，略带花白，恰好衬出他那堂堂的仪表。

He was at this time in his late fifties, a tall, elegant man with good features and thick dark hair only sufficiently greying to add to the distinction of his appearance.

5）我们不知不觉地朝公园走去。公园就在人行桥那边，桥下很深的地方，汹涌的河水滚滚流过。

Somehow our path took us toward the park, across the footbridge high above the rolling waters of the river.

6）顷刻之间，滚滚的浊水像堵墙一般压了下来，一股脑儿连人带车都给冲走了。这情景，直到现在还印在我的脑海里。
The image of a sudden wall of dark water carrying the man and his car away in an instant is still imprinted on my mind.

英汉修辞学都主张长短句交替、单复句相间。过分使用长句或短句都会产生单调感（monotony）。H. J. Tichy（1967: 242）认为，"Variety in sentence length is much more important than average length"。他认为句子的长短取决于作者和读者的年龄、教育程度、阅读经验、写作的题材、文体、强调及句式变换的需要等因素。中国学生的英语作文有个通病：由于受汉语的影响，习惯采用并列式的单句、短句、断句、流水句，不习惯采用长短句交替、单复句相间的技巧，尤其不习惯采用繁复的主从结构，而这正是英语的一大特点。

英汉句式的繁与简，也是相对而言的。现代英语与17世纪的英语相比，已渐渐简化[7]，但冗长、繁复的句式仍为一种通病，正如E. Gowers（1987: 38）所指出的：

> The most prevalent disease in present-day writing is a tendency to say what one has to say in as complicated a way as possible. Instead of being simple, terse and direct, it is stilted, long-winded and circumlocutory; instead of choosing the simple word it prefers the unusual; instead of the plain phrase — the cliché.

从Gowers所指出的这种英语通病看来，读者和译者仍要常常面临这些复杂而冗长的句子。如今许多英美写作教科书都劝导作者忌用长而繁的句式，多用简而明的"plain English"。现代汉语受西方语言的影响，句子也比清代以前的长了，虽然如此，仍比不上英语。王力（1984: 458）指出：

> 固然，现代的思想已经不是四字短句所能表达的了；但是我们希望顺其自然，适可而止。如果把句子勉强拉长到和中国的语言结构不能相容的地步，就未免太过了。

繁或简，与语境、题材、读者对象、作者意图和写作风格等密切相关，也与文体很有关系，英汉皆然。Rudolf Flesch（1946: 38）曾对英语句子长度与文体的关系作过如下的数字统计：

**Average Sentence Length in Words for Different Styles**

Very easy (easy prose, mostly dialogue): 8 words or less

Easy: 11 words

Fairly easy: 14 words

Standard (average reader): 17 words

Fairly difficult (literary English): 21 words

Difficult: 25 words

Very difficult (scientific English): 30 words or more

一般说来，长句严密、周详、精确、细致，宜于阐述复杂的观点，抒发细腻的感情，描述具体的细节，常见于书面语，尤其是政论文、科技论文、公文或小说里的叙述与描写。短句简洁、明快、活泼、有力，宜于叙述事物，说明情况，抒发感情，对比强调，常见于口语，尤其是日常会话、辩论、演讲、台词、杂文、广播稿、儿童文学或小说里的人物对话。英汉互译时应注意繁简句式与文体的这种关系。

注　释

① Robert Bander（1978:21）解释，“Subordination is the technique of putting together ideas that are unequal in weight so that the relative importance of each will be quickly apparent to the reader. Through subordination, you can focus on the central, or controlling, idea of your sentence by placing it in the independent clause and placing the less important idea in a dependent clause or phrase”。Bander（1978:24）还强调，“Aware that subordination is one of the most important characteristics of modern English prose, a writer uses it whenever it will help him to communicate his ideas more clearly”。

② 参见 A. Robins: *The Writer's Practical Rhetoric*, p. 147, U.S.A.: John Wiley & Sons, Inc., 1980.

③ 参见 T. A. Rees Cheney: *Getting the Words Right*, p. 163, U.S.A.: the Christian Science Publishing Society, 1982.

④ 例引自 R. Altick: *Preface to Critical Reading*, p. 188, New York: Henry Holt and Co. Inc., 1956.

⑤ 参见王力：《中国语法理论》，见《王力文集》第一卷，第 458 页，济南：山东教育出版社，1984 年。

⑥ 参见张静主编：《新编现代汉语》，修订本，第 409 页，上海：上海教育出版社，1986 年。

⑦ Robert Bander（1978:276）列举了英语“简化”的一些表现：“As you contrast the writing styles represented in this book, you can see how flexible English prose is, how well it offers the opportunity for a variety of expression. After having read Dr. Samuel Johnson's letter to Lord Chesterfield, you can also gain insights into how English has changed over a two-hundred-year period. Sentences have become shorter. Vocabulary is generally simpler today; fewer words derived from Latin are being used. Elaborately balanced sentences have gone out of fashion. In their place have come sentences subordinated by such popularly modern means as participial phrases and adjectives and adverb clauses. Both concise parallel structures and the compound predicate have helped to make written expression in English become more direct. Transitions have become increasingly important. Elliptical phrases, appositives, and single-word modifiers permit the contemporary writer to express his ideas in fewer words than a writer of English a century ago would normally have used. Probably the chief trend in contemporary English prose style, as in modern clothing styles, is away from formality toward a greater informality"。

# 5

# 物称与人称

## Impersonal vs. Personal

英语较常用物称表达法，即不用人称主语来叙述，而是表达客观事物如何作用于人的感知，让事物以客观的口气呈现出来，有些英语写作论著称之为“the writer and the reader are out of the picture，hiding themselves behind impersonal language”。G. Leech 和 J. Svartvik（1974: 25）指出，“Formal written language often goes with an impersonal style, i. e. one in which the speaker does not refer directly to himself or his readers, but avoids the pronouns *I*, *you*, *we*. Some of the common features of impersonal language are passives, sentences beginning with introductory *it*, and abstract nouns”。以下用图书馆的一则通告为例：

> It has been noted with concern that the stock of books in the library has been declining alarmingly. Students are asked to remind themselves of the rules for the borrowing and return of books, and to bear in mind the needs of other students. Penalties for overdue books will in the future be strictly enforced.
>
> 近来已注意到本馆存书惊人地减少，此事令人关切。现要求学生不要忘记借书还书规则，并考虑其他学生的需要。今后凡借书逾期不还者，必将严格按章处罚。

英语写作教科书常常劝告作者不要滥用这种非人称表达法，认为这会使文章缺乏“personal reference and human touch”，显得“abstract and official”，甚至“cold and inhuman”。上例若多用人称表达，则可显得不那么正式，也比较有“人情味”：

> The number of books in the library has been going down. Please make sure you

know the rules for borrowing, and don't forget that the library is for everyone's convenience. So from now on, we're going to enforce the rules strictly. You have been warned!

J. Perlmutter (1965:119) 说，"When the writer and reader are out of the picture, writing lacks warmth and sincerity. ... To make writing human, you have to establish and maintain a people-to-people relationship"。试比较：

| | |
|---|---|
| *Impersonal*: | It was noted that this office did not reply to the letter of July 22. Please be advised that apologies are hereby tendered. |
| *Human*: | We sincerely apologize for not replying to your July 22 letter. |
| *Impersonal*: | Applicants for these positions must file forms by August 1. |
| *Human*: | Please apply by August 1. |
| *Impersonal*: | The enclosed form from the accounting department has been sent for your signature. |
| *Human*: | Please sign the enclosed form. |

虽然如此，非人称表达法仍是英语常见的一种文风，尤其常见于书面语，如公文、新闻、科技论著以及散文、小说等文学作品。这种表达法往往使叙述显得客观、冷静，结构趋于严密、紧凑，语气较为委婉、间接。

汉语则较注重主体思维，这种思维模式以"万物皆备于我"作主导，往往从自我出发来叙述客观事物，或倾向于描述人及其行为或状态，因而常用人称。当人称可以不言而喻时，又常常隐含人称或省略人称。汉语重人称，英语重物称，这一特点主要表现在如何使用主语和动词这两方面。

## 一、英语常用非人称主语，汉语常用人称主语

英语可用人称主语表达，也常用非人称主语表达。用非人称主语表达时，往往注重"什么事发生在什么人身上"，而汉语则较常用人称主语表达，往往注重"什么人怎么样了"，如：

1）*Words* fail me!（=I can't describe or answer that, esp. because of surprise or shock）

**我**（惊得 / 吓得）就是说不出话来！

2）*What* has happened to you?

**你**出了什么事啦?

3）*An idea* suddenly struck me.

**我**突然想到了一个主意。

4）*A strange peace* came over her when she was alone.

**她**独处时便感到一种特殊的安宁。

5）*Not a sound* reached our ears.（A. S. Hornby）

**我们**没有听到任何声音。

6）*A great elation* overcame them.

**他们**欣喜若狂。

7）*Alarm* began to take entire possession of him.（W. Thackeray）

**他**开始变得惊恐万状。

8）*A must* for all visitors to Detroit is a visit to an automobile factory.

凡是到底特律来的**客人**，一定会去参观汽车工厂。

英语用非人称作主语的句子大体可分为以下两类:

1. 用抽象名词或无生命的事物名称作主语，同时又使用本来表示人的动作或行为的动词作谓语，因而这种句式往往带有隐喻或拟人化（personification）修辞色彩，语气含蓄，令人回味，反映了英美民族的幽默感。O. Jespersen（1951: 236）指出，"There can be no doubt that the poetic tendency to personify lifeless things or abstract notions, for instance to apostrophize Death as if it were a living being, and the related representation in plastic art of such notions, are largely due to the influence of languages with sex-gender, chiefly, of course, Latin"。汉语虽然也有用隐喻或拟人法来描述抽象的概念或无生命的事物，如"什么风把你吹来了?"（《红楼梦》），"爱情把我们的心连在一起"，"高山低头，河水让路"，"树欲静而风不止"，"窗外的远山映入我的眼帘"，"悲愤总时时来袭击我的心"（鲁迅:《为了忘却的纪念》），但这种表达法较常见于形象的比喻或轻松的文体，无论从使用的语境或出现的频率来看，都远远不如英语常用。中国人较缺乏幽默感，注重的是"什么人做什么事"，往往用人或比较确定的事物作主语，同时又使用表示人的动作或行为的动词作谓语。如:

1) From the moment we stepped into the People's Republic of China, *care and kindness surrounded* us on every side. (Hewlett and Nowell Johnson: *To China at Ninety*)

一踏上中华人民共和国国土，**我们**就随时随地受到关怀与照顾。

2) *Excitement deprived* me of all power of utterance.

**我**兴奋得什么话也说不出来。

3) *The thick carpet killed* the sound of my footsteps. (Joseph: *English 3200*)

**我**走在厚厚的地毯上，一点儿脚步声也没有。

4) *The happiness — the superior advantages of the young women round about her, gave* Rebecca inexpressible pangs of envy. (W. Thackeray: *Vanity Fair*)

**丽贝卡**看见她周围的小姐那么福气，享受种种优越的权利，却有说不出的眼红。

5) *The forty years, 1840–1880, brought* almost ten million migrants to America. (P. Bromhead: *Life in Modern America*)

从1840至1880这四十年中，近一千万**移民**移居美国。

6) *The little chap's good-natured honest face won* his way for him.

**这小伙子**面相老实，性情随和，(因此) 到处吃得开（有人缘）。

7) *My good fortune has sent* you to me, and we will never part. (H. Andersen: *The Little Mermaid*)

**我**很幸运，能够得到你，让我们永不分离吧。

8) *No city* on American soil *had known* such destruction. (H. Wouk)

在美国国土上，没有一座城市曾经遭受过如此严重的破坏。

9) *The year 1959 saw* the first appearance of a real flying ship in the world.

1959年，世界上首次出现了一艘真正会飞的船。

10) *My two great isolating experiences have given* me an almost mystical sense of identity with all suffering humanity.

**我**有过两次不同场合的重要经历，这使我产生了一种几乎带有神秘色彩的同情心而站在一切受苦人一边。

11) *Friday started* with a morning visit to the modern campus of the 22 000-student University of Michigan in nearby Ann Arbor, where the Chinese table tennis team joined students in the cafeteria line for lunch and later played an exhibition match. (*China · U.S. · Table Tennis*)

星期五那天，**中国乒乓球队**一早就到安阿伯附近去参观拥有两万两千名学生的密执安大学现代化校园。他们和该校学生在校内自助餐厅排队取午餐，然后举行了一场表演赛。

英语这类非人称主语句采用“无灵主语”(inanimate subject)，表示抽象概念、心理感觉、事物名称或时间地点等，但谓语却常常使用“有灵动词”

(animate verb)，表示人或社会团体的动作和行为，如 see，find，bring，give，escape，surround，kill，deprive，seize，send，know，tell，permit，invite，take，drive，prevent ... from 等。英语用“无灵主语”与“有灵动词”搭配的句式比汉语多，使用的场合也比汉语广。汉语的“有灵动词”一般只能与人称搭配，因为根据中国人的思维习惯，只有人或社会团体才有这类有意识、有意志的行为，非人类的、无生命的事物一般只能有一些无意识、无意志的状态、运动或变化。汉语“无灵主语”与“有灵动词”搭配通常用作隐喻或修辞手段——拟人化：

**北京目睹过**许多伟大的历史事件。

Beijing has witnessed many great historical events.

**星光**很早以前就**踏上了**旅程。

The light from the stars started on its journey long long ago.

在汉英转换中，用“物称”代替“人称”常常是一种有效的手段，如：

1）一看到那棵大树，**我**便想起了童年的情景。

*The sight* of the big tree always reminds me of my childhood.

2）近来忙于其他事务，未能早些复信，深感抱歉。

I am very sorry that *the pressure* of other occupations has prevented me from sending an earlier reply to your letter.

3）恕**我**孤陋寡闻，对此关系一无所知。

*My total ignorance* of the connection must plead my apology.

4）凭良心讲，**你**待我礼貌有加，**我**却受之有愧。

*My conscience* told me that I deserved no extraordinary politeness.

5）调查结果证明，**他**就是那婴儿的生父。

*Investigation* fathered the baby on him.

6）**他**走起路来，不知从何时起给人一种庄重的印象。

*A new dignity* crept into his steps.

7）**我**怎么也想不起你的名字。

*Your name* obstinately escapes me.

8）丛林中死一般沉寂，**他**还是毫无睡意。

*Sleep* did not visit him although the silence of a dead world was on the jungle.

9）发怒之后，**我**不难过，也不后悔。

Neither *sorrow* nor *regret* followed my passionate outburst.

10）**我**觉得有三分怅惘，三分无奈。然而，思之又觉释然。

*A touch of frustration and helplessness* comes over me, but *a second thought* brings me relieved calm.

11）多年后的一个黄昏，像现在，你一人独坐的时候，**你**会想起眼前的情景。

*This scene* will come back to you years later when you sit alone at sunset like this.

12）五四运动以后，开始了“新红学”时代，代表人物有胡适、俞平伯等这样一些学者。

*The May Fourth Movement of 1919* saw the beginning of the “New Redology”, represented by scholars such as Hu Shi and Yu Pingbo.

13）**小梅**心地善良，性情温和，对她朋友这种没有心肝的行为，实在看不顺眼。

*Xiaomei's kindly and gentle nature* could not but revolt at her friend's callous behavior.

14）**我**思绪万千，恍恍惚惚进入了一条条幽暗的通道，回忆起许许多多的往事。心里一阵凄凉，不禁感到毛骨悚然。

*My mind* goes reeling down dark corridors teeming with agonizing flashbacks, and *a chill from within* fills me with dread.

英语用抽象名词而不用人称作主语的句子，如果运用得当，可以获得很好的修辞和表达效果，读起来更有英语语感。这类句子结构严密紧凑，言简意赅，许多句子从语法分析看属于简单句，但却表达着复合句或并列句的语义和逻辑关系。英译汉时常常要转换非人称主语为人称主语或其他主语，这几乎是一条实用而有效的原则，此外，还要采用多项如下的其他技巧。

① 转换非人称主语，把英语的简单句拆成汉语的复合句：

1）*A very little encouragement* would set that worldly woman to talk volubly, and pour out all within her. (*Vanity Fair*)

这老于世故的**女人**，**只要**人家稍微助助她的兴，**她便**马上滔滔不绝地把一肚子的话一股脑儿倒出来。

2）*The sight of a tailor-shop* gave me a sharp longing to shed my rags, and to clothe myself decently once more. (Mark Twain: *The Million-Pound Note*)

**我一看到**一家服装店，**心里就**涌起了一阵强烈的愿望，很想扔掉这身褴褛的衣服，重新穿得像个样子。

3）*Landing of a few armoured columns in the occupied areas* would bring mass uprisings. (*The Winds of War*)

**只要**几个装甲纵队在沦陷地区登陆，**就会**引起群众性起义。

4）*Lyndon Johnson's final acts as President* took the Americans to the very edge of the moon.（David Halberstam：*The Best and the Brightest*）

**林登·约翰逊总统**任期快要结束的**时候**，美国人也快要登月了。

5）*The knowledge of this nuclear fission process* has made it possible to use uranium as fuel to obtain nuclear energy.

**由于**知道了这种核裂变过程，（**人们**）就有可能用铀作为燃料来获取核能。

6）*A lack of information and formal educational training* had left many persons without any generalized standards of judgment applicable to this novel situation. (Hadley Cantrell: *The Invasion from Mars*)

**许多人由于**消息不灵通，或者**由于**没有受过正规的教育训练，**因此**不能用一般的判断标准去判断这种新奇的现象。

7）*The combination of this oriental city's geography and the absence of import taxes* has long made Hong Kong the ideal storehouse for transit goods to and from Asia.

**由于**香港的地理位置，加上免征各种进口税，**这个东方城市**长期以来成了进出亚洲货物的理想中转储运基地。

8）*The superpowers' mutual interest in preserving maneuverability for their navies* kept the U.S. and the Soviet Union cooperating most of the time during the negotiation.

**超级大国**在保持其海军机动性方面具有共同利益，**因此**美国和苏联在谈判的大多数场合是互相合作的。

② 转换非人称主语，把英语的简单句或复合句拆成汉语的并列句或流水句：

1）*His winnings, a total of $ 4 404,* put him in 160th place on the money list. (*Reader's Digest*)

**他**总共获得 4 404 美元，在奖金名单上居第 160 位。

2）*Her doubts and terrors* reached their paroxysm.（*Vanity Fair*）

**她**突然又怀疑又惧怕，一时不能自持。

3）*His weariness and the increasing heat* determined him to sit down in the first convenient shade. (Nathaniel Hawthorne: *David Swan*)

**他**疲惫不堪，天气也越来越热。**他**决意一遇到个近便的阴凉处，就坐下休息。

4）*My hunger and the shadows together* tell me that the sun has done much travel since I fell asleep.

**我**感到很饿，又发现日影移动，这使我明白：自从我睡着以后，太阳已走了很长的路了。

5）*The characteristics of his family* claim some attention from all who would understand Napoleon and the influence which he was to wield over modern Europe. (H. Rose: *The Life of Napoleon*)

**谁**想要理解拿破仑其人及其对近代欧洲所产生的影响，**谁**就得稍微注意他的家族特征。

6） *The satisfaction of Miss Bennet's mind* gave such a glow of sweet animation to her face. (J. Austen)

**贝内特小姐**心满意足，不禁桃腮泛晕，流露出一丝激动的神情来。

③ 把非人称主语句转换成汉语的无主句或主语泛称句：

1） *The mastery* of a language requires painstaking effort.

要掌握一门语言，必须下苦功夫。

2） *The best shortcut* would still take us five hours to get there.

即使抄最近的路，也要花 5 小时才能到达那里。

3） *A little flattery* will fetch him.

稍一奉承就会把他迷惑住了。

4） *Dusk* found the little girl crying in the street.

黄昏时分，人们发现这个小女孩在街上哭泣。

5） *The development of an economical artificial heart* is only a few transient failures away.

只稍再经过几次失败，（**我们**）就能研制出廉价的人工心脏了。

④ 把非人称主语转换成汉语的状语或介词短语：

1） *March 1940* found me working in a small construction firm. (J. Austen)

**1940 年 3 月，我**在一家小型建筑公司工作。

2） *Investigation* led us to the foregoing conclusion.

**经过调查，我们**得出了上述的结论。

3） *My first day in London* started with a morning visit to the British Museum.

**抵达伦敦的第一天上午，我**就去参观大英博物馆。

4） *My first experience of bottle-feeding a lamb* came towards the end of the season. (Ann Blackmore)

**我第一次**用奶瓶喂羊羔，是在产羔季节临近结束的时候。

5） *The long negotiations* produced shifting and sometimes curious alignments between nations.

**在漫长的谈判过程中**，国与国之间形成了变化不定的、有时是奇特的力量组合。

6） *The Western Desert* was no place for men without the protection of amour and guns.

**在西部沙漠，士兵们**没有装甲车和大炮的掩护是不行的（是进不去的 / 是寸步难行的 / 是没有立足之地的）。

7）*The news that greeted us in Canton, and our visits later to various places* turned anxiety into joy.（Hewlett and Newell Johnson: *To China at Ninety*）

**通过在广州所听到的消息以及随后在（中国）各地的参观访问**，我们的焦虑已转为喜悦。

⑤ 把非人称主语转换成汉语的外位成分，汉语的主语用"这"来代称这个外位成分：

1）*His knowledge of applied science* will stand him in good stead.

他懂得应用科学，**这**对他很有利。

2）*The kaleidoscope of shifting interests of the nations during the negotiation* made it impossible to sort out the "winners" and "losers".

在谈判期间，各国的利益变化不定，好像万花筒似的，**这**就使人难以分辨出究竟谁是"胜者"，谁是"输家"。

3）*The traditional pattern of classroom experience at the college level* brings the professor and a group of 20 to 30 students together for a 45-to-50-minute class session two or three times a week. (*Guide for Study in the U.S.*)

一位教授和二三十名学生每周会聚两三次，每次授课时间 45 分钟到 50 分钟，**这**是大学程度课堂教学的传统模式。

2. 用非人称代词 it 作主语。代词 it 除了用来代替除人以外的生物或事物之外，还广泛用作填补词（expletive），如：

（1）用作先行词（preparatory "it"），代替真正的主语或宾语（to represent a whole group of words which it would not be convenient to put in the place required by the ordinary rules of word order without causing ambiguity or obscurity[①]），如：

*It* never occurred to me that she was so dishonest.

**我**从来也没有想到她这么不老实。

*It* is not our view that the substance or the tone of his remarks this morning will contribute to creating a lasting peace in the Middle East.

**我们**认为，他今天上午发言的内容和口气都无助于在中东建立持久的和平。

（2）用作虚义词（unspecified "it"），代替的主语是难以言明的现象或情形，如用于表示自然现象、时间、空间以及用于惯用语之中：

*It*'s only half an hour's walk to the ferry.

只要走半个钟头就可以到轮渡。

How is *it* with the sick man?

**那位病人**怎么样了?

(3)用作强调词(emphatic "it"),引导所要强调的成分,也是一种形式主语:

*It* is in the hour of trial that a man finds his true profession. (B. Shaw)

**人**总是在面临考验的关头,才发现自己的专长。

*It* is a good horse that never stumbles. (proverb)

**人**有失误,**马**有失蹄。

英语的非人称代词 it 往往使句子显出物称倾向,汉语没有这类用法的非人称代词,因而常用人称,或省略人称,或采用无主句。此外,英语的 There be 句式及用不定代词 one 作主语的句子也具有非人称倾向,汉语则采用比较具体的人称或事物作主语,或不用主语:

In 1958, *there was a strike* participated in by five thousand workers.

1958 年,**五千名工人**参加了一次罢工。

*One* must be a servant before *one* can be a master. (proverb)

要当主人,先当仆人。

## 二、英语常用被动式,采用非人称表达法;汉语常用主动式,采用人称、泛称或隐称表达法

英语的被动式,尤其是用 it 作主语的非人称被动式(impersonal passive),如 *It is believed*, *it is felt*, *it is thought* 等,往往不说出施动者(doer 或 agent),而让所叙述的事实或观点以客观(objective)、间接(indirect)和婉转(roundabout)的方式表达出来。G. Leech 和 J. Svartvik(1974: 258)指出,"The by-phrase containing the agent of a passive clause is only required in specific cases (in fact, about four out of five English passive clauses have no agent). The passive is especially associated with impersonal style (e. g. in scientific and official writing), where the question of who is the agent (i. e. who performs the action described by the verb) is unimportant and often irrelevant"。这种不提及行为者的被动式(agentless passive)最常见于公文文体(bureaucratese)、科技

文体[②]及新闻文体，其非人称倾向可以使口气显得客观公正，避免主观臆断，作者也可借此“drowsy passive smokescreen”而免于承担可能有错的责任（a pusillanimous shrinking from responsibility）。正如 F. Crews（1974: 86）所指出的，“Those who don’t want to accept responsibility for their actions or opinions have an intuitive fondness for the passive”。例如：

> A current search of the files indicates that the letter is no longer in this Bureau’s possession. It is noted that the letter was received two months ago, and after study, returned to your office. In view of the foregoing, it is regretted that your office has no record of its receipt. If the letter is found, it would be appreciated if this Bureau was notified at once.
>
> 我们最近查找了卷宗，发现本局并无此信。可以肯定的是，我们于两个月前收到此信，经研究后，已寄还贵处。鉴于以上情况，贵处仍无收信的记录，我们感到遗憾。如果你们找到此信，请即通知本局，不胜感谢。

英语的被动式可以使作者或其他人称“躲在幕后”，让所要叙述的客观事物置于句首或信息中心位置，从而显出非人称倾向。S. Gramley & K. Patzold（1992: 248）认为：

> One common explanation is that the passive allows the author to step back and the work reported on to stand at the centre of attention. According to one study, “author’s passives” make up a third of the total. These are passives which involve the action of the author (s), for example, *Several interviews were conducted to substantiate this hypothesis* (“We conducted several interviews ...”). Passives which replace other agents account for approximately a tenth of the cases. A few passives can be explained by difficulties in expression with an active construction or similar problems. Half, however, are used for generally unspecified non-human causes. The motivation here is likely to have to do with the thematic focus of a sentence. In English, the topic of a sentence is usually named at the beginning, and what is said (predicated) about it at the end. The passive allows a direct or an indirect object which is the topic to occupy the initial thematic position and thus helps to realize the desired thematic focus of the sentence. A study of the use of the passive in two journal papers on astrophysics confirms the validity of this principle.

汉语没有像英语那样的多重被动式，没有用“it”作主语的非人称被动式，也少用一般被动式，而较多用主动形式表达被动意义。这与中国人的主体思维甚有关系。中国人的思维习惯重“事在人为”，人的动作和行为必然是由人做的，事或物不可能自己去完成这些动作和行为，因而表达时往往要说出施动者，常常采用人称表达法；若无法说出确定的人称，则采用泛称，如“有人”“人们”“人家”“大家”“别人”等；若无法采用泛称，则采用无人称（如“无主句”）；当人称或泛称不言而喻时，又常常采用隐称——省略人称。即使是被动式，也常常指出施动者，虽然现代汉语有省略施动者的倾向。王力（1984:129）指出，“中国正常的被动式是必须把主事者说出的。”吕叔湘、朱德熙（1979:87）也指出，“在形式上，‘被’字底下一般要有宾语，表示主动者。”汉语若要表达类似英语那种被动式的客观口气，则常常采用无主句（subjectless sentence）、主语省略句（subject-omitted sentence）、祈使句或无形式标志的被动句（passive with no grammatical marks）。如：

1）发现了错误，一定要改正。
Wrongs must *be righted* when they *are discovered*.

2）看树看果实，看人看作为。
A tree *is known* by its fruit, and a man *is known* by his deeds.

3）必须调整高等院校的专业设置，改进教学方法。
Specialties in colleges and universities *should be adjusted* and teaching methods *improved*.

4）只要知道电压和电流，就能确定电阻。
The resistance *can be determined* provided that the voltage and current *are known*.

5）当两个物体在一起摩擦时，电子便从一个物体转到另一个物体。
Whenever two objects *are rubbed* together, electrons *are transferred* from one object to the other.

英语的非人称倾向（depersonalization）反映了西方人的客体意识。西方哲学思维方式本质上是理性主义的。理性有客观性的特征，表现为主客分明，区分自我意识与认识对象，排除主观因素，使客体客观化，把主体作为“旁观者”对客体进行探究，以客观的科学态度对待客观世界，探究客体对主体的作用与影响，因而英语民族比较注重客体思维，往往以客观、冷静的表达方式叙述客观事物，如常用被动式和非人称表达法，不用人称而用抽象名词或 it 作主语，让事物以客观的口气呈现出来；语篇倾向于描述事物的客观情况，注重运用事实例证、调查案例、统计数据、专家论点让事实说话，少用或不用主观性修饰语，言辞低调，注重客观的分析推理。

汉语的人称倾向反映了中国人的主体意识。中国传统哲学是关于人和如何做人的学说，是关于人的存在、本质、意义和价值的学说，这就决定了中国哲学思维是以人为中心的主体思维。中国传统思维把主体自身作为宇宙的中心，人是万物的尺度，“万物皆备于我”（《孟子·尽心上》），认为认识了自身，也就认识了自然界和宇宙的根本规律，用主体的修养代替对客体的认识，自身内心体验是一切认识的出发点。中国传统思维方式虽含有理性主义因素，但较注重直觉、体验、领悟，因此本质上是悟性主义的。悟性有主观性的特征，表现为主客不分，主体介入客体，客体融入主体，使客体主观化，因而中国人比较注重主体思维，往往从自我出发来叙述客观事物，倾向于描述人及其行为或状态，常用主动式、意念被动句和人称主语表达法，当人称不言而喻时，又常常隐含人称或省略人称。悟性注重自我体验反思，汉语的表达习惯常常把知、情、意融合在一起，把情感体验与客体描述合而为一，较常滥用主观性修饰语。洪堡特认为，“汉语是一种充盈着人的主体意识、具有很强的人文性的语言。”

## 注　释

① 参见 O. Jespersen: *Essentials of English Grammar*, p. 154, London: George Allen & Unwin Ltd., 1933.

② Gramley, S. & Patzold, K.（1992:247）认为科技英语的 Syntactic Features 主要有：

a. Nominal style;

b. The selection of pronouns employed ( more frequent than in General English: *we*, *this* / *these*; less so: *I*, *he*; even less so: *she*, *you*);

c. The occurrence of new plurals (*fats*, *oils*, *greases*, etc.) and Latin and Greek plurals (*mitochondrion* / *-ia*; *bacterium* / *-ia*);

d. The use of telegram style;

e. The greater frequency of the passive;

f. The greater relative frequency of non-defining relative clauses compared with defining ones, *viz*. 20 to 30 per cent;

g. Specific, frequently employed rhetorical devices such as anaphora, parallelism, parenthetical elements, emphatic inversion, rhetorical questions and ellipsis.

Gramley, S. & Patzold, K.（1992:251）认为科技英语的 characteristics of the vocabulary 主

要有：

a. It is international, often based on Greek or Latin elements;

b. It is standardized and as unambiguous as possible;

c. It is non-emotive in tone;

d. It favours certain processes of word formation;

e. It incorporates symbols.

# 6

# 被动与主动

## Passive vs. Active

被动语态在英语里是一种常见的语法现象。在某些文体中，使用被动句几乎成了一种表达习惯（passive habit）。S. Baker（1985: 121）在 *The Practical Stylist* 一书中指出，"Our massed, scientific and bureaucratic society is so addicted to the passive voice that you must constantly alert yourself against its drowsy, impersonal pomp"。被动句促成了物称倾向，物称倾向也滋长了被动句。英语常用被动句，主要有以下几方面的原因：

### 一、施事的原因

人们表达思想的时候，通常使用主动句。但当主动句的施事（agent）由于以下的原因而不需要或不可能指明时，英语往往采用被动句：

1. 施事未知而难以言明，如：

The murderer *was caught* yesterday, and it *is said* that he *will be hanged*.
凶手已于昨天被捕，据说他将会被绞死。

2. 施事从上下文中可以不言自明，如：

She told me that her master had dismissed her. No reason *had been assigned*; no objection *had been made* to her conduct. She *had been forbidden* to appeal to her mistress.

她告诉我，她的男主人已解雇了她。男主人没有讲明任何理由，对她的行为没有任何异议，也不许她向女主人申诉。

3. 施事不如受事重要，或受事需要强调，如：

Her only son *was run over* by a car.
她的独子被汽车轧了。

有时为了隐去含糊的人称主语（vague pronoun subject），也用被动句：

At the tea party *they* served only tea and cake.
At the tea party only tea and cake *were served*.
茶会上只提供茶和蛋糕。

4. 由于特殊的原因而不要指明施事，如为了使叙述显得圆通、得体，或为了表达某种微妙的情绪（tact or delicacy of sentiment），例如：

Some things *have been said* here tonight that ought not to *have been spoken*.
今晚有人在此讲了些不该讲的话。

## 二、句法的要求

英语重形合，注重句法结构和表达形式。当主动式不便于表达时，出于造句的需要或修辞的考虑，往往采用被动式：

1. 为了使句子承上启下、前后连贯、便于衔接，如：

Some kinds of plastics *can be forced* through machines which separate them into long, thin strings, called "fibres", and these fibres *can be made* into cloth.
有几种塑料可以压入机器并分离成细长的纤维，这种纤维可以用来织布。

2. 为了使句子保持末端重量（end-weight）和句尾开放（right-branching），以符合主语简短、谓语复杂的表达习惯，如：

I *was astounded* that he was prepared to give me a job.
他准备给我一份工作，这使我大吃一惊。

## 三、修辞的考虑

英语修辞学主张不要过分使用被动句，但适当使用被动句可以使表达方法灵活多变（add variety to writing），避免句型单调，达到一定的修辞效果，例如使用被动式可以减少以填补词 it、there 引导的句式，使句子比较干脆、有力。试比较：

There are many ways to vary the basic English sentence pattern of subject-verb-object.
有许多方法可以变换英语"主—动—宾"基本句型。
The basic English sentence pattern of subject-verb-object *can be varied* in many ways.
英语"主—动—宾"基本句型可以用许多方法加以变换。

## 四、文体的需要

某些文体较多使用被动句，以迎合其表达的需要。R. Quirk（1972: 807–808）等人指出：

> There is a notable difference in the frequency with which the active and passive voices are used. The active is generally the more common, but there is considerable variation among individual texts. The passive has been found to be as much as ten times more frequent in one text than another. The major stylistic factor determining its frequency seems to be related to the distinction between informative and imaginative prose rather than to a difference of subject matter or of spoken and written English. The passive is generally more commonly used in informative than in imaginative writing, notably in the objective, non-personal style of scientific articles and news items.

这类信息性的（informative）文体主要指科技文体、新闻文体、公文文体及论述文体。科技论文注重事理和活动的客观叙述（impersonal activity seen objectively），力戒作者的主观臆断，因而常常避免提及施事。R. G. Bander（1978: 54）认为，"The passive voice is used much more frequently in scientific and technical writing than it is in general expository writing. Research shows that certain verbs commonly used in scientific writing customarily appear in the passive voice 51–100 percent of the time; among these are *connect, convert, attribute, activate, conduct, deduce, examine, measure and record.*" J. Perlmutter（1965: 77）也指出，"It's traditional among technical writers to keep themselves in the background, to exclude personal pronouns and emphasize their work instead"。新闻报道注重口气客观、间接，叙事翔实、冷静（calm fact-teller），施事往往难以言明，也不宜言明。公文则注重叙述公正、无私，口气客观、正式。R. Altick（1956: 83, 106）对此曾作如下解释：

> The passive voice allows one to express ideas without attributing them to a specific individual source. That is why it is so widely used in government communications, in which decisions and opinions are presumed to be those of the bureau or agency as a whole and not of individual officials. But legitimate use can easily turn into abuse. While the convention by which governmental edicts come from an impersonal entity can be defended, the indiscriminate use of the passive as a grammatical camouflage can also be a sign of moral weakness. Anyone who does not wish to assume personal responsibility for his statements finds an "out" by writing "it is directed that" instead of "I direct that", or "it is the opinion of the firm" instead of "I think".
>
> The weak passive is used in newspaper writing for the same reason for which it is used in governmental correspondence: to achieve the impersonal note, and thus, in many instances, to disclaim direct responsibility for statements that are based on hearsay.

英语有过分使用被动语态的倾向，正式文体尤其如此。英美语言学者都主张多用主动语态，不要滥用被动语态。许多学者认为被动语态虽有不少用处，但显得啰唆（wordy）、间接（indirect）、无力（weak）、隐晦（oracular），故弄玄虚（mysterious）而深不可测（impenetrable），使交际者之间隔着一层被动的烟幕（passive smoke-screen）。R. Quirk（1968: 170）曾引用 D. Senior 攻击被动语态的话，说它是"half the dilatoriness, the passing of the bucks, the shirking of responsibility, the lazy mindedness, and the want of initiative ..."。G. Orwell 同意 Fowler 兄弟在 *The King's English* 里关于 Rules for Good Writing 的 5 条规则[①]之外，还特地加了一条：Never use the passive where you can use the active。对此告诫，D. Freeborn 故意造了一句：We *are told* by Orwell that the passive *should never be used* where the active *could be*，并说人人都会不知不觉地这样造句[②]。从众多语言学者批评滥用被动语态这一事实来看，英语作者出于各种考虑和需要，确实广泛使用着被动语态，尤其常用于上述的科技文章（technical writing）、报刊文章（newspaperese）和官方文章（bureaucratese）。

英语的结构被动句（syntactic passive）远比意义被动句（notional passive）多。一般地说，绝大多数的及物动词和相当于及物动词的短语都有被动式[③]。被动式可借助形态变化来表示，因而形式很多：有限定动词多种时态的被动式，也有非限定动词（不定式、分词、动名词）的被动式；有非人称被动式（impersonal passive），如 it is believed 等，也有双重被动式（double passive），如 The date is expected to be announced soon，等等。这些结构被动式不仅应用范围很广，而且使用的频率也很高。意义被动式，即用主动的形式表达被动的意义，在英语里比较少见，例如：

1）These products *sell* like hot cakes（= are sold）.
这些产品十分畅销。

2）The clock *winds up* at the back（= can be wound up）.
这个钟在背面上发条。

3）She *dresses* beautifully（= is dressed）.
她穿得很漂亮。

4）The room *filled* rapidly（= was filled）.
房间很快就挤满了。

5）This kind of cloth *washes* very well（= can be washed）.
这种布很耐洗。

6）The book *is printing*（= is being printed）.
这本书正在印刷。

7）The plan *is working out*（= is being worked out）.
这项计划正在制定。

英语有些被动意义可用词汇手段来表达，如：

名词（短语）：
examinee（= person examined）受审查者；受试人
referee（= to whom a question is referred）受委托者
his astonishment（= he was astonished）他感到惊讶
the man's trial（= the man was tried）那个人受审问

the imprisonment of the murderer (= the murderer was imprisoned) 凶手被监禁

形容词:

eatable (= fit to be eaten) 可吃的

desirable (= to be wished for) 值得向往的

visible (= that can be seen) 可以看见的

respectable (= deserving respect) 值得尊敬的

介词短语:

in one's possession / in the possession of someone (= owned, held, kept or controlled by someone) 为某人所有,在某人的控制之下

under the influence of alcohol (= drunk; affected by alcohol) 酒醉

尽管英语的被动意义有时可以不用被动式来表达,但总的说来,英语常用结构被动式,少用意义被动式。与此相反,汉语则常用意义被动式,少用结构被动式。这一差异主要是因为:

## 一、汉语被动式的使用受到限制

古代汉语的被动式通常有如下几种类型:① 没有表示被动的标志,如"锲而不舍,金石可镂"(荀子·劝学),"屈原放逐,乃赋《离骚》"(司马迁·报任安书);② 用"于……",如"智伯灭于晋阳之下"(韩非子·说疑);③ 用"为……"或"为……所",如"不为酒困"(论语·子罕),"茅屋为秋风所破"(杜甫)。"被"字在古汉语中意为"遭受",如"身被十二创"(后汉书·贾复传)。大约东汉以后,"被"字经过语法化,构成了表示被动意义的"被字式"。"被字式"曾被称为"不幸语态"(inflictive voice),主要用以表达对主语而言是不如意或不企望的事(unpleasant or undesirable)[④],如"被捕""被杀""被剥削""被压迫"等。现代汉语受西方语言的影响,"被字式"的使用范围有所扩大,有时也可以用来表达并非不如意的事,如"被选为工会主席""被评为先进工作者"等,但大多数被动意义不用"被字式"。按照汉语的习惯,如果句中无须指出施事,主动意义与被动意义又不致发生混淆,一般就不用结构被动式(用介词或介词结构作状语),而用意义被动式。试比较:

It was done.
这件事已做了。（不说“这件事已被做了”）
It was well done.
这件事做得好。（不说“这件事已被做得好”）
It was poorly done.
这件事做得不好。/ 这件事搞坏了。/ 这件事被弄坏了。/ 这件事给弄糟了。

英语表达这三种意义都可以用被动式，但汉语却用主动式，只有第三种意义才用被动式。

除了“被”字之外，“让”“给”“叫”“挨”“受”“遭”“蒙”等也可构成被动式，但也大多表达类似“被字式”的不如意或不期望的事，如：

1）庄稼让大水冲跑了。
The crops were washed away by the flood.
2）这股敌人全给游击队消灭了。
The whole horde of enemy soldiers was wiped out by the guerrillas.
3）叫你猜对了。
You've guessed right.
4）这家工厂在地震中遭到严重破坏。
This factory was seriously damaged during the earthquake.

与汉语相比，英语的被动式所表达的意义不受此类限制，它可以表达不如意的事，也可以表达如意的事，还可以表达中性的意义，其应用的范围要比汉语广得多。此外，英语的被动式是由系表结构演变而来的，可以表示动作（动句），也可以表示状态（静句），而汉语的被动式却不是由系表结构演变而来的，一般只表示动作，而不表示状态。比较：

The glass is broken.（静句）
玻璃杯碎了。（不用被动式）
The glass was broken by my brother.（动句）
玻璃杯被我弟弟打碎了。（被动式）
玻璃杯是我弟弟打碎的。（被动式的转换式）

The house is surrounded by trees.（静句）
房子周围都是树。（不用被动式）
The enemy was soon surrounded by our troops.（动句）
敌人很快被我军包围了。（被动式）

汉语的被动式除了受到意义的限制之外，还受到形式的限制。王力（1984: 129）指出，“中国正常的被动式是必须把主事者说出的。”吕叔湘、朱德熙（1979: 87）也认为，“在形式上，‘被’字底下一般要有宾语，表示主动者。”这种限制使得许多难以说出施事者的句子不能变成被动式，虽然现代汉语有突破这种限制的倾向。与此相反，英语大多数被动句却不必说出施事者。R. Quirk（1972: 807）等人指出，“Unlike the active subject, the agent phrase is optional. In fact, approximately four out of five English passive sentences have no expressed（surface）agent”。R. Zandvoort（1957: 53）也认为，“The passive is especially used in sentences in which it is unnecessary or undesirable to mention the agent, though the agent may be expressed by means of an adjunct with *by*”。O. Jespersen 也有类似的观点。由于英汉这一表达形式的差异，英语被动式的使用比汉语自由得多了。

王力（1984: 128）指出，“中国被动式用途之狭，是西洋被动式所比不上的。本来，西洋语言也是主动式多于被动式，尤其在英法语里；有些及物动词竟不能有被动式，例如英语的 have，当其用于本义时，罕有用于被动式的。至于中国语呢，就有大部分的及物动词不能用被动式了。……‘被’字有‘遭受’的意思，因此，被动式所叙述者，对主位而言，必须是不如意或不企望的事。西洋的主动句大多数可转成被动句，中国则恰恰相反，主动句大多数是不能转成被动句的。”例如：

1）He *is respected* by everybody.
人人都尊敬他。（不能译为“他被人人尊敬”）

2）The ceremony *was abbreviated* by rain.
因为下雨，仪式举行得很简短。（不能译为“仪式被雨缩短了”）

3）John actually loved Mary and *was loved* in return.
约翰真的爱玛丽，而玛丽也爱约翰。（不能译为“约翰真的爱玛丽，也被玛丽爱”）

汉语常用主动形式表达英语的被动意义：

1）My holiday afternoons *were spent* in rambles about the surrounding country.（Washington Irving）
每逢假日的下午，我总要漫游周围的乡村。

2）Not only politeness but an attitude of reverence *is demanded* in church.
在教堂里，人们不仅要有礼貌，而且应该有一种虔诚的态度。

3）Language *is shaped* by, and shapes, human thought.
人的思想形成了语言，而语言又影响人的思想。

4）Air that *is cooled* suddenly shrinks as some of the moisture *is squeezed out*, and clouds *are formed*.
突然冷却的空气，由于挤出了部分水分，体积收缩，就变成了云。

5）The Chinese Table Tennis Team also visited a Manhattan public school, delighting the pupils and *being delighted* by them.（*China · U. S. · Table Tennis*）
中国乒乓球队还访问了曼哈顿的一所公立学校。队员们和学生们都为这次见面感到高兴。

6）Better my life should *be ended* by their hate, than that *hated* life should *be prolonged* to live without your love.（*Romeo and Juliet*）
我宁可死在他们的仇恨之下，也不愿意延长这可恨的生命而得不到你的爱。

汉语的被动式既然受到意义和形式的限制，大多数被动意义就必须采用其他形式表达。

## 二、使用受事“主语”（receptor subject）导致大量的“当然被动句”

根据中国人的思维习惯，“万物皆备于我矣”（孟子），人的行为，必然是由人来完成的，事或物不可能完成人的行为，只有人才能做出有意识的动作，或具有有意识的行为。这种不言而喻的思维模式使人们在表达时常常把施事者隐含起来，而把注意力集中在受事者及行为本身（谁 / 什么事物［被］怎么样了？）。受事者由于交际需要而移至句首（即“语用性位移”，pragmatic movement），因此，受事者便充当了“主语”，而这个“主语”实际上是汉语的“主题”（topic）或“话题”（theme），即受事主题化（topicalization），并非英语那样的“subject”。此外，中国人的思维方式是“天人合一”，主客不分，表达时也表现出主谓不明，主动式与被动式不清，被动语态呈隐含式，不像英语那样主客二分，主语与谓语、主动与被动泾渭分明。另一方面，汉语表示行为的动词没有形态变化，形式相同的动词可以表达主动意义，也可以表达被动意义，被动式的使用又受到很大的限制，因此，“受事 + 动词”的格式便成了中国人自古以来的一种表达习惯，其被动意义是由语境或交际者的悟性和语感而共同认知的。广泛使用受事主语的倾向便导致了大量的“当然被动句”。一般说来，越是地道的汉语，这种句式越多：

1）一匹马骑两个人。（不说“一匹马被两个人骑”）
Two persons rode one horse.
2）这锅饭能吃十个人。（不说“这锅饭能被十个人吃”）
A pot of rice like this can feed 10 people.
3）昨晚我盖了两条被子。（不说“昨晚我被两条被子盖着”）
Last night I was covered up with two quilts.
4）爸爸，你想死我们了！（琼瑶：《哑妻》）
Daddy, we miss you so much!
5）困难克服了，工作完成了，问题也解决了。
The difficulties have been overcome, the work has been finished and the problem solved.

英语的被动式也常常译成汉语的主动式，如：

The first clock with weights and wheels *is said* to *have been invented* about the year 1000 A. D., but clocks of that kind *could not be carried about* from place to place. Another four hundred and fifty years passed before the first watch *was made* in Germany.（*New Horizon English Reader*）
据说第一座装有钟摆和齿轮的钟大约是在公元 1,000 年左右发明的。但是这样的钟不便携带。又过了 450 年，第一块表才在德国制造出来。

## 三、当不需要或不可能说出施事者的时候，汉语可以采用无主句或主语省略句来保持句子的主动形式

相比之下，英语注重句子结构齐整，句中不能没有主语，当主语难以言明或不言自明时，只好采用被动式或其他句式，以便于把施事者省略或隐含起来。如：

1）要制造飞机，就必须仔细考虑空气阻力问题。
Air resistance must *be given* careful consideration when the aircraft is to *be manufactured*.

2）为什么总把这些麻烦事推给我呢?

Why should all the unpleasant jobs *be pushed* on to me？

3）注意看看信的地址是否写对了。

Care *should be taken* to see that the letter *is* properly *addressed*.

4）用机械加工方法，特别是用磨削方法，可以获得最佳表面光洁度。

Best surface finish *is provided* by machining methods, especially by grinding.

## 四、当施事者难以指明时，汉语还可以采用通称（generic person）或泛称（如"人""有人""人们""大家""人家""别人""某人"等）作主语，以保持句子的主动形式

英语也有不定代词（如 one, some, any, every, all, somebody, anybody, everybody 等），但其用途与汉语的通称或泛称不尽相同。英语在许多情况下宁可采用被动式也不用这类代词作主语，如大量的非人称被动式（impersonal passive）用"it"作形式主语：

It is said that ... 有人说，据说，据云

It is well known that ... 大家知道，众所周知

It is generally considered that ... 人们普遍认为

当汉语不便于采用被动式时，常常采用通称或泛称作主语，如：

1）He *has* often, not always justly, *been accused of* indecisiveness.（*The Economist*, 1978）

**人们**常常指责他优柔寡断，虽然这种指责并不总是公正的。

2）Voices *were heard* calling for help.

**有人**听见呼救的声音。

3）Electrons *are known* to be minute negative charges of electricity.

**大家**知道，电子是极为微小的负电荷。

汉语用通称或泛称作主语的句式，也常常译成英语的被动式：

1）**众**所周知，中国人很久以前就发明了指南针。

It *is* well *known* that the compass was invented in China long ago.

2）**有人**问她感觉如何，她说："呼吸困难。"

When *asked* how she felt, she said, "I'm having trouble breathing."

3）**人们**必须联系世界环境去认识和研究人口控制问题。

The problem of population control has to *be recognized* and *approached* in a world environmental context.

## 五、当不便使用被动式时，汉语还可采用某些转换式来表达被动意义

1. 处置式（即“把字式”或“将字式”），表示施事对受事的处置或支配行为。王力（1985:133）认为，“被动式和处置式的形式虽不同（一是被动句，一是主动句），而其所叙行为的性质却大致相同。譬如一件事，在主事者一方面看来是一种处置，在受事者一方面看来往往就是一种不如意或不企望的事。‘他把你打了一顿’，在‘他’看来是一种处置，在‘你’看来就是一种损害了。因此，多数被动式是可以改为处置式的。被动句若要转成主动句，也是变为处置式较为适宜。”试比较：

树**被**风刮倒了。The tree was blown down by the wind.
风**把**树刮倒了。The wind blew down the tree.

她**被**人杀害了。She was killed.
有人**把**她杀害了。Someone killed her.

敌人的阴谋**被**揭穿了。The enemy's plot was exposed.
我们**把**敌人的阴谋揭穿了。We exposed the enemy's plot.

英语的被动式译成汉语时，若不便采用“被字式”，常常采用“处置式”：

1）These questions *should not be confused*.
不要**把**这些问题混在一起。

2）The mechanical energy *can be changed* back into electrical energy by a generator.
利用发电机，可以**将**机械能再变回成电能。

3）Whenever work is being done, energy *is being converted* from one form into another.
凡是做功，都是**把**能量从一种形式转换成另一种形式。

4）Metals *are* deliberately *mixed* to produce hundreds of new substances with desirable qualities not otherwise available.
特意**把**各种金属混合在一起，可以产生数百种新物质。这些物质的特性合乎人们的需要，也是一般金属所没有的。

5）Kissinger *was alarmed* by China's first atomic blast in October, 1964.
1964年10月，中国爆炸了第一颗原子弹，这**把**基辛格吓了一跳。

2. "为……所"式，是较早的被动式，与现代的被动式结合，即为"被……所"，如：

茅屋**为**秋风**所**破。（杜甫）
The thatched house was destroyed by the autumn storm.
她**被**花言巧语**所**陶醉。
She is intoxicated with sweet words.

3. "是……的"式，表示状态的静句，通常可以与表示动作的动句互相转换，如：

这些产品**是**我国制造**的**。（我国制造这些产品）
These products are made in our country.
风速**是**用米每秒表示**的**。（用米每秒表示风速）
The speed of wind is expressed in meters by second.

4. "……的是"式，一般可以与"是（由）……的"式互相转换，如：

推荐我**的是**一位教授。（我是由一位教授推荐的）
I was recommended by a professor.
接见他**的是**一位秘书。（他是由一位秘书接见的）
He was received by a secretary.

5. "……加以 / 予以"式，组成倒置的动宾结构，如：

这个问题将在下一章**加以**讨论。
This question will be discussed in the next chapter.
这必须在适当的时候**予以**处理。
It must be dealt with at the appropriate time.

除了上述的形式以外，汉语还可以通过各种变通的手段，用与英语不同的句型和词性来表达英语的被动意义，如：

1）They *are paid* for this.
他们拿钱就是干这个的。

2）The culture of antiquity *was rediscovered*.

古代文化重见天日。

3）He *has been pursued*, day by day, and year by year, by a most phenomenal and astonishing luckiness.

一天又一天，一年又一年，他始终吉星高照，令人惊异不已。

4）He *was guided* in his everyday life by an unshakable conviction that moral values are absolute.

他在日常生活中有一条不可动摇的信念，那就是，道德标准是绝对的。

英语使用被动式，常常是为了表示某种客观、间接和非人称的口气，以迎合某些表达需要。汉语要表达同样的口气，往往不用被动式，而用上述的无主句、主语省略句、主语泛称句以及其他句式。总之，英语常用被动式，汉语常用主动式。英汉互译时，句式的转换便成了一种常用的技巧。

英语被动式的构成、意义与使用体现了英语民族重分析、讲客观的思维倾向。西方人自古以来注重“主客二分”，分析性思维是一大特征。受此影响，英语注重分清主语与宾语、及物与不及物、施事与受事、主动与被动，并从词语的形态和句子的格式体现出来，使语义显得精确。西方人还注重理性，在言辞中呈现客观性和逻辑性，这也体现于英语的被动式。相比之下，汉语被动式的构成、意义与使用体现了汉民族重整体、讲主客圆融的思维倾向。中国人自古以来注重“天人合一”，整体性思维是一大特征。受此影响，汉语不注重分清主语与宾语、及物与不及物、施事与受事、主动与被动，词语没有形态变化，句子的主动式与被动式难分，因而语义显得模糊，必须借助语境和语感从整体上加以把握。中国人还注重悟性，在言辞中呈现主体性和直觉性，这也体现于汉语里大量用主动式表达被动意义的句式，以及广泛使用受事主语导致大量的“当然被动句”。

## 注　释

① Gowers（1987:47）引用 Fowler 兄弟在 ***The King's English*** 里所提出的 Rules for Good Writing 的 5 条规则（参见第 4 章：繁复与简短）:

Prefer the familiar word to the far-fetched.

Prefer the concrete word to the abstract.

Prefer the single word to the circumlocution.

Prefer the short word to the long.

Prefer the Saxon word to the Romance.

② 参见 D. Freeborn: *Style: Text Analysis and Linguistic Criticism*, Macmillan, 1996.

③ R. Quirk（1972:803–808）等人列出英语被动语态受限制的五种情况（voice constraints），即：

（1）动词的限制（verb constraints）。不及物动词、连系动词及某些及物动词（至少在某些用法中）不能用被动式，如：They *have* a nice house。又如 l*ack* confidence, *hold* 500 people, *fit* you, *suit* her, *resemble* his father, *like* her 等。

某些"动词 + 介词"短语也不能用于被动式，如：John *agreed with* Mary. / John *lived with* Mary 等。

（2）宾语的限制（object constraints）。某些宾语如反身代词、相互代词、含有物主代词的宾语等，其动宾结构不能用被动式，如：She could see *herself* in the mirror. / We could hardly see *each other* in the fog. / The doctor shook *his head*。

非限定动词（短语）作宾语，其动宾结构一般也不能用被动式，如：John hoped *to kiss her*. / John enjoyed *seeing her*。

（3）施事的限制（agent constraints）。被动句的施事往往省略或难以言明，因而转换成主动句便受到限制，如：Order has been restored without bloodshed。

（4）意义的限制（meaning constraints）。句中有助动词时，主动句转换为被动句，意思有时也跟着改变，如：He can't teach John（= He is unable to teach John）→John can't be taught（=He is unable to learn）。

（5）频率的限制（frequency constraints）。被动句出现的频率与文体有关。使用被动句的多少不由话题决定，也不是书面语或口语的区别，而是文体的区别。想象性的（imaginative）、文学性的文体，被动句较少，信息性的（informative）、理论性的文体，尤其是科学论述或新闻报道，被动句较多。

④ 参见王力：《中国语法理论》，见《王力文集》第一卷，第 124–125 页，济南：山东教育出版社，1984 年。

# 7

# 静态与动态

## Static vs. Dynamic

英语倾向于多用名词，因而叙述呈静态（static）；汉语倾向于多用动词，因而叙述呈动态（dynamic）。R. Quirk（1972: 48）等人对静态和动态作如下解释：

> Broadly speaking, nouns can be characterized naturally as "stative" in that they refer to entities that are regarded as stable, whether these are concrete (physical) like *house, table, paper*, or abstract (of the mind) like *hope, botany, length*. At the opposite pole, verbs can be equally naturally characterized as "dynamic": they are fitted (by their capacity to show tense and aspect, for example) to indicate action, activity and temporary or changing conditions. These relations between the open classes can be summarized thus:

| | | |
|---|---|---|
| STATIVE noun | — | adjective |
| | \| | \| |
| DYNAMIC | verb | adverb |

英语的静态倾向，主要表现在以下几方面：

### 一、名词化（nominalization）是英语常见的现象

名词化主要指用名词（短语）来表达原来属于动词（短语）所表达的信息，如用抽象名词来表达动作、行为、变化、状态等。S. Gramley & K. Patzold（1992: 249）认为：

> Nominalization refers to the replacement of clauses, which contain finite verbs, with complex structures consisting of nouns and noun adjuncts, for example, *because the surface of the retina is spherical* → *because of the sphericity of the retinal surface; something is near the nucleus* → *something occupies a juxtanuclear position*. In a similar fashion, prepositional phrases "disappear": *experiments of transfer of momentum* becomes *momentum transfer experiments; a vessel for storage of liquids* takes the compact form *liquid storage vessel*. ... English of Science and Technology has a higher proportion of nouns (also prepositions and adjectives); in one count this is 44 per cent of all words in EST vs. 28 per cent in general texts. As a result of strong nominalization, verbs have less communicative value and are only half or a third as frequent as in general English.

S. Potter（1969: 101）在 *Changing English* 一书中指出英语"名词优势于动词"的倾向（predominance of nouns over verbs）。L. E. LaPalombara（1976: 29）也认为：

> Many linguists make the claim that English is primarily a "nominalizing language. They argue that by far the most flexible and creative linguistic device available to the speaker of English is the system of rules which enable us to transform non-nominal constituents (and even entire sentences) into nominal ("naming") ones.

这种名词优势往往可以使表达比较简洁，造句比较灵活，行文比较自然，也便于表达较为复杂的思想内容。试比较：

1）a. The doctor arrived extremely quickly and examined the patient uncommonly carefully; the result was that he recovered very speedily.

b. The doctor's extremely quick *arrival* and uncommonly careful *examination* of the patient brought about his very speedy *recovery*.

医生迅速到达，并非常仔细地检查了病人，因此病人很快就康复了。

2）a. Freedom-loving people everywhere condemned them because they violated the agreement reached at Helsinki and abused basic human rights in their own country.

b. The *abuse* of basic human rights in their own country in *violation* of the agreement earned them the *condemnation* of freedom-loving people everywhere.

他们违反协议，在国内侵犯基本人权，因此受到了各地热爱自由的人们的谴责。

运用名词化表达法（nominal style）可以使叙述较为准确，贴切，但也会使语言抽象、难解。O. Jespersen（1951: 139）指出：

> It seems possible to express ideas with greater precision and adequacy by means of nouns than by means of the more pictorial verbs. ... When we express by means of nouns what is generally expressed by finite verbs, our language becomes not only more abstract, but more abstruse, owing among other things to the fact that in the verbal substantive some of the life-giving elements of the verb (time, mood, person) disappear. While the nominal style may therefore serve the purposes of philosophy, where, however, it now and then does nothing but disguise simple thoughts in the garb of profound wisdom, it does not lend itself so well to the purposes of everyday life.

英美不少语言学者都指出英语有过分使用名词的习惯（noun habit）。名词使用多了，与之相随的介词（尤其是 of 短语）也必然增多，与此同时，富有活力和生气的动词也就相应减少，弱化动词 be 的各种形式成了 hard workers 和 heavy-duty words，这就使英语的静态倾向更加明显。如：

> The effect of the overuse of nouns in writing *is* the placing of too much strain upon the verbs and the resultant prevention of movement of the thought.

这个句子充满了名词、动名词和介词，其唯一的谓语动词是 is。这个软弱的动词必须拉动一个满载名词的主语，还必须推动两个满载名词的表语，这就使整个句子缺乏动态感。若将部分名词改为动词，即可分担句子的负荷，化静态为动态：

> One who *overuses* nouns in writing *places* too much strain upon the verbs and as a result *prevents* the thought from *moving along*.
> 写作时过分使用名词，势必给动词增加太多的负担，因而阻碍思路畅通。

过分使用名词会使文句啰嗦（wordy）、含糊（vague），缺乏生气（lifeless），许多英语文体学家都反对滥用名词化表达法，主张通过多用生动活泼的动词来简化句子结构。试比较：

> Integrated into the *circulation* of national life much more completely than any other modern literature, American belles-lettres also give a much more faithful and adequate *picture* of the entire civilization to which they belong than literature abroad, whose

very *compliance* with — or willful *opposition* to — traditions that have long lost their *anchorage* in the depths of their respective national civilizations, renders them unable to keep abreast of the rejuvenated spirit of their epoch.

这个句子使用了多个抽象名词，因而显得冗长、死板，若用动词代替这些名词，即可使句子轻松、活泼：

American belles-lettres *circulate* in the national life much more than other modern literatures do; they *picture* the entire civilization to which they belong more faithfully and adequately. The spirit of the times has become young again, and literatures abroad cannot keep abreast with it because of certain traditions they *comply* with or willfully *oppose*. These traditions were once *anchored* in the depths of their national civilizations, but have lost that anchorage long ago.

英语学术性文体都喜欢名词化，这正如 Dennis Freeborn（1996:18）所说：

Formal academic writing tends to use a characteristic style which caters for other academics rather than the general public. There is a high frequency of nominalizations and a tendency to use the passive voice. Passives and noun phrases which are nominalizations of verbs both have grammatical properties that tend to hide the actor of a process, the person or thing responsible for the action. In a nominalization, an active process, something which happens, can be turned into a "thing". This affects the style, because using nominalizations creates a large number of noun phrases and prepositional phrases.

以下这段选自美国大学的教科书，名词化现象大大增加读者理解的难度：

The *aim* of this *study* is to work out an empirical method of *conversational analysis capable of recovering the social assumptions* that underlie the verbal *communication process by focusing on* actors' *use of* speech to interact, i. e., to create and maintain a *particular definition* of a social situation. The basic theoretical *position* that sets this *work* apart from other *work* in sociolinguistics is that, in the *analysis* of face-to-face *encounters*, the sorts of things that social anthropologists and sociologists refer to by such terms as role, status, social identities, and social relationships will be treated as *communicative* symbols. They are signaled in the *act of speaking* and have a *function* in the *communication process* akin to that of syntax in the *communication* of referential meaning. Just as grammatical *knowledge* enables the speaker to distinguish potentially meaningful sentences from non-sentences, *knowledge* of the social values associated with the activities, social categories, and social relationships implied in the *message* is necessary in order to understand the situated meaning of a message, i. e., its *interpretation* in a particular context. (John J. Gumperz & Eleanor Herasimchuk: *The Conversational Analysis of Social Meaning — A Study of Classroom Interaction*)

这段话大部分由名词短语和介词短语构成。动词本来是会“动”的词(doing word)，但在名词和介词的大海里就显得无能为力了。整段读起来很费解，好像静悄悄的，什么都没有发生。如果加以改写，用动词取代名词，避免被动式，恢复其主动者，化“静”为“动”，就可大大增加其可读性：

In this book *we aim* to *study* how to *work out* an empirical method by which *we can analyze* how *people converse* together. *We hope to be able to recover* what it is that *people assume* when *they communicate* by *talking* together. *We shall focus on* how speakers *use* speech to *interact* — that is, how *they create and maintain* what *they define* as the meaning of a social situation.

*We hold* basic theoretical opinions different from others who *work* in sociolinguistics. These theories *mean* that when *we analyze* the speech of *people* who *talk* face-to-face, *we treat* the sorts of things that social anthropologists and sociologists *refer to* by such terms as role, status, social identities, and social relationships as symbols by which *people communicate* with each other.

*People signal* these symbols when *they speak*. The symbols *function* when *we communicate* in a way akin to that in which syntax *works* to *convey* referential meaning. *Knowing* grammar *enables* us to *distinguish* sentences with potential meaning from non-sentences. Similarly, it *is* necessary to *know* what social values speakers *associate* with the activities, social categories and relationships that they *imply* when *they talk*, in order that *we can understand* the “situated meaning” of a message, i. e., how *we should interpret* it in a particular context.

## 二、用名词表示施事者（agentive noun），以代替动词

英语除了用抽象名词表示行为和动作（如 realize → realization, complete → completion）之外，还常用含有行为和动作意义的普通名词代替动词。大量由动词派生（如以 -er 或 -or 结尾）的名词既表示施事者、身份、职业等，又保留原来动词的意义。这类名词常常与前置形容词构成静态结构：

a hard worker = someone who works hard 工作勤奋的人
a slow walker = someone who walks slowly 走路很慢的人
a good thief = someone who thieves well 很会偷窃的人
a bad sailor = someone who often gets seasick 会晕船的人

汉语由动词加后缀构成的名词（如读者、教师、打字员、观察家、修理工）用来指人，不再表示行为或动作，因而英语中这类名词往往要转换为汉语动词：

1）He is a good *eater* and a good *sleeper*.（C. Eckersley）
他能吃能睡。

2）He is a young and rapid *writer*.（S. Coleridge）
他是个笔头快的年轻人。

3）He is a *nonsmoker* and a *teetotaler*.（E. Snow）
他既不抽烟，也不喝酒。

4）You must be a very bad *learner*, or else you must be going to a very bad *teacher*.（C. Eckersley）
你一定很不善于学习，要不然就是教你的人很不会教。

5）She is the best *hater* I've ever known. How she got to hate me so much!
我所认识的人当中，她最会记仇。她怎么变得这么恨我呢?

6）I used to be a bit of a *fancier* myself.
过去我常常有点喜欢胡思乱想。

7）That boy is a master *complicator*.
那男孩可真会捣乱。

8）Since he lost his job, he's been a *loner*.
他失业以后，就很不合群了。

9）The computer is a far more careful and industrious *inspector* than human beings.
计算机比人检查得更细心、更勤快。

10）Every county is the best *judge* of what is required to safeguard its national security.
每个国家需要什么来保卫国家安全，只有它自己才能做出最好的判断。

11）He was a clever man; a pleasant *companion*; a careless *student*; with a great propensity for running into debt, and a partiality for the tavern.（*Vanity Fair*）
他是个聪明人，很好相处，可是学习不肯用功；他老是东挪西借，又喜欢上酒店喝酒。

这类名词有时并不指人，而是用来代替动词，如：

1）The real *shocker* was that things dragged on well beyond the two weeks I had anticipated.
最令人吃惊的是，事情拖了很久，大大超过我原来设想的两周。

2）Litmus paper can be used as an *indicator* of the presence or not of acid in a solution.
石蕊试纸可用于指示溶液中是否含有酸。

## 三、用名词代替形容词，构成标题式短语（headline phrase）

报刊标题为了节约版面，尽量略去虚词和其他次要的词，把具有刺激性的词语（stimulating words）挤压在一起，因而名词连用便成了一种“free-and-easy habit”。这类新闻标题式的表达法，也反映了信息时代的需要，如：

Cabinet Papers Leak Inquiry
调查内阁文件泄密事件
Job Opportunity Discrimination
（因种族或性别而异的）就业机会歧视
Figure Control Problem
保持优美身材的问题
Railway Station Waiting-room Murder Inquiry Verdict Challenge
对火车站候车室谋杀案调查结论的异议

名词连用或复合名词在科技英语里也很常见：

space shuttle flight test program
航天飞机试飞计划
computer programming teaching device manual
计算机程序编制教学方法手册
satellite communications ground station equipment repairer
卫星通信地面站设备修理人员

这种名词连用的短语结构简化，表达方便，词数少而信息量大，其使用范围已大大超出了报刊标题，在现代英语里几乎俯拾即是。B. Foster（1981: 200）指出，“The whole tendency of the modern language is towards doing away with adjectives, or at least, using nouns as epithets”。名词定语与被修饰词之间存在种种不同的语义关系，如：

1） member state = a state which is a member
成员国
2） impulse buy = things bought on impulse
凭一时冲动购买的东西 / 即兴购买的物品
3） instrument flying = flying by means of instruments
利用仪表导航
4） *ouster attempt* by his opponents = attempt by his opponents to oust him
他的敌手准备把他撵下台的尝试
5） Presidential nominee's *acceptance speech* = speech showing the Presidential nominee's acceptance
总统候选人接受政党提名时所作的演说
6） recovery helicopter = helicopter which is used for getting back（recovering）astronauts who have splashed down
把从太空回来的宇航员从海（地）面等处捞（拾）起来载回的回收直升机

名词定语与被修饰词之间的语义关系常常不能从字面上判断出来，也不能简单地把前一个名词理解为修饰语而已，如：

China tea = tea of（from）China
China trade = trade with China
China policy = policy towards China
China lobby = lobby speaking for China
China card = China as a card

要正确理解其语义，往往还要联系其语境甚至社会文化背景知识，如：

1） *Advocacy journalism* is new in name only. Basically it rests on the belief that the reporter should not be merely a disinterested observer and recounter but the engaged advocator of social doctrine, pursuing a position by selective reportage.
**倾向性的新闻报道**，除了它的提法之外，并不是新玩意儿。从根本上说，它所依据的无非是这样一种信念，即干记者这一行，不单单是充当一个超然物外的旁观者或报道员，而是应该积极表态支持某种社会学说，通过有选择的报道来阐明某种主张。
2） A Soviet citizen said to Green, “The hotel clerk, with a little *currency persuasion*, would be able to find accommodation for you.”

一个苏联公民对格林说，“**花点钱疏通一下**，那个旅馆服务员就会把你安顿下来。”

3 ) He arose one morning filled with inspiration to market a new line of *celebrity ashtrays*.

一天早晨，他起身时突然心血来潮，准备上市一批**印有名人头像的烟灰缸**新货。(celebrity ashtray = ashtray with the portrait of a celebrity printed at the bottom)

4 ) Wilson had recommended Goldsmith for a peerage in the *resignation honors list*.

威尔逊**在递交辞呈时已将戈德史密斯列入荣誉名册**，推荐授予他贵族爵位。(resignation honors list = list of peers'names customarily submitted by Prime Ministers leaving office)

H. Bradley (1975: 98) 指出，“The modern desire for brevity and compactness also gives rise to an augmented use of nominal phrases. ... The precise meaning of any nominal phrase is determined by its situational context”。现代人追求言辞精炼，常常堆积名词作为前置定语 (heavy premodification of nouns)，造成标题式短语，这往往会显得信息负荷过重 (unnecessarily overweighted)，例如以下两条报纸标题必须从其文中所述才能准确理解：

1 ) Smith's Olympic Games Hope = Smith hopes that he will be selected to represent Britain in the forthcoming Olympic games.

2 ) Holiday Coach Mystery Fire Inquiry Verdict = the verdict attained by the court of inquiry appointed to investigate the cause of a mysterious fire that broke out in a coach hired by holiday-makers.

名词连用加强了英语的名词优势，也反映了现代英语追求简洁的总趋势，但不少语言学者反对过分堆积名词 (noun pileups)，认为这会使语言失去活力，缺乏动态感，有时还会造成语意含混，甚至产生歧义。E. Gowers (1987: 83) 指出，“The constant use of headline phrases is usually a sign either of unclear thinking or of unwillingness to say things as briskly and simply as possible. A headline phrase consisting of more than two words should be treated with suspicion, and things tend to get even more awkward if the phrase includes an adjective as well as a number of nouns; it is not always obvious on first reading which noun the adjective qualifies, and tiresome problems of hyphenation sometimes arise”。例如：

1）British history teachers

a. teachers of British history 教英国历史的教师

b. British teachers of history 教历史的英国教师

2）a small car factory

a. a factory of small cars 制造小汽车的工厂

b. a small factory of cars 制造轿车的小工厂

3）an old man’s bicycle

a. an old +（man’s bicycle）一辆旧的男式自行车

b. （an old man’s）+ bicycle 一个老人的自行车

4）Excessive headline phrase condemnation is, of course, a possibility.

a. It is possible, of course, to go too far in condemning headline phrases.
当然，过分指责使用标题式短语是可能的。

b. It is possible, of course, to condemn the overuse of headline phrases.
当然，指责过分使用标题式短语是可能的。

一个形容词前置于几个名词，使人搞不清其确切的修饰对象；几个名词连用，也会让人分不清修饰词与被修饰词，甚至分不清词类，如：The company grants increase，其中 grants 或 increase 都可能是动词或名词。

名词连用作修饰语（multiple noun adjunct）或用名词作定语（noun attribute）在现代英语里是一种盛行的文风。针对这种现象，H. W. Fowler（1965: 242）指出，“These tricks, when allowed to affect literary style, destroy both precision and elegance; sentences stumble along painfully and obscurely in synthetic lumps instead of running easily and lucidly with analytical grace. The corruption has gone far, affecting especially political speeches, official writing, and commercialese”。例如：

1）Major *vehicle expansion projects* must depend on *steel availability*.（= Major projects for expanding the production of vehicles must depend on how much steel is available.）
扩大生产车辆的主要工程取决于能够获得的钢材数量。

2）Where *retirement dissatisfaction* existed *advance activity programming* had been insignificant.（= The people who were unhappy after retirement were those who had taken little trouble to plan their activities beforehand.）

退休后仍不满意的人是那些对退休后的活动事先没有什么计划的人。

3）Is there any *evidence* of this applicant's excessive *road accident proneness*?（= Can you show that this applicant [for a car insurance policy] is more likely to be involved in accidents than others?

这位申请人比其他人更有可能卷入车祸，有什么证据吗?

4）This compulsion is much regretted, but a large *vehicle fleet operator restriction* in mileage has now been made imperative in meeting the demand for *petrol economy*.（= We much regret having to do this, but we have been obliged to restrict greatly the operation of our large fleet of vehicles [or fleet of large vehicles] to meet the demand for economy in petrol.)

我们非常遗憾不得不这样做，但很有必要限制大批车辆（大型车辆）的行驶，以满足节约汽油的要求。

5）In the monthly *status situation report*, you mention reorganizing the *auction market layout*. It will take a lot of work because we will need *equipment availability estimates* and costs for removing the *forty-foot ceiling-suspended conveyor*. I think Jones Company has a relatively *low price policy* and can do the job.（= In the monthly status report, you mention reorganizing the layout for the auction market. It will take a lot of work because we will need estimates on available equipment and costs for removing the forty-foot conveyor from the ceiling. I think Jones Company prices are low and they can do the job.)

在月报表中，你提到重组拍卖场的布局问题。这需要做很多工作，因为必须评估现有设备，也需要费用来拆除天花板悬吊的 40 英尺传输装置。我认为琼斯公司开价较低，可以让他们来做此事。

S. Potter（1969:103）也认为这是“a type far too common in present-day officialese. It is, indeed, a structure quite peculiar to English among the great languages of the world”。

用名词作定语，其意义和功能有时相当于用形容词作定语，如:

prestige university = prestigious university 有名望的大学
race hatred = racial hatred 种族仇恨
affluence society = affluent society 富裕社会
launch pad = launching pad 发射台

然而，不能以此类推，因为有时用名词作定语与用形容词作定语在意义和功能方面并不相同:

economy measure 节约措施
economic measure 经济措施

bankruptcy lawyer 处理破产诉讼的律师
bankrupt businessman 破了产的商人

efficiency expert 研究提高工作效率的专家
efficient worker 工作效率高的工人

obesity specialist 肥胖病专家
obese specialist 胖专家

## 四、名词优势造成介词优势

介词前置于名词或名词性词语。由于英语多用名词，必然也要多用介词，因而产生了介词优势。随着英语大量废弃名词和形容词的形态变化，介词便取而代之，起了某些形态变化的作用。介词优势与名词优势结合，使英语的静态倾向更为显著。

英语介词十分常见①，有的学者把英语称为“介词的语言”，例如以下一句，可谓介词充斥（prepositionitis）：

> Adequate clearance *between* the rear face *of* the last stack *in* the load and inside surface *of* the rear doors was provided to enable the refrigerated air flowing *from* the front *to* the rear *of* the trailer to enter the longitudinal air channels *through* the load which opened *on* the rear *of* the load *at* this point.

英语常常用介词短语取代动词短语，即以“静”代“动”，如：

1）He is *at his books*.（= He is reading books.）
他在读书。

2）He has someone *behind him*.（= Someone supports him.）
有人给他撑腰。

3）The machine is *in operation*.（= The machine is working.）
机器正在运行。

4）Is this train *for Chicago*?（= Is this train going to Chicago?）
这趟火车是开往芝加哥的吗?

5）Shall we go *to the theater*?（= Shall we go to see a play in the theater?）
咱们到剧场看戏，好吗?

6）*With these words* she went away.（= After saying these, she went away.）
说完这些话，她便走开了。

7）They immediately set out *in pursuit of the enemy*.（= They immediately set out to pursue the enemy.）
他们立刻出动去追击敌人。

介词与名词结合，组成介词短语。成串的介词短语又常常与弱化动词（如 be, seem, look, become 等）和“乏味的名词”（ponderous nouns）连用：

*In view of the fact* that Mr. Jones is not very well, I *am taking the opportunity of* replying *on his behalf*.

Our company's well-defined position is that it stands ready *at all times* to co-operate with your firm whenever it is called upon to do so. *The majority of* stockholders are *in complete sympathy with* your company's goals and objectives *in regard to* the construction of a new plant. It may be *within your recollection* that prior to 2006, this company tendered your company a loan consisting of a large amount of money *in order to* put it in a solvent and strong financial position. The occasion was the time of your company's most ambitious retooling operation, when it was hardly *in a position to* utilize existing resources. *Despite the fact that* the company had many obstacles to overcome, it did not wait until such time as the situation would improve. The loan was repaid *in short order*. It is *because of this fact that* our company continually displays the utmost confidence *in the operations of* your company.

这封兜着圈子说话的（roundabout）回信，如果多用动词，少用介词短语，则可化“静”为“动”：

I am replying for Mr. Jones, who is ill.

Our company is always ready to co-operate. Most of our stockholders sympathize with your aim to build a new plant. You will recall that before 2006, we loaned you large sums of money to put you in a strong financial position. It was during the ambitious retooling operation, when you couldn't use existing funds. Although you had many difficulties, you didn't wait until the situation improved. You repaid the loan. Our company has faith in your operations.

“名词 + 介词”的优势常见于英语里大量的弱式短语。这类短语往往削弱或淡化（dilute）原来所要表达的动词、形容词或其他词语的意义，使叙述曲折迂回（circumlocution），因而增强了静态感，例如：

is of the opinion (= believe)
come into conflict with (= conflict)
arrive at a decision (= decide)
bring to a conclusion (= finish)
undertake a study of (= study)
take into consideration (= consider)
afford an opportunity to (= allow)
carry out experiments (= experiment)
conduct an investigation into (= investigate)
of a kindly nature (= kind)
of an unusual character (= unusual)
beyond the shadow of a doubt (= certain)
due to the fact that (= because)
on two separate occasions (= twice)
in view of the foregoing circumstances (= therefore)

英语文体学家认为滥用这种弱化表达法（debilitated style）是一种不良的文风。这类短语往往使表达显得啰唆（wordy）、累赘（verbose）、缺乏生气（lifeless），因而不宜提倡。H. W. Fowler（1965: 446）指出，"Strings of nouns depending on one another and the use of compound prepositions are the most conspicuous symptoms of the periphrastic malady, and writers should be on the watch for these in their own composition"。许多学者主张多用平易（plain）、活泼（lively）、具体（concrete）和直截了当的（direct）词语，以减少英语的静态倾向。

## 五、动词的弱化与虚化

英语里最常用又最有用的动词正是动作意味最弱的动词——be，其八种形式（be, am, is, are, was, were, being, been）都缺乏动态感（the least expressive verb）。由 it 或 there 与 be 构成的句式，其静态意味更加明显，试比较：

1）*There was* a tropical storm off the east coast of Florida.
佛罗里达东海岸有一场热带风暴。
A tropical storm *lashed* the east coast of Florida.
一场热带风暴袭击了佛罗里达东海岸。

2） *It was* the finding of the committee that *there had been* bribes paid by company managers to foreign officials.
公司经理向外国官员行贿，这是委员会发现的。
The committee found that company managers *had bribed* foreign officials.
委员会发现公司经理向外国官员行贿。

按照 R. Quirk 的说法，be 是一个“典型的无感情色彩的联系动词，只用于表示事物的本质或偶然发生的事情”。西方人的逻辑推理在很大程度上要通过 be 这一系词来进行语言架构，be 成为西方哲学逻辑思维沟通主项（被判断的对象）和谓项（判断陈述）之间的桥梁。古希腊哲学中最重要的概念和范畴是“Being”，黑格尔的《逻辑学》第一章就讲“Being”。亚里士多德用了以下名言来阐述他著名的“非矛盾律”（Law of Noncontradiction）：It is impossible to *be* and not to *be* at the same time。莎士比亚用 be 造出他的名句：To *be* or not to *be*, that is the question（活下去还是不活：这是问题）。法国著名哲学家笛卡尔也用 be 写下名言：I think, therefore I *am*（我思故我在）。除了 be 之外，have, become, grow, feel, go, come, get, do 等也是英语常见的弱式动词（verbs of feeble phenomenality）。

英语还常常把动词转化或派生成名词，置于虚化动词（empty verb，如 have, make, take, do 等）之后作其宾语，如 have a look, take a walk, make attempts, pay visits, do some damages, give a report, put up a proposal 等。Orwell 也认为英语常常有这种现象，尤其是口语：“Empty verbs and verbal nouns replace verbs”。这类动词其实是没有什么交际价值的“万能动词”（general purpose verb of low communicative value），由此构成的短语往往显得虚弱（weak）、啰唆（wordy）而平淡无味（colorless）。试比较：

1） After he *had a quarrel* with his boss, Jack quit.
After he quarreled with his boss, Jack quit.
杰克与老板争吵之后便辞职了。

2） *A distinction must be made* between “economic” and “economical”.
You must distinguish between “economic” and “economical”.
必须把 economic 和 economical 加以区别。

此外，用动名词作虚化动词 do 的宾语，如 do shopping, do some washing 等，也很常见：

{ The combine does the harvesting of the grain.
The combine harvests the grain.
联合收割机收割谷物。

不当地使用填补词（expletives or “filler” words “it” and “there”）[②]和虚化动词（empty verb）的句式往往显得啰唆而冗长，因而也就缺乏生气和动态感。英语作者有过分使用这类词的倾向。如果少用这类词而多用动词，即可节约用词（word economy），使表达简洁而有力，如：

1）啰唆：*There are* numerous travel agencies that exist throughout the world.（10 words）
简短：Numerous travel agencies exist throughout the world.（7 words）
全世界有许许多多的旅行社。

2）啰唆：*There are* going to be certain parts of your garden that are your favorites for summertime relaxing and entertaining.（19 words）
简短：Certain parts of your garden will be your favorites for summertime relaxing and entertaining.（14 words）
你的花园的一些地方将是你最喜欢的夏天休闲和娱乐之处。

3）啰唆：*There are* many advantages to buying that house.（8 words）
简短：Buying that house offers many advantages.（6 words）
购买那栋房子有很多好处。

短句使用填补词 there 通常最有效，如：

Why should the government have fallen?
*There were* several reasons.

## 六、用形容词或副词表达动词的意义

英语常用动词的同源形容词与弱化动词相结合的方式表达动词的意义，如：

1）I *am doubtful* whether he *is* still *alive*.（doubt, live）
我怀疑他是否还活着。

2）The teacher thanked her pupils because they *are* very *cooperative*.（cooperate well）
学生合作得很好，老师向学生表示感谢。

3）The doctor *felt sympathetic* with his patients.（sympathize）
医生同情他的病人。

不少动词可以用其同源形容词来表达，如：support → supportive, thank → thankful, create → creative, sleep → asleep 等。

英语中表示心理或生理感觉的形容词以及其他形容词也常常与弱式动词构成系表结构，表达相当于动词的意义，如：

1）A postman *is* not *afraid of* dogs.
邮递员不怕狗。

2）He *was unaware of* my presence.
他当时不知道我在场。

3）John *seems content* just to sit in front of the television all night.
约翰整夜坐在电视机前似乎就满足了。

英语还常用副词来表达动词的意义，如：

1）I'm afraid Mr. Brown is *out*, but he'll be *in* soon.
恐怕布朗先生出去了，但是他很快会回来的。

2）He'll be *home* in half an hour.
他将在半小时内到家。

3）The newspaper was *down* at six yesterday.
昨天报纸六点钟付印。

4）*Down* with the old and *up* with the new.
破旧立新。

总之，英语常常通过动词的派生、转化、弱化和虚化等手段，采用非动词的形式（如名词、介词、形容词、副词等）表达动词的意义，因而表达呈静态。与此相比，汉语则倾向于多用动词。其动态倾向主要表现在以下几方面：

## 一、动词连用是汉语常见的现象

汉语连动式和兼语式句子都包含两个或两个以上的动词。连动式、兼语式、把字式和被字式这四个句式还常常互相包孕、接榫（dovetail），构成各式各样的多动词谓语句。下面这些句子都是汉语常用的句式：

1）他**想**办法**摆脱**了困境。（= 他想办法 + 他摆脱了困境，连动式）
He thought his way out of the dilemma.

2）我们**请**她**唱**歌。(= 我们请她 + 她唱歌，兼语式)

We asked her to sing.

3）你**去**教室把他**叫回来**。(= 你去教室 + 你把他叫回来，连动式与把字式接榫)

Go to the classroom and call him back.

4）我把她**请来打字**。(= 我把她请来 + 她打字，把字式与兼语式接榫)

I asked her to come here and do some typing.

5）我被老师**叫到**办公室**去作检讨**。(= 我被老师叫 + 我到办公室去 + 我作检讨，被字式与连动式接榫)

I was called to the office by the teacher to make a self-criticism.

6）我**去叫**他们**派**一个会计**到**这儿**来帮助**你**算**账吧。(= 我去叫他们 + 他们派一个会计 + 一个会计到这儿来 + 帮助你 + 你算账，兼语式与连动式接榫)

Let me go and ask them to send an accountant here to help you with your accounts.

## 二、动词（词组）可以充当汉语句子的各种成分

汉语动词及动词词组，包括连动式词组、兼语式词组，无需改变形式就可以充当句子的各种成分。如此一来，汉语句子就显得到处都有动词了：

1）**实现理想境界**要靠辛勤**劳动**。(动词词组作主语、宾语)

To translate ideals into reality needs hard work.

2）**解决问题**的最好方法**是进行调查研究**。(动词词组作定语、表语)

The best way to solve the problem is to conduct investigations.

3）他**不停**地来回走着，激动得**说不出话来**。(动词词组作状语、补语)

He kept on walking back and forth, being too excited to say a single word.

4）革命不是**请客吃饭**。(兼语式词组作表语)

Revolution is not a dinner party.

5）他们喜欢**乘火车旅行**。(连动式词组作宾语)

They enjoy traveling by train.

汉语动词可以充当助动词，置于主要动词的前后，形成动词连用。前置助动词（即能愿动词）主要有："要""会""能""肯""想""敢""愿意""能够""可能""应该"等；后置助动词（即趋向动词）主要有："来""去""起来""下去""出来""过去"等。"来"或"去"可以前置，也可以后置，还可以前后各用一个：

他**来**（**去**）借书。
他借书**来**（**去**）了。
他**来**（**去**）借书**来**（**去**）了。
} He's come（gone）to borrow books.

"来"或"去"可以与主要动词隔开，也可以用来连接两个动词（词组）：

我拿了一本词典**来**。（= 我拿**来**了一本词典）
I've brought a dictionary.
你们要想一个办法**来**（**去**）帮助我（他）。
You should think a way out to help me（him）.

汉语的动词还可以充当介词。严格说来，汉语的介词大多是由动词演变来的，因而仍然保留着动词的某些特征，如：

{ **用**词典（动词，to use a dictionary）
  **用**英语写（介词，to write in English）

{ 他**在**教室。（动词，He is in the classroom）
  他**在**教室学习。（介词，He is studying in the classroom）

{ 人们来来**往往**。（动词，People are coming and going）
  他**往**东走去。（介词，He went in an eastward direction）

{ 葵花朵朵**向**太阳。（动词，Sunflowers turn towards the sun）
  **向**毒品开战。（介词，to wage a war against drugs）

其他例子如："**朝**南开""**替**她说""**比**他好""**照**例办""**乘**车走""**给**他讲""**把**头一扭""**拿**他开玩笑""**从**全局出发""**离**春节只有十天"等等。汉语没有形态变化，动词与介词常常难以区分，因而也常常互相替用。汉语动词可以用来代替介词，这就大大加强了汉语的动态倾向。

## 三、汉语动词常常重复或重叠

汉语动词的重复或重叠，以及与此相关的句式排比或对偶，可以明显地加强汉语动态感的表现力。英语动词一般不能重叠，也较少重复，甚至常常在需要重复的地方省略。相比之下，汉语动词出现的频率就更高了：

1）**来**的**来**，**去**的**去**。
Some come, and others leave.

2）**说是**的**说是**，**说非**的**说非**，莫衷一是。

Some say "yes" and others "no"; I don't know whom to follow.

3）**说说笑笑**，**跑跑跳跳**，孩子们过得十分愉快。

Talking and laughing, running and jumping, the children had a good time.

4）**要吃有吃**，**要穿有穿**。

You will have enough to eat and enough to wear.

5）**说**是**说**了，没有结果；**做**是**做**了，没有成功。

I have made proposals, but in vain; I have tried it, but without success.

6）**念**死书**念**出来的学问是没有多大用处的。

Learning by rote will be unprofitable.

7）学问，学问，**要学要问**；边**学**边**问**，才有学问。

Acquisition of knowledge entails learning and seeking for explanation.

8）我**等**着要上路，越**等**越不耐烦，哪里是**等**一会儿，一**等**就是老半天。

I waited with growing impatience to get on my way, not for one minute but for quite a considerable time.

9）我们**谈**到自己，**谈**到前途，**谈**到旅程，**谈**到彼此的情况——**谈**到一切，只是不**谈**我们的男女主人。

We talked about ourselves, our prospects, our trip, about each other — about everything but our host and hostess.

叠字构词是汉语中喜闻乐见的表达方法。汉语动词常常以各种格式加以重复或重叠，构成丰富多彩、生动活泼的动词结构，如：

AA: 谈谈 听听 想想 瞧瞧 歇歇 试试 摸摸

A一A: 谈一谈 吃一吃 走一走 看一看 避一避

A了A: 谈了谈 想了想 踩了踩 摇了摇 笑了笑

A了一A: 想了一想 摇了一摇 算了一算 试了一试

A着A着（A了A了）：看着看着 走着走着 老了老了 完了完了

AABB: 说说笑笑 来来往往 吃吃喝喝 摇摇晃晃 吵吵闹闹

ABAB: 讨论讨论 学习学习 休息休息 热闹热闹 走动走动

ABAC: 无依无靠 有始有终 任劳任怨 没完没了 敢作敢为

汉语还有大量对偶复意的动词词组，如：

惊天动地 发号施令 离乡背井 土崩瓦解 唉声叹气 千变万化

想方设法 添砖加瓦 粗制滥造 提心吊胆 突飞猛进 咬牙切齿

对立并联的动词词组：

求同存异　深入浅出　死去活来　迎新弃旧　前仆后继　去伪存真
厚古薄今　弃暗投明　顾此失彼　避实就虚　破私立公　承前启后

现代汉语还常常把两个动词合并为一，构成“双重动词”，如：

指控（= 指责 + 控诉）　抗击（= 抵抗 + 反击）　赏析（= 欣赏 + 评析）
辨析（= 辨别 + 分析）　封存（= 封闭 + 保存）　述评（= 叙述 + 评论）
搜捕（= 搜查 + 逮捕）　宣讲（= 宣传 + 讲解）　调控（= 调节 + 控制）

汉语动词的重复、重叠、合成和合并无疑会使汉语的动态意味更浓。

英语动词的使用受到形态变化规则的严格限制。一个句子结构通常只有一个谓语动词，大量原来应该由动词表达的概念，除了用非谓语动词来表达外，必须借助于动词以外的词类，其中主要是名词和介词。名词可以由动词派生或转化而来，由于比较不受形态变化规则的约束，因而使用起来灵活、方便，这就导致了名词的广泛使用。介词与名词密切相关，因而介词也得以广泛使用。名词与介词的优势不仅降低了动词出现的频率，而且削弱了动词所表达的意义，产生了动词的弱化与虚化。名词优势于动词的特点使英语的表达呈现静态倾向。

与此相比，汉语动词没有形态变化的约束，使用起来十分自由、简便。汉语没有谓语动词与非谓语动词的形式之分，原形动词可以充当句子的各种成分，可以在句中多次连用，甚至重复、重叠，合成并用。为数不多的介词又几乎都是用动词来代替的。因此，汉语除了部分句子没有动词（即名词谓语句如“今天劳动节”和形容词谓语句如“天气很好”）以外，大量的句子都不止使用一个动词。动词优势必然使汉语的表达呈现动态倾向。

由于以上的不同特点，英汉互译的过程往往是静态与动态互相转换的过程。适当地运用这一原理，常常可以使译文比较符合表达习惯，如：

1. 静态转换为动态：

1）Ford's first *pledge* was, "Mr. President, you have my *support* and my *loyalty*."
福特一开始就**保证**说：“总统先生，我**支持**您，并**效忠**于您。”

2）It came not as a Nixon *revelation*, but rather as a *confirmation* of the *New York Times* story.

这不能算是尼克松**透露**了什么新东西，而是**证实**了《纽约时报》的报道。

3）Harvard, despite its own *estimate* of itself, was ultimately an academic haven where an error of *interpretation* could result only in *loss* of face, not in *extinction*. (*Kissinger*)

哈佛大学，不管它如何**自命**高明，终究还是个学府胜地，在那里把问题**看**错了，无非**丢脸**而已，总不至于**完蛋**。

4）Only the earl himself kept up a *sly occasional acquaintance with* her, when out of the *jurisdiction* of his ladies. (*Vanity Fair*)

只有伯爵是例外，**碰上**妻子女儿**管不着**他的当儿，就**偷偷摸摸**地**来找**她。

5）A spirit prevailed then which was quintessentially American: that problems are a *challenge*, not an *alibi*; that men are measured not only by their success but also by their striving; that it is better to aim grandly than to wallow in mediocre comfort.（*Kissinger*）

那时的风气还是符合地地道道的美国精神的：**有问题，只能上，不能躲**；衡量一个人，不但**看**他的成败，也**看**他的努力程度；**宁愿好大喜功，也不甘庸闲遣日**。

2. 动态转换为静态：

1）火箭已经**用来探索**宇宙。

Rockets have found *application* for the *exploration* of the universe.

2）一切爱好和平的人民都要求**全面禁止**核武器，**彻底销毁**核武器。

All peace-loving people demand the *complete prohibition* and *thorough destruction* of nuclear weapons.

3）要不是我**能干重活**，早就**被辞退**了。

It was only my *capacity for hard work* that saved me from *early dismissal*.

4）屋顶需要**加以特别考虑，以确保经受住日晒雨淋**。

Roofs require special consideration to ensure *adequate durability* in relation to the *exposure to the sun and rain*.

5）他**深信**，只有对历史**加以透彻研究**，才能真正**学到**知识。

He is *in the full conviction* that real *knowledge* is the end *product* of a thorough *study* of the history.

6）侵略有许多形式：单方面**废除**条约与国际义务，**干涉**别国内政，对较弱邻国**实施威胁**，**强迫实行**不平等关系，**赤裸裸武装进攻**别国领土和**肢解**别国，**征服**殖民地民族，**否认**自决权和基本人权。

Aggression took many forms: the unilateral *denunciation* of treaties and international commitments, *interference* in the internal affairs of other states, the *use* of *threats* against weaker neighbors, the *imposition* of unequal relationships, outright armed *attack* against the territories of other states and their *dismemberment*, the *subjugation* of colonial peoples and the *denial* of the right of self-determination and fundamental human rights.

汉语许多日常用语和文章标题，常用富于动态的动词，如果译成英语，常常要转换为富于静态的名词、形容词或副词，这样才比较有“洋味”：

1）走开！
Stay away!

2）别管我！
Leave me alone!

3）他吃素，不吃荤。
He is a vegetarian.（报纸标题）

4）她们飞上了蓝天
Women Pilots in China

5）周阿斗寻父记（文章标题）
A Reunion of Father and Son

6）你老是看钟等着下课啊！
Oh, you're a clock-watcher!

外国人喜用名词而中国人喜用动词，原因是多方面的。例如，英语语义的词化（lexicalization，即复杂、多层的语义用单词表示，如：*literacy, Neoplatonism, decontextualization*）、虚化和抽象化的程度和频率在很多语义领域都比汉语高，许多名词尤其是抽象名词常常借助丰富的词缀从动词或形容词派生而来；相比之下，汉语缺乏严格意义的形态变化，词缀的形式和数量有限，因而英语里大量经过词化、虚化或抽象化的名词在汉语里往往找不到对应的名词词化形式，汉语只好用短语、词组或句子表示，尤其是用动词或动词词组表示，如：

1）Let me be your *banker*.
你**需要**钱，我可以**借给**你。（《新英汉词典》，2000: 99）

2）Such rocks are the most suitable underground-water *reservoirs*.
这样的岩石最适宜**储存**地下水。

3）He was an *asset* at any party.（W. S. Maugham）
什么宴会都**少不了**他。

4）I marveled at the relentless *determination* of the rain.（N. Rigg)
雨无情地**下个不停**，我感到惊异。

5）They state quite clearly that, as regards the sea-bed, *the regime has priority over the limits*.
他们相当明确地声明，就海床而言，**应先定制度后划界**。

6）The *satisfaction* of Miss Bennet's mind gave such a glow of sweet *animation* to her face.（J. Austen)
贝内特小姐**心满意足**，不禁**桃腮泛晕**，**流露出**一丝**激动**的神情来。

西方人自古以来就注重理性。西方哲学是求知识的学问，是"爱智之学"，始于探究客观世界的本质，主体是自然哲学、科学哲学，注重对宇宙、自然的探索和认识，因而西方智者往往不喜欢用动词去表达情感，而善于借助名词尤其是抽象名词进行抽象思维和科学思维，以此去开发智力，以理服人。S. Potter（1969:101）指出：

> Our western civilization, it has been said, favours an over-development of the intellect at the expense of the emotions. That is why people prefer nouns to verbs. They suffer from what the Germans call "noun disease".Instead of saying quite simply and straightforwardly "*London is growing rapidly*", they say "*London's growth is rapid*". And they say "*John's arrival was premature*" instead of "*John came too soon*".

中国人自古以来就注重悟性。中国哲学是人生哲学、伦理哲学、道德哲学、政治哲学，以人为认识的对象和核心，关心的是人道，而非天道，是人生之理，而非自然之性，因而中国仁者往往喜欢用动词去表达人情世故、人际关系、喜怒哀乐、好恶情感，善于借助动词进行形象思维和情感思维，以此去进行主体判断，以情感人。

R. Nisbett（2004:137–155）从哲学思维的角度解释西方人喜用名词而东方人喜用动词：

> The ancient Chinese did not categorize the world in the same sorts of ways that the ancient Greeks did. For the Greeks, things belonged in the same category if they were describable by the same attributes. ... The ancient Greeks were fond of categories and used them as the basis for discovery and application of rules, but the ancient Chinese were uninterested in categories, believed in change, and understood the behavior of

both physical and social objects as being due to the interaction of the object with a surrounding field of forces. ...

Categories are denoted by nouns. Relationships, on the other hand, involve, tacitly or explicitly, a verb. Learning the meaning of a transitive verb normally involves noticing two objects and some kind of action that connects them in some way. ... "Verbs," says cognitive psychologist Dedre Gentner, "are highly reactive; nouns tend to be inert." Verbs are more salient in East Asian languages than in English. ...Western languages encourage the use of nouns, which results in categorization of objects, and Eastern languages encourage the use of verbs, with the consequence that it is relationships that are emphasized.

## 注 释

① Robert Bander（1978:51）指出，"For many bilingual students, the smallest English words sometimes present the largest problems. This is particularly true of prepositions"，"Some of the most common prepositions are: ***around, among, across, above, about, below, behind, by, beyond, before, beside, beneath, except, for, from, in, into, of, on, out, over, to, toward, through, upon, until, under, with, without, during,*** and *concerning*"，"Prepositions appear constantly in English speech and writing"，"Over ninety percent of preposition usage involves these nine prepositions: *with, to, from, at, in, of, by, for,* and *on*"。

② Robert Bander（1978:70）认为，"An expletive is a 'filler' word (*it, there*) placed at the beginning of a sentence to allow the subject to appear later in the sentence; it often combines with some form of the *be* verb. Although an expletive can often work better than any other construction to express an idea, it tends to be overused by English writers. When relied upon unnecessarily, it contributes to wordiness"。

# 8

# 抽象与具体

## Abstract vs. Concrete

英语的名词化往往导致表达的抽象化。E. Gowers（1987: 79）引用 G. M. Young 的话说，“An excessive reliance on the noun at the expense of the verb will, in the end, detach the mind of the writer from the realities of here and now, from when and how and in what mood the thing was done, and insensibly induce a habit of abstraction, generalization and vagueness”。英语的抽象表达法（method of abstract diction）主要见于抽象名词的大量使用。这类名词涵义概括，指称笼统，覆盖面广，往往有一种“虚”“暗”“曲”“隐”“泛”“玄”的魅力，因而便于用来表达复杂的思想和微妙的情绪。如：

1）The signs of the times point to the *necessity* of the *modification* of the system of *administration*.（*The Times*）（= It is becoming clear that the administrative system must be modified.）
管理体制需要改革，这已越来越清楚了。

2）No year passes now without *evidence* of the *truth* of the *statement* that the work of *government* is becoming increasingly difficult.（*Spectator*）（= Every year shows again how true it is that ...）
行政管理工作已变得越来越困难了，每年都证明确实如此。

3）There seems to have been an *absence* of *attempt* at *conciliation* between rival sects.（*Daily Telegraph*）（= The sects seem never even to have tried mutual conciliation.）
对立的派别似乎从来就没有试图去谋求和解。

4）Your *disablement* pension *entitlement* is now satisfactorily placed beyond all disputes on legal grounds.（S. Potter: *Changing English*）（= As a disabled person

you are legally entitled to a pension.)
作为残疾人，你依法完全有权领取抚恤金。

抽象表达法在英语里使用得相当普遍，尤其常见于科学论著、官方文章、报刊评论、法律文书、商业信件等文体，这正如 Donald Hall（1979: 313）等人所指出的："The whole tendency of modern prose is away from concreteness"。这种表达法得以流行，还有以下几个主要原因：

## 一、西方人自古以来就擅长抽象思维和抽象的理论研究，因而也擅长抽象表达法

英语的哲学背景是亚里士多德开创的严密的形式逻辑，以及16至18世纪风行欧洲的理性主义。逻辑和理性的显著特点是抽象性。林语堂（1974: 599）说过，"现今西洋学术文字，最明显的就是专门抽象名词之多。专门术语就是逻辑的工具。"西方智者注重发展智力，追求智慧，注重"以理服人"，而不注重"以情感人"，自古以来就擅长逻辑思维和抽象的理论研究（abstract theorizing），而不像中国仁者那样偏好形象思维和情感思维，这也表现在英语中，正如 O. Jespersen（1956: 8）所说的："An Englishman does not like to commit himself by being enthusiastic or too distressed, and his language accordingly grows sober, too sober perhaps, and even barren when the object is to express emotions"。为了使语言表达显得冷静，必须多用名词，尤其是抽象名词（nouny abstract style）。R. Nisbett（2004: 153，156）也指出：

> In the Western tradition, objects have essences composed of mix-and-match abstract qualities. These essences allow for confident predictions about behavior independent of context. In the Eastern tradition, objects have concrete properties that interact with environmental circumstances to produce behavior. There was never any interest in discussing abstract properties as if they had a reality other than being a characteristic of a particular object. ...
>
> Greek and other Indo-European languages encourage making properties of objects into real objects in their own right — simply adding the suffix "ness" or its equivalent. The philosopher David Moser has noted that this practice may foster thinking about

properties as abstract entities that can then function as theoretical explanations. Plato actually thought that these abstractions had a greater reality than the properties of objects in the physical world. This degree of theorizing about abstractions was never characteristic of Chinese philosophy.

抽象思维还被认为是一种高级思维（superior mind），是文明人的一种象征（mark of civilized man）。O. Jespersen（1908: 88）认为，“Civilization means among other things increase of abstract terms and decrease of superfluous special words”。他还说（1954: 429），“The more advanced a language is, the more developed is its power of expressing abstract or general ideas”。随着科学技术的发达和文明社会的进步，原有的感性表达方式已不足以表达复杂的理性概念，因而需要借助于抽象、概括的方法，这正如 O. Jespersen（1951: 139）引用 H. Jacobi 所说的：“abstract methods of diction were more and more needed as the sphere of ideas to be expressed became narrower and narrower”。S. Potter（1969: 61）在 *Changing English* 中也对此作了解释：“As our daily lives become more sophisticated, so names for new things inevitably multiply, and as our intellectual pursuits grow more highly developed, so names for various kinds and degrees of abstractions proliferate endlessly. Thousands of these new terms are, it is true, used only by specialists; and yet, thanks to mass media of communication, many highly specialized terms pass swiftly into general use”。此外，许多作者为了显耀其思想深奥而故弄玄虚、追随时尚，也嗜好抽象表达法。例如：

1）The *absence* of *intelligence* is an *indication* of satisfactory *developments*.（= No news is good news.）
没有消息即表明有令人满意的进展。

2）Was this the *realization* of an anticipated *liability*? (= Did you expect you would have to do this?)
你有没有预料到你必须做这件事?

3）The actual date of the *completion* of the purchase should coincide with the *availability* of the new facilities.（= The purchase should not be completed until the new facilities are available.）
必须等到有了这些新设备，才能购买这批货。

4）A high degree of *carelessness*, pre-operative and post-operative, on the part of some of the hospital staff, took place.（= Some of the hospital staff were very careless both before and after the operation.）
医院某些医护人员在手术前后都非常粗心。

5）The *availability* of figures may indeed prove to be one of the obstacles in the *efficiency* of the whole of the proposed statistical content of the exercise.（= Lack of figures may make it difficult to produce accurate statistics.）
缺乏数据会使准确的统计变得很困难。

## 二、抽象词语意义模糊，便于掩饰作者含混（cloudy）或真实的思想，以迎合某种表达的需要，因而也得以流行

E. Gowers（1987: 78）指出，"Unfortunately the very vagueness of abstract words is one of the reasons for their popularity. To express one's thoughts accurately is hard work, and to be precise is sometimes dangerous. We are tempted to prefer the safer obscurity of the abstract. It is the greatest vice of present-day writing"。这种不良的文风常常表现在过分使用涵义抽象、内容虚泛、语气庄严的大字眼（pompous words），有时简直到了装腔作势、令人难以捉摸的地步：

> Whereas the micro-economic neo-classical theory of distribution was based on a postulate of rationality suited to their static analysis and institutional assumptions, we are no longer justified in accepting this basis and are set the problem of discovering the value premises suited to the expectational analysis and the institutional nature of modern business. The neo-classical postulate of rationality and the concept of the entrepreneur as the profit maximizing individual, should, I think, be replaced by a sociological analysis of the goals of the firm in relation to its nature as an organization within the socio-political system.

这段文字是英国人写的，说的是商业人士如何作出决策；下段文字则出自美国人之笔，说的是检验为军用飞行器或宇宙飞船特制的食品：

> Strangeness of samples has been shown to lead to relative rejection of products in the comparative absence of clues to a frame of reference within which judgment may take place. Variation in clues selected by judges as a basis for evaluation lead to greater inter-judge disagreement. Addition of a functional (utilitarian) basis for

judgment tends to reduce relative importance of product physical characteristics as a basis for judgment. In the absence of any judgmental frame of reference reduction in the number of product physical attributes apparent to the judge appears to reduce operation of bases for rejection and increase homogeneity of judgment between subjects; inter-sample discrimination is also reduced.

利用抽象词语，表达可以拐弯抹角，含糊其辞，把一件简单明了的事情说得玄虚而难以捉摸，读者有时还得查找词典，反复琢磨，才能弄清其意，如：

1）There are many communities where *anonymity* in personal relationships prevails. (= There are many communities where people do not know one another.)
在许多社区里，人们互不认识。

2）The national *significance* of the distributive sector must be assessed in the light of its high *visibility* and *integration* into the physical and social *fabric* of the *community*.（= Shops are important in the life of the nation because they are easy to see and are part and parcel of our daily life.)
商店随处可见，已经成了我们日常生活中必不可少的一部分，因此在国民生活中起着重要作用。

这种晦涩费解、炫耀做作的文风，在社会科学界尤其盛行，这正如 E. Gower（1987:181）所批评的：

> The social sciences, including education, are notorious for obscure and pretentious writing, particularly in their academic journals. But some social scientists strive for convoluted sentences filled with technical terms even when they are writing for ordinary people. Perhaps they feel that their subjects have not gained as much academic esteem as they would like and are afraid that if they write simply their readers will think that the subject matter is simple too.

滥用抽象词语在公文里已是司空见惯。加拿大国防部根据某些常用虚泛词语的搭配习惯，发明了一个“公式化套语生成表”，称之为“Buzzphrase Generator”：

| **Column 1** | **Column 2** | **Column 3** |
|---|---|---|
| 0. integrated | 0. management | 0. options |
| 1. overall | 1. organizational | 1. flexibility |
| 2. systematized | 2. monitored | 2. capability |
| 3. parallel | 3. reciprocal | 3. mobility |

| | | |
|---|---|---|
| 4. functional | 4. digital | 4. programming |
| 5. responsive | 5. logistical | 5. concept |
| 6. optimal | 6. transitional | 6. time-phase |
| 7. synchronized | 7. incremental | 7. projection |
| 8. compatible | 8. third-generation | 8. hardware |
| 9. balanced | 9. policy | 9. contingency |

此表的用法很简单：只要从每栏内任取一词，按其顺序便可组成一个公式化的套语，如 405，即 functional management concept；352，即 parallel logistical capability。这些套语，外行人听起来以为很重要，但实际上并无多大意义。作者用令人困惑的抽象词语（puzzling abstraction）把所要表达的意思隐蔽起来，读者只能"透过朦胧的玻璃"看出其大概的轮廓，就像 Fowler（1965: 5）所说：

> Persons and what they do, things and what is done to them, are put in the background, and we can only peer at them through a glass darkly. ... A writer uses abstract words because his thoughts are cloudy; the habit of using them clouds his thoughts still further; he may end by concealing his meaning not only from his readers but also from himself, and writing such sentences as *The actualization of the motivation of the forces must to a great extent be a matter of personal angularity*.

这种模糊的"行话"其实是虚泛的空话，但却在政府、商业或技术等部门里甚为盛行，并成了时髦的词语（vogue words）。

## 三、抽象词语可以使表达显得紧凑、含蓄，尤其可以高度概括事物的本质，简练表达复杂的思想，避免主观语气，让事物以客观、冷静的口气呈现出来，适合理性思维和科学思维，特别适合表达深奥的哲理和模糊的思想

抽象词语显得言简意赅，也显得模糊笼统，可以含糊其辞，留有余地，不把话说明、说死。英美许多名家的抽象文体功底很深，他们的许多佳句都是用抽象语言写的，例如，H. Spencer 的名言"*Survival* of the Fittest"（适者生存）用了一个抽象词和一个一般词作为核心，仅用 4 个词就高度概括了达尔文的自然选择学说，达尔文评价说这显得"more accurate"。如果使用比较具体

的词语来表达，这个短小的词组就得用如下的14个词：Those individuals of a species are preserved that are best adapted for their environments。F. Bacon仅用3个抽象名词就概括了读书的目的："Studies serve for *delight*, for *ornament*, and for *ability*"（读书足以怡情，足以傅彩，足以长才）。J. Keats的"五言"诗句"*Beauty* is *Truth*, *Truth Beauty*"（美即真，真即美）充满了抽象名词，成了千万人传诵的名句。大量从形容词或动词派生出来的抽象名词，可以把复杂结构压缩或简化成简单结构（miniaturization of complex structures）。这类名词性结构在英语里的使用频率很高，既使句法简洁，又丰富了表达法，Jespersen（1951: 89）肯定这是"handy expressions for complex thoughts"。试比较：

Manliness is judged according to *whether one is invulnerable* to enemy arms or the impacts of the outside world.

Manliness is judged according to *one's invulnerability* to enemy arms or the impacts of the outside world.（*Expanding Reading Skill*）

男子气是根据能否抵制住敌人的武器或外部世界的影响来判断的。

*The fact that we lack manners which are standardized* results in an often angry, chaotic society.

*The lack of standardization of manners* results in an often angry, chaotic society.（*College English*）

缺少对礼貌的标准化会导致一个充斥愤怒与混乱的社会。

*When you look* through his office window, *you will have* a panoramic view of the Washington Monument and the Lincoln Memorial.

*A glance* through his office window *offers* a panoramic view of the Washington Monument and the Lincoln Memorial.

你从他的办公室窗口看出去，就可以看到华盛顿纪念碑和林肯纪念堂的全景。

## 四、英语有丰富的词义虚化手段，语义的词化和抽象化程度较高，这就大大方便了抽象表达法的使用

英语的词义虚化手段主要有：

1. 用虚化词缀构词。前缀和后缀都可以使词义虚化，其中以后缀数量最多、分布最广。如：

前缀：

pan- 表示全、整个、总、泛等：panorama, Pan-Americanism, panchromatism, pantheism, pansexuality

inter- 表示互相、在……之间、在……之内等：interactionism, intercession, interdiction, interference

micro- 表示微、缩微的、放大的等：microcosm, microorganism, microdissection, micrology, microanatomy

pro- 表示先、向前、向外、按照等：pro-and-anti-establishment, proclivity, proportion, pronucleus

contra- 表示相反、反对、针对等：contradiction, contrabandism, contraception, contrariety, contraposition

后缀：

-ness 表示性质、状态、程度等：oneness, disinterestedness, thoughtfulness, up-to-dateness, carelessness

-tion 表示动作、状态、结果等：occupation, internationalization, realization, decoration, examination

-ity 表示性质、状态、程度等：calamity, purity, alkalinity, modernity, liberality, formality, humanity

-ism 表示主义、学说、信仰、行为等：Marxism, atomism, criticism, vandalism, barbarism, colloquialism

-sion 表示行为、状态、性质、结果等：confusion, division, conversion, precision, decision, declension

-ence 表示动作、性质、状态等：emergence, reference, despondence, resilience, dependence, existence

-ment 表示行为的结果、手段、工具、过程等：entanglement, increment, entertainment, encampment

-ance 表示性质、状况、行动等：perseverance, vigilance, attendance, conductance, continuance

-ship 表示情况、状态、性质、身份、职业、技巧等：hardship, friendship, apprenticeship, marksmanship

-hood 表示身份、资格、性质等：childhood, priesthood, falsehood, likelihood, manhood, bachelorhood

-ing 表示动作或动作的过程、结果等：swimming, engraving, building, accounting, sewing, coloring

用虚化词缀构词可以追溯到古希腊的哲学研究传统及其所用的语言。R. Nisbett（2004:152, 9, 157）以下面这段话说明抽象词缀对西方智者的抽象思

维和研究多么重要:

> The ancient Greeks were fond of categories and used them as the basis for discovery and application of rules. ... The Greek language itself encouraged a focus on attributes and on turning attributes into abstractions. As in other Indo-European languages, every adjective can be granted noun status by adding the English equivalent of "ness" as a suffix: "white" becomes "whiteness"; "kind" becomes "kindness." A routine habit of Greek philosophers was to analyze the attributes of an object — person, place, thing, or animal — and categorize the object on the basis of its abstracted attributes. They would then attempt to understand the object's nature, and the cause of its actions, on the basis of rules governing the categories. ... Rules at various levels of abstraction would be generated as hypotheses and the behavior of the object explained in terms of rules that seemed to work at a given level of abstraction. ...

2. 用词化手段使语义虚化和抽象化。所谓词化（lexicalization），就是用一个单词表示本来需要用一个短语或句子来表达的较为复杂的语义。如:

1）literacy
读写能力
2）decontextualization
把……从其所处的环境（语境）中分离出来
3）brinkmanship
冒险把危急局势推到局限，玩弄边缘政策的手法
4）mindlessness
不用脑子，愚笨，无知；不注意，粗心大意；无须动脑筋
5）consumerism
保护消费者利益运动;（主张以消费刺激经济的）消费主义
6）anchormanese
新闻节目主持人的语言风格或用语
7）plutocracy
财阀统治；富豪或财阀统治的国家或政府；富豪或财阀统治阶级
8）Neoplatonism
公元3世纪创始于罗马的一种神秘主义哲学，新柏拉图主义

语言的词化程度与其形态发达程度有密切的关系。英语大量抽象名词是词化的结果，通常借助丰富的词缀从动词或形容词派生而来。英语的词化程度和

频率比汉语高得多。如前章末所述，由于汉语缺乏严格意义的形态变化，词缀的形式和数量有限，许多经过词化的英语抽象词语，在汉语里常常找不到相应的词化形式，因而只能用短语、词组或句子表示，尤其用生动具体的形象词语或动词（词组）表示。

由具体名称派生为抽象概念（如：man 派生为 manness, manliness, manhood, manfulness, manlessness, manlikeness; dog 派生为 doggery, dogdom, doggedness, dogginess, doggishness; father 派生为 fatherhood, fatherliness, fathership）是英语常见的语言现象。英语有些不是经过派生或复合的单纯词，也可能是词化了的词，表达较为复杂的语义，如 stink，意思是 give a strong bad smell（发出强烈的臭味）。一般说来，英语词义内涵比较广泛，词的用法比较灵活，一词多义、一词多用的现象非常普遍，这也有助于表达比较概括、笼统的意义。如 service 一词，可以作"服务、上菜、服务机构、部门人员、军种、设施、维修、发球、送达、仪式"等多种解释；power 一词，可以作"能力、体力、动力、权力、势力、电力、强国、有权力的人、有影响的机构"等多种解释。

3. 用介词表达比较虚泛的意义。介词本来就是虚词，在英语里十分活跃。介词可以构成各式各样的短语，其意义有时虚泛得难以捉摸，如：

1）be in at:
If any mischief was going forward, Peter was sure to *be in at* it.
只要有什么恶作剧，总免不了有彼得在内。

2）be in for:
I understand he's *in for* a job in the company.
我知道他在申请公司的一个职位。

3）be in for it:
When your mother sees your torn trousers, you'll *be in for it*.
要是你妈妈看到你的裤子撕破了，你准得吃苦头。

4）in on:
If there's any profit to be got out of the deal, I'm going to be *in on* it.
如果这次买卖可以赚到钱，算我一个。

5）have it in for (somebody)

Bob *has it in for* George because George told the teacher that Bob cheated in the exam.

因为乔治向老师报告鲍勃考试作弊，鲍勃就对乔治怀恨在心。

## 五、来自拉丁语、希腊语和法语的大量外来词是抽象的、科技的、哲学的、学术的、官方的、庄重的、文雅的、正式的，因而也缺乏形象[①]

英语大量的抽象名词源于拉丁语（Latinate abstracts）. O. Jespersen (1908: 679）指出，“Latin loan-words are extremely numerous and important in the English language. All educated people are well acquainted with those innumerable scientific, technical, and other Latin words which have been adopted during the last five centuries and which have stamped the English vocabulary in so peculiar a way”。拉丁词（如以 -tion，-ty，-ment，-ence 等结尾的名词）音节多，词义泛，书卷气浓厚，号称“big word”，在英语（尤其书面语）里到处可见。以下两例引自美国的一家教育杂志，其抽象名词可谓泛滥成灾（abstractitis）:

1）Merely to enumerate these five outstanding characteristics of an urban community, namely, chaotic *stimulation, mechanization, impersonalization, commercialization*, and *complexity* of *organization*, suggests many *implications* for the city *education*.

2）For most Americans, irrespective of party *affiliation* and *predisposition, isolationism* is defunct and *participation* and *cooperation* commonsensed and essential, in international *relations*.

除了以上因素，还有其他一些原因有利于英语使用抽象词语，如：英语用词造句成章常常采用形合法（hypotaxis），重形式结构协调，句子受严谨的主谓结构协调一致（S-V concord）和“逻辑主语”与“逻辑谓语”协调一致的制约，句子结构通常只用一个谓语动词，多用名词性词语和介词，常用非人称表达法（impersonal style），采用抽象名词作主语，这些都为英语的抽象表达方式创造了条件。

英语是拼音语言，文字符号不是对自然现象的模拟，而是人为规定的信号，信号以理性的规则建立象征符号，以声音组合决定意义，取决于人的主观分析、概括和抽象的能力，因而导致语言的信号化和逻辑化，比较容易上升到逻辑思维。逻辑论证必须借助概念、判断和推理等思维形式和各种思维方法，在理性推演中认识事物的性质和联系，对思维对象进行间接的、概括的加工，因而呈现抽象性特征。(连淑能，2009)

英语抽象词语大量存在，并且被人们如此广泛地运用，这说明抽象词语有其独特的作用。然而，说英语者确有过分使用抽象词语的倾向，有些语言学家对此颇有微词，如 Fowler 在 *The King's English* 里说，"Abstract expression and the excessive use of nouns are almost the same thing. The cure consists very much in the clearing away of noun rubbish"。又如 Dr. Campell 认为 "The more general the terms are, the picture is the fainter; the more special they are, the brighter"。不少专家还有尖锐的批评，如 S. Beckett 在 *Essay on Joyce* 里就感叹说，"No language is so sophisticated as English — it is abstracted to death"。A. Quiller-Couch 在 *On the Art of Writing* 里也感叹说，"How vile a thing is the abstract noun! It wraps a man's thoughts round like cotton wool"。有些语言学家主张尽可能用具体词语代替抽象词语，如 H. Spencer 在 *The Philosophy of Style* 里认为，"That concrete terms produce more vivid impressions than abstract ones, and should, when possible, be used instead, is a current maxim of composition"。作为文体现象，具体与抽象两种表达法各有千秋，应该互相配合，交替并用，正如 *A Dictionary of World Literature* 所言："As a stylistic phenomenon, abstraction is often found in close conjunction with concreteness"。不少文体学家提倡具体与抽象相结合的选词法，即 "a mixture of long abstract Latin words with short concrete Anglo-Saxon words"，也就是亚里士多德早在 2 300 年前就主张的 "mixed diction"：

> The aim of style is to be clear but distinguished. For clarity, we need common, current words; but, used alone, these are commonplace, and as ephemeral as everyday talk. For distinction, we need words not heard every minute, unusual words, large words, foreign words, metaphors; but, used alone, these become bogs, vapors, or at worst, gibberish. What we need is a diction that weds the popular with

the dignified, the clear current with the sedgy margins of language and thought. (S. Baker, 1985: 140)

Baker 对“mixed diction”作了如下解释：

Not too low, not too high; not too simple, not too hard — an easy breadth of idea and vocabulary. English is peculiarly well endowed for this Aristotelian mixture. The long abstract Latin words and the short concrete Anglo-Saxon ones give you all the range you need. For most of your ideas, you can find Latin and Anglo-Saxon partners. In fact, for many ideas, you can find a whole spectrum of synonyms from Latin through French to Anglo-Saxon, from general to specific — from ***intrepidity*** to ***fortitude*** to ***valor*** to ***courage*** to ***bravery*** to ***pluck*** to ***guts***. Each of these ***denotes*** or specifies the same thing: being brave. But each has a different ***connotation***, or aura of meaning. You can choose the high word for high effect, or you can get tough with Anglo-Saxon specifics. But you do not want all Anglo-Saxon, and you must especially guard against sobriety's luring you into all Latin. Tune your diction agreeably between the two extremes. e. g. Christ walks on a ***visionary sea***; Myshkin has his ecstatic premonition of infinity when he has an ***epileptic fit***. We know the inward size of an artist by his ***dimensional thirsts***. (from E. Dahlberg: *Can These Bones Live?*)

与英语相比，汉语擅长具体而形象的表达法。这主要是因为：

## 一、汉语的哲学背景是儒、道、佛的悟性。悟性有直觉性和形象性的特征，因而中国人自古以来就擅长直觉思维和形象思维

对此 R. Nisbett（2004: 17–18）作了如下比较：

The concern with abstraction characteristic of ancient Greek philosophy has no counterpart in Chinese philosophy. Chinese philosophers quite explicitly favored the most concrete sense impressions in understanding the world. In fact, the Chinese language itself is remarkably concrete. There is no word for “size”, for example. If you want to fit someone for shoes, you ask them for the “big-small” of their feet. There is no suffix equivalent to “ness” in Chinese. So there is no “whiteness” — only the white of the swan and the white of the snow. The Chinese are disinclined to use precisely defined terms or categories in any arena, but instead use expressive, metaphoric language.②

古代中国人注重“观物取象”，立象尽意，设象喻理，取象比类，即取万物之象，加工成有象征意义的符号，运用具象使概念生动可感，易于联想。形象思维通过自我体认形成心中的意象，采用“意象—联想—类比”来替代“概念—判断—推理”的逻辑论证（greater emphasis on sense, feeling, impression, imagery, figuration, metaphorization, imagination, association, etc. rather than reason, rationality, logic, concept, judgment, inference, etc.），借助形象进行抽象思维，从具体形象符号中把握抽象意义，并形象地反映客观事物，集中表现在“立意于象”“妙象尽意”“微言尽意”“入理言息”“书不尽言，言不尽意”“得象而忘言，得意而忘象”（王弼：《周易 · 明象》）等这类经典名言之中。传统思维不重视语言的逻辑分析，却注重语言所指称的抽象意义，不善于运用抽象语言，却擅长于形象语言。中国人用文字表达思想时往往摆脱不了具体事物的形象，习惯用意象组合使内容生动可感，直诉意识深层，注重“意在言外”“意出言表”，注重语言背后的“象”和“意”，以形象符号隐藏意义，寓抽象于具体，寓推理于类比，把意象看得比语言还重要。先秦诸子的哲学皆以文学形式（如诗、辞、传说、故事、寓言、神话等）论述博大精深的哲理，就是思维注重形象和意象的例证。（连淑能，2009）

## 二、汉语是意象性语言，文字符号具有象形、会意和形声的特点

许多汉字模拟自然现象和客观事物（如：山、凹、凸），许多事物通过“观物取象”“立意于象”而得以命名（如：矛盾、X 光透视、电脑、生龙活虎），不少外来词通过形象性的意译或模拟拼音加形象而得以译名（如：*laser* 激光、*Coca-Cola* 可口可乐、*World Wide Web* 万维网、*mini-skirt* 迷你裙），大量的成语、谚语、典故、歇后语更有丰富的形象色彩（如：添砖加瓦、画饼充饥、刻舟求剑、杞人忧天、摸着石头过河、小葱拌豆腐——一清二白），许多附加式重叠词语可以生动逼真地表现视觉、听觉、嗅觉、味觉、触觉等各种感悟（如：呱呱叫、步步高、团团转、乐呵呵、香喷喷、红彤彤、甜丝丝、花花世界、风雨潇潇），大量词语通过直觉领悟便可获知其意。语篇常常采用取象类比、设象喻理、以喻代议、寓议于喻的表达方式，让读者领悟深奥的道理。

汉语喜欢用动词化表达法（verbal style），常用、多用、连用、重复、重叠动词，采用“连动式”“兼语式”及其套叠（如：我去叫他们派一个会计到这儿来帮助你算账吧），词语的意义生动活泼，丰富多彩，有利于表达动态的情感和形象性、直觉性的行为。

林语堂（1994: 91, 95）对汉语形象词语丰富但抽象词语贫乏这一特点感触很深，他说：

> 中国话，中国语法，显示出明确的女性特征。它的形式、句法和词汇，都揭示出中国人思维的质朴、想象的极端具体、句法关系的极端简洁。……这种意象名词丰富但抽象名词缺乏的特点对写作的风格，进而对思维的方式都产生了影响。一方面，它使语言生动形象；另一方面，又很容易使语言趋向华而不实，结果成为很多时期中国文学的弊端。

英语的科技论文充满抽象词语，而汉语的诗歌和优美的散文却充满形象词语，林语堂（1994: 95）认为这些都最难翻译：

> 将英语的科学论文翻译为汉语是最难的。将汉语的诗歌，优美的散文，翻译成英语也是最难的，因为每个名词都是一个意象。

## 三、汉语缺乏像英语那样的词缀虚化手段，语义的词化和抽象化程度较低

汉语用词倾向于具体，常常以实的形式表达虚的概念，以生动的形象表达抽象的内容。从语言形态的角度看，这是因为汉语缺少形态变化，形式相同的词，可以是名词，也可以是动词，还可以是形容词或其他词。名词从形式上很难辨别出“具体”或“抽象”。王力（1984: 21–22）曾经指出：

> 我们所谓名词，和英语所谓 noun，范围广狭稍有不同。我们的名词，就普通说，除了哲学上的名词之外，只能指称具体的东西，而且可以说是五官所能感触的。英文里从形容词形成的抽象名词，如 kindness，wisdom，humility，youth，从动词形成的抽象名词，如 invitation, movement, choice, assistance, arrival, discovery 等，中国字典里可以说是没有一个词和它们相当的。在中国词的形式上，咱们辨别不出抽象名词的特征；它们是和形容词或动词完全同形的。我们在上文声明过，我们不赞成从职务上分别词类，因此我们就不能从“我喜欢他的聪明”一类的句子

里，去证明“聪明”是一个抽象名词，也不能从“他费了长时间的选择”一类的句子里，去证明“选择”是一个抽象名词。我们如果从概念上去辨别，中国语里的“聪明”断然是一个形容词，因为它表示一种德性；“选择”断然是一个动词，因为它表示一种行为。……

“政府”“议会”“团体”“政治”“经济”一类的名词，它们所指称的东西是五官所不能感触的，然而大家都该承认，它们所指称的东西并不因此减少其具体性。它们实际上包含着许多极端具体的东西，咱们不能否认它们也是名词。

剩下来，只有哲学上的名词如“道”“德”“品”“性”等，才是真正抽象的。如果说中国有抽象名词的话，就只有这极少数的几个了。

现代汉语的一些抽象词尾（如“性”“化”“度”“品”“主义”等）大多来自外语。例如，“性”译自英语的 -ty，-ness，-ce 等（necessity 必要性、correctness 正确性、dependence 依赖性），“化”译自英语的 -ization，-tion 等（modernization 现代化，abstraction 抽象化），“度”略等于英语的 -th，-ty（length 长度，intensity 强度），“主义”译自英语的 -ism，-ness 等（patriotism 爱国主义，slavishness 奴隶主义），“品”则相当于英语的某些含义较广的名词，如 commodity（商品），narcotics（毒品），daily necessities（日用品）。现代汉语的书面语较常使用这类外来的抽象词语，而日常口语或其他轻松的文体却较常使用具体词语（如反义词组，antonymic binomes）来表达英语这类抽象、概括、笼统的词义，如：长短 / 尺寸（= length 长度）、快慢（= speed 速度）、冷热（= temperature 温度）、宽窄（= width 宽度）、深浅（= depth 深度）、远近（= distance 距离）、轻重（= weight 重量）、大小（= size 体积）等。现代汉语虽然可以从外语中引进这类抽象的记号，但其应用的范围仍然相当有限，如 Americanism 就不能译为“美国主义”，而应译为具体的词，如美国用语、美国发音、美国腔、美国习俗、美国方式、对美国的信仰或效忠等；realization 也不能译为“实现化”，而应译为具体的动词或名词，如“实现”“认识”“认清”“了解”“体会”“领悟”“变卖”“换取”等。由于汉语词化程度较低，常常要用（多个）词语甚至句子来表达英语一个经过词化了的抽象词。

汉语的抽象名词虽然没有英语那么多，但自古以来，表达抽象意义的词语仍不乏其例，如中国古代哲学中的“仁”“礼”“道”“气”“神”“理”“诚”“心”“义”

"阴""阳"等许多关键概念都非常抽象，深奥得难以解释和翻译；又如旧时流行的蒙学课本《三字经》，就有不少抽象名词："**性**相近，**习**相远""教五子，**名**俱扬""养不教，父之**过**""教不严，师之**惰**""人不学，不知**义**""曰**仁义**，**礼智信**，此五**常**，不容紊""曰**喜怒**，曰**哀惧**，**爱恶欲**，七**情**具"。其中的抽象名词，都不加虚化词缀。

由于汉语缺乏像英语那样的虚化手段，因而常常用比较具体的方式来表达抽象的意义。Rudolf Flesch（1946: 15–16）在 *The Art of Plain Talk* 一书中对汉语用词具体（concrete）、表达清晰（clear）、语言形象（picturesque）大加赞扬，并以此来批评英语那种措辞抽象（abstract）、含义晦涩（obscure）、词句冗长（long-winded）的不良文风。他作了如下生动的比较：

> Chinese does more to you than just simplify your constructions. It simplifies your ideas. In other languages, the affixes are a splendid means of getting away from reality into vague generalities and abstractions. For instance, in English you have the simple word *sign*, meaning "a mark." Now you add an affix to that word and you get *signify*, "to make a mark." Next you add another affix, and you arrive at *significant*, "making a mark." Now you add a prefix for a change, and you have *insignificant*, "making no mark." Finally you add another suffix, and you come out with *insignificance*, "the making of no mark." What did you do? You took a simple noun, and made it successively into a verb, an adjective, another adjective and again a noun. You have added no meaning but just four empty syllables. Now you can be serious and philosophic and talk about the *insignificance of man*. A Chinese would say something about *Man no mark*. So, while you give in to the temptations of English affixes and fill your talk with masses of empty syllables and words, he keeps his feet on the ground and says everything in the most concrete, specific words. He has to; there are no other words in Chinese.
>
> If you think, however, that Chinese has no way of expressing abstract ideas, you are wrong. Remember, the Chinese were talking and writing about religion and philosophy long before our own civilization started. If they had no exact word for an abstraction, they used the concrete word, or words, that came nearest to the idea. So, naturally, instead of using words like *institutionalization*, or *antiprogressivism*, as our thinkers do, they formed the habit of expressing ideas by metaphors, similes, and allegories, in short, by every known device for making a thing plain by comparing it with something else.

R. Flesch 的这番话确实道出了汉语的一个重要特色："实""明""直""显""形""象"的表达法，即措辞具体、涵义明确、叙述直接、深入浅出，常常借助比喻和形象，因而比较平易、朴实（down-to-earth style），生动活泼。具体说来，汉语往往采用如下的手段来表达英语的抽象词义：

### 1. 用动词取代抽象名词

英语大量的行为抽象名词（action-noun）表示行为或动作意义，由这类名词构成的短语往往相当于主谓结构或动宾结构。汉语若用相应的名词表达，往往显得不自然、不通顺。在英汉转换中，汉语可充分利用其动词优势，以动代静，以实代虚。如：

1）I marveled at the relentless *determination* of the rain.（N. Rigg）
雨无情地**下个不停**，我感到惊异。

2）He had surfaced with less *visibility* in the policy decisions.（B. Barnhart）
在决策过程中，他已经不那么**抛头露面**了。

3）High blood pressure is a *contraindication* for this drug.
高血压患者**忌服**此药。

4）These problems defy easy *classification*.
这些问题难以**归类**。

5）In handling the materials of history, each act of *selection* is also an act of *judgment*, and therefore the charge of bias is never completely answerable.
在处理历史资料时，每**选**一项资料就是**作出**一种**判断**，因此不能说完全没有偏见。

6）The basilica is a *conglomeration* of contrary styles and periods.（C. Lucas）
这座王宫把不同时期的不同建筑风格**融为一体**。

7）Laser is one of the most sensational developments in recent years, because of its *applicability* to many fields of science and its *adaptability* to practical uses.
激光可以**应用**于许多科学领域，又**适合**于各种实际用途，因此成了近年来轰动一时的科学成就之一。

### 2. 用范畴词使抽象概念具体化

范畴词（category word）用来表示行为、现象、属性等概念所属的范畴，是汉语常用的特指手段。如：

1） We have winked at these *irregularities* too long.
我们对这些越轨**行为**宽容得太久了。

2） He was described as impressed by Deng's *flexibility*.（*Time*）
据说他对邓的灵活**态度**印象很深。

3） What they wanted most was an end of *uncertainties*.（*Betrayed Spring*）
他们最渴望的就是结束这摇摆不定的**局面**。

4） He discussed *greatness* and *excellence*.
他探讨了伟大和杰出的**涵义**。

5） The sight of his native place called back his *childhood*.
见到自己的故乡，他想起了童年的**情景**。

6） Both we and the Chinese approached that first opening toward each other with *caution*, *uncertainty*, even *trepidation*.（R. Nixon: *The Real War*）
我们和中国人双方都是怀着谨慎、不安甚至是惶恐的**心情**来相互探讨这初次的接触的。

7） He spoke with *firmness*, but his face was very sad and his eyes at times were dim.
他讲话时，**态度**坚定，但面带愁容，时而眼神暗淡。

8） This is the day for our two peoples to rise to the heights of *greatness* which can build a new and a better world.（R. Nixon）
现在该是我们两国人民为缔造一个崭新的、更加美好的世界而攀登这一伟大**境界**高峰的时候了。

其他例子如：complexity（复杂**性**）, relativity（相对**论**）, display（显示**器**）, corrosive（腐蚀**剂**）, jealousy（忌妒**心**）, arrogance（傲慢**态度**）, eccentricity（古怪**行为**）, lightheartedness（轻松愉快的**心情**）, lithonephrotomy（肾结石切除**术**）, gravity separation（重力选矿**法**），等等。

### 3. 用具体的词语阐释抽象的词义

英语抽象词的涵义比较笼统、概括、虚泛，在汉语里往往找不到对应的词来表达，这时常常要借助具体的词语来解释其抽象的词义，正如 Peter Newmark 所说的："As a last resort, explanation is the translation"。例如：

1） No country should claim *infallibility*.（*The Sino-U. S. Joint Communiqué*）
任何国家都不应自称**一贯正确**。

2） The stars twinkled in transparent *clarity*.
星星在**清澈**的**晴空**中闪烁。

3）She wondered whether her *outspokenness* might be a *liability* to Franklin.（*The Glory and the Dream*）

她怀疑自己那么**心直口快**，是否会成为富兰克林的**包袱**。

4）This rambling *propensity* strengthened with years.（Washington Irving）

岁月增添，**游兴**更浓。

5）In America, Wang computers have become a *fixture* in offices throughout the country.（R. Reagan）

在美国，王安公司的电子计算机已成为各地办公室的**必备之物**。

6）On March 1，he *internationalized* his approach to China.

3 月 1 日，他把对中国问题的看法**扩大到国际范围里**了。

7）To the Chinese, theirs was not *a civilization*, but *the civilization*.（R. Nixon: *The Awakening Giant*）

中国人认为他们的文化不是文化中的一种，而是唯一的文化。

8）A foretaste of the *seriousness* of *incivility* is suggested by what has been happening in Houston.（F. Trippett）

休斯敦所发生的情况预示：**如果不讲文明，将会产生何种严重的后果。**

9）*Action* and *foresight* will be needed as well as *brightness* and *ambition*.

不但需要**很聪明**和**有抱负的人**，而且需要有**远见卓识的实干家**。

10）To help myself live without fault, I made a list of what I considered the 13 virtues. These virtues are ① *Temperance*，② *Self-control*，③ *Silence*，④ *Order*，⑤ *Firmness of mind*，⑥ *Savings*，⑦ *Industry*，⑧ *Honesty*，⑨ *Justice*，⑩ *Cleanliness*，⑪ *Calmness*，⑫ *Morality*，⑬ *Humbleness*.（Benjamin Franklin）

为了使自己生活中不犯错误，特列出我认为应该力行的 13 条守则。这些守则是：1. **节制饮酒**；2. **自我克制**；3. **沉默寡言**；4. **有条不紊**；5. **坚定信念**；6. **存款积蓄**；7. **工作勤奋**；8. **忠诚老实**；9. **办事公正**；10. **衣履整洁**；11. **平心静气**；12. **品行高尚**；13. **谦卑恭顺**。

### 4. 用形象性词语使抽象意义具体化（figuration）

汉语虽较缺乏抽象词语，但表达形象、意象、象征、联想、想象的词语（如比喻、成语、谚语、歇后语等）却相当丰富。这类生动的词语可以化抽象为具体、化朦胧为清晰、化枯燥为形象，可以“以其所知，喻其所不知，而使之知之”。Derk Bodde（1991: 37）对此作了如下的解释：

> In view of the pictographic / ideographic origin of the characters, it is not surprising that their meanings should often begin with the physical and concrete and proceed from these through a series of increasingly metaphorical abstractions.

汉字起源于象形文字，直接从原始图画发展而来，其意义以字形与物象的相似为理据，具有直观性。这种直观性虽大多已隐含，但仍然存在。西方字母文字是从腓尼基字母的基础上发展而来。英语字母文字的字形与字的读音具有一致性，但与所指的事物之间没有形似的关系，因而相对于所指事物而言，具有很大的抽象性。由此可见，汉字适合形象思维，西方文字适合抽象思维。中西文字与中西语言及思维方式密切相关。③

林语堂（1994: 94）也认为汉语“意象名词丰富但抽象名词缺乏”：

> 中国人的思想总是停留在有形世界的外围。这使得中国人能对事实更有感受，而这又是经验与智慧的基础。对抽象名词的厌恶也可见于中国人对事物进行分类时所用的名词，这些名词往往要求有明显的区别意义。这时中国人总是挑选一些最有表达意义的名词。于是，在中国文学批评中，不同的写作方法被称为“隔岸观火”（一种超俗的格调）、“蜻蜓点水”（轻描淡写）、“画龙点睛”（提出文章的要点）、“欲擒故纵”（起伏跌宕）、“神龙见首不见尾”（运笔自如，顺其自然，斗然而来，戛然而止）、“悬崖千仞”（结尾时陡然勒住）、“一针见血”（一句话道出真情）、“单刀直入”（直截了当的开头）、“声东击西”（突然袭击）、“旁敲侧击”（善意的戏弄，嘲笑）、“湖上雾霭”（调子柔和）、“层云叠嶂”（细节等纷繁复杂，扑朔迷离）、“马屁股上放鞭炮”（结尾前最后一击），诸如此类，不胜枚举。这些名词使我们联想到原始语言中的“汪、汪”“呸、呸”等单调然而却绘声绘色的象声词。

汉语常常借助这类生动具体的词语来表达英语抽象笼统的意义。如：

1）He was open now to charges of *wilful blindness*.
这时人们指责他**装聋作哑**。

2）He waited for her arrival with a *frenzied agitation*.
他等着她来，急得像**热锅上的蚂蚁**。

3）I talked to him with *brutal frankness*.
我对他讲的话，虽然**逆耳**，却是**忠言**。

4）When young he quitted his home and traveled to the metropolis, which he reached *in a state of almost utter destitution*.
年青时代，他背井离乡，徒步来到首都，几乎**身无分文**。

5）I ask gentlemen, sir, what means this *martial array*, if its purpose be not to force us to submission?（P. Henry）
请问诸位先生，摆出这种**张牙舞爪**的阵势，如果不是为了迫使我们屈服，还有什么目的呢?

6）Oh, but all *the rules of self-preservation* were broken when we saw that little face, filled with the terror of death, being sucked downstream.（N. Rigg）

是啊！不过一看见那张小脸带着害怕淹死的恐怖神情被激流越冲越远，我们就把**明哲保身的金科玉律**统统打破了。

7）All the critical twiddle-twaddle about style and form is *mere impertinence and mostly dull jargon*.

所有这些有关文体和体裁的蠢话，只是些**风马牛不相及的胡扯**，多半是**枯燥无味、玩弄术语**的评论。

8）Many men have recognized the similarity of plants to the behavior of animals, and *have dreamed wistfully*, but *forlornly*, upon some *method or source of rejuvenation* such as Ponce de Leon sought in the Fountain of Youth several centuries ago.（*Compton's Encyclopedia*）

许多人认为，植物的习性与动物相似，于是**梦寐以求**地去探求什么"**返老还童**"的"**灵丹妙药**"，就像数百年前彭斯·德·利昂在青春泉祈求仙水一样，结果只能是**竹篮打水**。

其他例子如：

disintegration 土崩瓦解
ardent loyalty 赤胆忠心
far-sightedness 远见卓识
perfect harmony 水乳交融
impudence 厚颜无耻
careful consideration 深思熟虑
total exhaustion 精疲力竭
feed on fancies 画饼充饥
with great eagerness 如饥似渴
offend public decency 伤风败俗
make a little contribution 添砖加瓦
on the verge of destruction 危在旦夕
await with great anxiety 望穿秋水
lack of perseverance 三天打鱼，两天晒网

英译汉时，这种"化虚为实"（"实化"）的方法往往可以通行文、添文采，增加译文的可读性[④]；汉译英时，"化实为虚"（"虚化"）的方法则常常可以化症结、消梗滞，提高转换的可译性，如：

1）他这一阵心头如同**十五个吊桶打水，七上八下**，老是宁静不下来。（周而复：《上海的早晨》）

His mind was *in a turmoil* these days and he was quite unable to think straight.

2）茗烟又嘱咐道："不可拿进园去，叫人知道了，我就'**吃不了兜着走**'了。"（曹雪芹：《红楼梦》）

"Don't take them into the Garden," Ming-yen warned him. "If they were found I'd be *in serious trouble*."

3）唉，那是客臣的**井蛙之见**喽，所谓"**情人眼里出西施**"啦。（郭沫若：《屈原》）

Alas, that was owing to my *ignorance*, that is what is called *partiality*.

4）允跪而言曰："百姓有**倒悬之危**，君臣有**危卵之急**，非汝不能救也。"（罗贯中：《三国演义》）

Wang Yun knelt saying, "The people are *on the brink of destruction*, the prince and his officers are *in jeopardy*, and you, you are the only saviour."

汉译英"化虚为实"也可以使英译具体、生动：

1）他是个**见异思迁**的人，我想他不会有多大**出息**。

He is a *rolling stone*. I don't think he can *go far*.

2）他每天要处理许多**棘手的问题**。

He has many *hot potatoes* to handle every day.

3）他挣的钱几乎难以**维持生活**。

He earns scarcely enough to *keep body and soul together*.

4）还有点**美中不足**的地方，早晨给车夫们摆饭的时节，祥子几乎和人打起来。（老舍：《骆驼祥子》）

Another *fly in the ointment* was that Xiangzi had nearly got into a fight that morning when the rickshaw pullers were having their feast.

5）等她**自作自受**，少不得要**自己败露**的。（曹雪芹：《红楼梦》）

We'd better *give her rope to hang herself* — she's bound to *give herself away* one of these days.

英译汉"化实为虚"同样也不乏其例，只不过汉语的"虚"在中国人看来大多不会像英语那样"abstracted to death"，译者常常还会想尽办法使汉译也像英语那样具体生动，采用异化译法保留"异国情调"，只有到了实在译不下去了才"虚化"起来：

1）Beauty is but skin-deep.

不可以貌取人。/ 美貌只是一层皮。

2）Can the leopard change his spots?
本性难移啊！/花豹岂能改变身上的花斑?

3）Since I only got the news *at second hand*, I *took it with a grain of salt*.
这消息我也是道听途说，所以并**不完全相信**。/这只是我听来的**二手**消息，我对它也**将信将疑**。

4）I'll *break my neck* to get this done by Friday, but I can't promise for sure.
我一定要**尽最大努力**（**拼命**也要）在星期五以前完成此事，但我不能说定。

5）*Don't count your chickens before they are hatched*. The real difficulties still lay ahead.
你不要**过早乐观**。真正的困难还在后头呢。/俗话说，**鸡蛋未孵，勿先数雏**。真正的困难还在后头呢。

6）I told him he would be *biting off more than he could chew* if he tried to rebuild the house himself.（*Longman Dictionary of Contemporary English*, 1998: 130）
我告诉他，要是他打算自己重建那座房子，那他是**太不自量力**了。

7）Horace hated his work in the office as he had always worked out of doors; he was *a square peg in a round hole*.
霍勒斯很不喜欢他在办公室的工作，因为他一直在户外干活；他是**不合其位，不得其所**。

8）Mr. Wilson is henpecked by his wife; she *wears the trousers* in the family.
威尔逊先生怕老婆，在家里他老婆**说了算**。

9）I've *let the cat out of the bag* already, Mr. Corthell, and I might as well tell the whole thing now.（F. Norris: *The Pit*）
我已经**无意中泄露了秘密**，科塞尔先生，干脆现在就把全部情况都告诉你吧。

10）If he is unhappy with her, why doesn't he leave her? She can be happy without him. It is so silly — this *cat-and-dog existence*.（Theodore Dreiser: *The Titan*）
假如他同她在一块是那么不幸福，那他为什么不离开她呢？没有他，她还是可以幸福的。这是多么无聊呀——这种**经常争吵的生活**。

许多形象性词语或典故具有很强的民族色彩、独有的语言文字特点或特定的文化涵义。这类词语往往难以对应翻译，因而不得不借助虚化手段或其他方法，英汉互译都有这种情况。虚化也是意译或引申的一种手段，在双语转换中常常用来消除因文化差异而引起的语言障碍。不过，保留源语文化色彩的异化译法[5]可以使译文带有“异国情调”[6]，也可以使译入语吸收源语的“新鲜用语”[7]，这在当今“全球化”的大局中已经成为呼声很高的翻译策略，也是当代中国许多翻译学者所倡导的。在翻译实践中，“虚化”与“实化”“异化”与“归化”以及“意化”，都是翻译文化词语可供选择的译法[8]，这往往取决于语境所涉及的种种因素，如原作意图、文本类型、翻译目的、读者对象等。例如：

1）半斤八两 six of one and half a dozen of the other / be all the same; essentially the same / nothing to choose between the two / two of a kind / tweedledum and tweedledee

2）逼上梁山 be driven to join the *Liangshan* rebels (a band of peasant rebels of the *Song* Dynasty, who had their stronghold on *Liangshan* Mountain) / be driven to revolt / be driven to it / be forced to put up resistance / have to take to the bush

3）菩萨心肠 the heart of a Bodhisattva — the bowels of compassion（pity）/ the bowels of mercy / kind-heartedness / mercifulness

4）得陇望蜀 covet the land of *Shu* after getting the region of *Long* — have insatiable desires / Give him an inch and he'll take a mile. / One conquest breeds appetite for another. / The more you get, the more you want. / hanker for more

5）朝秦暮楚 serve the State of *Qin* in the morning and the State of *Chu* in the evening — be quick to switch sides / be fickle / be inconstant / shiftiness of purpose / a cheap turncoat

6）之乎者也 pedantic terms (twaddle) / literary jargon / archaisms

7）过五关斩六将 force five passes and slay six captains — win glory in battle / surmount numerous difficulties / experience many hardships

8）丈八金刚，摸不着头脑 You can't touch the head of the ten-foot monk — you can't make head or tail of it. / be in the dark / completely at a loss / be puzzled

9）魑魅魍魉 / 牛鬼蛇神 evil spirits / demons and monsters

10）情人眼里出西施 In the eyes of the lover, his beloved is a beauty. / Beauty is in the eye of the beholder. / Beauty lies in the lover's eyes. / Love is blind.

英语也有许多类似的典故、来自神话和寓言的习语、含有语言文字特色的词语、具有民族或文化色彩的成语和大量的形象性词语。这类词语的汉译也可选用上述的“虚化”“实化”“异化”“归化”以及“意化”的方法：

1）mind one's p's (P's) and q's (Q's)（原指英国小学生开始上学时常把 p 与 q 混同起来）谨言慎行 / 循规蹈矩 / 放规矩些

2）Achilles' heel（来自希腊神话）阿喀琉斯致命的脚后跟 / 阿喀琉斯之踵的弱点 / 致命的弱点 / 要害

3）Pandora's box（来自希腊神话）潘多拉盒子 / 灾难和罪恶的来源

4）sword of Damocles（来自希腊神话）达摩克利斯的利剑 / 迫在眉睫的危险 / 逼到眼前的灾难

5）carry coals to Newcastle 运煤到煤都 / 多此一举

6）sour grapes（来自《伊索寓言》）酸葡萄 / 把得不到的东西说成是不好的 / 聊以自慰

7）Judas kiss（来自《圣经》）犹大之吻 / 虚伪的好意 / 阴险的亲热 / 背叛行为 / 出卖行为

8）Trojan horse（来自希腊传说）特洛伊木马 / 诡计 / 隐患 / 从内部进行颠覆破坏的人 / 起内部破坏作用的因素

9）sandwich man 三明治式广告宣传员 / 身前身后挂着广告或标语牌的广告宣传员

10）Catch-22（如同军规第 22 条的）令人尴尬的局面 / 令人左右为难的情况 / 不合理的处境 / 无法摆脱的困境 / 做也倒霉，不做也倒霉（Catch-22 situation 源自美国小说家 Joseph Heller 于 1961 年出版的小说《第二十二条军规》(*Catch-22*)。该条军规规定：飞行员如果觉得自己神经不正常，可以获准不执行飞行任务，但必须提出申请并得到批准。但同时该条军规又规定：如果飞行员因此提出申请，则充分证明该飞行员能意识到面临着无法克服的困难，头脑清醒，神经正常，因此不得豁免飞行任务。这是一条自相矛盾、无法执行的规定。)

诚然，"化实为虚"是翻译中常用的一种方法，这也正如 H. Sweet（1920: 137）所指出的，"Often in speaking a foreign language we seek in vain for a precise equivalent for some native word or idiom, and find that there is not any definite equivalent, and that we must content ourselves with a vague periphrasis"。不过，这种虚化方法会冲淡甚至洗尽原文的形象色彩，使翻译成了一种"令人遗憾的艺术"。

## 注 释

① 科学术语往往是抽象的。英语科学术语的来源比汉语丰富得多，正如 J. Needham(1956) 所说：In the formation of scientific terms, the West Europeans were able to draw not only upon Greek and Latin but also upon Arabic roots, adding them to languages already rather rich in Teutonic complex consonantal combinations. ... Thus many almost synonymous words were developed, which could be given slightly different shades of meaning. No such resources were available to the Chinese。

② A. Riencourt (1959:75) 也认为：The essence of the Chinese mind resides in its synthetic and concrete, almost feminine apprehension of reality and its deliberate shunning of any kind of analytical form of reasoning, linked with a distaste for abstraction which surpasses that of any other Asiatic culture. The Chinese mind is therefore not attuned to generalities, since generalities are perforce abstract. ... The multiplication of concrete and powerfully evocative symbols enriches one's intuitive understanding but paralyzes logical reasoning and abstract generalization. This distaste for inductive and deductive reasoning has given rise to the distinctive characteristic of all Chinese philosophic doctrines and systems. In order to grasp the meaning of such doctrines, one should not attempt to seek for the normal articulations of logical analysis, but for the central core, for the key formula which ties together the innumerable strands of an essentially illogical system. All the deductions radiate from this key formula very much as spokes radiate from the hub to the rim of a wheel。

③ 参见李志岭:《汉字、欧洲字母文字与中西思维方式的关系》，载《外语教学》，2002 年第 3 期。

④ 林语堂（1994:94）举出如下的一些例子可以说明可读性的问题：中国人有如妇女，具体想象总是被用来取代抽象的名词。下面这句学术性很强的句子很难精确地译成汉语：There is no difference but difference of degree between different degree of difference and no difference（所谓区别是指程度的不同，这种不同是介乎于程度不同的区别与没有区别之间的区别）。中国的翻译家可能会用孟子的一句话来代替:“以五十步笑百步，则何如？”这样的替代品在定义与精确性上都不如原句，然而行文却更明白晓畅。如果说“How could I perceive his inner mental process?”（我怎么能感知他大脑内部的运动过程呢？），不如说“How could I know what is going on in his mind?”（我怎么能知道他心里正在想什么？）更明白。后者则远不如汉语表达得更清楚:“我是他肚里的蛔虫吗？”

⑤ 异化译法（foreignizing translation）要求译者向原文作者靠拢，采取原文作者使用的表达方式传达原文的内容，如把“to kill two birds with one stone”译为“一石两鸟”，把“All roads lead to Rome”译为“条条大路通罗马”等都是异化译法。按照 Venuti（1995:20）的说法，Foreignizing translation is “an ethnodeviant pressure on target-language cultural values to register the linguistic and cultural difference of the foreign text, sending the reader abroad” to have alien reading experience（异化译法是偏离民族主义的，对译入语文化价值施加压力，使其关注外语文本的语言和文化差异，把读者带入外国情景，体验外国人的阅读感受）。

⑥ 鲁迅提倡“异化译法”，他认为，“翻译必须有异国情调，就是所谓洋气。其实世界上也不会有完全归化的译文，倘有，就是貌合神离，从严辨别起来，它算不得翻译。凡是翻译，必须兼顾着两面，一当然力求其易解，一则保存着原作的丰姿，但这保存，却又常常和易懂相矛盾：看不惯了。不过它原是洋鬼子，当然谁也看不惯，为比较的顺眼起见，只能改换他的衣裳，却不该削低他的鼻子，剜掉他的眼睛。”（《鲁迅全集》第 6 卷，第 348 页，人民文学出版社，1981）

⑦ 毛泽东也主张要吸收外语的新鲜用语，他说:“要从外国语言中吸收我们所需要的成分。我们不是硬搬或滥用外国语言，是要吸收外国语言中的好东西，于我们适用的东西。因

为中国原有语汇不够用，现在我们的语汇中就有很多是从外国吸收来的。例如今天开的干部大会，这“干部”两个字，就是从外国学来的。我们还要多多吸收外国的新鲜东西，不但要吸收他们的进步道理，而且要吸收他们的新鲜用语”（《反对党八股》，人民出版社，1956）。例如，由于不同民族对比喻喻体的选择受到各自文化因素、语言特点、地理环境、气候条件、生态分布等的制约，因而表现出各自鲜明的个性，产生了大量生动的成语、谚语、俗语、俚语，这些对不同民族来说都是“新鲜用语”，有的可以互相引进，逐渐吸收，而未必加以“归化”或排斥，如：

fish in the air 空中捕鱼（水中捞月 / 缘木求鱼）
a rat in a hole 洞中之鼠（瓮中之鳖）
draw water in a sieve 筛子打水（竹篮打水一场空）
cry up wine and sell vinegar 叫酒卖醋（挂羊头卖狗肉）
As you make your bed, so you must lie on it. 作床自卧（作茧自缚）
Never offer to teach fish to swim. 不要教鱼游泳。（不要班门弄斧。）
go for wool and come back shorn 偷剪羊毛反而头发被剪（偷鸡不着蚀把米）

⑧ 翻译文化词语可供选择的译法，除了“虚化”“实化”与“异化”之外，还有“归化”与“意化”（即“意译”）。归化译法（domesticating translation）要求译者向译文读者靠拢，采取译文读者习惯的译语表达方式传达原文的内容，如把“to kill two birds with one stone”译为“一箭双雕”“一举两得”，把“to grow like mushrooms”译为“雨后春笋”，把“All roads lead to Rome”译为“殊途同归”等都是归化译法。按照 Venuti（1995:20）的说法，Domesticating translation is “an ethnocentric reduction of the foreign text to target-language cultural values, bringing the author back home”（归化译法采取民族中心主义的态度，使外语文本符合译入语的文化价值观，把原作者带入译入语文化）。意译法（free translation）要求忠实于原作的内容，不拘泥于原作的形式，按照 Shuttleworth & Cowie（1997:151）的说法，“Free translation, also known as sense-for-sense translation, emphasizes transfer of the meaning or ‘spirit’ of a source text over accurate reproduction of the original wording. The purpose of sense-for-sense translation is to accommodate the needs of the target language reader by producing a text which conforms to the linguistic and textual norms of the target language and culture and which does not therefore sound foreign”。意译法常常采取具体形象的词语与虚化抽象的词语互相转换的方法，即“具体法”（concretization）或“抽象法”（abstraction）。

# 9

# 间接与直接

## Indirect vs. Direct

英语表达倾向于间接、婉约，汉语表达倾向于直接、明快。这一差异主要见于英语比汉语更多地使用委婉、含蓄和迂回的表达方式。

### 一、委婉（Euphemism）

委婉说法是用一种比较婉转、间接的方式来谈论不宜直言的人或事物，用 H. W. Fowler（1965:171）的话来说，委婉语是“a mild or vague or periphrastic expression as a substitute for blunt precision or disagreeable truth”。Neaman & Silver（1990:1）在其 *Kind Words: A Thesaurus of Euphemisms* 一书中认为，“Euphemizing is generally defined as substituting an inoffensive or pleasant term for a more explicit, offensive one, thereby veneering the truth by using kind words”。在特定语境，人们往往会借用温和、动听的委婉语来代替粗鲁、刺耳、令人不适的言辞，如：

> In private I should merely call him a *liar*. In the Press you should use the words: “*Reckless disregard for truth*” and in Parliament — that you regret he “*should have been so misinformed*”.（J. Galsworthy: *The Silver Spoon*）
> 私下里我就会干脆把他叫做说谎的人。报刊上你却要用这样的字眼：“粗心大意地忽视了事实”，而在议会里——你就要表示遗憾，因为他“竟然得到如此错误的信息。”

使用委婉语常常是为了回避或掩盖某些严酷的社会现实，或为了防止出语伤人，避免有失体统，以显得文明礼貌。英语和汉语都有委婉语，尤其见于表达有关不雅、不洁、令人生畏、令人讨厌的人或事物，如表示“死亡”，英汉的委婉语都特别多，英语有 pass away, breathe one's last, go to one's Maker, sleep with one's fathers, join the great majority, pay the debt of nature, be with God, go to glory, go to a better world, sleep the final sleep, cross the Great Divide, climb the golden staircase 等几十种说法；汉语的说法也不少，如“逝世”“长眠”“安息”“去世”“寿终”“作古”“谢世”“归寂”“坐化”“牺牲”“阵亡”“殉职”“捐躯”“百年”“与世长辞”“三长两短”“命归黄泉”等。古代还有按等级之分的“死”，如帝王之死是“崩”“晏驾”，诸侯之死是“薨”，大夫之死是“卒”，士之死是“不禄”，等等。在提及人体的某些功能、缺陷等方面时，英汉也有各自的委婉语，如说“上厕所”，英语常用 go to the restroom (washroom), use the bathroom, wash one's hands, relieve oneself, do one's needs, answer a call of nature；男子可说 see a man about a horse，女子可说 fix one's face, powder one's nose 等；汉语则常用“大便”“小便”“方便”“解手”“大解”“小解”“净手”“如厕”“去洗手间”等。谈到“怀孕”时，英语可说 be expecting, in a family way（美），in the family way（英），in an interesting condition；汉语可说“有喜”“重身子”“双身子”“身怀六甲”。提到“身体太胖”时，英语可说 stout, on the heavy side；汉语则说“发福”。说到“老人”“年老”时，英语常用 senior citizen, elderly people, advanced in age 等；汉语则用“年迈”“年长”“上了年纪”“上岁数”“年事已高”等。一般说来，在表达生活中不宜直言的事物或情况时，英汉都有各自的委婉语。

然而，与汉语相比，英语委婉语不仅数量多，使用频繁，而且涉及的范围也相当广泛。早在英国维多利亚女王时代，委婉语就十分盛行。当时的社会风尚强调体面，人要装作正经（prude），谈吐要彬彬有礼（genteel），凡事要兜圈子说话，不可直言，否则就会失礼。例如当时人们就惯用如下的委婉语：

powder room 代替 ladies' room（女厕所）
soiled linen 代替 dirty clothes（脏衣服）
unpleasant odour 代替 nasty smell（难闻的气味）
assault 代替 rape（强奸）
nether garments / unmentionables / inexpressibles 代替 trousers（裤子）

在现代英美社会，说话委婉、含蓄、幽默被认为是文明与礼貌的象征。近几十年来，英语委婉语大有流行之势，其使用范围已扩大到了许多领域，几乎涉及现代社会生活和公私事务的各个方面，从生、死、性、爱、老、弱、病、残、贫困、金钱、罪过、相貌、职业、种族、各种禁忌与隐私，直至商业、广告、教育、政治、经济、外交、战争及其他微妙敏感而又难以直言的话题，其中许多委婉语带有浓厚的社会文化色彩，大都轻松俏皮，颇有趣味，让人忍俊不禁，是一大特色，在汉语里往往没有相应的表达法。以下仅举几方面为例：

1. 官方委婉语。美国政府机构汇集了各种官方英语（officialese），文武官员职员分别盛行联邦政府官僚英语（bureaucratese）、五角大楼英语（Pentagonese）、国务院英语（State-Departmentese）、官腔英语（gobbledygook）以及各地方市政府英语（urbababble）。英国官方则创造新的委婉语，甚至规定某些具体词目不得在议会使用，议员不得在言谈中对各种大小官员表现出不忠不敬。在这些官方英语里，委婉语比比皆是，其中有些言辞成了政客们掩盖事实真相、欺骗选民、争取民意的一种手段，例如政府官员对于种种社会问题，常常采用委婉的方式加以粉饰：为掩盖经济危机的存在，政府用 economic adjustment（经济调整）来取代 economic crisis，从而避免人们对西方经济丧失信心。严重的失业现象，官方称之为 underutilization（未充分利用人才）或 human resources underdevelopment（人力资源未充分开发），以此来安慰深受其苦的 the economically disadvantaged individuals（经济上处于不利地位者）。生活在贫困线下的穷人，被称为 the underprivileged（机遇不佳的人）；这些人入不敷出，债台高筑，官方谓之 negative saver（负数储蓄者）。以下是穷人的自述，用来讽刺官方的委婉语：

> I used to think I was *poor*. Then they told me I wasn't poor, I was *needy*. They told me it was self-defeating to think of myself as needy, I was *culturally deprived*. Then they told me deprived was a bad image, I was *underprivileged*. Then they told me underprivileged was overused, I was *disadvantaged*. I still don't have a dime, but I have a great vocabulary!（W. Redfern: *Clichés and Coinages*）
>
> 我以前总以为自己穷，后来他们告诉我，我并非“**穷**”，而是“**拮据**”；而后他们

又告诉我，认为自己“拮据”未免自我坍台，还是说“**被剥夺文化教育权利**”；而后他们又说“被剥夺”三个字形象不好，应该说，“**机遇不佳**”；而后他们又说，这个说法已经用腻了，现在该说“**境况不利**”。到头来我还是身无分文，可词儿却有了一大堆！

穷人居住的贫民区，官方称为 inner city 或 central city（内城区）；穷人栖身之所既拥挤又污秽，官方叫做 substandard housing（不合规格的住房），而非 rotting slums；许多人被送进监狱，按照官方的说法，则是进入 house of correction 或 correctional facility（改造所，教养院）。为了掩盖官方丑闻，“捏造”只是 less than truthful（不太真实），“窃听”也只是 intelligence gathering（收集情报），“暗杀”不过是 liquidation（清算）而已。

总之，政治常常成了一场玩弄委婉语的游戏，这正如 George Orwell（1974: 111f）在其 *Politics and the English Language* 一文中所指出的：

> In our time, political speech and writing are largely the defense of the indefensible. Things like the continuance of British rule in India, the Russian purges and deportations, the dropping of the atomic bombs on Japan, can indeed be defended, but only by arguments which are too brutal for most people to face, and which do not square with the professed aims of political parties. Thus political language has to consist largely of euphemism, question-begging, and sheer cloudy vagueness. Defenseless villages are bombarded from the air, the inhabitants driven out into the countryside, the cattle machine-gunned, the huts set on fire with incendiary bullets: this is called *pacification*. Millions of peasants are robbed of their farms and sent trudging along the roads with no more than they can carry: this is called *transfer of population or rectification of frontiers*. People are imprisoned for years without trial, or shot in the back of the neck, or sent to die of scurvy in Arctic lumber camps: this is called *elimination of unreliable elements*. Such phraseology is needed if one wants to name things without calling up mental pictures of them.

五角大楼的委婉语也颇为“独出心裁”。为了掩盖侵略战争的本质，国防部官员把它称为 international armed conflict（国际武装冲突）；对美国空军来说，空袭只是 air support（空中增援），在苏联领空的侦察飞行则仅仅是一种 overflight（越界飞行）。军方为了尽量缩小暴力破坏的程度，把杀死敌人称为 neutralize the adversary（压制对手），把伤亡称为 circadian deregulation（生理节奏的反常)。为了掩盖战争中失败的真相，五角大楼的官员会说："退却(retreat)？我们没有退却这个词，我们把这叫做'偷偷离开敌占区'或'撤出'(exfiltration)或'战线调整'(an adjustment of the front)。我们也没有'战败'(defeat)，我们把这叫做'战略撤退'(strategic withdrawal)。"进入核子时代以来，官方尽力掩盖核大战的威胁，委婉语的使用也达到了高潮。大量有关战略核武器的用语如 deterrence（威慑）和 first strike capability（第一次打击能力）等，从不提 nuclear（核子的）这个词，也不提它可能导致人类的毁灭。五角大楼英语在美国官方中甚为流行，对政府语言、公众会话和新闻媒体的影响也最为深远。

美国国务院的委婉语尽量借自五角大楼，此外，其委婉曲折的外交辞令也毫不逊色。外交官员常常尽量缩小国际紧张局势的严重性，让公众对其真正的动机和国内外问题产生模糊的印象。当两位外长举行了一次 useful and businesslike meeting（有益而一本正经的会晤），其实是一次什么问题也没有解决的会晤；当两位总理进行了一次 serious and candid discussion（认真而坦率的讨论），事实上是存在着重大分歧。谈及国内经济问题时，外交人员会用 deflation（通货紧缩）或 rolling readjustment（周期性重新调整）来代替 depression（经济萧条）。当 Foggy Bottom（"雾谷"，美国国务院）的人士告诉你 There is a need for more fully informed judgments（你需要更富有见识的判断），他是在耍外交辞令：You don't know your elbow from a hole in the ground（你不能凭一知半解就下结论）。林肯著名的演说词 *Gettysburg Address* 有一句话：We are now engaged in a civil war，如果用华盛顿联邦政府官僚英语(Washingtonian bureaucratese）的话来说，可能就变成 We have entered upon a period of uncertainty involving fairly high mobilization。

2. 职业委婉语（occupational euphemism)。在当代英美社会里，人们为了装饰门面，提高某些行业的社会地位，满足自尊心和虚荣心，常常创造一些悦耳动听、冠冕堂皇的委婉语（uplifting word or impressive title）来称呼某些职称或职业。如果在社交场合有人递给您一张名片，上面印着如下文字，您可能会突然觉得遇到 VIP 了：

sanitary engineer（= garbage man）垃圾清洁工
meat technologist（= butcher）屠夫
prison officer（= gaoler）监狱看守
mixologist（= bar-tender）调酒师 / 酒吧招待
rodent operator（= rat catcher）捕鼠工
landscape architect（= gardener）园丁 / 园艺工
clairvoyant reader（= fortune teller）算命卖卜者
research consultant（= file clerk）档案（卷宗）管理员
funeral director（= undertaker）丧葬承办者，殡仪员
plant superintendent / supervisor（= foreman）工头，领班
aisle manager（= floorwalker）百货公司的巡视员、招待员
proprietor of loan office（= pawnbroker）当铺老板
public relations counselor（= press-agent）新闻广告员
member of the oldest profession（= prostitute）妓女
household executive / domestic manager（= housewife）家庭妇女
beautician / cosmetician / hair stylist / tonsorial artist（= barber）理发师

洛杉矶市政府曾通过一项决议，要求公众不要把警察称为 cop，而应采用一种较为尊敬的称呼：law enforcement officer。选美竞赛的一位获胜小姐因隐瞒婚史而被取消资格，她说："I know in my heart I'm not a liar, I'm just a *prevaricator*"。使用这种委婉语大多出自一种有趣的心理，即措辞越好听，其身份便越高贵。

汉语的职业委婉语虽有增多的趋势，但数量和种类不如英语那么多，如：环卫人员、家政服务师、白衣天使、灵魂工程师、出家人。

3. 学校委婉语。教师为了不挫伤学生和家长的自尊心，也常常使用委婉语，于是，迟钝或呆笨的学生是 unflamboyant（不浮夸），低能儿是 subnormal（智力逊常）、exceptional（special）child（情况特殊的孩子）。纽约市一所小学曾汇编过一本小册子，作为学校向学生家长汇报学生在校表现的指南，以下是学校建议教师应该使用的一些委婉语：

| Harsh Expression (Avoid) | Euphemism (Use) |
| --- | --- |
| lie 撒谎 | show difficulty in distinguishing between imaginary and factual material/with credibility gap |
| cheat 作弊 | need help in learning to adhere to rules and standards of fair play |
| steal 偷窃 | need help in learning to respect the property rights of others |
| a bully 恃强欺弱 | have qualities of leadership but need help in learning to use them democratically |
| She cannot control herself. She said what she should not at all say and did what she should not at all do. 言行不能自控 | She experiences difficulty exercising self-control: (a) verbally, (b) physically. |

4. 各种事物委婉语。当今英美社会的委婉语正在不断推陈出新，其流行之势几乎遍及各行各业和各种事物。琳琅满目的委婉语如同文字游戏，简直是令人眼花缭乱的谜语，其中也折射了西方社会和文化的人情世风，如：

predriven classic（= used car）用过的车
color minority（= black people）黑人
industrial action（= strike）罢工
memory garden（= cemetery）墓地
facial dew（= sweat）汗水
in the altogether（= naked）赤身裸体
golden years（= old age）老年时期
full figured（= well-developed, full-grown）（妇女）丰满
willowy（= slender）苗条，柳腰，婀娜多姿
redirected flight（= hijack）劫持飞机事件
secret disease 性病
to be fond of the bottle 爱喝酒 / 贪杯
My cousins（country cousins）have come. 来月经了。
Let's go to Reno. 咱们去办离婚吧。（美国内华达州西部城市里诺以办理离婚手续简便而著称）

在日常生活中，委婉与幽默常常同在。以鞠躬表示招呼、感谢、同意等是日本民族的礼仪习惯，一位去过日本的美国人委婉地说：

> After three days in Japan, *the spinal column becomes extraordinary flexible*.
> 在日本小住三日，脊椎骨就会变得异乎寻常的柔软灵活。

其实他是想说：After three days in Japan, I found that I made so many bows。又如《纽约时报》曾刊登一家成衣商在开办特种体型服装店时说的话：

> *Fat* is one word we'd never, never dream of using. Nor are we fond of *portly*, *oversized* or *heavyset*. When referring to our customers, we much prefer to say *king-sized*.

委婉语固然可以使人们避免许多难堪的局面，减少不必要的摩擦，调节人际关系，但过多地使用委婉语却给人一种闪烁其词、矫揉造作的印象。许多委婉语还被用来掩盖事实，欺骗公众，影响人们直接的思想交流，因而引起了英美语言学者的深切关注。E. McMahan 和 S. Day（1980: 68）在 *The Writer's Rhetoric and Handbook* 一书中指出：

> Such indirectness may seem amusing, but people also use a sinister kind of euphemism to mask realities that ought not be concealed. The CIA, for instance, substitutes the vague phrase "terminate with extreme prejudice" for the ugly word "murder". The Pentagon refers to weapons designed to kill people as "antipersonnel implements". Instead of "bombing", the Air Force speaks of "protective reaction strikes". Such transparent attempts to make killing human beings sound inoffensive are dangerously misleading.

## 二、含蓄（Implicitness）

英美民族富于幽默[①]，表达时常常不把要说的话直接说出来，而是用某种间接、含蓄的方式来陈述。汉语也有含蓄表达法，但较常用作修辞手段。总的说来，汉语比较倾向于直截了当，而英语则比较常用低调陈述、间接肯定、委婉否定和婉转暗示的表达方式。

1. 低调陈述（understatement）：以含蓄的语气故意把大事化小（make big things seem trifle），用轻描淡写的言辞来加深对方的印象，如 *This piece of work is nothing to be proud of* 是对 *This piece of work is disgraceful* 的低调陈述。

这种言辞低调、含蓄内敛的表达法在英国中上阶层的口语里尤为流行，因而英国有“the home of understatement”之誉。A. Maurois[②]以下的一段话很能说明英国人言辞低调、含而不露（reserved[③]）的矜持性格：

> An Englishman will say “I have a little house in the country”; when he invites you to stay with him you will discover that the little house is a place with three hundred bedrooms. If you are a world tennis-champion, say “Yes, I don’t play too badly”. If you have crossed the Atlantic alone in a small boat, say “I do a little sailing”.

这种有节制的（controlled）而又漫不经心的（casual）曲言（meiosis），往往带有幽默和冷嘲的味道：

1）It was *nothing*; a *pinprick*.
没什么，刺耳的话而已。

2）He had five sandwiches and a quart of milk for his *snack*.
他吃了五个三明治，喝了一夸脱牛奶，作为他的小吃。

3）He had a mansion in the country and another *little place* in town.
他在乡下有一座大厦，在城里还有个小地方。

除了名词之外，动词、形容词等的妙用也可达到轻描淡写的效果：

1）The house has been here since 1880, and no hurricane had ever *bothered* it.（J. Blank）
这房子建于1880年，至今飓风还没有找过它的麻烦。（后来知道飓风竟然把它夷为平地，此处不用 destroy 而用 bother）

2）Beethoven was undoubtedly a difficult pupil for he had a strongly independent mind, and was *impatient* of accepted rules and convention.（*Oxford Junior Encyclopedia*）
贝多芬无疑是个难教的学生，因为他有着坚定的独立见解，而且对陈规惯例深恶痛绝。（贝多芬有着疾恶如仇的鲜明个性，此处不用 hate 之类分量重的词语，而用 impatient）

美国著名作家和诗人 Ralph Waldo Emerson 在 *English Traits*（1856）一文中评论英国人说：“An Englishman understates, avoids the superlative, checks himself in compliments”。英国人在言辞中宁可用低调词（down-toner），如 rather, quite, all right, somewhat 来代替高调词如 very, best, worst，如：

1） She's *rather* good-looking.
她相当漂亮。(rather 相当于 very，言者的本意是"她非常漂亮")

2） He has written *quite a number of* books.
他写了相当多的书。(quite a number of 相当于 a lot of，言者的本意是"他写了很多书")

3） He's been *a bit* poorly since the winter. But I didn't expect him to go like this.
入冬以来他就一直不大舒服，但我没料到他就这样丢下这个世界去了。(a bit 相当于 quite，言者的本意是"他一直相当不舒服")

言辞低调还表现在少用激烈的词语，避免滥用形容词和副词，正如 E. Gowers（1987: 52）所说：

> Strong words like *urgent, danger, crisis, disaster, fatal, grave, overriding, prime, paramount* and *essential* lose their force if used too often. Reserve them for strong occasions, and then let them stand on their own legs, without adjectival or adverbial support. Otherwise you may find yourself writing like this extract from a ministerial speech: "Although it is overriding obviously that the prime responsibility of the ballistic missile early warning system must remain paramount at all times."

英国人说话含蓄、克制、低调、幽默，这在一篇介绍英国人的性格（*The English Character*）的文章中可以找到更多的例证：

> In many parts of the world it is quite normal to show openly extremes of enthusiasm, emotion, passion, etc., often accompanied by appropriate gestures. The Englishman is somewhat different. Of course, an Englishman feels no less deeply than any other nationality, but he tends to display his feelings far less. This is reflected in his use of language. Imagine a man commenting on the great beauty of a young girl. Whereas a man of more emotional temperament might describe her as "an exquisite jewel", "divine", "precious", the Englishman will flatly state "Um, she's all right". An Englishman who has seen a highly successful and enjoyable film recommends it to a friend by commenting, "It's not bad, you know," or on seeing a breathtaking landscape he might convey his pleasure by saying, "Nice, yes, very nice." The overseas visitor must not be disappointed by this apparent lack of interest and involvement; he must realize that "all right", "not bad", and "nice", are very often used as superlatives with the sense of "first-class", "excellent", "beautiful". This special use of language, particularly common in English, is known as understatement. (From *The World of English*, No. 2, 1982)

O. Jespersen（1956）认为英语有阳刚（masculine）的气质，因而言辞也显得冷静、低调、审慎（sobriety）：

> An Englishman does not like to use more words than are strictly necessary, so he does not like to say more than he can stand to. He dislikes strong or hyperbolical expressions of approval or admiration; "that isn't half bad" or "she is rather good-looking" are often the highest praises you can draw out of him. ... German *kolossal* or *pyramidal* can often be correctly rendered in English *great* or *biggish*; and where a Frenchman uses his adverbs *extremement* or *infiniment*, an Englishman says only *very* or *rather* or *pretty*; *pretty good* is highly eulogistic. This is another masculine trait of the language. This masculinity appears further in the fewness of the diminutives (nouns with endings denoting affection) and in the rarity with which even those are employed.

2. 间接肯定（litotes）：亦称"曲言法"，即用否定的词语，强调其反义(ironical understatement, esp. using a negative to emphasize the contrary)，这种用反说代替正说的弱式双重否定往往能产生委婉的效果，如用 not bad 代替 good，用 It wasn't easy 代替 It was very difficult，用 no rare occurrence 代替 a frequent occurrence，用 no small 代替 great。汉语也有这类反语，如"未尝不可""难免错误""不虚此行""不无遗憾""没有白干"等，但较多采用直接肯定，如：

1）To my *no small* astonishment, I found the house on fire.
我发现房子着了火，这使我大吃一惊。

2）It serves *no little* purpose to continue public discussion of this issue.
继续公开讨论这一问题是大有用处的。

3）The press, Tory and Labour alike, is *not remotely* concerned with these great questions.
英国保守党和工党两派报纸，对于这些重大问题并不是漠不关心的。

4）There is *no untroubled* place in this troubled world.
这多灾多难的世界没有任何太平的乐土。

5）Her face *wasn't* a *bad* one; it had what they called charm. (J. Galsworthy)
她的面孔不算难看，有一般人所说的魅力。

6）Martin (who was very generous with his money) ordered another glass of punch, which they drank between them, and which had *no* effect of making them *less* conversational than before.（C. Dickens）

大方的马丁又叫了一杯香甜混合饮料，两人共饮，这反而使他们俩谈得更加起劲了。

7）*Not infrequently* an unpopular prisoner, stoned by the mob while helpless, was fortunate if he emerged with *no greater* permanent injury than the loss of an eye. Even death from wounds so inflicted was *not* altogether *unlikely* or *unprecedented*.（Daniel Defoe）

当一个令人讨厌的囚犯无能为力时，受到暴民抛来石块的砸打，结果只瞎了一只眼，不能不算运气。因为莫说致残，就是丧命，也不是完全不可能的，也不是完全没有先例的。

用否定之否定的方式（the "not un-" habit）来表达间接肯定，有时候确实比直接肯定更为准确、微妙，如用 not unkindly, not unnaturally 或 not unjustifiably 比用 kindly, naturally 或 justifiably 较为婉转，且显得有分寸。但滥用这类反语却会妨碍直接的思想交流。George Orwell 用以下一例告诫人们要注意这种倾向："A *not unblack* dog was chasing a *not unsmall* rabbit across a *not ungreen* field"。

英语还常用其他一些否定的形式拐弯抹角地表达强烈的肯定意义，汉语则往往没有相应的表达法，如：

1）He *didn't* half like that girl.（= He liked her very much）

他非常喜欢那姑娘。

2）I *couldn't* feel better.（= I'm feeling first-rate）

我感到好极了。

3）If that *isn't* what I want!（= That is the very thing I want!）

我所要的就是这个呀！

4）He *can't* see you quickly enough.（= He desires to see you as soon as possible）

他很想尽快和你见面。

5）One *could not* be too careful in a new neighbourhood.（J. Galsworthy）

在一个陌生的地方，越小心越好。

6）The importance of this conference *cannot* be overestimated.

这次会议的重要性无论怎么强调也不过分。

7）I *couldn't* agree with you more. Someone's got to be tough if you want to stay in business.

我太赞成你的看法了。想做生意，就得有铁石心肠。

8）It is a wise man that *never* makes mistakes.（= The wisest man sometimes makes mistakes）
再聪明的人也会做错事。/ 智者千虑，必有一失。

9）I *can't* miss her too much!
我是多么想念她啊！ / 教我如何不想她?

10）If a home is happy, it *cannot* fit too close.（O. Henry: A *Service of Love*）
家庭幸福，房窄何妨?

英语一些含有"多余否定"（pleonastic negation）的句子，也用否定的形式表达肯定的语义，如：

1）What dirty means would he *not* resort to!
什么卑鄙手段他都使得出来！/ 什么卑鄙手段他使不出来?

2）There was no knowing at what moment he might *not* put in an appearance, and whenever he did show, it was to storm about something.（Samuel Butler）
他什么时候会出现，是无法知道的；但是无论何时他一出来，总有事情使他大发雷霆。

3）If the walls of that room could speak, what an amount of blundering and capricious cruelty would they *not* bear witness to!（Samuel Butler）
如果这个房间的墙壁会说话，多少错误的和任性的残暴行为，它们会说出来作证啊！

4）I ran a way. I don't know how far I *didn't* run.（Katherine Mansfield）
我跑了，也不知道跑了多远。

汉语也有类似的"多余否定"，用否定的形式来表达强调的肯定语义，如"好不＋某些双音形容词"结构④，表示程度深，并带感叹语气："好不热闹"（= 好热闹）"好不伤心""好不亲热""好不快乐""好不放肆""好不痛快"等。

1）街上人来人往，**好不**热闹！
What a busy street, with so many people coming and going!

2）他们见了面，**好不**欢喜。
How happy they were to see each other!

又如其他形式的"多余否定"：

1）见到她，我**不**觉又惊又喜！
Seeing her, I was surprised and delighted.

2）我后悔**不该**出去很久，让她等候了两个钟头。

I regretted having been out so long that she had waited for two hours.

3）他一夜几乎**不曾**冻死。

By the end of the night he was almost dead with cold.

4）他动**不动**就发脾气。

He is apt to lose his temper.

5）在**没有**见到他以前我不想谈这件事。

I won't talk about this matter unless I see him.

6）她脚一滑差点**没有**摔倒。

She slipped and nearly fell.

3. 委婉否定（indirect negation）：把直接的否定变得含蓄、婉转，使口气显得温和而不武断，谦逊而留有余地。英语表示委婉否定的方法很多，常见的如：

（1）用转移否定（transferred negation）的方法使否定口气显得间接而不唐突。R. Quirk（1972: 789）等人指出，"A strange feature of the syntax of subordination in colloquial English is the transfer of the negative from a subordinate that-clause, where semantically it belongs, to the main clause"。如用"I don't think he will come"代替"I think he will not come"。说话者用否定主观看法（如否定主句的动词 think）来代替否定所要表达的客观事实（宾语从句的内容），因而口气显得缓和而不生硬，汉语则较习惯于直接否定："我想他不会来"，而不说"我不想他会来"。英语采用这类转移否定的动词一般表示相信（belief）或臆断（assumption）等意义，如 think, believe, suppose, fancy, expect, imagine, reckon 等⑤：

1）We *don't believe* that Chinese is inferior to any other language in the world.

我们相信，汉语并不亚于世界其他任何语言。

2）I *do not think* the Council can or should remain indifferent to these most serious violations of human rights.

我认为，安理会不能也不应对这些极其严重的侵犯人权的行为袖手旁观。

3）I *do not feel* that we should leave them isolated in their rage.（R. Nixon）

我认为，我们不应该让他们怒气冲冲地与世隔绝。

4）I *don't suppose* you need to worry.

我看你可不必担心。

5）I *cannot consider* the matter as in any way urgent.
我觉得此事毫不紧急。

6）Oddly enough, he *didn't seem* to remember his own birthday.
说也奇怪，他似乎忘了自己的生日。

7）*I do not think* anyone writes so well that he cannot learn much from Fowler's *Dictionary of Modern English Usage*.（W. S. Maugham: *Lucidity, Simplicity, Euphony*）
我觉得，任何人如果不能从福勒的《现代英语用法词典》中多学点东西的话，他是写不出好文章来的。/ 我认为，任何人无论文章写得多好，也不会不从福勒的《现代英语用法辞典》中得到许多教益。

这类动词的名词化结构往往也能转移否定：

1）It is *not our opinion* that your proposed contract is practical.（= We do not think that ...）
我方认为，贵方所拟议的合同并不是切实可行的。

2）It is *not our view* that the speech made by your minister of foreign affairs at the Conference yesterday will be conducive to a lasting peace in that area.（= We do not think that ...）
我们认为，贵国外交部长昨天在会上的讲话将无助于该地区的持久和平。

上述的英译汉采用转移否定的技巧，但有时还要根据语境的需要和汉语表达所能允许的程度来选择恰当译法，以达到等值翻译，如：I don't think you are right 如果译成"我不认为你是对的"，语气比较婉转，句型与语序也与原句相同，具有等值效果；如果译成"我认为你是不对的"，语气太直，显得唐突，反而不等值了。

（2）用肯定的形式表达否定的意义。这类表达法常见于含蓄虚拟句（implied subjunctive）、反意问句（disjunctive question）、省略句（ellipsis）、诅咒语（swear-word）和讽刺语（ironical idiom），如：

1）You could have come at a better time.
肯定式：你本来可以在更合适的时候来。
否定义：你来得不是时候。

2）As if anyone would believe that story.
肯定式：好像有人会相信那些话似的。
否定义：别人才不信那一套哩！

3) Are you telling me? I know all about it.

肯定式：你是在跟我说吗？我全知道了。

否定义：甭说了（还要你说呢），我都知道了。

4) I know better.

肯定式：我更加懂得。

否定义：我认为并非如此。

5) Tell your old story to someone who believes it.

肯定式：把你这套老话讲给相信它的人去听吧。

否定义：我才不信你这套老话呢。

6) Let me catch you at it again.

肯定式：（要是）让我再撞见你干这种事（你可要吃苦头了）。

否定义：别再干这种事了！

7) I'll see you dead before I accept your terms.

肯定式：在我接受你的条件之前，我要先看你死去。

否定义：见鬼去吧，我才不接受你的条件呢。

8) This is more than I can promise.

肯定式：这超过了我所能答应的。

否定义：这我可答应不了。

9) I wish she would come.

肯定式：但愿她能来。

否定义：可惜她不能来。

10) You could have fooled me!

肯定式：你是在骗我吧？

否定义：我不会相信你的！ /我才不会上你的当呢！

英语寓否定意义于肯定形式的现象比汉语常见，其形式种类也比汉语多。例如：

1) The bikini was *the last thing* she'd like to wear.

她最不喜欢穿比基尼式泳装。

2) I'm *wiser than* to believe what you call money talks.

我才不至于蠢到竟然相信你所说的金钱万能呢。

3) He would do anything he was asked to do *but* return to his old life. (A. Smedley)

叫他干什么他都愿意，只要不再过以往那种日子就行。

4) The peoples in this war crushed Hitlerism and *saved* the world *from* slavery. (*World War II*)

在这场战争中，各国人民摧毁了希特勒主义，使世界免遭奴役。

5 ) What has made you so *out of humour* today?
今天什么事使你这么不高兴?

6 ) Life is *far from* being a bed of roses.
生活远非尽乐事。

7 ) The evidence is *beyond* dispute, *excluding* all possibilities of doubt.
证据确凿，无可置疑。

8 ) His work often falls *short of* the mark.
他的作品常常达不到标准。

9 ) A truly great man is *above* flattery.
真正的伟人不喜欢阿谀奉承。

10 ) You should not make friends with a man *dead to* shame.
你不应和一个恬不知耻的人交朋友。

11 ) The "cold war" from 1946 to about 1963, it is often forgotten, was originally seen as an admirable invention designed to keep the competition between the two great power blocs *this side* of open war. (*The Economist*, 1978)
人们常常会忘却，从 1946 年到 1963 年前后的"冷战"——当初曾被人们看作是一个很妙的发明——使两个大国集团的竞争不致酿成公开战争。

英语有大量的词语以肯定的形式表达否定的意义，如：fail (to come), free from (anxiety), short of (the mark), beyond (belief), above (flattery), dead to (shame), blind to (one's faults), beneath (notice), escape (someone), removed from (self-interest), too ... to ..., rather than, instead of, keep ... from, other (wise) than, more than, absent from, all Greek to，等等。汉语没有这类形式，常见的是用疑问句或感叹句来表达否定意义，如："他怎么知道?""谁知道!"("鬼晓得!")等。

4. 婉转暗示 (tactful implication)：用含而不露的言辞留下弦外之音，有些说法则跳过逻辑层次 (leave gaps in the development of a thought)，让对方去寻味。例如，根据 Right Guard 这家调查公司对"英国人最怕的 10 句话"的调查结果，"We need to talk"居首位。这句话婉转暗示着种种令人害怕的联想：我要被解雇了？我做错了什么？发生了意外？有什么可怕的事？这种表达法与英美国民富于幽默感甚有关系。汉语则往往注重直言，把含义直接表明。如：

1）It can be worse.

婉转：还可能会更糟。

明言：还可以。/ 还过得去。/ 还算不怎么坏。/ 凑合凑合吧。

2）You are late for the last time.（C. Chaplin）

婉转：这是你最后一次迟到了。

明言：你被解雇了。

3）She has much more than just a pretty face.

婉转：她远远不止只有一张漂亮的脸。

明言：她不仅脸蛋漂亮，还真有两下子呢（还真有本事呢）！

4）Would you mind doing it?

婉转：你反对办这件事吗?

明言：请你办这件事，好吗?

5）His accent couldn't fool a native speaker.

婉转：他的口音不能愚弄本地人。

明言：本地人一听他的口音，便知道他是外乡人。

6）You might have been more careful.

婉转：你本应该更细心些。

明言：你不应该这么粗心大意。

7）I knew better than to move another peg.（Mark Twain）

婉转：我比移动一步要明智一些。

明言：我知道还是站着不动为妙。/ 我才不会蠢得去移动一步呢。

## 三、迂回（Periphrasis）

迂回是一种拐弯抹角的说法，是用较多、较长或不清的词语来表达原来简短的词语就能说清的意思（roundabout expression in speaking or writing, i. e. the use of long or many words, phrases, or unclear expressions when short simple ones are all that is needed）。用合成介词（compound preposition）来代替简单介词（simple preposition）就是“迂回”的明显例子：

as a consequence of（= because of）
for the reason that（= because）
by virtue of（= by / under）
in accordance with（= by / under）
on the grounds of（= because of）

in association with (= with)
with the exception of (= except)
in the neighborhood of (= about)
in a manner similar to (= like)
despite the fact that (= although)

迂回说法原是一种修辞格，在18世纪的英国社会相当盛行，因为当时非常注重礼仪（propriety），讲究语言优雅得体（poetic decorum）。许多著名的英美文学家也常用这种修辞格，如：

Thus, Longfellow, in *Hiawatha*, gives the Indian name for September, *the moon of the falling leaves*, and Whitman in *When Lilacs Last in the Dooryard Bloom'd* calls September by its Quaker designation, *the ninth month*. Again, Johnson calls sunset *the gentle coruscations of declining day*. ⑥

言辞迂回常常也用词抽象，两者都被认为是文明人的象征，因而得以流行，这正如H. W. Fowler（1965: 445）所指出的：

The periphrastic style is hardly possible on any considerable scale without much use of abstract nouns such as *basis, case, character, connexion, dearth, description, duration, framework, lack, nature, reference, regard, respect*. The existence of abstract nouns is a proof that abstract thought has occurred; abstract thought is a mark of civilized man; and so it has come about that periphrasis and civilization are by many held to be inseparable. These good people feel that there is an almost indecent nakedness, a reversion to barbarism, in saying *No news is good news* instead of *The absence of intelligence is an indication of satisfactory developments*.

使用被动式和非人称表达法也会导致言辞迂回，如：

The problem *was referred to* the chief of police for his comment, and under date of March 11 this office *was advised* that as a result of his conference with the officials having jurisdiction in the matter, it *was concluded* by them that it would be impractical to set aside spaces for parking on Peter Avenue.

这段迂回、啰唆的话，如果改用人称和主动式，就会简短得多：

We asked the chief of police about parking on Peter Avenue. On March 11, we learned that he talked to other officials, who recommended against it.

我们向警察局长询问了彼得大街的停车问题。3月11日我们获悉，他已经向其他官员谈过此事，他们都不同意在此街腾出空位以供停车。

在现代英美社会里，许多作者为了使其言辞显得礼貌、庄重，或为了炫耀其学问深奥，或为了掩饰其含糊不清的思想，也嗜好这种闪烁其词、婉转曲折甚至是装腔作势的表达法（circumlocution）。政客、律师、官员和说话啰唆的人尤其喜欢这种迂回的方式。H. W. Fowler（1965: 411）指出这些人使用迂回说法往往是出自“a feeling that plain words sort ill with the dignity of office, a politeness that shrinks from blunt statement, and, above all, the knowledge that for those engaged in the perilous game of politics, and their servants, vagueness is safer than precision”。这种思想倾向也就导致了矫揉造作、累赘冗长的文风（stilted and verbose style），如喜用迂回费解的“detrimental to the visual amenities of the locality”来代替简单明了的形容词“unsightly”（不雅观的）。英语“官样文章”喜欢迂回曲折、装腔作势，因而句式笨重，词语臃肿，表达凝滞，例如：

We are in receipt of your favour of the 9th inst. with regard to the estimate required for the removal of your furniture and effects from the above address to Willington, and will arrange for a representative to call to make an inspection on Tuesday next, the 14th inst., before 12 noon, which we trust will be convenient, after which our quotation will at once issue.

这封公文短信可以省去许多赘言，至少可以改写成这个样子：

We have your letter of May 9th requesting an estimate for the removal of your furniture and effects to Willington and a man will call to see them next Tuesday forenoon if convenient after which we will send the estimate without delay.

如果用直截了当的表达法，这封短信还可以更加简明扼要：

Thank you for your letter of May 9th. A man will call next Tuesday, forenoon, to see your furniture and effects, after which, without delay, we will send our estimate for their removal to Willington.

迂回说法与英语的名词化和抽象化密切相关。汉语用词比较具体、明确，力戒晦涩、虚泛，反对故意拐弯抹角，因而往往没有像英语那样迂回曲折的表达法。伦敦一家晚报曾报道英美拟为北约组织联合研制一种可折翼的军用飞机，该报引用了英国外交和联邦事务部发言人关于两国领导人为此举行会晤的一段话：

> The object of this visit is a pooling of knowledge to explore further the possibility of a joint research effort to discover the practicability of making use of this principle to meet a possible future NATO requirement, and should be viewed in the general context of interdependence.

这段冗长的话无非是想说：

> This visit is to find out whether we can, together, develop the folding-wing plane for NATO.
>
> 此次访问是为了探讨我们两国是否能够为北约组织合作研制一种可折翼的飞机。

无论英语口语或书面语，间接迂回的说法都相当流行，试比较：

1）迂回：Will you be good enough to advise me whether I should accept the invitation?

平易：Please tell me whether l should accept the invitation.

请您告诉我是否应该接受这项邀请，好吗?

2）迂回：I have endeavored to obtain the required information.

平易：I have tried to find out what you wanted to know.

我已经尽力去打听你想要知道的消息。

3）迂回：It will be observed from a perusal of these documents.

平易：You will see by reading these documents.

你读一读这些文件就会明白的。

4）迂回：The cost may be upwards of a figure rather below $ 10 million.

平易：The cost may be nearly $ 10 million.

费用大概是一千万美元左右。

5）迂回：The answer is in the negative.

平易：No.

不。

6）迂回：Please cause an investigation to be made with a view to ascertaining the truth.

平易：Please find out the truth.

请查明真相。

7）迂回：In London there reigns a complete absence of really reliable news.

平易：There is no reliable news in London.

伦敦没有可靠的消息。

8）迂回：I'm terribly sorry to interrupt you, but I wonder if you would be so kind as to lower your voices a little.

平易：Would you please lower your voices a little？

请你们讲话小声一点，好吗?

许多自以为有高度文化修养的人喜欢装腔作势、小题大做，因而也特别嗜好那种玩弄文字的行话（jargon）。这类浮夸的言辞让人感觉枯燥无味，甚至莫名其妙，必须花些工夫才能悟出其真正的用意。H. P. Guth 在 *Words and Ideas* 一书中对此有过深刻的论述："Much inflated diction results from a writer's using two highbrow words where one lowbrow word would do. Jargon reflects the desire to make the trivial seem important. It cultivates an impressive pseudo-scientific air by using indirect, impersonal constructions; by blowing up simple ideas through abstract or roundabout diction; and by seeking out technical-sounding Latin and Greek terms. ... Jargon is the unnecessary use of technical language in order to borrow the prestige of science and scholarship"。试比较：

1）行话：In the 1980s the main determinant of rising educational expenditure was the increasing number of young people using the education system.

直言：The main reason for the higher cost of education in the 1980s was that more young people were being educated.

20 世纪 80 年代教育费用增加了，其主要原因是更多的年轻人受到了教育。

2）行话：This will call for a sustained co-ordinated effort over a substantial period.

直言：A sustained co-ordinated effort will be needed.

这需要持久的协作。

3）行话：Procedures were instituted with a view toward the implementation of the conclusions reached.

直言：We started to put the ideas into practice.

我们已经开始把这些想法付诸实施。

4）行话：Careful consideration of relevant data is imperative before the procedure most conducive toward a realization of the desired outcomes can be determined.

直言：Look before you leap.

三思而后行。

爱好行话的人喜欢兜圈子说话，常常把一个简单的想法或平常的事物说得玄之又玄。例如以下一段话，说来说去，无非是要宣布该公司准备搬迁其办公地点：

> A drastic reappraisal and reassessment of our present position on a number of issues, including the location of our offices, is being given meaningful consideration in order to maximize our opportunities and those of our clients in a National Capital filled with flux.

又如以下一段话，作者为了避免陈述过于直截了当，因而挖空心思，费尽心计，采用了委婉、反语和迂回的表达方法：

> In communicating these data to your organization after fullest consultation with all my colleagues also concerned, I would certainly be *less than truthful* if I were to say that this has occasioned the Ministry (and this Section in particular) *no little* difficulty but that the delay is nevertheless regretted.

作者本来想要表达一个简单的意思："I am sorry we could not send you this information sooner, but we have found this a very difficult case"，结果适得其反：这段话给对方留下的印象是"提供这些信息并不困难，作者对于延误并不表示抱歉"。

1935 年至 1939 年担任美国众议员的 M. Maverick 来自得克萨斯州，那里的人说话直截了当，常用三言两语就把话说清。Maverick 来到华盛顿就任后发现，周围的大小官员都喜欢用"long, dull, big-sounding and pompous phrases full of empty words"来讲话和写公文，如说"Please extinguish the illumination"而不说"Please turn off the lights"。官员向他征求意见，说"Please let us know your considered evaluation"而不说"Please tell us your opinion"。他每天要花大量时间来阅读这些冗长、乏味、空洞、装腔作势、矫揉造作的公文，实在忍无可忍，有一天终于大喊了一声："These damn papers are nothing but *gobbledygook*"。从此 gobbledygook（meaningless but important-sounding official language, *LDCE*, 1988: 653）成了一个美语词，收进了英语词典。有个实例可以说明什么是这种"官腔英语"。某退伍老兵因伤残就抚恤金问题向政府有关部门提出要求，政府官员给他如下的书面答复："The noncompensable evaluation heretofore assigned to you for your service-connected disability is confirmed and continued"。此信用迂回曲折的"官腔英语"告诉这位老兵，他还是拿不到抚恤金:"此前曾就您因服役而致伤残一事，对您进行了无可补偿的评价，兹特予确认此为继续有效。"美国总统罗斯福曾借用 M. Maverick 造的这个新词 gobbledygook 来批评这类听起来冠冕堂皇其实不知所云的废话。

为何英语的"官样文章"会如此迂回曲折，R. Quirk（1968:160）作了如下的解释:

> The language of officialdom, which has some affinities with that of the Law, is worth a separate mention, though its features have been the object of much widely read criticism in the past thirty years, from the Fowlers to Sir Alan Herbert and Sir Ernest Gowers. One characteristic is the use of words and phrases that we condemn with the value-judgment "pompous". This generally means that words have been chosen which have as little popular echo as possible, since the composing official is afraid — and often with good reason — of being accused by superiors or the public of lacking a proper command of "dignified", remote, impersonal English. The story is told of how Canning included the phrase "*He died poor*" in the text of a monument to Pitt; an official was scandalised by this, feeling that it was grossly deficient in dignity, and he proposed instead of Canning's words, "*He expired in indigent circumstances.*" Smile as we may, we must all have felt similar pressures and inhibitions at some time, even in drafting something simple to put up on a notice-board.

迂回曲折的文风在其他行业的文章中也容易找到实例:

> Many developments are now occurring in the new technology in education, particularly in employment of computers and new information systems. ... One application might be to provide tools for collaboration between the students and teacher-advisers in the scheduling of specific events arranged to meet learning needs. Matching of expressed interests, capabilities and existing resources (similar to computer dating) could eventually provide a process whereby activity nodes could be generated interactionally, rather than dictated by traditional estimates. Times and meeting places at each local campus of field centre could well be coordinated through a central scheduling, information and publicity service to minimize conflicts, and to maximize the uses of special facilities.

这段文字迂回、累赘、晦涩，实际上提供的信息并不多，所要说的不过是：电子计算机和其他教学辅助设备用于教育，可有效地合理安排课程并协调教学活动。整段文字可以简化为：

> Computers and other mechanical aids could be used in education to work out time-tables efficiently, and with less overlap.

这类迂回说法往往是思想懈怠、思维松弛的结果，有些则是故弄玄虚、卖弄文才造成的，其结果往往因文害意。

上述的“委婉”“含蓄”和“迂回”的陈述方式，以及前面几章所讨论的“物称”“被动”“静态”和“抽象”的表达方法，都可以看出英语的总体表现风格倾向于“间接”。西方人似乎认为，表达方式越间接，言辞的礼貌程度就越高。这种间接的倾向往往导致表达形式的复杂化（complexity）。

当然，每种语言的特点通常都有两面性。英语，尤其是美国英语[⑦]，既有累赘、晦涩的一面，也有简洁、形象的一面；既有委婉、优雅的一面，也有直率、粗俗的一面；既有复古、保守的一面，也有独创（Yankee ingenuity）、开拓（frontier spirit）的一面，如此等等。20 世纪 70 年代末期，英美都掀起一场运动，大力主张改革不必要的繁复文风（the use of unnecessarily complicated language），提倡“plain English”[⑧]。英汉“间接”与“直接”的表达法也是相对而言的，这与言者的身份、言辞的文体、言语的目的、对象、时间、地点等种种因素都有关系，如 *Use the Right Word*（1971: 359）一书所说：

> Scientists are interested in stripping language down to what it can exactly denote, while psychologists, poets and literary critics are interested in all the hidden or penumbral associations words connote.

为了使措词显得客气、礼貌、文雅，讲英语的人常常采用委婉、含蓄、迂回等间接表达法，讲汉语的人也有这类表达法，但较常使用敬辞、谦辞或婉言。敬辞与谦辞在文言文时代尤其盛行，现代汉语虽较不常用这类庄重的套语，但表示尊敬和自谦的说法仍然常见。

## 一、汉语的敬辞和谦辞

敬辞用来褒扬对方或与对方有关的人、事物或行为，以表示恭敬，如：

贵姓 your surname
尊夫人 your wife
光临 your presence
贵国 your country
大作 your writing
拜访 call on
府上 your home
高见 your opinion
奉告 inform
令尊 your father
惠顾 your patronage
请教 ask for advice
阁下 Your / His / Her Excellency
敬贺 congratulate with respect

谦辞用来贬抑自己或与自己有关的人、事物或行为，以表示谦虚，如：

鄙人 I, me
拙著 my writing
舍亲 my relative
小女 my daughter
愚见 my opinion
过奖 flatter
贱恙 my illness
寒舍 my home
敝校 my school

这类敬辞和谦辞反映了中国人比较独特的“贬己尊人”的人际态度。西方人以褒扬对方但不以贬抑自己来表示称赞和礼貌，显得既尊敬对方，又抱有自信。英美人喜闻赞辞，“谢”不离口，而中国人的传统是频繁使用敬辞和谦辞。对这类词语，英语往往没有相应的表达法，因而一般采用较为直接或较为婉转的说法：

1）贱姓李，请问尊客贵姓?
I'm Li. Could I have your name?
2）久仰，久仰。
I've heard so much about you.
3）不知高见以为何如?
I wonder if you would be kind enough to enlighten me on this matter. / May I have your advice?
4）如蒙光顾，无任欢迎。
Your patronage is cordially invited.
5）老大爷，您今年高寿?
May I ask how old you are, Grandpa?
6）明日是父亲大人八十大庆。
Tomorrow is Dear Father's eightieth birthday.
7）拜托您捎个信给她。
Would you be good enough to take a message to her?
8）详情容后奉告。
I'll give you the details later.

9）奉访未晤，甚怅。

Much to my regret you weren't at home when I called.

10）恕不奉陪。

Sorry, I won't be able to keep you company.

11）我拜读了您的大作。

I had the pleasure of perusing your work.

12）敬请光临。

We request the honour of your presence.

13）不想误触犯了官人，望乞恕罪，高抬贵手！（施耐庵：《水浒》）

We had no thought of intruding upon your attention and hope you will overlook our offence.

旧时流行的许多敬谦辞，如今已比较少用。现代中国人一般倾向于使用白话，以较为直接的方式来表达敬人或自谦，如“您真行，我差远了”“不敢当”“哪里哪里，一点也不好看”，等等。中国人还常用“客套话”来表示敬人或自谦，如：“本人才疏学浅，请各位指点”“今天来班门弄斧，请多多指教”“随便聊聊，乱弹琴，仅供参考”“我没有经验，望多包涵”，等等。中国人的自谦也体现在文章的标题，如：“浅论思维方式”“西方文化初探”“试谈印欧语系”，等等。

## 二、汉语的婉言和委婉语

为了避免说话粗鲁无礼，讲汉语的人还常用一些措词谦和的婉言，如喜用带“请”和“您”字的句式来提出希望或要求，如：“您请坐”“请安”“请便”“请教”“请问”等；反对别人的意见，说成“请再斟酌”“不敢苟同”；表示“随你的便”，说成“悉听尊便”；向别人提意见，常说“这是我的一点不成熟的意见，未必正确，仅供参考。”有些婉言采用假设、商询的语气，如不说“你马上来”，而说“您是不是马上来一趟？”不说“你把我的行李拿上去”，而说“您能不能帮我把行李拿上去？”不说“你去办这件事”，而说“请您办这件事，好吗？”，如此等等。

中国是文明古国，礼仪之邦。在交际中，对别人讲究尊重，对自己讲究谦逊，不亢不卑，不谄不骄，这是中华民族的一个优良传统。

汉语委婉语的数量和种类不如英语那么多，且大多涉及生理、生活、人际关系等与英语委婉语相似的题材，缺乏像英语那样的涉及政治、经济、外交、战争、教育、广告等题材的委婉语[⑨]。虽然如此，中国人自古以来在言辞中也常常不知不觉地使用了委婉语或婉约说法，如：

待业 / 下岗 = 失业
个人问题 = 婚姻问题
方便 = 大小便
富态 = 身体发胖，富贵之相
例假 = 月经或月经期
后事 / 白喜 = 丧事
炒鱿鱼 = 解雇，被辞退
花街柳巷 = 妓女聚集之处
经济滑坡 = 经济危机
三寸金莲 = 女子小脚
市场疲软 = 市场萧条
失足青年 = 堕落或犯严重错误的青年
白衣天使 = 医护人员，尤指护士
吃豆腐 = 专拣软的、嫩的，调戏妇女
穿小鞋 = 领导出于报复而利用职权暗中整人，使其受难言之苦

总的说来，汉语比较注重直言、简明、畅达。委婉、含蓄、迂回的陈述方式在汉语里不如英语那样流行。中国历代文论家都比较推崇平实、明快的语言风格。孔子说："辞达而已。"孔安国说："凡事莫过于实，辞达则足矣，不烦文艳之辞。"东汉王充在《论衡·自纪篇》中也说："口则务在明言，笔则务在露文。"说话宜使人一听就懂，文章宜让人一看就明白，给人以明朗、舒畅的感觉。五四运动以后，反对文言文、提倡白话文的结果，动摇了文言文的统治地位，白话文逐渐占了上风。这对现代汉民族的共同语——普通话的形成和发展起了关键性的作用。近几十年来，我国汉语学界极力提倡"准确、鲜明、生动"的文风，反对老八股[⑩]、洋八股、党八股和帮八股，反对迂回曲折、晦涩难懂的文风。现代中国社会抛弃了旧社会许多不必要的繁文缛节和虚伪客套，不提倡曲曲折折、吞吞吐吐的说话，要求在有礼貌和互相尊重的前提下直截了当地交流思想。刘宓庆（1991: 378）认为，"汉语崇尚直质、忌晦涩，倡导明白晓畅、开宗明义与中国历史上文人畏于文字之嫌而株连很有关系。这里

似乎不仅是个语言问题，当然与我国近几十年来提倡大众化的宣传出版政策也有关系。操汉语的人口覆盖面极为辽阔，人数众多，但教育水平很不齐。这是汉语言特别是书面语宜显不宜隐、宜直不宜曲、宜明不宜暗的极其重要的、历史的也是现实的事实依据。”另一方面，正因为“中国历史上文人畏于文字之嫌而株连”，所以也常常有话不敢直说，屈原的《离骚》就是这方面的例证。

注　释

① P. S. Tregidgo 在 *A Background to English* 一书中指出，“The famous English sense of humour is also the best known quality of the British. Its starting-point is self-deprecation, and its great enemy is conceit. Its ideal is the ability to laugh at oneself — at one’s own faults, one’s own failures and embarrassments, even at one’s own ideals. Here perhaps we are departing somewhat from the world of everyday people and straying into realms of literature and philosophy, but the quality is observable in individuals, and the criticism, ‘He has no sense of humour’ is very commonly heard in Britain, where humour is so highly prized. Prince Philip, during a visit to Ghana in 1959, both praised it and illustrated it when he talked of ‘God’ s greatest gift to mankind — a sense of humour’. It is an attitude to life rather than the mere ability to laugh at jokes. This attitude is never cruel or disrespectful or malicious. The English do not laugh at a cripple or a madman, a tragedy or an honourable failure. Sympathy or admiration for artistic skill is felt to be stronger than laughter”。

② 转引自 A. Warner: *A Short Guide to English Style*, p. 46, New York: Arco Publishing Company, Inc. 1961.

③ P. S. Tregidgo 在 *A Background to English* 一书中写道，“To other Europeans, the best known quality of the British, and in particular of the English, is ‘reserve’. A reserved person is one who does not talk very much to strangers, does not show much emotion, and seldom gets excited. It is difficult to get to know a reserved person: he never tells you anything about himself, and you may work with him for years without ever knowing where he lives, how many children he has, and what his interests are. English people tend to be like that. If they are making a journey by bus, they will do their best to find an empty seat; if by train, an empty compartment. If they have to share the compartment with a stranger, they may travel many miles without starting a conversation. If a conversation does start, personal questions like ‘How old are you?’ or even ‘What is your name?’ are not easily asked, and it is quite possible for two people to know each other casually for years without ever knowing each other’s name. Questions like ‘Where did you buy your watch?’ or ‘What is your salary?’ are almost impossible. Similarly, conversation in Britain is in general much more quiet and restrained than, say, in Africa, and loud speech is considered ill-bred. This reluctance to communicate with others is an unfortunate quality in some ways, since it tends to give the impression of coldness"。

④ "好不热闹"这类结构与"好热闹"的意思都是"很热闹"，是肯定的；但是，在"容易"前面，用"好"或"好不"的意思都是否定的，如"好容易才找到他"与"好不容易才找到他"的意思都是"不容易"。参见中国社会科学院语言研究所词典编辑室编：《现代汉语词典》(第5版)，第543页，北京：商务印书馆，2005年。

⑤ 有些动词虽表示"相信""臆断"等意义，但其否定意义却不能转移到宾语从句，这类动词如 assume, surmise, presume 等，例如 I *don't* assume that he came ≠ I assume that he *didn't* come。参见 *A Grammar of Contemporary English*, p. 790, Essex: Longman, 1972.

⑥ 引自 A. Zeiger: *Encyclopedia of English*. p. 353. New York: Arco Publishing Company, Inc., 1978.

⑦ F. Peters & T. Swan（1983:33）转引 Dillard（1976）的话说，"The commercialization of American society must certainly be seen as the reason for much change and invention in American English. The very special character of AE throughout American history: the inventiveness, the colorfulness, the tendency to use terminology which is straight to the point and self-explanatory, all this has been caused not simply by the fertile conglomeration of many ethnic groups and many languages coexisting with the dominant English. In America the language of new ways of life and many of the occupations and professions was extremely important for AE. Cowboys, lumberjacks, miners, trappers, farmers, etc. had a professional language: words, names, and idioms that eventually extended beyond their origin, extended their meaning into quite different areas and fields and became, finally, the common property of all AE speaking people. Often these terms got abstract meanings that found application so generally that they have become Standard English, and people hardly suspect their humble origins" (From F. Peters & T. Swan: *American English: A Handbook and Sociolinguistic Perspective,* Norway: Novus Forlag-Oslo, 1983)。

⑧ David Crystal 对 Plain English 作了如下的论述："One of the most important trends in contemporary language use is the move towards developing a "plain" English in official speech and writing. The main aim of the Plain English campaigns in Britain and the U.S.A is to attack the use of unnecessarily complicated language (often called "gobbledegook") by government departments, businesses, and any other group whose role puts them in linguistic contact with the general public. Application forms, safety instructions, official letters, licences, contracts, insurance policies, hire-purchase documents, guarantees, and other documents, the campaigners argue, should be presented clearly, using language that people are likely to understand. ... It is not easy to devise precise, consistent, and acceptable guidelines for writing plain English. Several of the authors who write on this subject disagree as to what counts as "plain" and what does not. Certain recommendations do, however, recur, such as the preference for short words and paragraphs, the use of concrete rather abstract words, and the avoidance of the passive voice (*You should send this form* rather than *This form should be sent*). In *Politics and the English Language* (1947), George Orwell gave six rules to be followed in everyday language: (1) Never use a metaphor, simile, or other figure of speech which you are used to seeing in print. (2) Never use a long word when a short one will do. (3) If it is possible to cut a word out, always cut it out. (4) Never use the passive where you can use the active. (5) Never use a foreign phrase, a scientific word, or a jargon word if you can think of an everyday English equivalent. (6) Break any of these rules sooner than say anything outright barbarous" (From *The English Language: A Guide Tour to the Language by the Presenter of BBC Radio 4's English Now*, by David Crystal, Penguin Books, 1988)。

B. Elizabeth Pryse 在 *Getting to Know Britain* 一书中指出，"The best advice to all those who wish to become proficient in English was given in 1906 by the Fowler brothers in their famous book, *The King's English*. It is just as applicable to today's popular-style English as it was to the 'more showy qualities' of Edwardian English. It is still sound advice for any student of English, whether English is his mother tongue or whether it is a foreign language. Their advice is: 'Anyone who wishes to become proficient in English should endeavour, before he allows himself to be tempted by the more showy qualities, to be direct, simple, brief, vigorous and lucid'"。

⑨ 英美早就有委婉语的专门词典问世，如：Jeremy Lawrence: *Unmentionables and Other Euphemisms*, London: Gentry Books, 1973; Hugh Rawson: *A Dictionary of Euphemisms and Other Doubletalk*, New York: Crown Publishers, 1981; Neaman, J. & Silver, C. 编著的 *Kind Words: A Thesaurus of Euphemisms*（New York: Facts on File, Inc. 1990）收录的委婉语有5 000多条。我国近十几年也出版了委婉语的专门词典。张拱贵主编的我国第一部委婉语词典《汉语委婉语词典》（北京：北京语言文化大学出版社，1996）收录的委婉语近3 000条，分为13大类：死亡与殡葬、疾病与伤残、分泌与排泄、性爱与生育、身体器官与生理变化、犯罪与惩罚、战乱与灾祸、家庭与婚配、人际关系与称谓、职业与境遇、钱财与经济、品质与性情、动植物名称。王雅军编的《实用委婉语词典》（上海：上海辞书出版社，2005）收录的委婉语共5 100多条，分为12大类：礼貌·往来、激励·赞美、条件·境况、规劝·批评、慰问·吊唁、情感·思念、处事·场面、人体·生理、岁时·特称、称谓·职业、秉性·缺点、品评·鉴赏。

⑩ 明清两代，朝廷以八股取士，用一套程序化的八股文束缚知识分子的思想，形成了一种八股文风。清朝有人用八股文的形式来嘲讽这种八股文：

> 天地乃宇宙之乾坤，吾心实中怀之在抱，久矣夫千百年非一日矣，溯往事以追维，曷勿考记载而诵诗书之典要。（《清代科举考试述录》第344页）

这是典型的八股腔，叠床架屋，文理不通。"天地"就是"宇宙"，"宇宙"就是"乾坤"，大量的同义反复，空空洞洞，什么都没说出来，只是一堆让人看不懂的废话。参见张志公主编：《现代汉语》，下册，第120页，北京：人民教育出版社，1984年。

# 10

# 替换与重复

## Substitutive vs. Repetitive

一般说来，除非有意强调或出于修辞的需要，英语总的倾向是尽量避免重复。讲英语的人对于随意重复相同的音节、词语或句式往往感到厌烦。许多英语作文教师甚至告诫学生“Never use the same word or write the same thing twice in a sentence unless you are repeating intentionally for emphasis or for clarity”。① 当然这种说法未免过分，但其目的是提醒学生不要忘了可以用替换的办法来避免不必要的重复。Fowler 兄弟（1951: 218）在 *The King's English* 一书中也指出：

> Even when the repetition is a part of the writer's original plan, consideration is necessary before it can be allowed to pass: it is implied in the terms "rhetorical" or significant repetition that the words repeated would ordinarily be either varied or left out; the repetition, that is to say, is more or less abnormal, and whatever is abnormal may be objectionable in a single instance, and is likely to become so if it occurs frequently.

例如以下的各种重复在英语里都是不正常的，试比较：

1）音节重复

原句：Commercials seldom make for entertain*ing* and relax*ing* listen*ing*.

改写：Commercials seldom *entertain* and *relax* the *listener*.

原句：Close examina*tion* of the results of the investiga*tion* led to a reorganiza*tion* of the department.

改写：Close *study* of the results of the *inquiry* led to a reorganiza*tion* of the department.

2）词语重复

原句：We listened to an account *of* the customs *of* the inhabitants *of* the village.

改写：We listened to an account of the *villagers' customs*.

原句：Dr. Brown *seriously* maintains that in the near future opium-smoking will be as *serious* as the absinthe scourge in France.

改写：Dr. Brown seriously maintains that in the near-future opium-smoking will be as *grave* as the absinthe scourge in France.

原句：Even to *borrow money* is wrong, according to Kant, because if everyone did *borrow money*, there would be no *money* left to *borrow*.

改写：Even to borrow money is wrong, according to Kant, because if everyone *did this*, there would be no money left to borrow.

3）句式重复

原句：Now is the time for everyone to come out to vote, *for* everything depends upon this election. All are against corruption, and so they should vote the Reform ticket. This is not a foolish thing, *for* the voters can elect anyone they want. But the people must turn out heavily, *for* if they do there is little doubt that they will elect the men they want.

改写：Everybody should turn out to vote in this election, for the triumph of the Reform party means the end of corruption in office. If the voters will only come to the polls in large enough numbers, they can surely elect the men they wish to see in power.

4）意义重复

原句：He asked the divisions to give their *mutual cooperation* to the project.

改写：He asked the divisions to cooperate on the project.

原句：The bachelor's degree is a *necessary requisite* for matriculation.

改写：a. The bachelor's degree is *necessary* (or: *a requisite*) for matriculation.

b. The bachelor's degree *is required* for matriculation. /Matriculation *requires* the bachelor's degree.

原句：May I be permitted to state that the activities of the Club are not *limited only* to aeronautics?

改写：a. May I be permitted to state that the activities of the Club are not *limited* to aeronautics?

b. May I be permitted to state that the activities of the Club are not *directed only* to aeronautics?

意义重复又如以下词组：

| | |
|---|---|
| *advance* planning | audible *to the ear* |
| assembled *together* | *entirely* complete |
| *still* remains | *foreign* imports |
| repeat *again* | dash *quickly* |
| *exactly* identical | throughout the *entire* summer |

英语文体学家批评以上各种重复是粗心的（careless）、笨拙的（clumsy），因而也是令人厌烦的（boring），如R. Graves和A. Hodge在*The Reader Over Your Shoulder*一书中告诫学生，“The same word should not be so often used in the same sentence or paragraph that it becomes tedious”。E. Gowers（1987: 151）也认为，“Unnecessary repetition of a word is irritating to a reader. If it can be avoided in a natural way it should”。在能明确表达意思的前提下，英语宜尽量采用替代、省略或变换等方法来避免无意图的（unintentional）重复。这样不仅能使行文简洁、有力，而且比较符合英语民族的语言心理习惯。

## 一、替代（Substitution）

用替代的形式（pro-form）来代替上文或句中已出现过的词语或内容（shared words and content），以避免重复并连接上下文，这是用英语说话或写作的一项重要原则。R. Quirk（1972: 677）等人指出：

> Like ellipsis, substitution is a device for abbreviating and for avoiding repetition. In this second respect it is similar to the use of lexical equivalents that are not identical repetition. Across sentences, substitution seems to be optional, and for stylistic reasons. Within sentences, it is sometimes obligatory. Most of the substitutes or PRO-FORMS within sentences are also used across sentences.

这些替代的形式主要有：

1. 名词性替代（nominal substitution）。用代词或某些名词来取代名词（短语），这类词如：第三（非）人称代词（he，she，it，they）、指示代词（this，that，these，those）、关系代词（who，whom，whose，that，which）、连接

代词（who，whom，whose，what，which）、不定代词（all，each，every，both，either，neither，one / ones，none，little，few，several，many，much，other，another，some，any，no）以及名词（enough，half，the same，the kind，the sort，the former，the latter）等。英语常用这类替代词来避免重复，正如 E. Gowers（1987:151）所说，“Pronouns were invented to avoid the necessity of repeating nouns”，汉语则较常重复其所代替的名词（词组），如：

1）Translation from English into Chinese is not so easy as *that* from English into French.
英**译**汉不如英**译**法容易。

2）A chemical change is *one* in *which* the structure of particles is changed and a new substance is formed.
化学**变化**是改变粒子结构、形成新物质的一种**变化**。

3）Electrical charges of a similar kind repel each other and *those that* are dissimilar attract.
同性**电荷**相斥，异性**电荷**相吸。

4）He hated failure; he had conquered *it* all his life, risen above *it*, and despised *it* in others.
他讨厌**失败**，他一生中曾战胜**失败**，超越**失败**，并且藐视别人的**失败**。

5）If she did not speak with Rebecca on the tender subject, she compensated herself with long and intimate conversation with Mrs. Blenkinsopp, the house keeper, *who* dropped some hints to the lady's-maid, *who* may have cursorily mentioned the matter to the cook, *who* carries the news, I have no doubt, to all the tradesmen. (*Vanity Fair*)
她不好和丽贝卡说起这个难以出口的问题，只好和**管家娘子**白兰金素太太秘密地长谈了好几回。**管家娘子**露了些口风给**上房女佣人**。**上房女佣人**也许约略地对**厨娘**说了几句，**厨娘**一定又去告诉了所有做买卖的。

英语常用代词，汉语少用代词，因而较常重复，这在汉译英时也可以看出来：

1）我们的**民族**再也不是一个被人侮辱的**民族**了。
*Ours* is no longer a nation subject to insult and humiliation.

2）我们提倡和平共处的**原则**，这项**原则**目前在世界上已越来越得人心了。
We have advocated the principle of peaceful co-existence, *which* is now growing more and more popular in the world.

3）一定的文化（当作观念形态的文化）是**一定社会的政治和经济**的反映，又给予**一定社会的政治和经济**以巨大的作用和影响。

Any given culture (as an ideological form) is a reflection of the politics and economics of a given society, and *the former* in turn has a tremendous effect and influence on *the latter*.

2. 动词性替代（verbal substitution）。用动词的替代词来取代动词（短语），这类替代词主要有：代动词 do，复合代动词 do so，do it，do that，do this，do the same 以及替代句型 so + do + 主语，so + 主语 + do，so + be + 主语，so + 主语 + be，so + will + 主语，so + 主语 + will 等。汉语也有替代的方式，但也常常重复其所代替的动词（短语），如：

1）We are reducing their defence expenditure this year. I wonder if other countries will *do* too.

我们今年已在削减国防开支，我怀疑其他国家也会这样做。

2）In any case work does not include time, but power *does*.

在任何情况下，功不**包括时间**，但功率却**包括时间**。

3）You don't want to lag behind. *Neither does* she.

你**不愿意落后**，她也**不愿意落后**。

4）You should help him since you have promised to *do so*.

你答应了要**帮助他**就应当**帮助他**。/ 你应当帮助他，这是你答应了的。

5）He never really succeeded in his ambitions. He might have *done*, one felt, had it not been for the restlessness of his nature.

他雄心勃勃，但从未如愿以偿。人们觉得，要不是他那贪得无厌的本性，他也许会有所作为的。

6）Mary speaks Chinese, and *that* very well.

玛丽会**讲**汉语，而且**讲**得很好。

3. 分句性替代（clausal substitution）。用替代词来取代分句或分句的一部分，如：用替代词 so 或 not 来取代充当宾语的 that 从句，用 if so 或 if not 来取代条件从句，用 as 来取代分句的一部分，等等。汉语也有替代的方式，但为了使表达正确、清楚，也常常重复其所代替的词语，如：

1）People believe that the American team will win the football game. Peter thinks *so*, but I believe *not*.

人们认为美国队将赢得这场足球赛，彼得也是这样想的，我却认为并非如此。

2）They say he will come tonight. *If so*, the meeting will be held tomorrow. / *If not*, there won't be any meeting tomorrow.
他们说他今晚会来。如果是这样，明天就开会。/ 如果不是这样，明天就不开会了。

3）Factories known to produce components for missiles and submarines are being camouflaged, *as* are missile launching and test sites throughout the USSR. (*Reader's Digest*)
人们所知道的生产导弹部件和潜艇部件的工厂，都**进行了伪装**。苏联全国各地的导弹发射和试验场地，也都**进行了伪装**。

4）中华民族从来就是一个伟大的勇敢的勤劳的民族，只是在近代**落伍**了。这种**落伍**，完全是被外国帝国主义和本国反动政府所压迫和剥削的结果。
The Chinese have always been a great, courageous and industrious nation; it is only in modern times that they have fallen behind. And *that* was due entirely to oppression and exploitation by foreign imperialism and domestic reactionary governments.

5）你没有搞好，我是不满意的，**得罪了你**就**得罪了你**。
You have done a poor job and I am not satisfied, and if you feel offended, *so be it*.

6）成绩有**两重性**，错误也有**两重性**。
Achievements have a dual character, and *so* have mistakes.

7）一个人的工作，究竟是**三分成绩七分错误**，还是**七分成绩三分错误**，必须有个根本的估价。
We must have a fundamental evaluation of a person's work and establish whether his achievements amount to 30 per cent and his mistakes to 70 per cent, or *vice versa*.

总的说来，英语多用代称，以避免重复；汉语少用代称，多用实称，因而较常重复。汉语代词的使用远远不如英语广泛。古代汉语没有把“他”“她”“它”用作第三人称代词，而是用“之”“其”“彼”等字，或重复名词，或省略名词。到了晚清时代，白话文兴起，翻译介绍外国作品骤增，第三人称代词使用频繁，但当时男性、女性以及所有事物的第三人称代词，只笼统地同用一个“他”字，指称表达很不方便。我国新文化运动初期的著名作家、语言学家刘半农，1918 年在《新青年》杂志上最先把“她”字用作女性第三人称代词[②]。他在伦敦大学深造期间写了《她字问题》，其中说，“他”和“她”字很像，容易辨认，建议再取一个“它”字，以代物。鲁迅说：“‘她’和

'它'字是刘半农创造的"，"这是刘半农打的一个大仗"。如此看来，第三人称代词的性别之分，大约只是五四运动前后的事，显然是受了外语的影响。"他""她"和"它"除了因发音相同而不便在口语里使用之外，在同一句子或语段中经常出现这类代词不仅会使指称混乱，还会令人感到不是中国话的味儿。王力（1984: 479）说，"中国现代语里不大用得着中性的'它'，尤其是对于非动物。……英语里有许多 it 字译成中国语的'它'都非常不顺口，……至少是觉得非常刺耳。因此，咱们对于'它'和'它们'（尤其是后者）以谨慎运用为佳，如果希望读者不讨厌的话。"英语的代词在汉译时常常采用还原、复说或省略的办法加以处理，如：

1） Flattery is more dangerous than hatred because *it* covers the stain *which the other* causes to be wiped out.
**阿谀**比**怨恨**更危险，因为**阿谀**掩饰了污点，而**怨恨**却能使人消除污点。

2） Gathering facts, confirming *them*, suggesting theories, testing *them*, and organizing findings—this is all the work of science.
收集事实并加以论证，提出理论并加以检验，以及整理所获得的结果——这就是科学工作的全部内容。

3） The analogue computer determines *its* quantity by measuring how much while the digital computer determines *its* quantity by counting how many.
模拟计算机计出量的大小，数字计算机算出量的多少。

4） Halliday put *his* pipe down, crossed *his* hands behind *his* neck, and turned *his* face towards the window. (*The Apple Tree*)
哈利德放下烟斗，两手交叉着放在脖子后面，转过头去看窗子。

5） *He* was well-favoured, bright, a good dancer, a fair shot and a fine tennis player. *He* was an asset at any party. *He* was lavish with flowers and expensive boxes of chocolate, and though *he* entertained little, when *he* did it was with an originality that pleased. (W. S. Maugham)
他英俊，又聪明，跳舞跳得不错，打枪不算坏，网球也打得很好。什么宴会都少不了他。鲜花和高价的大盒巧克力糖任意买来送人。虽则很少请客，请起来倒也别致有趣。

在口语里，汉语尤其少用代词，试比较：

1） "What will you do when the war is over if *it* is over?" He asked me. "Speak grammatically!"
"*I* will go the States."

"Are *you* married?"
"No, but *I* hope to be."
"The more of a fool you are," he said. He seemed very angry. "A man must not marry."
"Why must not a man marry?" (E. Hemingway)
"真有那么一天，仗打完了，你要干点什么？"少校问我，"注意，语法要正确！"
"回美国。"
"结婚了吗？"
"没有，但很想。"
"你更蠢了，"他看上去很恼火。"男人根本不该结婚。"
"为什么男人不该结婚？"

2) *It* was Louisa *who* insisted that he should be sent to St. Paul's and *she* always had him out here for *his* Christmas vacation. (*The Razor's Edge*)
路易莎非把他送到圣保罗教堂不可，可总是把他接出来过圣诞节。

## 二、省略（Ellipsis）

省略和替代一样，也是避免重复的一种常用手段。两者常常互相替换使用，有的语言学者甚至把省略称为"零位替代"（zero-substitution）。英语省略的类型很多，有名词性省略、动词性省略、分句性省略；有句法方面的省略，也有情景方面的省略。在并列结构中，英语常常省略前面已出现过的词语，而汉语则往往重复这些词语，如：

1) A man is called selfish, not for pursuing his own good, but for neglecting his neighbor's.
说一个人自私自利，并非因为他只图自己的**利益**，而是因为他不顾邻人的**利益**。

2) Ambition is the mother of destruction as well as of evil.
野心不仅是罪恶的**根源**，也是毁灭的**根源**。

3) Work with, and not against, nature.
要顺应**自然**工作，不要违反**自然**工作。

4) Histories make men wise; poets witty; the mathematics subtle; natural philosophy deep; moral grave; logic and rhetoric able to contend. *Abeunt studia in mores*. (F. Bacon: *Of Studies*)
读史**使人**明智，读诗**使人**灵秀，数学**使人**周密，科学**使人**深刻，伦理学**使人**庄重，逻辑修辞之学**使人**善辩：凡有所学，皆成性格。

5） One cannot learn to produce a sound from an explanation only, or get a correct idea of a flavour from a description: a sound must be heard, a colour seen, a flavour tasted, an odour inhaled.

人不能只从讲解中学会发音，也不能光靠看说明而真正体会出某种滋味来：声音**必须**耳闻，颜色**必须**目见，滋味**必须**口尝，气味**必须**吸入。

6） Thales thought water was the beginning of everything; Anaximander, air; Heraclitus, fire.

泰利斯**认为**水是**万物之始**；阿那克西曼德**认为**空气是**万物之始**；赫拉克利特则**认为**火是**万物之始**。

英语常常承前省略相同的谓语动词或谓语动词词组的一部分；汉语则较常承前省略相同的主语而重复相同的动词，试比较：

1） I belong to you and you（*belong*）to me.

我**属于**你，你也**属于**我。

2） Reading makes a full man; conference (*makes*) a ready man; and writing (*makes*) an exact man. (Francis Bacon: *Of Studies*)

读书**使人**充实，讨论**使人**机智，写作**使人**准确。

3） 你用直接法学习英语，（**你**）便做不好翻译工作。

*You* can't do translation work well if *you* study English by the direct method.

4） 白求恩大夫一到前线（**他**）就立刻开始工作。

*Dr. Bethune* set to work as soon as *he* came to the front.

语言学家 Firth 写了一段有趣的对话，在情态动词后面都省略了相同的动词短语：

A: Do you think he will?

B: I don't know. He might.

A: I suppose he ought to, but perhaps he feels he can't.

B: Well, his brothers have. They perhaps think he needn't.

A: Perhaps eventually he may. I think he should, and I very much hope he will.

理解这样的省略，必须依靠语境才能揭开其"谜底"。这里所有的情态动词后面所省略的动词短语可能是 join the army，也可能是别的。

汉语习惯于重复词语，有时是为了保持语法的正确；有时是为了促成结构的整齐、匀称；有时既是语法的要求，也是修辞的需要。如：

1）太阳的热把水蒸发成云；如果云被吹到较凉的地方，天就会下雨；如果被吹到较暖的地方，云就会消散。

The sun's heat evaporates water, forms cloud; if cloud is blown to a cooler place, rain falls; if to a warmer place, it disappears.

2）近朱者赤，近墨者黑。

Association with the good can only produce good, with the wicked, evil.

3）一个和尚挑水吃，两个和尚抬水吃，三个和尚没水吃。

One boy is a boy, two boys half a boy, three boys no boy.

## 三、变换（Variation）

上述的替代和省略也是变换的手段，此外，英语还常用同义词、近义词替换或上义词替代下义词等方法来寻求变换以避免同词重复。汉语也讲究用词造句形式的多样化，以避免单调、枯燥，但英汉表现方法不尽相同，汉语同词重复的现象比较常见。

英语的同义词和近义词极为丰富，数量也比汉语多，这主要是因为英语的词汇来源多元混杂，有短小、具体、常用、口语化的盎格鲁－撒克逊词语，有庄重、文雅、正式体的法语词，也有抽象、多音节、学术味、书卷气、号称“big word”的拉丁语和希腊语词语，正如 A. C. Baugh 所指出的，“英语同义词丰富主要是由于拉丁语、法语和本族语的混合所致。”③ 此外，英国英语、美国英语、其他国家的英语、俚语、旧词新义、日益增加的新词、进入日常用语的行话等等因素也大大丰富了英语的同义词和近义词。同义和近义的词语多了，可供选词的余地就大了，因而也便于通过同义词、近义词替换来变换表达方式。Nida（1964: 212）指出，“Instead of referring twice to the same object or event by a single word, a close synonym must be used to avoid repetition”。这类词的词义常常仅有细小的微妙差别（synonyms, near-synonyms and multi-functional words with multifarious and delicate shades of meaning），如词义的贬褒、宽窄、程度、新旧、感情色彩、文体风格、民族风韵、国情特色、语用背景等，例如表达“问”这个意思，英语至少有 ask（Anglo-Saxon），question（French），interrogate（Latin），“火”至少有 fire（Anglo-Saxon），flame（French）， conflagration (Latin)，“小”至少有 small / little (Anglo-Saxon)，petite (French)，diminutive (Latin) 可供选择。又如：

> He selected and arranged one hundred *sayings* popular at home and abroad on the subject of friendship. Its popularity needs no explanation, for a brief perusal of the *quotations* shows that they embody the notions of civilized friendship. The *maxims* stress selflessness.
> 他选编了一百条友谊方面的国内外**名言**。无须解释人们为什么这么喜爱这本书，因为只要稍加细读，就可以看到这些**名言**体现了文明友谊的观念。这些**名言**强调的是无私。

以下一段话也可以看出英语作者如何喜欢采用变换的手法：

> ***Addiction to alcohol*** is one of the primary public-health problems in the United States. It causes more than 19 000 auto *fatalities* each year; it is responsible for more than a third of ***deaths*** from drowning and fire. ***Drinking*** is a central *factor* in divorce. It can trigger child and spouse abuse, suicide, murder, assault and other crimes. It can kill by the liver, the kidneys, the heart, the central nervous system. The total lost, from increased jail time to workplace injuries and lost productivity, is impossible to measure, but a conservative estimate is as high as $ 90 billion per year. As we look for ways to reduce health-care costs, we must recognize that *alcoholism* is a big *contributor* to hospital admissions. (M. Brake: *Needed: A License to Drink*)
> **酗酒**是美国公众健康的一大问题。它每年造成 19 000 多起汽车**死亡**事故；三分之一以上由溺水和火灾引起的**死亡**都起因于它。**酗酒**是离婚的一个核心**因素**。它能引发对子女和配偶的虐待、自杀、谋杀、人身侵犯和其他罪行。它能摧毁肝脏、肾脏、心脏和中枢神经系统从而引起**死亡**。从更长的监禁时间到工伤和丧失生产力，它造成的全部损失无法计算，但保守的估计为每年高达 900 亿美元。当我们想方设法减少保健开支时，我们必须认识到**酗酒**是住院的一大促成**因素**。

英语这段话采用同义词和近义词替代或变换的手段来避免像汉语那样的重复，有时也采用抽象词与具体词互相替换的办法来避免重复，如：汉语重复“酗酒”，英语用 addiction to alcohol，drinking，alcoholism；汉语重复“因素”，英语用 factor，contributor；汉语重复“死亡”，英语用 fatalities，deaths。

相比之下，汉语由汉族创造，词汇来源比较单一，虽有外来语，且“异化”“洋化”的词语和表达方式已呈现增多的趋势，但数量相对较少，外来语常被汉化的意译词取代，远不如英语外来语多元混杂、数量巨大。汉语的同义词和近义词主要是由语言内部的变化而形成的，如因时代的变化而形成的文言文与白话文（如：曰 / 说，殆 / 危险，之 / 的）、因地区的不同而形成的方言、普通话与港澳台地区的汉语（如：熊猫 / 猫熊，航天飞机 / 太空梭，软件 / 软体）、因同词素的不同组合而形成的大量同根词（如：分外 / 格外，艰难 / 艰辛，合适 / 适合），不像英语词汇那样主要受外来语的影响，或因时代、地区、方言的不同而产生的变异（如古代、近代、现代不同时期的英语、英国英语、美国英语）。汉语缺乏形态变化，同义词和近义词不如英语多，词化和抽象化程度也不如英语高，这种种因素都促使汉语词语、句式和语义出现重复现象。此外，中国人注重语句音节匀称，如果选用同义词或近义词难以实现均衡美和节奏美，往往宁可重复词语，尤其喜欢“拿相同的字眼起头或收尾”（丁树声），而英语的词语音节多寡参差不齐，无所谓追求语句音节匀称的问题，因而注重选用同义词或近义词来避免重复，以求“优雅变换”。

英语同义词替代的现象还常见于用不同的名称来表示同一人或事物，即所谓“同名异称法”。例如，在同一篇新闻评论里，作者用了以下六个称呼来避免重复提及英国前首相撒切尔夫人：Mrs. Thatcher，she，the Prime Minister，the Iron Lady，the leader of the Conservative Party，the first woman Prime Minister。小说里提及某一人物时，作者有时用其姓，有时用其名，有时用其昵称，有时则另起称呼。听众从体育比赛的实况广播中常常听到诸如 The Redskins emerged victorious，the Colts romped to victory，the Cowboys slaughtered the opposition，the Dolphins clobbered their opponents 等同一意思的变换说法。对于这类同名异称，读者或听众往往是根据上下文或特定的背景知识才明白其所指的。如此变换指称，有时连英语学者都感到摸不着头脑，因而劝告作者：“The descriptive title of a person or thing should not be varied merely for the sake of elegance”。（R. Graves & A. Hodge）中国人较不习惯于这种名称替换法，因而较常重复同一名称。

英语常常用上义词（superordinate）替代下义词（hyponym）来寻求变换，如用 furniture 代替 table，用 animal 代替 horse，用 planet 代替 Mars，以避免同词重复。例如：

A: The *machine* broke.

B: Where did you buy *the old thing*, anyway?

A: I bought *it* at the discount house.

B: Then toss *the stuff* out. (E. Nida, 1964: 73)

这里的 *machine, the old thing, it, the stuff* 都指同一样东西: *machine*, 但 *old thing, it, stuff* 所指的事物范围比 *machine* 大，语义比 *machine* 概括，具有广泛意义，称为上义词 (superordinate)，*machine* 具有专指意义，则称为下义词 (hyponym)。

上义词替代下义词可以有效地避免同词重复，也是修辞的一项重要技巧:

1) John's bought himself a new *Ford*. He practically lives in *the car*.
   约翰给自己买了一部新的福特牌**汽车**，他几乎就住在这部**汽车**里。

2) I don't know where to stay when I arrive in *New York*. I have never been to *that place*.
   我不知道到了**纽约**要住在哪里，我从来就没有去过**那个地方**。

3) The monkey's most extraordinary accomplishment was learning to operate a *tractor*. By the age of nine, the monkey had learned to solo on *the vehicle*. (R. Quirk)
   这只猴子最了不起的技能是学会驾驶**拖拉机**。到了九岁的时候，这只猴子已经学会单独表演驾驶**拖拉机**了。

4) While small *generators* frequently have revolving armatures, large *machines* usually have stationary armatures and revolving fields.
   小型**发电机**通常采用旋转电枢，而大型**发电机**通常采用固定电枢和旋转磁场。

5) On July 14, 1965, Mariner IV passed within 6 000 miles of *Mars* and transmitted back to the earth 21 pictures of the surface of *that planet*.
   1965 年 7 月 14 日，“海员四号”从离**火星**不到 6 000 英里处经过，把 21 张**火星**表面的照片传回地球。

6) Yesterday a *pigeon* carried the first message from the city to the town. *The bird* covered the distance in three minutes.
   昨天一只**鸽子**把第一条信息从市里带到了镇里。这段距离**鸽子**飞了三分钟。

汉语一般较少采用英语的这类变称，而较多重复同一名称，如 I bought a bicycle yesterday. The machine looks nice。这两句若译成“昨天我买了一辆自行车。这台机器看起来很漂亮。”就会让人误以为“这台机器”是指另一件东西；如果重复“车”，改为“这车看起来很漂亮”就不会引起误会了。

英语还常用概括、笼统的抽象名词指代具体、复杂的词语；汉语的抽象名词不够发达，难以如此替代，因而往往重复相同的词语，如：

*Red-light running* has often been regarded as a minor wrong, and so it has never been taken seriously. When *the violation* becomes habitual, however, a great deal more than a traffic problem is involved.
人们常把**闯红灯**看成小错，不当一回事，然而**闯红灯**一旦形成习惯，则问题远非是违反交通规则。

以下各例也可以说明汉语习惯于同词重复而英语喜欢易词变换：

1）**非洲**人民正在为争取**非洲**的彻底解放进行着艰巨的斗争。
The people of *Africa* are waging a hard struggle to win the complete emancipation of the *continent*.

2）另外一种**方法**是化学**方法**。
Another *method* is the chemical *process*. / Another *approach* is the chemical *method*.

3）**电子管**通常用来放大，而真空管则是**电子管**的另一名称。
An *electron tube* is generally used for amplification, and vacuum tube is another name for this *device*.

4）他就是凭**这个骗人的资格**，他就是有**这个骗人的资格**。
His credentials are deception, *that's exactly what he has*.

5）该做些什么来调节和控制海底开发，这一**问题**早已不再是理论**问题**，而是全世界关注的**问题**。
The *question* of what is to be done to regulate and control exploitation of the sea beds is no longer a theoretical *matter*. It is a *problem* of international concern.

英语比较注重表达形式的多样化，力戒无意义的重复。例如以下一段话，不仅词语重复太多，句式也缺少变化，因而显得累赘又乏味：

*Shakespeare's* plays are notable for their moral neutrality. For example, in *Julius Caesar*, *Shakespeare* is not wholly *sympathetic* to Caesar. *Shakespeare* does not *sympathize* with *Brutus*, *Antony*, or *Octavius*. Caesar is killed in the middle of *Julius Caesar*. Then *Shakespeare* directs the audience's attention to *Brutus*, *Antony*, and *Octavius*. As a result, *Shakespeare* gives *Julius Caesar* no single hero. *Shakespeare* gives an objective view of the characters throughout *Julius Caesar* by alternating between *favorable* and *unfavorable assessments*. *Shakespeare* does not give final approval to the *favorable assessment* or *unfavorable assessment*.

这段话若用替代、省略和变换的方法加以改写，即会比较符合英语的表达习惯：

> Shakespeare's plays are notable for their moral neutrality. For example, in *Julius Caesar* Shakespeare is not wholly sympathetic to Caesar, Brutus, Antony, or Octavius. Caesar is killed in the middle of the play and the audience's attention is then directed to the other main characters. As a result, *Julius Caesar* has no single hero. Throughout the play Shakespeare maintains an objective view of the characters by alternating between favorable and unfavorable assessments, without giving final approval to either.

然而，变换要适度，不能给人以炫耀言辞的感觉；替代也要明确，不应引起语义的含混。如果为了追求"优雅的变换"（elegant variation）而不顾表达的清晰和准确，那就达不到语言交际的目的。例如上面这段话，若改写成以下这种样子，那就未免过分了：

> Shakespeare's plays are notable for their moral neutrality. For example, in *Julius Caesar, the playwright* is not wholly sympathetic to Caesar. *The great bard* does not sympathize with Brutus, Antony, or Octavius. Caesar is killed in the middle of the play. Then the "*swan of Avon*" directs the audience's attention to the other main characters. As a result, *the master of dramatic poetry* gives *Julius Caesar* no single hero. ...

这里作者为了讲究措辞多变，故意使用了 the great bard、the swan of Avon 和 the master of dramatic poetry 这些优雅而含糊的名称来替代莎士比亚的名字，读者未免感到过于矫揉造作。R. Quirk（1972: 654）等人指出，"Repetition of lexical items is normally avoided, but 'elegant variation' can become as disconcerting as repetition when the variation is obtrusive. Hence we more usually resort to the syntactic device of substitution by pro-forms, such as pronouns"。④ 嗜好"优雅变换"的人（variationists）为了避免重复而不惜玩弄文字，往往还出自于这样一种心理，即"Who'll know I'm educated if I use easy words？"

总的说来，英语比较忌讳重复，因而常用替代、省略和变换的表达方法；相比之下，汉语则比较习惯于重复，因而常用实称、还原和复说的表达方法。除此以外，汉语倾向于重复还广泛地表现在词语调配、句式安排和篇章结构等各个方面。

汉语的重复倾向与其语音和文字的特点有密切的关系。汉字属单音节文字，一个汉字代表一个音节，元音在音节中处于主要地位，配上不同声调的升降抑扬，使得汉语具有铿锵动听的音乐美。古代汉语单音节占优势，现代汉语双音节占优势。双音节化在汉语里是一种常见的修辞现象。“偶语易安，奇字难适”（《文心雕龙》），讲究词语之间偶数音节的组合，如单音节词宜与单音节词相配，双音节词宜与双音节词相配，读起来顺口，听起来悦耳，写起来顺手，能给人以匀称、整齐而又平稳、舒畅的感觉。如“停止用”“共同管”就不如“停止使用”“共同管理”或“停用”“共管”这样来得整齐、匀称；“脸发烧，心慌，不知所措”就不如“脸发烧，心发慌，不知所措”这样来得和谐、顺畅。汉语音节有声、韵、调三个组成部分，讲汉语的人常常利用这三部分的重复或变化来增强表达效果：利用声母重复构成双声词（如：美满 měimǎn、伶俐 línglì）；利用韵母重复构成叠韵词（如：从容 cóngróng、堂皇 tánghuáng）；组字成句或组句成章时，利用韵母重复或相近构成押韵；利用声调的高低起伏，形成平仄相间、两两相对、重复而又变化的格式。此外，利用音节重复构成大量叠音词（如：冉冉 rǎnrǎn、渐渐 jiànjiàn）；利用字、词、义的相同、相似、相近、相关、相对或相反构成各式各样的四字格（如：“若隐若现”“千姿百态”“如花似锦”“甜言蜜语”）。音节和字义的协调、和谐及匀称往往促使词语和句式成双成对，如对偶和对联就是常见的语言形式。汉语的这种均衡美体现了中国人的整体和谐和辩证统一的思维方式和美学心理，因而也是用词造句的一大原则。任意违反这项原则，往往会使表达显得别扭。如“他实事求是，不尚说空话，……总是把荣誉归于别人，重担自己挑。他苦在人先，享乐在别人后面”就不如“他实事求是，不尚空谈，……总是把荣誉归于别人，把重担加于自己。他苦在人先，乐在人后”这样来得均衡、流畅。

汉语讲究均衡美的特点往往促成用词造句的重复倾向。重复，从广义上说，包括两大类：一类是有意运用相同、相似或相对的词语或句式，以突出或强调所要表达的意思，增添文采，给对方留下深刻的印象，这是积极的修辞方式，有时也是必要的语法手段，如重叠、反复、对偶和排比等；另一类是使语言啰唆、累赘的叠床架屋现象，这是运用语言的大忌，应该极力避免。

英语和汉语都有重叠、反复、对偶和排比的表达形式，但相比之下，汉语的重复无论在使用范围、出现频率或表现方式的多样性等方面都远远超过英语。

## 一、重叠（Reduplication）

汉语单音节文字的特点便于字和词的重叠。重叠构词不仅使得词语音节匀称、形式整齐，而且赋予词语以新的意义和感情色彩。许多名词、数量词、动词和形容词都有重叠的格式，如：

1）名词重叠，表示"每个""所有""许多""小""杂"或某种感情色彩等：
AA：人人　天天　事事　年年　声声　字字　道道　杠杠　家家
AABB：男男女女　世世代代　风风雨雨　沟沟洼洼　日日夜夜

2）数量词重叠，表示"每个""逐个""许多"或某种感情色彩等：
AA：个个　件件　排排　块块　条条　本本　篇篇　重重　层层
一 BB：一杆杆　一块块　一桩桩　一道道　一滴滴　一朵朵
ABAB：一次一次　一包一包　一颗一颗　一步一步　一丛一丛
AABB：千千万万　三三两两　三三五五　七七八八

3）动词重叠，表示动作的轻微、反复、完成、连续、轻松、随便等：
AA：说说　听听　谈谈　想想　吃吃　瞧瞧　歇歇　试试　摸摸
A 一（了）A：走一走　看一看　避一避　笑了笑　摇了摇　翻了翻
ABAB：考虑考虑　救济救济　收拾收拾　整理整理　休息休息
AABB：进进出出　摇摇晃晃　吵吵嚷嚷　勾勾搭搭　吞吞吐吐
A 着 A 着、A 了 A 了：听着听着　看着看着　老了老了　完了完了

4）形容词重叠，表示程度的加重、加深、加强、减轻或喜爱、厌恶等情绪：
AA：红红　高高　厚厚　小小　远远　深深　长长　紧紧　细细
AABB：干干净净　奇奇怪怪　零零落落　歪歪斜斜　花花绿绿
ABAB：笔直笔直　冰凉冰凉　通红通红　雪白雪白　崭新崭新

5）附加式重叠，主要用来使表达形象、生动，其格式尤其丰富多彩：
AAX：毛毛雨　月月红　呱呱叫　团团转　步步高　蒙蒙亮
XAA：水汪汪　羞答答　笑眯眯　亮晶晶　白茫茫　圆滚滚
AAXY：花花世界　心心相印　娓娓动听　历历在目　脉脉含情
XYAA：衣冠楚楚　烈火熊熊　忧心忡忡　风雨潇潇　杨柳依依
A 里 AB：啰里啰唆　糊里糊涂　妖里妖气　古里古怪　慌里慌张

6）偏正并列式、动宾并列式、主谓并列式及其他形式的重叠：

ABAC：假情假意　难兄难弟　有声有色　没大没小　所作所为

ABCB：以毒攻毒　爱理不理　大闹特闹　好说歹说　一拖再拖

ABA：面对面　心连心　手拉手　肩并肩　背靠背

7）象声词重叠，形式多种多样。这类词有很大的可创性，有的纯粹模拟声音，有的表示声音的一个自然段落，有的表示声音的连续或重复，有的表示声音的杂乱。如：

哗哗　嗡嗡　呼呼　呷呷　呜呜　喃喃　突突　咕咕

叭叭叭　轰隆隆　叮叮当当　噼噼啪啪　哗啦哗啦　咕嘟咕嘟

广泛运用叠字叠词以表达各种意义是汉语的一大特色。以下这篇短文，几乎每句都有重叠或重复现象：

春天，到处绿茵茵。爷爷、奶奶、爸爸、妈妈带着我和两个妹妹回到了阔别多年的家乡。几天来，我们走访了村里的家家户户，看到了一排排崭新的楼房，见到了一片片绿油油的梯田。这天，我们有的手拉手，有的肩并肩，高高兴兴，来到了镇里。一路上，见到人来人往，女孩穿得花花绿绿，市场上挤满了男男女女，人们熙熙攘攘，正在买卖各种各样的东西，真是一派忙忙碌碌的景象。小妹妹东摸摸，西瞧瞧，蹦蹦跳跳。她才八岁，一张圆滚滚的小脸蛋，一双水汪汪的大眼睛。大妹妹呢，今年刚十八，高高的个子，红红的脸，细细的腰，蹬着高跟鞋，是个娇滴滴、羞答答的小姐。奶奶一步一步地走呀走，嘴里笑嘻嘻的，不停地喃喃自语。亲友久别重逢，格外亲热。这村子，昔日是弹痕累累、烈火熊熊的战场，如今已是一派欣欣向荣、热热闹闹的景象。人人都说，如今呵，要吃有吃，要穿有穿，日子越过越甜了。

在英汉转换中，适当地运用汉语的重叠形式可以加强译文的表现力，使之更加符合汉语的习惯：

1）The road was packed with a *noisy* crowd of *men and women*, who were selling and buying *all kinds of* things.

路上挤满了**男男女女**，他们**熙熙攘攘**，正在买卖**各种各样**的东西。

2）Walking *up and down* the *empty* room, he *stopped here and there* to *touch* or *look*. (*The Apple Tree*)

房间里**空空荡荡**，他**走来走去**，这儿**停停**，那儿**停停**，东**摸摸**，西**瞧瞧**。

3）She hoped she had mixed enough *fact and fiction* in her story to *mislead* him. (Ruth Eby: *Ride On, Sibyl Ludington!*)

她希望所说的情况**真真假假**，足以使他**糊里糊涂**。

4）Huge, riven and *blazing* wrecks that only minutes before had been *majestic* aircraft carriers settled into the *glittering* Pacific.
几分钟前，这些航空母舰还是那么**威风凛凛**，不久就变成豁裂残断、**烈火熊熊**的庞大残骸，**渐渐**沉入了**波光粼粼**的太平洋。

5）Seared by a sun more *savage* than their native land's, their wounds suppurated and *hosts of whining* flies fell upon them.
这儿的阳光比他们本国的强烈得多，在**毒辣辣**的太阳烤灼下，他们的伤口化脓，**嗡嗡**的苍蝇**成群成群**地汇集在伤口上。

6）There were no sounds but that of the *booming* wind upon the stretch of tawny herbage around them, the *crackling* wheels, the *tread* of the men, and the *footsteps* of the two shaggy ponies which drew the van.
那时候只听见**车轮辚辚**，**脚步沙沙**。拉车的那两匹鬃毛蓬松的小马，**蹄声嘚嘚**，四周一片橙黄色的野草，**风声呼呼**。除此之外，再也听不到别的声音了。

7）They read the afternoon through, while the *cold November rain* fell from the sky upon the *quiet* house. (R. Bradbury: *Fahrenheit 451*)
深秋，**冷雨霏霏**，屋里**静悄悄**的。他们看了一个下午的书。

8）Mr. Kirsch, having *lost all* his money by this time, followed his master out into the moonlight, where the *illuminations* were *winking out*. (*Vanity Fair*)
基尔希先生这时输得**两手空空**，跟着主人走出屋来。月光下，彩灯**闪闪烁烁**，**渐渐**灭了。

英语也有音节重叠的现象，但远远不如汉语普遍。这主要是因为英语词的音节结构类型复杂，词的音节多寡参差不齐，不便于重叠或重复，也不具备上述汉语语音文字的特点。英语的重叠只有一个格式，即 AA 式，另有两个变式，即改变元音的重叠式和改变辅音的重叠式，如：

1）AA 式：
bye-bye, goody-goody, tut-tut, pooh-pooh, craw-craw, dik-dik, din-din, chow-chow, yo-yo, ha-ha, haw-haw, ta-ta, hula-hula, chin-chin, go-go, fifty-fifty

2）元音变式：
ping-pong, zigzag, seesaw, flip-flop, tick-tock, tip-top, clip-clop, crisscross, dilly-dally, ding-dong, shilly-shally, dingle-dangle, riff-raff, tick-tack, wishy-washy, jingle-jangle

3）辅音变式：
walkie-talkie, teeny-weeny, hoity-toity, hubble-bubble, bow-wow, higgledy-piggledy, hotchpotch, hocus-pocus, razzle-dazzle, rub-a-dub, piggy-wiggy, pell-mell, claptrap

英语叠音词有拟声、表情、摹状和强化等修辞功能，许多词来自儿语。这类词通常用于口语、俚语或其他非正式文体，其构词能力和使用范围都受到很大的限制。汉语的叠字叠词不仅是音节的重叠，而且有词法和句法的因素。字词重叠在汉语里是一种重要的构词方法，也是一种常用的语法和修辞手段，除了具有拟声、表情、摹状和强化等功能外，还有绘色、缓和语气等修辞效果。以下的千古绝句连用七对叠字，无论再美的译文，也难以再现汉语那样重叠所体现出来的意美、音美、形美：

寻寻觅觅，
冷冷清清，
凄凄惨惨戚戚。（李清照：《声声慢》）

I look for what I miss,
I know not what it is,
I feel so sad, so drear,
So lonely, without cheer.（许渊冲译）

So dim, so dark,
So dense, so dull,
So damp, so dank, so dead.（林语堂译）

## 二、重复（Repetition）

有意重复使用同一词、短语甚至句、段，用来强调作者的意思，加强语气和情感，以取得更好的表达效果，这在修辞学上称为“反复”（repetition / reiteration）。反复可分为连续反复和间隔反复，英语还再分为首语反复（anaphora）和尾语反复（epiphora）。从用词方面看，反复、联珠（anadiplosis）、回环（regression / epanodos）、对照、部分对偶（antithesis）和排比（parallelism）都有重复的现象。这些方面的重复，汉英大体是相似的：

1）**沉默**呵，**沉默**呵！不在**沉默**中爆发，就在**沉默**中灭亡。（鲁迅：《纪念刘和珍君》）（连续反复与间隔反复）
Silence, silence! Unless we burst out, we shall perish in this silence!
2）吃饭**防**噎，行路**防**跌。（对偶）
When eating take heed that you do not choke, when walking take heed that you

do not fall.

3）我为**人人**，**人人**为我。（回环）

One for all and all for one.

4）**大处**着眼，**小处**着手。（对照）

Keep the general goal in sight while taking hold of the daily tasks.

5）我们一定要坚持下去，一定要不断地工作，我们也会感动**上帝**的。这个**上帝**不是别人，就是全中国的**人民大众**。全国**人民大众**一齐起来和我们一道挖这两座山，有什么挖不平呢？（毛泽东：《愚公移山》）（联珠）

We must persevere and work unceasingly, and we, too, will touch God's heart. Our God is none other than the masses of the Chinese people. If they stand up and dig together with us, why can't these two mountains be cleared away ?

汉语这些修辞方式，英语也有类似的形式，例如：

1）Scrooge went to bed again, and *thought* and *thought* and *thought* it *over* and *over*. (C. Dickens)（连续反复）

斯克鲁奇又上床去了。他左思右想（想来想去），想呀想，想个没完。

2）She stood by the window and looked out sadly at a *grey* cat walking along a *grey* fence in a *grey* backyard. (O. Henry: *The Gifts*)（间隔反复）

她站在窗子跟前，闷闷不乐地瞅着外面灰蒙蒙的后院，一只灰色的猫正在灰色的篱笆上行走。

3）A smile would come into Mr. Pickwick's face; the smile extended into a *laugh*, the *laugh* into a *roar*, and the *roar* became general. (C. Dickens: *Pickwick Paper*)（联珠）

皮克威克先生的脸上会浮现出一丝微笑，微笑逐渐变成大笑，大笑变成狂笑，狂笑勾起一阵哄堂大笑。

4）Crafty *men* contemn studies; simple *men* admire them; and wise *men* use them. (F. Bacon)（对照）

狡猾的人轻视学问；愚昧的人羡慕学问；聪明的人利用学问。

5）*The jail* might have been *the infirmary*, *the infirmary* might have been *the jail*. (C. Dickens)（回环）

监狱可以成为病房，病房也可以成为监狱。

6）*Men* perish, but *man* shall endure; *lives* die but the *life* is not dead. (A. Swinburne: *Hymn of Man*)（排偶）

人要死亡而人类永存，寿命有限而生命不绝。

英语的 repetition 因其语言特点有其特有的反复形式，如：

1）Garlic makes a man *wink*, *drink* and *stink*.（同音反复）

大蒜使人眨眼、喝水、口臭。

2）Better *late* than the *late*.（美国高速公路警示牌）（异义同词反复）
迟到总比丧命好。/ 晚了总比完了好。/ 晚到总比完蛋好。

3）Disease: *ill*, *pill*, *bill*, and sometimes *will*.（同音反复）
疾病：不舒服、吃药、付账单，有时还要写遗嘱。

4）Genius is one per cent *inspiration* and ninety-nine per cent *perspiration*. (T. A. Edison)（同源反复）
天才是百分之一的灵感加上百分之九十九的汗水。

5）The *raw* afternoon is *rawest*, and the *dense* fog is *densest*, and the *muddy* streets are *muddiest*, ... at the very heart of the fog, sits the Lord High Chancellor in his High Court of Chancery. (C. Dickens: *Bleak House*)（不同形态形式的同词反复）
阴冷的午后阴冷极了，浓密的大雾浓密极了，泥泞的街道泥泞极了，……就在这大雾的中心，在这大法官法庭的正中央，坐着这位大法官。

6）Next to *health*, *heart*, *home*, *happiness* for *mobile* Americans depends upon the *automobile*.（辅音反复）
对于好动的美国人来说，幸福不仅取决于健康、爱情和温馨的家，还取决于汽车。

然而，汉语的重复现象远比英语普遍。英语的重复一般是修辞性的（rhetorical），如 Fowler（1951: 218–222）兄弟在 *The King's English* 一书中认为“All good repetition is intentional”，因而把这种重复称为“rhetorical or significant repetition”。Robert Bander（1978: 263）认为词的重复主要是为了① achieve coherence; knit one's ideas together; ② emphasize an idea; ③ generate emotional force，而汉语的重复除了这些目的之外，还往往出自语法的要求和修辞的需要。为了达到篇章的连贯性和整体性，汉语倾向于重复词语和句式，而英语常常借助其他手段，正如美国来华任教的学者 D. Houston 所说：

> Speakers of English place value on writing that shows coherence, cohesiveness, and unity. These traits are represented by an effective introduction of the topic, a clearly stated and defined thesis, adequate development of the ideas with sufficient and relevant supporting details, a logical organization of ideas, effective and accurate use of transitions, and a clear and relevant conclusion. In contrast, I sense that Chinese writers are more likely to stress such literary devices as repetition to show cohesiveness and unity.

重复可分为两大类：词语的重复和意义的重复。汉语的“词复”现象大体可以归纳为九种：

1. 主语与表语重复，即主语与判断语重复，其格式是“甲是甲”或“甲是甲，乙是乙”，表示对于别的判断的排斥，如：

1）**不懂**就是**不懂**，不要装懂。

We must not pretend to know when we do not know.

2）我的头发没了，可**我**还是**我**呀！

My hair is gone, but I'm just the same.

3）**敌**是**敌**，**友**是**友**，必须分清敌我的界限。

A friend is a friend, a foe is a foe, one must be clearly distinguished from the other.

4）有缺点的**战士**终竟是**战士**，完美的**苍蝇**也终竟是**苍蝇**。（鲁迅：《战士和苍蝇》）

The fighter for all his blemishes is a fighter, while the most perfect flies are only flies.

其他例如：“你是你，我是我”“一是一，二是二，不能弄虚作假”“假的总是假的，谬误终究还是谬误”“他的是他的，我送的是我送的”等等。有时重复的部分是句子的其他成分，如：“这姑娘长得鼻子是鼻子，眼睛是眼睛，真俊！”英语也有这类重复，但不如汉语常见，如：

1）East is East, and West is West. (R. Kipling)

东方是东方，西方是西方。/ 东就是东，西就是西。

2）Now is now, and then was then.

此一时也，彼一时也。/ 现在是现在，当时是当时。

3）Home is home, be it ever so homely.

尽管简陋，家总是家。

2. 主语与宾语重复，即宾语就是主语加“的”字，表示互不相干，类似英语的“do your own part”，如：

1）**他**说**他**的，**我**干**我**的。

Let him say what he likes; I'll just get on with my work. / I'll do it in my own way.

2）**你们**讨论**你们**的，我不参加了。

You just go on with your discussion. I won't take part.

其他例如：“我死我的，与你何干”（《红楼梦》），“他睡他的，别叫醒他”

“咱们只管乐咱们的”等。

3. 主语与谓语重复，即主语就是谓语加“的”字。这种格式连用两个（以上）相同的结构，有列举的性质，如：

1）火车上**看书**的**看书**，**聊天**的**聊天**。
On the train some were reading and some chatting.

2）这几双鞋，**大**的**大**，**小**的**小**，我都不能穿。
Some of these shoes are too big and others too small. None of them fits me.

3）我们一些旧衣服和旧家具，**当**的**当**了，**卖**的**卖**了。（吴敬梓：《儒林外史》）
Our old clothes and few sticks of furniture have been pawned or sold.

其他例如：“陪过来一共四个，死的死，嫁的嫁”“走的走，跑的跑，还顾主子的死活吗”“她们姐妹们病的病，弱的弱”等等。英语较常是用替代和省略来回避重复。

4. 主语与宾语的修饰语重复，一般表示评估。如：

1）**穷**也有**穷**的好处。
Poverty has its advantage.

2）**各时代**有**各时代**的风尚。
Every age has its own customs.

3）要知道**大国**有**大国**的策略，**小国**也有**小国**的路线，各取所好而行。
We should know that big powers have their strategies while small countries also have their own lines. And each follows the policy to its liking.

其他例如：“大家庭有大家庭的难处”“不大说话的又有不大说话的可疼之处”“乡村有乡村的好处”等等。英语一般用替代来避免重复。

5. 重复谓语，这种格式可分为三小类：

（1）含“虽”“虽然”的意思，重复的谓语之间插入“是”“就”等字：

1）这东西**旧**是**旧**，可还能用。
Yes, it's old, but it can still be used.

2）**去**就**去**，但是得晚一点儿去。
I'm certainly going, but I'll be a little late.

3）**忙**是**忙**，可大家很愉快。

We are busy to be sure, but everyone is very happy.

4）**说**是**说**了，但没有结果。

I have made proposals, but they proved futile.

（2）含“即使”“甚至”的意思，重复的谓语之间插入“也”“都”等字：

1）你是个大人物，平素**请**也**请**不到。

You're a big shot and won't come at ordinary times even if you're invited.

2）这个我连**想**都没**想**过。

I haven't even thought of it.

3）她连**吃**都不**吃**了，我还有什么办法？

She even won't eat anything at all, what can I do for her?

4）我**恨**都**恨**不过来呢（我**恨**都**恨**死了），还愁？

I have been so busy hating that I have no time to worry.

（3）含“容忍”“无所谓”的意思，重复的谓语之间插入“就”字：

1）**丢了**就**丢了**吧，以后小心点。

If it's lost, it's lost. Just be more careful from now on.

2）**想喝**就**喝**，**想吃**就**吃**，别客气了。

Drink or eat as you like. Please make yourself at home.

6. 重复带宾语的及物动词。这是因为及物动词与补语之间不能被宾语隔开而必须重复这个及物动词，如不能说“他踢足球得很好”，而必须说“他**踢**足球**踢**得很好”，又如：

1）他**读**书**读**得很多。

He has read a lot.

2）他**喝**酒**喝**醉了。

He is tipsy.

3）他这场病呀，准是**洗**冷水澡**洗**出来的。

His illness this time must have been caused by a cold bath.

若不重复动词，必须把宾语置于动词或主语之前，如“他书读得很多”或“书他读得很多”。英语没有这类重复。

7. 重复宾语。如：

1） **爱什么，挑什么**。
Choose whichever you like.
2） 你啊，要**吃**有**吃**，要**穿**有**穿**。/ 够你吃的，也够你穿的。
You have enough to eat and enough to wear.
3） 爱**一行**干**一行**不行，要干**一行**爱**一行**。
It's no use doing what you like; you have got to like what you do.
4） 古往今来，以**讹**传**讹**，好事者竟故意的弄出这古迹来以愚人。（《红楼梦》）
Plenty of legends have come down from ancient times, and well-meaning busybodies have even faked relics to fool men.

其他例如："以眼还眼，以牙还牙""要模样有模样，要学历有学历，你还要挑什么样的"等等。

8. 重复"也好""也罢"之类，置于并列的谓语形式之后，表示假设或选择：

1） 写信**也好**，打电话**也好**，发电子邮件**也好**，反正你得通知他。
You must let him know somehow, whether by letter, by phone or by e-mail.
2） 刮风**也罢**，下雨**也罢**，他都坚持跑步。
He keeps up running whether it's windy or rainy.

9. 重复"各"或"自己"，英语则往往使用代词以回避重复：

1） **各**吹**各**的号，**各**唱**各**的调。
Each blows his own bugle and sings his own tune. / Each does things in his own way.
2） 他**自己**打**自己**。
He beat himself.

汉语词语的重复现象还不止上列几类。汉语讲究音节文字的整齐、匀称、和谐，因而词语的重复几乎俯拾即是：

1） 不**是**你去，就**是**我去。
Either you or I am to go.
2） 我**不会**游泳，也**不会**溜冰。
I can't swim or skate.

3）什么**难学**不**难学**，我保证**学**会。

No matter how hard it is, I'll learn how to do it.

4）**人家**的果实归**人家**，咱们无论如何也不能要。

Let others enjoy the fruit of their own labour; anyway we won't take it from them.

5）他们几乎爱**讲什么**就**讲什么**，全然不顾什么**谨慎**不**谨慎**了。

Their language was almost unrestrained by any motive of prudence.

6）**去**就**去**，怕什么?

I'll go, what do I have to be afraid of ?

7）饱**汉**不知饿**汉**饥。

The well-fed don't know how the starving suffer.

除了词语的重复之外，汉语还常常运用同义反复和近义复现等表达形式或相似、相对和不同的词语来重复同一意义。汉语"意复"的现象尤其常见于四字格和谚语，如：

成语的意复：

称心如意 satisfactory

发号施令 issue orders

惊天动地 earth-shaking

穷凶极恶 nefarious

唉声叹气 moan and groan

胡言乱语 talk nonsense

奇装异服 outlandish clothes

南腔北调 a mixed accent

日新月异 ever changing

粗制滥造 crudely made

深仇大恨 deep hatred

奇谈怪论 strange tale

千方百计 by hook or crook

街谈巷议 street gossip

谚语的意复：

1）单丝不成线，独木不成林。

One strand of silk doesn't make a thread; one tree doesn't make a forest.

2）人以类聚，物以群分。

Birds of a feather flock together. / Like attracts like.

3）看菜吃饭，量体裁衣。

Fit the appetite to the dishes and the dress to the figure. / Act according to actual circumstances.

汉语意复的现象还常见于运用由两个意义相同或相近的词根构成的合成词，如：观看（watch）、使用（use）、古老（ancient）、树木（trees）、衣裳（clothing）、道路（road）、孤独（lonely）、善良（kind-hearted）、略微（slightly）

等。汉语一些连接词或副词的连用也常有意义的重复，英语则不习惯于相应的重复，如：

1）问题**虽**小，**但**很典型。

The question is small but typical.

2）**只有**依靠人民，**才**能做好工作。

Only by relying on the people can you do your work well.

3）**除了**水稻以外，我们**还**种棉花和小麦。

Besides rice, we grow cotton and wheat.

4）这种态度是非常有害的，**特别**是对于干部，害处**更**大。

Such an attitude does a great deal of harm, particularly among the cadres.

英语的"词复"和"意复"现象通常见于一种惯用语，称为"成对词"(words in pairs)，H. W. Fowler（1965: 554）把它比作"联体双胎"(Siamese twins)[⑤]，并指出，"In ordinary writing Siamese twins are a fruitful source of clichés. Many are merely tautological: a synonym or near-synonym is added for the sake of emphasis. ... Whenever a Siamese twin suggests itself to a writer he should be on his guard; it may be just the phrase he wants，but it is more likely to be one of those clichés that are always lying in wait to fill a vacuum in the brain"。这种短语用 and，or 或介词把两个形式相同或意义相同或相近的词连接起来，表示一个完整的概念。

同词重复的短语如：

arm in arm 臂挽臂地
by and by 不久
face to face 面对面
generation after generation 世世代代
hand in hand 手拉手；联合
more and more 越来越
neck and neck 并驾齐驱，不分上下
one by one 一个一个地，逐个
out and out 彻底的
over and over 反复地，再三地
shoulder to shoulder 并肩；齐心协力
side by side 肩并肩地；一起

step by step 逐步地；稳步地
such and such 某某，这样那样的
through and through 彻头彻尾地
word for word 逐字地；一字不变地

同义或近义重复，通常起强调作用，也可以使概念较为准确：

aches and pains 各种疼痛
by hook or by crook 千方百计
chop and change 反复无常
each and every 每个
fair and square 光明正大
kith and kin 亲戚朋友
lord and master 主宰者
pick and choose 挑挑拣拣
puff and blow 喘气，气急
rack and ruin 毁灭，荒废
rags and tatters 衣衫褴褛
shape or form 形式
sort or kind 种类
toil and moil 辛辛苦苦地干
toss and turn 翻来覆去
ways and means 方法，手段

以上英汉的词复和意复都属于正常的语言现象。这类重复一般都可归入构词法、惯用法、语法或修辞等范畴之内。

汉语的意复还常常产生一些赘言现象，即把包含在词语里的意思用另外的词语复说一遍。有些说法虽已司空见惯，但若细加推敲，就会发现其中有的词语其实是多余的。如：

他**所担任**的工作 his work
**非常**酷似 be exactly like
**另外**还有 in addition
他**从小**出生在美国。He was born in America.
**脑子里**想了想 think something over
**用鼻子**闻了一下 take a smell at
**嘴里**异口同声地谴责 condemn with one voice
**不切实际的**幻想 illusion；fancy；fantasy
**毫无根据的**诽谤 slander；calumniate；libel
**广泛地**普及教育 popularize education
我们必须避免犯**不必要的**错误。We must avoid making mistakes.
**眼睛**瞎了 / **耳朵**聋了 / **肚子**饿了 / **脑子**很聪明 be blind / be deaf / be hungry / be very clever
要善于把理论与实践**很好地**结合起来 Be good at integrating theory with practice.
**万分危急的**紧要关头 at this moment when everything hung by a thread；at this very critical moment

从前有人写过一首打油诗，就是用来讽刺这种叠床架屋的语言现象的：

一个孤僧独自归，
关门闭户掩柴扉。
半夜三更子时分，
杜鹃谢豹子规啼。

这类意复现象，除了在特定的语境里，为了加重语气或对照对比，可以这么用，如“心里想的，眼里看的，嘴上说的，手上干的，要结合起来”，在一般情况下，都属赘言现象。汉语赘言现象似乎比英语多些，汉译英时往往要采用省略或融合的方法加以调整。

叠床架屋是一种不良的语言现象，英汉皆然。英语无谓的意复（tautology）也是赘言（redefiner / overlapping meaning, i. e. unnecessary repeating of the same idea in different words without making one's meaning clearer or more forceful），如 *He sat alone by himself*。又如以下的说法都是应该避免的：

| | |
|---|---|
| past history | completely finished |
| expired and terminated | I tentatively suggest |
| joint partnership | final conclusion |
| while at the same time | in my own personal opinion |
| cooperate together | red in color |
| each separate incident | may possibly go |
| consensus of opinion | erroneous fallacies |
| the reason is because | in two equal halves |
| circle around | continue to remain |
| one after another in succession | symptoms indicative of |

赘言现象常常是滥用修饰语的结果。对此，语言大师 E. Gowers（1987：49）作过尖锐的批评：

> It has been wisely said that the adjective is the enemy of the noun. If we make a habit of saying "The *true facts* are these", we shall come under suspicion when we profess to tell merely "the facts". If a *crisis* is always *acute* and an *emergency* always *grave*, what is left for those words to do by themselves? If *active* constantly accompanies *consideration*, we shall think we are being fobbed off when we are promised bare consideration. If a *decision* is always qualified by *definite*, a decision by itself becomes a poor filleted thing. If *conditions* are customarily described as

*prerequisite* or *essential*, we shall doubt whether a condition without an adjective is really a condition at all.An *unfilled vacancy* may leave us wondering whether a mere vacancy is really vacant. If a part is always an *integral part* or a *component part* there is nothing left for a mere part except to be a spare part.

## 三、对偶（Antithesis）与排比（Parallelism）

汉语讲究音节匀称和词句整齐，集中表现在修辞上的对偶和排比。

对偶，是用字数相等、句法相似的语句表现相反或相关的意思，用对称的字句加强语言效果。对偶综合了汉语语音、文字、词汇和语法诸因素，是富有中国气派的一种修辞方式[6]。其应用范围相当广泛，对联、诗词、成语、谚语、广告、标题、散文、小说甚至公文，都可见到这类形式，如：

1）画虎画皮难画骨，知人知面不知心。（施耐庵：《水浒》）
In drawing a tiger, you show its skin, but not its bones; while watching a man, you can see his face, but not his inmost feelings.

2）少壮不努力，老大徒伤悲。（《汉乐府民歌・长歌行》）
Laziness in youth spells regret in old age.

3）下笔千言，离题万里。
A thousand words from the pen in a stream, but ten thousand *li* away from the theme.

4）良药苦口利于病，忠言逆耳利于行。
Bitter medicine cures sickness, unpalatable advice benefits conduct.

5）墙上芦苇，头重脚轻根底浅；
山间竹笋，嘴尖皮厚腹中空。（明朝解缙）
The reed growing on the wall—top-heavy, thin-stemmed and shallow of root;
The bamboo shoot in the hills—sharp-tongued, thick-skinned and hollow inside.

6）横眉冷对千夫指，
俯首甘为孺子牛。（鲁迅：《集外集・自嘲》）
Fierce-browed, I coolly defy a thousand pointing fingers,
Head-bowed, like a willing ox I serve the youngsters.

汉语的大量四字成语采用对偶的形式，如：

能工巧匠 skilful craftsman / deft hand
天涯海角 the remotest corners of the earth

花言巧语 fine words / sweet words / blandishments
东倒西歪 leaning / unsteady / tottering
厚今薄古 stress the present, not the past
南辕北辙 act in a way that defeats one's purpose
亲痛仇快 sadden one's own folk and gladden the enemy
求同存异 seek common ground while reserving differences

英语也有类似汉语对偶的 antithesis，Fowler（1976: 41）将此解释为 "contrast of ideas expressed by parallelism of strongly contrasted words"，如：

1）Penny wise, pound foolish.
小处精明，大处浪费。/ 小事聪明，大事糊涂。

2）Grasp all, lose all.
样样都要，样样失掉。/ 贪多必失。

3）Nothing venture, nothing have.
不入虎穴，焉得虎子。

4）Long absent, soon forgotten.
别久情疏。

5）Speech is silver; silence is gold.
雄辩是银，沉默是金。

6）Short accounts make long friends.
短期结账才有长期朋友。/ 好朋友勤算账。/ 若要交情久，账目早结清。

7）Spare the rod and spoil the child.
惜了棍棒，害了孩子。/ 孩子不打不成器。/ ≈ 棒头出孝子。

8）Better to reign in hell, than serve in heaven. (J. Milton: *Paradise Lost*)
宁愿在地狱里称王，也不愿在天国里为仆。/ ≈ 宁为鸡口，无为牛后。

9）When poverty comes in at the door, love leaps out at windows.
贫穷跨门而入（之时），爱情破窗而出。

10）They that sow in tears shall reap in joy. (*Holy Bible*: *Psalms*)
流泪撒种，必欢乐收割。

11）Marriage has many pains, but celibacy has no pleasure. (S. Johnson: *Rasselas*)
结婚有许多苦痛，但独身也没有快乐。

12）He who deceives me once, shame on him; he who deceives me twice, shame on me. (proverb)
骗人一次，骗子丢脸；受骗两次，受骗者丢脸。

英语的 antithesis 与汉语的对偶有同有异：构成 antithesis 的两部分互为反义，而对偶既可以互为反义，也可以互为相关或相承；antithesis 的句法结构未必像对偶格式那样严格的成双成对、工整对称：两部分可以是比较结构或主从关系，中间可以有各种连接形式，如连接词、介词、动词，可以重复词语，也可以省略重复的词语。英语这类语义正反对照的并置结构（juxtaposition）虽类似汉语的对偶，但很难实现像汉语严式对偶那样整齐匀称：严式对偶不但要求两部分字数相等、词类对应、结构对称，而且要求语音平仄协调、字面对应而不重复，十分讲究形式的对称美。英语这类结构有时近似汉语的宽式对偶，即不求平仄协调，允许字面重复。

排比，是把三个或三个以上结构相似、意思相关、语气一致的词组、句子或段落排列成串，形成一个整体。排比结构在汉语里也十分常见，政论文、科技文、文艺文及其他文体都有这类表达形式，如：

1）啊，我思念那洞庭湖，我思念那长江，我思念那东海，那浩浩荡荡的无边无际的波澜呀！那浩浩荡荡的无边无际的伟大的力呀！那是自由，是跳舞，是音乐，是诗。（郭沫若：《屈原》）

Ah, I long for the Dongting Lake, I long for the Yangtze River, I long for the Eastern Sea, that mighty and boundless expanse of waves, that mighty and boundless expanse of strength! That is liberty, dancing, music, poetry!

2）这里叫洋八股废止，有些同志却还在提倡。这里叫空洞抽象的调头少唱，有些同志却硬要多唱，这里叫教条主义休息，有些同志却叫它起床。（毛泽东：《反对党八股》）

The abolition of foreign stereotypes was demanded in that report, yet some comrades are still promoting them. Less singing of empty, abstract tunes was demanded, yet some comrades are obstinately singing more. The demand was made that dogmatism be laid to rest, yet some comrades are telling it to get out of bed.

3）他暗暗地使天地变异，却不敢毁灭这个地球；暗暗地使生物衰亡，却不敢长存一切尸体；暗暗地使人类流血，却不敢使血色永远鲜浓；暗暗地使人类受苦，却不敢叫人类永远记得。（鲁迅：《淡淡的血痕中》）

In secret, he causes heaven and earth to change, but dare not destroy this world. In secret, he causes living creatures to die, but dare not preserve their dead bodies. In secret, he causes mankind to shed blood, but dare not keep the bloodstains fresh for ever. In secret, he causes mankind to suffer pain, but dare not let them remember it for ever.

英语也有parallelism，类似汉语的排比。Cuddon（1986: 480）称之为“phrases or sentences of similar construction and meaning placed side by side, balancing each other”。英语的parallelism是一种语义相似而非相反的parallel structure，并非一定要有三项（以上）语言单位并列，通常可以由两项或三项（以上）组成（usually in pairs or threes）[⑦]，并非一定是完全对称的并列关系，可以是不对称的从属关系，还可以省略或替代重复的词语，而汉语的排比至少要有三项语言单位并列，不仅注重齐整美，而且注重反复美，共同词语的反复出现是构成汉语排比的重要标志。中国人较常使用排比句，但不觉得厌烦，而说英语的人虽有时也用排比句，但注意适可而止，正如Perlmutter（1965: 76）所说，“Balance sentence parts whenever you can, but don't overdo it. Your style will seem unnatural, as if your writing were on a perpetual seesaw”。排比常常用来加强语气、抒发感情、阐明观点，尤其常见于政治人物的演说之中。如：

1）This is our hope. This is the faith with which I return to the South. With this faith we will be able to hew out of the mountain of despair a stone of hope. With this faith we will be able to transform the jangling discords of our nation into a beautiful symphony of brotherhood. With this faith we will be able to work together, to pray together, to struggle together, to go to jail together, to stand up for freedom together, knowing that we will be free one day. (Martin Luther King: *I Have a Dream*)
这就是我们的希望。这就是我带回南方的信念。怀着这个信念，我们能够把绝望的大山凿成希望的磐石。怀着这个信念，我们能够将我国种族不和的喧嚣变为一曲友爱的乐章。怀着这个信念，我们能够一同工作，一同祈祷，一同奋斗，一同入狱，一同为争取自由而斗争，因为我们知道我们终将得到自由。

2）We find ourselves rich in goods, but ragged in spirit; reaching with magnificent precision for the moon, but falling into raucous discord on earth.
We are caught in war, wanting peace. We're torn by division, wanting unity. We see around us empty lives, wanting fulfillment. We see tasks that need doing, wanting for hands to do them. (R. Nixon: *Inaugural Address*)
我们物质丰富，但精神贫乏；我们以超卓的准确程度登上了月球，但却陷入了地球上的一片混乱。
我们卷入了战争，没有和平。我们四分五裂，没有团结。我们看到周围的人生活空虚，没有充实的内容。我们看到许多工作需要完成，但却没有人手去做。

3 ) It was the best of times, it was the worst of times; it was the age of wisdom, it was the age of foolishness; it was the epoch of belief, it was the epoch of incredulity; it was the season of Light, it was the season of Darkness; it was the spring of hope, it was the winter of despair; we had everything before us, we had nothing before us; we were all going direct to Heaven, we were all going direct the other way. (C. Dickens: *A Tale of Two Cities*)
这是最好的时光，这也是最坏的时光；这是智慧的年代，这也是愚蠢的年代；这是信仰的时代，这也是怀疑的时代；这是光明的时节，这也是黑暗的时节；这是希望的春天，这也是绝望的冬天；我们面前万物皆有，我们面前也一无所有；我们都在直登天堂，我们也都在直下地狱。

4 ) Studies serve for delight, for ornament, and for ability. Their chief use for delight is in privateness and retiring; for ornament, is in discourse; and for ability, is in the judgment and disposition of business. (F. Bacon: *Of Studies*)
读书足以怡情，足以傅彩，足以长才。其怡情也，最见于独处幽居之时；其傅彩也，最见于高谈阔论之中；其长才也，最见于处世判事之际。（王佐良译）

5 ) If we do not hang together, we shall hang separately. (B. Franklin)
假如我们不捆绑在一起（团结在一起），我们将一个一个被吊死。

英语是拼音文字，词的音节多寡参差不齐，语句文字的结构长短不一，又比较忌讳重复，因而很难实现汉语式的对偶和排比；汉语是方块文字，双音节词占优势，四音节词较流行，又讲究词语的整齐匀称，追求声韵的和谐悦耳，习惯于字、词、语、句、音、义的反复和重现，因而对偶和排比的结构十分常见。在很多情况下，英语采用替代、省略、变换、融合、归纳、引申和其他变通的方法来回避像汉语那样的对偶、排比和反复。试比较：

1 ) 人急造反，狗急跳墙。
Desperation drives men to rebel and a dog to jump over a wall.（省略重复词 desperation，drives，回避对偶式）

2 ) 人有失误，马有失蹄。
It is a good horse that never stumbles.（只译形象义，省略引申义，回避对偶式）

3 ) 人多力量大，柴多火焰高。
There is strength in numbers: more logs make a bigger fire.（译引申义和形象义，回避对偶式）

4 ) 壶小易热，量小易怒。
A little pot is soon hot.（只译形象义，省略引申义，回避对偶式）

5）取之不尽，用之不竭。

inexhaustible（融合重复义，回避对偶式）

6）耳闻为虚，眼见为实。

Seeing is believing.（省略近似义，回避对偶式）

7）远在天边，近在眼前。

Right here.（省略前半部的陪衬虚义，融合原义意译，回避对偶式）

8）当局者迷，旁观者清。

The onlooker sees most of the game.（省略近似义，回避对偶式）

9）百尺竿头，更进一步。

Make still further progress.（省略比喻，回避齐整对应）

10）沉鱼落雁之容，闭月羞花之貌。

be lovely enough to outshine the moon and put the flowers to shame / The beauty would put the flowers to shame.（省略重复的形象义，回避对偶式）

11）龙生龙，凤生凤，老鼠生儿打地洞。

Like father, like son. / Like begets like.（淡化、引申含有民族色彩的形象义）

12）用点画成线，用线画成平面，用平面画成立体。

With points you can make a line; with lines, planes; with planes, solids.（省略重复词，回避汉语式排比）

13）一个地方有一个地方的全局，一个国家有一个国家的全局，一个地球有一个地球的全局。（毛泽东）

A locality has its own over-all interest; a nation has another and the earth yet another.（替代重复的词语，回避排比式）

汉语有大量结构对偶的四字词组，前后意义重复，词语对称，英语一般没有相应的表达形式，因而汉译英时往往采用省略或融合的方法，如：

1）他虽然带着五七分酒意，却装做十分醉的，**前颠后偃**，**东倒西歪**。（施耐庵：《水浒》）

He was not really drunk, but pretended he was intoxicated and *staggered along*.

2）其中有一篇，大意仿佛说，中国戏是大敲、大叫、大跳，使看客**头昏脑眩**。（鲁迅：《社戏》）

One chapter made the point that the Chinese opera is so full of gongs and cymbals, shouting and jumping, that it makes the onlookers' *heads swim*.

3）他嘴里一时**甜言蜜语**，一时**有天没日**，**疯疯傻傻**。（曹雪芹：《红楼梦》）

He can be all *sweet words* one minute and *ranting and raving* the next.

4）下面看的人**提心吊胆**，**心惊肉跳**。（吴强：《红日》）

The people watching below are *tense and trembling with their hearts in their mouths*.

5）你这丧尽天良，**狼心狗肺**的人！该**千刀万剐**的人呀，还我孩子！（杨沫:《青春之歌》）

Have you no heart? No sense of right? You are *worse than a wolf*—you deserve to *be hacked to pieces*! Give me back my child!

6）唬得老龙王**胆战心惊**，小龙子**魂飞魄散**。（吴承恩:《西游记》）

The old Dragon King *was trembling with fright*, and the little dragons *were scared out of their wits*.

说汉语的人不但喜欢前后意义重复的双音节词（如:“选择”“道路”“声音”“墙壁”）和前后意义重复的四字词组（如:“深思熟虑”“惊天动地”“称心如意”“唉声叹气”），而且喜欢连用2个前后意义重复或对应的四字词组（如:“承前启后，继往开来”“战无不胜，攻无不克”），对这类前后意义重复的“2—4—8”格式不但不感到厌烦，反而喜闻乐见，但说英语的人不习惯也不喜欢这样的重复，正如Derk Bodde（1991: 43）所说:

> Good written style in English normally avoids frequent repetition of the same word, except very occasionally for deliberate emphasis, the balanced structure of Literary Chinese quite often requires repetition not only of separate words but sometimes of phrases or even clauses as well. Yet as suggested above, the stylistic requirements are by no means as absolute and mechanical as this necessarily bald account might suggest. In Literary Chinese, as in any other medium, the skilled writer knows how to vary rhythm and pattern to retain freshness and vigor.

因此，汉译英时常常要割爱，采取融合原意、部分省略、回避对偶等技巧加以恰当处理，以避免前后意义重复或对应:

1）承前启后，继往开来 inherit the past and usher in the future / link the past with the future
2）自以为是，夜郎自大 self-conceited / self-opinionated / parochial arrogance
3）毛遂自荐，自告奋勇 volunteer one's services / offer to undertake a difficult or dangerous task
4）专心致志，聚精会神 devote one's full attention to / with single-hearted devotion
5）以怨报德，恩将仇报 requite kindness with ingratitude / bite the hand that feeds one
6）低三下四，奴颜婢膝 humble / servile / degrading
7）宽宏大量，既往不咎 forgive and forget / magnanimous / large-minded
8）洗心革面，脱胎换骨 turn over a new leaf / thoroughly remould oneself

9）过河拆桥，忘恩负义 kick down the ladder / ungrateful

10）宝玉和黛玉真是**言和意顺，似漆如胶**。（曹雪芹：《红楼梦》）
*On all matters*, indeed, Baoyu and Daiyu *were in complete accord*.

11）虽说是一枝小草，又无花朵，其妩媚之态，不禁**心动神怡，魂消魄丧**。（曹雪芹：《红楼梦》）
Though it was so small and had no blossoms its delicate grace *was utterly enchanting*.

12）今日各自进去，**孤孤凄凄，举目无亲**，须要自己保重！（曹雪芹：《红楼梦》）
Today, entering for the examination, you're going to *be entirely on your own*, so you'll have to take care of yourselves!

汉语排比的句式在当代报刊和政论性文章中十分常见。有人统计，在一篇正式发表的工作报告里，"进一步"用了18次，"坚决"用了26次，"积极"用了15次，"充分"用了18次，"认真"用了25次，"大力"用了15次，"搞好""办好""抓好""做好"等共用了61次，由这类词语构成的排比式语句和段落在文中也成串出现。如果按照字面译成英语，有时每页里都要重复多次，显然不符合英语的表达习惯。因此，汉译英时往往要根据其含义，既适当地保留原文的强调语气，又考虑英语"忌讳重复"的倾向，采用省略重复的词语、融合意复的词语、变换或替代相同的词语等方法，以回避过多的重复。如：

进一步

1）进一步证明这个理论是正确的
It has *further* borne out the correctness of this theory.

2）进一步加强社会主义法治体系建设
*strengthen* the socialist legal system

3）进一步提高分清是非的能力
*enhance* the ability to distinguish between right and wrong

4）进一步加强军民团结
*cement* the ties of unity between the army and the people

5）进一步调动他们的积极性
*bring* their initiative *into full play*

6）进一步掌握社会主义经济建设的规律
attain a *better* grasp of the laws governing socialist economic construction

7）号召全国人民进一步团结起来
call upon the whole nation to unite *more closely*

认真搞好、抓好、做好、办好

1）认真搞好经济建设

*do a good job* in economic construction

2）认真办好设备的补缺配套

*make sure* that complete sets of equipment are available

3）认真搞好现有企业的挖潜、革新、改造

*be good at* tapping the potential of the existing enterprises and *at* renovating and transforming them

4）认真抓好林区建设

*A real effort must be made* to develop the forest regions.

5）认真办好现有国营农场

*run* the existing state farms *well*

6）认真做好思想教育

*Stress must be laid* on ideological education.

现代汉语媒体尤其政论性、宣传类的文章，喜用主观性修饰语，频繁使用褒贬词，类似“伟大”“重大”“巨大”“坚决”“积极”“彻底”“优秀”“认真”“正确”“广泛”“努力”“热烈”“胜利”“斗争”“批判”“消灭”“根除”“防止”等等的形容词、副词和动词到处重复，俯拾皆是。出于词句整齐匀称、声韵和谐的需要，汉语许多宣传类文章已经形成了这样的词语搭配习惯：要说“贯彻”，前面必定要加“坚决”“全面”“积极”，要讲“开展”，前面必定要有“认真”“大力”“广泛”，因为“广泛开展”“深入发动”“切实采取”“严肃处理”“大力整顿”“努力做到”“紧密联系”“热烈拥护”“胜利完成”等等，觉得说来顺口，写来顺手。不仅如此，有的还把这类短语对偶排列起来，成了报刊常见的标题，如“深入发动群众，广泛开展节能”“大力整顿作风，严肃处理腐败”“新征程，新气象，新发展”等等。有的人作报告，喜欢“七上八下”：“在……的领导下，在……的支持下，在……的努力下，在……的基础上，在……的基础上，在……的基础上，我们终于克服了种种困难，取得了这样的业绩。”汉语如此重复、对偶、排比，几乎成了当代的一种文风。

汉语字的重叠、词的重现、意的反复、式的骈偶，还常见于大量的成语。中国人偏重形象思维，喜用形象语言来表达思想和情感，以吸引读者和听众，因而特别喜爱丰富多彩、生动活泼的成语。史式（1979:130）在《汉语成语研究》中用以下短文说明中国人如何运用成语：

> 汉语中的成语，**源远流长**，其数量是**成千上万**。有的来自古语，**古为今用**；有的来自外来语，**外为中用**。在长期使用中，有的成语含义**依然故我**，有的变得与原义**风马牛不相及**，还有的则变得**青出于蓝而胜于蓝**。例如**前仆后继**经过**推陈出新**，变得**前赴后继**，比原义**更上一层楼**。许多成语通过**千锤百炼**，**约定俗成**，做到**言简意赅**，**明白晓畅**。理论文章运用成语，可以说得**头头是道**，**振振有词**，**提纲挈领**，**顺理成章**；文艺作品运用成语，可以说得**绘影绘声**，**跃然纸上**，**如见其人**，**如闻其声**。成语用之得当，是**画龙点睛**，**恰到好处**；用之不当，是**画蛇添足**，**滥竽充数**。在许多文章中，成语**连篇累牍**，**比比皆是**，这种现象**司空见惯**，**不足为奇**。

汉语许多对外宣传材料，对偶排比，辞藻华丽，华而不实，空洞无物，让英美人觉得信息贫乏，过于浮夸，“too flowery and indirect”。段连城（1993：136，234）在《怎样对外介绍中国》中指出：

> 可能是由于骈体文字的影响，汉语常常四六成句，讲究对仗和声律，宾馆使你“**流连忘返**”，风景使你“**如醉如痴**”；在国外知名度很低的地方，也称“**名闻遐迩**”，出口刚开始的产品，就说“**驰名中外**”；翻开地方志一抄，这里有八景，那里有十景，这里是“**天下第一庄**”，那里是“**江南第一泉**”……我们可能习惯于“白发三千丈”的抒情语言，照搬来对外，照译为“事实陈述”，误会就产生了。……对外国读者，由于感情基础的差异，阅读习惯的不同，华丽词藻一般只能减少传播的清晰度和效果，甚至被视为空话冗词和夸大宣传。尤其是英语读者，更惯于低调陈述，而不惯于用词强烈。⑧

下面是段连城（1993：138，243）所举的一个例子，说的是某市举办国际龙舟会，彩色精印了宣传品，原文和译文如下：

> 中华大地，江河纵横；华夏文化，源远流长……（然后才讲到本地，再讲到龙舟节）轻快的龙舟如银河流星，瑰丽的彩船似海市蜃楼，两岸那金碧辉煌的彩楼连成一片水晶宫，是仙境？是梦境？仰视彩鸽割飞，低眸漂灯留霓，焰火怒放，火树银花，灯舞回旋，千姿百态，气垫船腾起一江春潮，射击手点破满天彩球，跳伞健儿绽空中花蕾，抢鸭勇士谱水上凯歌，还有雀鸟争鸣，花卉盆景竞艳，书画、工艺展览铺出琳琅满目的画廊……啊，×× 城是不夜城，龙舟会是群英会！
>
> The divine land of China has its rivers flowing across; the brilliant culture of China has its roots tracing back long. ... The light dragon-boats appear on the river as though the stars twinkle in the Milky Way. The richly decorated pleasure boats look like a scene of mirage. The splendent awnings in green and gold chain into a palace

of crystal. Is this a fairy-land or a mere dream? Looking above, you can see the beautiful doves flying about. Looking below, you can see the sailing lamps glittering. Cracking are the fireworks, which present you a picture of fiery trees and silver flowers. Circling are the lantern-dancers, who present you a variation of exquisite manner. Over there, the motor-boats are plowing the water, thus a tide stirs up. Over there, the marksmen are shooting to their targets; thus colourful beads whirl around. Besides, the birds' chirping, the potted landscape's charm, the exhibition of arts and paintings, all claim a strong appeal to you. Therefore, we should say: ×× is a city of no night; its Dragon-Boat Festival a gathering of heroes. Come on, Dear Friends! Come on, Honourable guests!

翻译这类辞藻华丽的宣传品，译者可算煞费苦心。段连城特意请一位美国新闻工作者审阅并坦率写出她的评语。她读了之后，觉得不知所云，也感到令人发笑，文中充满了极度夸张（full of hyperbole），于是写了评语：

不幸，我的第一个反应是发笑，因为文字首先就充满了错误。文中没有提供关于龙舟会的必要材料，例如其历史起源和举行的时间，这些材料都是重要的。此文似乎企图向读者下一阵"倾盆大雨"，用种种离奇的、夸大的说法表明龙舟会多么了不起，但无意中却使用了滑稽的语言，让读者边看边笑，而得不到什么信息。这份画页文字还有一个常见的毛病，就是缺少必要的背景说明，作者是假定外国读者对中国历史和文化的许多方面都已熟知。这篇介绍也没有告诉你：怎样去参加龙舟会，地点在哪里，何时开幕和闭幕，要花多少钱等等。这些都是要到一个地方去参观的人需要知道的。……为什么中国的许多旅游材料，不管是介绍什么地方，读起来都基本相同，都充斥着那么多不讲分寸的夸张语言？少些夸张，实际上倒能增加可信度。

汉语读者对成语和习语的运用已经司空见惯，见多不怪。相比之下，英语读者对经常听到、反复使用的成语、习语和"MacDonaldized" vocabulary感到厌烦，认为这些都是"陈词滥调"（outworn cliché）、陈腐隐喻（faded metaphor）、缺乏生气（lose their freshness）、枯燥无味（dry up）、俗不可耐（corny）。J. McCrimmon（1976:162）指出：

The terms "trite", "hackneyed", "threadbare", and "cliché" are used to describe phrases and expressions, once colorful and apt, which have been used so much that they have lost their freshness and force. Like outdated slang, trite expressions once called upon original images and conveyed a sense of excitement and discovery. But the very qualities which make a phrase striking when it is new work against it when it has been used too much. Here are a few examples of triteness:

| | |
|---|---|
| apple of her eye | budding genius |
| hook, line, and sinker | sober as a judge |
| birds of a feather | cool as a cucumber |
| lock, stock, and barrel | teeth like pearls |
| black sheep | diamond in the rough |
| mountains out molehills | thick as thieves |
| blind as a bat | fly in the ointment |
| raining cats and dogs | water over the dam |

Trite diction blocks thought. A writer who uses a ready-made phrase instead of fashioning his own soon has no thought beyond the stereotyped comment which his trite diction conveys.

自古以来，对偶和排比一直是中国人所喜闻乐见的表达方式。早在《诗经》里，就有“昔我往矣，杨柳依依；今我来思，雨雪霏霏”这样的对偶。起源于汉、魏而盛行于六朝的骈体，要求词句整齐对偶，重视声韵和谐，讲究辞藻华丽。形成于唐初的律诗，格律严格，每首八句，二、四、六、八句要押韵，三、四两句和五、六两句要对偶，字的平仄有定规。起源于五代的对联，要求对偶工整，平仄协调，是诗词形式的演变。久而久之，这些表达方式对汉语甚至中国人的思维方式产生了深远的影响。如今，无论口头语或书面语，骈偶的各种表现形式几乎俯拾皆是，无所不在。这类语句，说来顺口，写来顺手，但要等值翻译，却比较棘手。

Derk Bodde（1991: 45）也认为中国人喜用对偶和排比与其追求对称和类比的思维方式密切相关：

> The importance of parallelism and antithesis transcends style and grammar and extends to thought as well. Worth considering, for example, is the possible relevance Chinese stylistic parallelism may have for the widespread form of Chinese reasoning sometimes referred to as “analogical” or “correlative” thinking. “Essentially,” it has been said, “the Chinese method [of argumentation] was analogical—like causes bring like effects, as it was then so it is now, and so it will be for ever. This faith was profound. Hence the great dominance of history (and all its ancillary sciences) throughout Chinese history.”
>
> It is my belief that the linguistically generated principle of stylistic balance, as exemplified in parallelism, served to stimulate, or at least reinforce, the Chinese

tendency to look at the world in terms of symmetrically paired analogies. And I also believe that there is a further link between this and the broader Chinese search for cosmic order and harmony—especially as exemplified in the concept of the "harmony of man and nature." Let us look at a concrete example. Stylistic parallelism appears very early in Chinese literature, and when it does, it is significant that it is already conjoined with the just-mentioned view of man and nature.[9]

汉语作者不仅喜欢重复词语和词义，喜欢运用成语和习语，而且喜欢引经据典，善于引用典故和名言，尤其是引用政治领袖和名家伟人的话，也习惯重复那些常用、多用的言辞。引经据典也是一种重复，即重复别人的话。应该说，适当的引语可以增加说服力，英汉文章都有这种现象，正如 S. Baker（1985: 88） 所 说，"We naturally turn to authorities to confirm our ideas. 'Einstein said' can silence many an objection"。然而，英美学者通常比较喜欢引用专家学者和普通人的话，尤其是引用有科学根据的观点、事实、实例和数据，这正如美国来华任教的专家 Dorine Houston[10] 所指出的：

A similar trait of the Chinese writer is the habit of inserting quotations from famous people in the text, even if they are only slightly relevant to what is being said. To the American eye, it comes across as a pompous attempt to display the breadth of one's reading. We want the writer to speak for him / her and not rely on the words of others to make a point. ... Many Chinese students fill their essays with so many clichés and shopworn quotes that I am beginning to think that the patterns of the Imperial Civil Service Examination essays are still taught in Chinese schools. To the American reader, this habit is atrocious! We are taught beginning in elementary school to avoid repeating commonly heard and overused expressions and quotations in our work. As a matter of fact, we are given lower grades when we indulge in this practice. We quickly learn the importance of expressing our thoughts with fresh, clear words and phrases.

现代汉语动词"搞""抓"和"弄"的运用有扩大的趋势。如今凡事往往都用"搞"，如："搞生产"（engage in production）、"搞运动"（carry on a campaign）、"搞调查研究"（do some investigation and study）、"搞个计划"（draw up a plan）、"把问题搞清楚"（get a clear understanding of the question）、"把思想搞通"（straighten out one's ideas）、"别搞那么多菜了"（Don't make so many dishes），等等。有时"搞"字用多了，就换个"抓"字，如："抓个

点”(concentrate on work at selected units)、“抓这项工作”(be in charge of this work),等等。有时“抓”字不好用,就换个“弄”字,如:“去弄点水来”(Go and get some water)、“把事情弄糟”(make a mess of things)、“你弄错了”(You've got it wrong)、“你这一说,反把我弄糊涂了”(Your explanation only made me feel more puzzled than ever),等等。用“搞”“抓”“弄”这类“万能动词”(verbs of all work),有时确能传神,在不少情况下也是其他动词所难以代替的[11]。但这类“神通广大”的多义词如果用多了,不仅加强了汉语的不必要的重复倾向,也给翻译带来了许多困难。这是语言学界一个值得研究的问题。

总的看来,中国人比较习惯于字、词、语、句、音、义的反复,讲究词语文句的整齐匀称,追求声韵节奏的和谐悦耳,这与汉语文字和语音系统的特点有关(如方块汉字特别适合对偶,双音节词和四音节词占优势),也与中国人的思维方式和美学心理有关。中国人的思维方式趋于求同排异或异中求同,因而在言辞中也比较习惯重复相同或相似的词语、句式甚至语音、语义,而且对言辞中经常的、多次的重复现象习以为常,并不像英美人那样求异忌同而对言辞中的重复感到厌烦。另一方面,受“阴阳”二元学说的熏陶,中国人很早就形成了朴素的辩证思维,善于发现事物的对应、对称、对立,并从对立中把握统一,从统一中把握对立,求得整体的动态平衡,以和谐、统一为目标。古人从直观经验中发现,万物都有对称性(symmetry),“无独必有对”“孤阴不生,独阳不长”,任何现象都是一一对立的,任何事物都包含着相对立的两个方面。这两方面相互依存、相互包含、相互转化、相互轮替,必须注意对称,保持适中,兼顾两面,互相联系(correlation),只有当这两方面处于均衡对称状态时,才能在视觉上产生美感,在心理上得到满足,取得整体稳定感,达到和谐,获得“善”和“美”。孔子的“叩其两端”以及无过无不及的“中庸”观,主张不偏不倚,注重适中与适度,反对过分或不足,求公允,忌偏激,“执两用中”,调和对立,实现中道。“中”乃天下万事万物之根本,“和”乃天下共处共行之大道(连淑能,2009)。汉语的对偶体现并促进了这种思维模式,如“阴阳”“刚柔”“虚实”“动静”“有无”“生死”等等的反义合成,体现了万物对立统一的辩证法。中国传统的哲学思想对中国人的思维方式、审美心理和表达习惯产生了深远的影响。中国人自古以来就有追求均衡、重视对称的心理，对人对事对物往往讲究成双配对、偶式对应、对称和谐，崇尚“对偶文化”。辩证思维模式使中国人形成了一种“骈偶习惯”（strong sense of stylistic balance），正如朱光潜（1988：188）所说，“用排偶既久，心中就无形地养成一种求排偶的习惯，以至观察事物都处处求对称，说到‘青山’，便不由你不想到‘绿水’，说到‘才子’，便不由你不想到‘佳人’。”中国的传统建筑装饰，从北京故宫直至普通民宅，都讲究布局的均衡、对称：房屋结构是一正两厢，中堂的对联是一边一幅，大门是两扇对开，门口的石狮是一边一只；在生活中，吉利求偶数，讲囍爱成双，送礼讲成对；在汉语里，字、词、语、句、音、义的反复重现、成双成对、对仗并联、对偶排比，充分地体现了中国人追求均衡对称、讲究整齐和谐的心理。

西方人的求异性思维产生于科学与民主的氛围之中。自古以来，英语民族养成了求异忌同、同中求异、标新立异的开拓精神，不易随意苟同他人而喜欢各抒己见，讨厌陈词滥调，避免老生常谈，因而在言辞中也忌讳重复，用词造句的变换意识比较强烈，喜欢词语和结构的主从分明（subordination）、长短交错和替代变换（substitution and variation），偏重参差美、错落美，不像中国人那样偏重骈偶美、对称美。另一方面，英语民族受亚里士多德演绎推理三段论（大前提、小前提、结论）和论证三要素（概念、判断、推理）的影响，也受基督教的圣父、圣子、圣灵三位一体论（Trinity，i. e. the union of the three forms of God—the Father，Son，and Holy Spirit—as one God）的影响，不像中国人那样受“阴阳”二元论的影响而喜欢词语、结构和语义的整体匀称、成双成对、对偶排比、同义反复和反义合成，而是比较喜欢三段式（triple style）的表达方式（A-B-and-C pattern），如：Tom，Dick，and（or）Harry，类似汉语的“张三李四”“阿猫阿狗”；first，midst，and last，类似汉语的“彻头彻尾”；wine，woman，and song，类似汉语的“吃喝玩乐”；government of the people，by the people，for the people，“民有，民治，民享的政府”（连淑能，2009）。外国人对三位一体论情有独钟，认为世界由大地、海洋、天空组成，自然有动物、植物、矿藏三内容，人体有肉体、心灵、精神三重性，基督教有忠诚、希望、仁爱三美德。莎士比亚也有这样的名句：Number three is always fortunate. All good things go by three。三段论的演绎式思维模式影响了西方人的审美心理。西方的传统建筑，如希腊神殿、哥特式教堂、伊斯兰庙宇，无数高楼高塔，都想突破对称，高耸入云，直指苍天。西方人似乎觉得三点式、三角式的布局比较稳妥，能在视角上产生美感，在心理上得到满足，因而也常常体现于语言之中。

## 注　释

① 参见 Hodges, J. and M. Whitten: *Harbrace College Handbook*. p. 244. New York: Henry Holt and Co., Inc., 1967.

② 《羊城晚报》曾登载这样一个故事：1920 年 9 月，正在英国伦敦留学的刘半农写了一首情诗：

**教我如何不想她**

刘半农

天上飘着些微云，
地上吹着些微风，
啊！微风吹动了我头发，
教我如何不想她？

水面落花慢慢流，
水底鱼儿慢慢游。
啊！燕子你说些什么话，
教我如何不想她？

月光恋爱着海洋，
海洋恋爱着月光。
啊！这般蜜也似的银夜，
教我如何不想她？

枯树在冷风里摇，
野火在暮色中烧。
啊！西天还有些儿残霞，
教我如何不想她？

诗中的“她”指女性第三人称，是刘半农的首创。这样用虽然受到守旧者的反对，但由于好用，受到民众的欢迎，以后字典也收录这个字了。这首诗由赵元任谱曲并经灌制唱片发行，流传甚广。据说有位十分喜爱这首歌曲的青年竟然猜想，作者一定是位风流才子，很想一睹风采，便到语言学家赵元任家去探问，恰好刘半农也在，赵元任立即介绍：“这就是刘半农先生。《教我如何不想她》的他。”那青年听这一说，大出意料，惊呼起来：“原来是个老头啊！”惹得满屋大笑。后来刘半农为此事还风趣地写了一首打油诗：“教我如何不想他？请进门来喝杯茶。原来如此一老叟，教我如何再想他？”

③ S. Hayakawa 在 *Use the Right Word* (the Reader's Digest Association Ltd. 1971: v) 一书的导论中认为：English has the largest vocabulary and the most synonyms of any language in the world. This richness is due to the fact that the English language has grown over the centuries by constantly incorporating words from other languages. ... Synonyms in English are therefore of many kinds. Some groups of synonyms, like *foreword* (English), *preface*

(French), ***introduction*** (Latin) and ***prolegomenon*** (Greek), seem like a simple embarrassment of riches. Some, like ***plain*** (French), ***steppe*** (Russian), ***pampas*** (Spanish, from South American Indian), ***prairie*** (French voyageur), ***savannah*** (Spanish), ***tundra*** (Russian, from Lappish), refer to geographical variants of the same kind of thing. Others, like ***teach, educate, indoctrinate, instruct, school, tutor***, differ from one another principally in degrees of abstraction: ***teach*** is certainly the most general word of this group, while the others are more specialized in application. Some words of quite similar meaning make distinctions at the concrete, descriptive level: ***tip, cant, careen, heel, list, slant, slope, tilt; screech, scream, clamour, yell, howl***. These are truly synonyms only if translated into more general form, the former group into ***incline***, the latter into ***outcry***.

④ "elegant variation" 这一说法是 H. Fowler 提出来的，Henry Sidgwick 则称之为 "the polite alias"。H. Fowler 对 "variation" 提出了两条原则：

（1）Variation should take place only when there is some awkwardness, such as ambiguity or noticeable monotony, in the word avoided.

（2）The substitute should be of a purely pronominal character, a substitute and nothing more; there should be no killing of two birds with one stone.

参见 Fowler, H. W. and F. G. Fowler: ***The King's English***. 3rd edition. p. 185. Oxford: Oxford University Press. 1951.

⑤ 英语成对词除了"同词重复"和"同义重复"的格式以外，还有"相关合成"和"反义合成"的格式，如：

相关合成，由两个意思相关的词（associated ideas）构成，表示某种连接关系，有时有引申义：

| | |
|---|---|
| knife and fork 刀叉 | fur and feather 鸟兽 |
| bed and board 膳宿 | bow and arrow 弓箭 |
| cut and thrust 扭斗 | hum and haw 支吾其词 |
| null and void 无效 | slow and steady 稳扎稳打 |
| wear and tear 磨损 | Jack and Jill 少男少女 |

反义合成，两部分词义相对（opposites or alternatives），往往表示列举或整体的意思，有时有引申义：

| | |
|---|---|
| on and off 断断续续 | to and fro 来回、往返 |
| past and present 古今 | first and last 始终，总共 |
| far and near 四面八方 | Alpha and Omega 全部，始终 |
| sink or swim 不论好歹 | rain or shine 无论如何 |
| make or break 成之或毁之 | hit or miss 不论成功与否 |

⑥ 据说，1900 年八国联军攻陷北京后，在议和会议上，一个自称为"中国通"的洋鬼子站起来，出了上联，要中国代表对出下联：

琵琶琴瑟，八大王王王在上

此人猖狂至极，八国代表听了，个个大笑不止。面对洋鬼子的挑衅，一位中国代表稳稳站起，义正词严，对出下联：

魑魅魍魉，四小鬼鬼鬼犯边

此联巧用汉字部首偏旁组句，对仗工整，为联中奇品。

⑦ 英语的 parallelism 也可以由两项语言单位组成，但两部分语义相似（the pairing of similar ideas by casting them into similar forms），而构成 antithesis 的两部分则互为反义（antonymy or contrast of ideas）。

⑧ 段连城（1993:140）还认为，"有些同志为求生动活泼，在词藻上狠下功夫。但在对外传播中，华丽的词藻却往往不能增色。真正的生动活泼，需要在内容和形式上都刻意求功。根据西方读者和听众的习惯，下列六点也许特别值得注意：（1）真实故事；（2）形象穿插；（3）妙语警句；（4）幽默感；（5）人情味；（6）讲究修辞。"

⑨ Derk Bodde（1991:54）还认为中国人喜用对偶和排比与其辩证思维方式密切相关，并以此与西方的范畴分类的分析性思维方式作了比较：It has been suggested that there may be a relationship between antithesis (both stylistic and topical) and the Chinese dialectical thinking which sees the universe in terms of ever-shifting phenomenal change rather than unchanging categories. These several aspects of the Chinese world view contrast sharply with the tendency of Indo-European language speakers (the ancient Greeks, the Hindus, and others) to classify universal phenomena under relatively unchanging categories of substance, qualities, activities and so on. ... The final suggestion, therefore, is that, just as Chinese thinking has, I believe, been strongly influenced by a linguistically determined tendency toward parallelism and antithesis, so, just conceivably, the "categorical" (i. e., classificatory) thinking of the speakers of Indo-European languages may have been influenced by the linguistic structure of their inflected languages. For in these languages, the fact that the different parts of speech are so readily distinguishable owing to their morphological shapings might well have encouraged a mental outlook that, accustomed to the existence of categories in language, would, perhaps unconsciously, seek for such categories in the natural world as well. Of course, this can only be proposed as an unprovable hypothesis.

⑩ 转引自毛荣贵：《中国大学生英语作文评改》，第 23 页，上海：上海交通大学出版社，1997 年。

⑪ 陈原在《语言与社会生活》（生活・读书・新知三联书店，1980 年）一书中说："现代汉语出现了一个'搞'字。词典说，搞就是做，干，这不错，但这个'搞'字却是个神通广大的字，'神奇'词。'搞生产'，有点'干生产'的味道，即进行生产。'把国民经济搞上去'，这里的'搞'，就不仅仅'干'的意思，'搞上去'换个'弄上去'、'提上去'，都不行。这是把国民经济提高到一个新的水平的意思，换掉'搞'字，在当代的表现法里是不容易传神的。……像'搞'这样的单字，是个很难搞的'神奇'多义词。口语里随便说说，倒也没什么，要认真做语言学的分析，那就得费一番功夫了。"

英语也有类似的"万能动词"，如 get 和 have：get a living（谋生），I can't get you（我

不明白你的意思），This problem gets me（这问题难住我了），Her singing gets him（她的歌声迷住了他），Please get me New York（请给我接通纽约）；Have him do it（叫他去做吧），You have me，haven't you？（你明白了我的意思了，对不对？），I won't have it（我忍受不了），I have been had（我受骗了），That's where you have me（这就是你胜过我的地方）。

# 综　述

# 英汉语言常用的表达方式

## Modes of Expression: English vs. Chinese

## 一、英语常用的表达方式

1. 英语的哲学背景是亚里士多德开创的严密的形式逻辑，以及16至18世纪风行欧洲的理性主义。理性主义注重形式论证，表现在英语里即强调形态的外露，拘谨于形式结构。英语用词造句成章的最大特点是采用形合法（hypotaxis），重形式结构协调，让读者和听者分析其中的意义和关系：词有严格意义的形态变化，虽然种类不如古英语那么多，但很常用；用词强调“性”“数”“格”“时”“体”“态”等的一致；句子受严谨的主谓结构协调一致（S-V concord）和“逻辑主语”与“逻辑谓语”协调一致的制约（这相当于亚里士多德判断结构的逻辑“主词”和逻辑“宾词”），多用并常用关联词语，注重形式接应，“前呼后应”，显性衔接（explicit cohesion），以形显义、以形统意、以法摄神，以形态变化制约句子结构，注重语法关系和语义逻辑。大量句子虽枝叶横生、盘根错节、环扣镶嵌、句中有句、繁复多变，犹如“参天大树”，但结构完整、形态外露、主从分明、严谨规范。语法和意义协调一致（grammatical and notional concord），对语境依赖较少（low-context）。语法和逻辑决定句义，要正确理解句义和语意，必须分析词的形式、句子的结构和前后的逻辑关系。“西洋语法是硬的，没有弹性”（王力，1984: 141），这个“硬性”，体现了人的理性。

2. 英语语篇[①]较常受亚里士多德的演绎法逻辑思维模式（deductive thought

pattern characteristic of Aristotelian logic）的影响，突出主题句（general topic sentence）②，注重分析推理，直线性（linearity）、有秩序、有层次地围绕主题展开具体细节（more specific details）；信息安排往往采用“突显”语序（salient order）：由近及远，开门见山，一语破的，头短尾长，先点出主要的或重要的判断、结论、观点、态度、要旨、结果、行为等，再追叙一些与此有关的背景、历史、条件、环境、事实、情况、情节、理由、原因、分析、例证等（general-to-specific sequence），语篇开头注重的是“where the argument / talk is going”；也有受培根的归纳法逻辑思维模式（Baconian inductive thought pattern）的影响，采用相反的语序，或按照时间先后、事理顺序的自然语序，或采用倒叙、跳跃、片段、意识流等表现手法。“西洋语言是法治的”（王力，1984: 53），受理性、语法和逻辑的制约。

3. 理性有抽象性的特征，因而英语用词倾向于抽象，常常以虚的形式表达实的内容，以抽象的词语表达具体的意义，喜欢用“虚”“暗”“曲”“隐”“泛”“玄”的表达方法，常常借助抽象、笼统、概括的词语表达复杂、微妙、模糊的意义，语义的词化和抽象化程度较高，注重冷静、抽象的逻辑论证。英语常用名词化表达法（nominalization / nominal style），用词的意义避免主观语气，有利于表达抽象的概念和深奥的哲理（well serve the purposes of philosophy）。英语对许多事物的命名是抽象的、概括的，来自拉丁语、希腊语和法语的大量外来词是抽象的、科技的、哲学的、学术的、缺乏形象的。由具体名词派生为抽象名词（如：dog 派生为 doggery，dogdom，doggedness，dogginess，doggishness；father 派生为 fatherhood，fatherliness，fathership）是英语常见的语言现象。英语是拼音语言，文字符号不是对自然现象的模拟，而是人为规定的信号，信号以理性的规则建立象征符号，以声音组合决定意义，取决于人的主观分析、概括和抽象的能力，因而导致语言的信号化和逻辑化，比较容易上升到逻辑思维。逻辑论证必须借助概念、判断和推理等思维形式和各种思维方法，在理性推演中认识事物的性质和联系，对思维对象进行间接的、概括的加工，因而呈现抽象性特征（连淑能，2009）。拼音文字本身具有抽象性而没有像汉语那样的直观性，因而有利于抽象思维，能激发人的分析和推理，促使人以理性思维方式来思考问题和表达思想。

4. 理性有客观性的特征，表现为主客分明，区分自我意识与认识对象，把主体作为“旁观者”对客体进行探究，因而英语民族比较注重客体意识和客体思维（objectivity），往往以客观、求实、冷静的表达方式叙述客观事物（calm fact-teller），如常用被动式和非人称表达法，不用人称而用抽象名词或 it 作主语，让事物以客观的口气呈现出来；说服性语篇（persuasive writing）倾向于陈述事物的客观情况（impartial search for truth），注重运用事实例证、调查案例、统计数据（rely more heavily on facts and figures）、专家论点，根据观察或实验而非理论的证据（empirical evidence），以客观的态度、令人信服的事实和严谨的推理来说服读者，让事实和逻辑说话（Let the facts and logic speak for themselves），少用或不用主观性修饰语，慎用或选用形容词和副词，正如博物学家、教育改革家 T. Huxley 所说，“No need to plaster the fair face of truth with the cosmetic of rhetoric”，也如语言学家 E. Gowers 所说，“Cultivate the habit of reserving adjectives and adverbs to make your meaning more precise, and suspect those that you find yourself using to make it more emphatic. Use adjectives to denote kind rather than degree. By all means say an *economic crisis* or a *military disaster*, but think well before saying an *acute crisis* or a *terrible disaster*”。西方人（尤其是英国人）言辞低调（understatement），注重客观的分析推理。

5. 英语民族受亚里士多德演绎推理三段论（大前提、小前提、结论）和论证三要素（概念、判断、推理）的影响，也受基督教的圣父、圣子、圣灵三位一体论（Trinity，i. e. the union of the three forms of God — the Father，Son, and Holy Spirit — as one God）的影响，不像中国人那样受“阴阳”二元论的影响而喜欢词语和结构的整体匀称、成双成对、对偶排比和同义反复，而是比较喜欢词语和结构的主从分明（subordination）、长短交错和替代变换（substitution and variation），尤其是三段式（triple style）的表达方式（A-B-and-C pattern），如：*Tom, Dick, and (or) Harry* 类似汉语的“张三李四”“阿猫阿狗”；*first, midst, and last* 类似汉语的“彻头彻尾”；*wine, woman, and song* 类似汉语的“吃喝玩乐”，*government of the people, by the people, for the people*，“民有，民治，民享的政府”（连淑能，2009）。三段论的演绎式思维模式影响了西方人的审美心理。西方的传统建筑，如希腊神殿、哥特式教堂、伊斯兰庙宇和无数的高楼高塔，都想突破对称，直指苍天。西方人似乎觉得三点式、三角式的布局比较稳妥，能在视角上产生美感，在心理上得到满足。三段论的演绎式思维模式常常体现于英语语句和语篇的结构之中。

6. 理性有确定性的特征，因而英语表达方式比较严谨、精确，模糊性较小，歧义现象较少，定义、概念明确，用词造句遵守严格的词法和句法，造句成章也服从某种逻辑规则，以便“以理服人”。英语词语有形态变化，表达注重分清性、数、格、时、体、语态、语气、人称、词性等，注重区分主语与谓语、主动与被动、施事与受事、虚拟与真实、及物与不及物等，要求句子成分完整、结构成“型”，语法缺乏弹性，这些都促使语义精确。英语是刚性的语言，具有科学家和逻辑学家的素质，尤其适合科学思维和逻辑思维，常用来对概念进行精确定义，进而展开判断和推理。西方人认为，人类要认识错综复杂的客观世界，必须对其分门别类，分析解剖，这就需要精确和理性，这也体现于英语之中。

## 二、汉语常用的表达方式

1. 汉语的哲学背景是儒、道、佛的悟性。悟性注重直觉领悟，表现在汉语里即重意会，轻言传，重心理意念而不重形式结构。汉语用词造句成章的最大特点是采用意合法（parataxis），重意义组合而轻形式结构，让读者和听者领悟其中的意义和关系：词没有严格意义的形态变化，用词注重功能、意义；句子不受严谨的主谓结构的约束，少用或不用关联词语，摆脱形式的束缚，“抛弃一切不必要的附属成分，只留下纯粹的思想”（O. Jespersen，1954: 57），直接表达思维过程，体现悟性的象似性（iconicity）；词语之间的关系常在不言之中，语法意义和逻辑联系常隐含在字里行间，“言有尽而意无穷”，明晰不足而暗示有余；造句富于弹性，灵活多变，着重意念，颇多隐含；讲究语意、文气和语感的通畅，言不尽意，得意忘言，富有领悟空间，对语境依赖较多（high-context）。流水句很常见，话如行云流水，随意自然流动，完全句与不完全句混合交错，松句、散句、紧缩句、无主句、省略句、并列式复句交替并用，句子似句似段，若断若连，可断可连，流泻铺排，主谓难分，主从难辨，形散神聚，言简意赅，“意尽为界”，富有弹性，恰似流水，多取意合法。语境、语感、悟性和“约定俗成”的语用规则决定句义，要正确理解句义和语意，必须从词语的意义、功能甚至语段、篇章和语境中去分析、领悟、体味。“中国语法是软的，富于弹性”（王力，1984: 141），这个“弹性”，体现了中国人的悟性。

2. 汉语语篇较常受儒、道、佛的悟性思维模式的影响，注重话题，注重自然心理流动和自由联想的“意识流”，注重事理先后和时间顺序，常常采用非演绎式的、往往是领悟式的归纳型（because-therefore structure）、经验式的临摹型（isomorphism）或螺旋式（circular / spiral / indirect）、漫谈式（rambling）的思维模式；注重隐性连贯（implicit coherence），较常只把事情或意思排列起来，让读者和听者自己去领悟其间的关系（reader-responsible）；呈现曲径通幽、起伏多变、断续离合、若即若离的风格；较常受传统的“起、承、转、合”的章法结构和思维模式的影响，又常用“重复”和“对比”的手法；喜欢“摆事实，讲道理”，信息安排常常按照“自然”语序（natural order）：由远及近，“层层剥笋”，逐层深入，头长尾短，先叙述一些背景、历史、条件、环境、事实、情况、情节、理由、原因、分析、例证等，再点出主要的或重要的判断、结论、观点、态度、要旨、结果、行为等（specific-to-general sequence），或按照“开篇说明 → 历史回顾 → 现状解释 → 观点态度 → 今后任务”这类模式，语篇开头注重的是“where the argument / talk is coming from”，通常反映了现实的时间先后和事理顺序，犹如对现实生活经历的临摹。当然，语篇也有类似英语的逻辑顺序，尤其是当代的、受英语影响的语篇。汉语大多语篇缺乏主题句，类似“点评式”议论或“体会式”言论。语句以意役形，以神统形，传神写意，画龙点睛，言简意赅，重意会而轻法则。“中国语言是人治的”（王力，1984: 53），受人的悟性和表达需要的支配。

3. 悟性有直觉性和形象性的特征，因而汉语表达形象、意象、象征、联想、想象的词语（如比喻、成语、谚语、歇后语等）相当丰富，用词倾向于具体，常常以实的形式表达虚的概念，以具体的形象表达抽象的内容，喜欢用“实”“明”“直”“显”“形”“象”的表达方法，常常借助生动、具体的形象词语来表达抽象、笼统的意义（如“土崩瓦解”“水乳交融”“大锅饭”“铁饭碗”“窝里斗”“墙内开花墙外香”“三天打鱼，两天晒网”），使人从直观、联想和想象中悟出其中隐含的意义或道理。汉语是意象性语言，文字符号具有象形、会意和形声的特点。汉字起源于象形，描摹实物形状，取物象为字象，以形象达意。现今仍有许多汉字直接或间接从原始图画演变而来，模拟自然现象和客观事物（如：山、凹、凸、囚），具有内在的直观性，适宜领悟和意会。这些特点都有利于形象思维，能激发人的想象和联想，促使人以悟性思维方式来思考问题和表达思想。许多事物通过“观物取象”“立意于象”而得以命名（如：“X 光透视”“电脑”），不少外来词通过形象性的意译或模拟拼音加形象而得译名（如：*Buckingham Palace* 白金汉宫、*laser* 激光、*Coca-Cola* 可口可乐、*World Wide Web* 万维网、*mini-skirt* 迷你裙），大量词语通过直觉领悟便可获知其意。语篇常常采用取象类比、设象喻理、以喻代议、寓议于喻的表达方式，让读者领悟深奥的道理。汉语喜欢用动词化表达法（verbal style），常用、多用、连用、重复、重叠动词，采用“连动式”“兼语式”及其接榫（如“我去叫他们派一个女生到这儿来帮助你化妆吧”），词语的意义生动活泼，丰富多彩，有利于表达动态的情感和形象性、直觉性的行为。

4. 悟性有意向性的特征，表现为主客不分，主体介入客体，客体融入主体，使客体主观化，因而汉语民族比较注重主体意识和主体思维，往往从自我出发来叙述客观事物，体现“万物皆备于我”（孟子）的哲学思想。汉语不受形态制约，语言形式与功能随主体意识而灵活多变，富于弹性，是一种“人治”语言。汉语表达倾向于描述人及其行为或状态，常用主动式、意念被动句和人称主语表达法，当人称不言自喻时，又常常隐含人称或省略人称。悟性注重自我体验反思：汉语的表达习惯常常把知、情、意融合在一起，把情感体验与客体描述合而为一，喜欢激扬文字，抒发情感，文情并茂；较常夸张比喻，较多华丽辞藻，喜用形容词和副词，常用褒贬词语，滥用主观性修饰语，如“热烈祝贺大会胜利召开”，这里的“大会胜利召开”，让西方人以为大会是经过斗争而获得胜利才得以召开的，类似“伟大”“重大”“积极”“突出”“优秀”“重要”“正确”“显著”“巨大”“良好”等主观性修饰语在媒体里尤其是宣传语言里比比皆是，几乎成了一种文风。这种文风还有一个特点，就是经常使用一些火辣辣的军事词语（fiery words），如“脱贫攻坚战”“部署旧城改造冲刺阶段”“化妆品进军香港市场”“慰问各条战线坚守岗位的职工”等，其强烈的主观意志语气使所表达的客观事物带有浓厚的主体意向。中国学生写说服性语篇时，容易受中文思维和当代文风的影响，措辞和语气较富主观意向性，行文中常用“*We must*”“*You should*”“*It is absolutely wrong to ...*”之类的语句，这在英美人看来是作者的主观态度，有点强加于人的口气而不能真正说服人。当然，这与学生对 must，should 等情态动词在语义和语用上的含义理解不透彻也有关系。

5. 悟性有整体性的特征。中国的整体思维从《易经》的“阴阳”互依互根衍生出中庸、兼顾、联系的二元结构。中国人善于发现事物的对应、对称、对立，认为万物都有对称性，必须注意对称，保持适中，兼顾两面，互相联系，只有当这两方面处于均衡对称状态时，才能在视觉上产生美感，在心理上得到满足，取得整体稳定感，达到和谐，获得“善”和“美”（连淑能，2009）。汉语喜欢整齐匀称，词语和句式往往成双成对，富于均衡美与节奏美，如对偶、对照、排比、反复、重叠；多用平行结构、同义反复、反义合成、四字短语，追求音节对称整齐、词语对仗工整、声韵和谐悦耳，词语呈现双音节化和四音节化。汉语表达方式注重整体意念，注重语流的整体感。行文注意有头有尾，交代来龙去脉，注重起承转合，保持结构完整。句子主要成分尽量靠拢，忌讳句中插入、阻断。表达方式注重整体性，有助于整体领悟。

6. 悟性有模糊性的特征，因而汉语模糊性较大，歧义现象较多：一个深层结构（语义结构）可表现为多个表层结构（句法结构），多个深层结构也可表现为一个表层结构，如“一匹马骑两个人”（马骑人?）/“两个人骑一匹马”“这锅饭能吃十个人”（饭吃人？）/“十个人能吃这锅饭”“神秘的少女的心”（神秘的少女？神秘的心？）“我差一点没跟他结婚”（到底结婚了没有？）。许多表达方式在英美人看来是非逻辑的（illogical），如“救火”“晒太阳”“在家养病”“哎，你想死我了”（谁想谁？）“昨晚我盖了两条被子”（我盖被子？被子盖我？），但中国人通过语境、语感、悟性和“约定俗成”，并没有产生任何误解。汉语的许多概念比较模糊，如“道”“气”“理”“神”“诚”“心”“义”“性”“善”等关键的哲学概念都缺乏精确界定，没有明确定义。从英语语法的角度看，汉语的字、词缺乏形态变化，没有性、数、格、时、体等语法概念，主语与谓语难分，主动与被动不清，虚拟与真实不明，及物与不及物不分，经常省略或缺少句子成分，清末以前的汉语没有标点符号，文章也难断句分段，语法借鉴西方但富于弹性，这些都常常导致语义模糊，容易产生歧义。季羡林认为，“汉语区别于西方印欧语系语言的根本之处在于模糊性。”③ 法国汉学家 Granet 则这样评价汉语：“中国人所用的语言，是特别为描绘而造的，而不是为分类而造的；那是一种可以抒发特别情感，为诗人或怀古家所设计的语言，而不是为了下定义或判断而设计的语言。”④ 杨振宁也认为，“中国文化是向模糊、朦胧及总体的方向走，而西方文化是向准确而具体的方向走。中文的表达方式不够准确，假如在写法律文书是一个缺点的话，写诗却是一个优点。”⑤ 汉语是柔性的语言，不甚求精确，具有诗人和艺术家的素质，尤其适合悟性思维，常用来描绘事物、抒发情感。“明晰不足而暗示有余”的特点常见于中国的哲学、文学和艺术，如哲学的概念（“道不可言，言而非道”）、诗歌、绘画、书法等。

理性和悟性还可以从英语和汉语的语音、文字、词法、句法、章法、修辞、文体、文风等各个层次再找到种种表现并列出种种例证。

## 注 释

① 英汉语篇的特点因文体、时代、作者、意图等因素而异，不宜一概而论。这里所概括的是说明文、记叙文等常见的某些一般特征，不同文体、不同时代、不同作者、不同意图等所表现的语篇特征及其程度有所不同。

② Robert Bander（1978:5）如此解释 topic sentence: “To write a good paragraph, you first need to decide upon your purpose in writing. In other words, since each paragraph should be a separate unit of thought, you will need to decide in advance exactly what idea you are trying to communicate in each paragraph. Once you are sure of your idea, the next step is to make it clear to your reader. You can do this by stating your idea in a topic sentence. The topic sentence expresses your paragraph's central purpose. As you write a composition, you are responsible for keeping your purpose firmly in mind and continually signaling it to your reader. ... Seeing your topic sentence written out will help you to focus on your subject. But if a topic sentence is expressed in terms that are too general, it will be less likely to help you achieve unity. To prevent yourself from introducing unrelated material, you will want to try in most of your topic sentences to use a word or group of words to express the chief point of a paragraph: its controlling idea. Occasionally the entire topic sentence will be needed to state this idea, but often it will appear in only a word or phrase"。

③ 季羡林：文艺理论建设应改弦更张——季羡林教授访谈录，《中外文化与文论》，1996 年第 2 期。

④ 转引自贾文波：《汉英时文翻译》，北京：中国对外翻译出版公司，2000 年。

⑤ 转引自毛荣贵：《翻译美学》，上海：上海交通大学出版社，2005 年。

下　篇

# 中西传统思维方式

Modes of Traditional Thinking:
Chinese vs. Western

# 绪　论

## 思维方式

### Modes of Thinking

思维方式是沟通文化与语言的桥梁。一方面，思维方式与文化密切相关，是文化心理诸特征的集中体现，又对文化心理诸要素产生制约作用。思维方式体现于民族文化的所有领域，包括物质文化、制度文化、行为文化、精神文化和交际文化，尤其体现于哲学、语言、科技、美学、文学、艺术、医学、宗教以及政治、经济、法律、教育、外交、军事、生产和日常生活实践之中。思维方式的差异，正是造成文化差异的一个重要原因。另一方面，思维方式又与语言密切相关，是语言生成和发展的深层机制，语言又促使思维方式得以形成和发展。语言是思维的主要工具，是思维方式的构成要素。思维以一定的方式体现出来，表现于某种语言形式之中[①]。思维方式的差异，正是造成语言差异的一个重要原因。语言的使用体现思维的选择和创造；翻译的过程，不仅是语言形式的转换，而且是思维方式的变换。要研究语言的特征及其转换，要研究语言与文化的关系，必须深入研究与语言和文化均有密切关系的思维方式。

思维方式是精神产品的生产方式，是主体在反映客体的思维过程中，定型化了的思维形式、思维方法和思维程序的有机综合（荣开明等，1989: 30）。不同类型的思维，都有与其相适应的思维形式，如逻辑思维主要借助概念、判断、推理等形式，非逻辑思维主要借助直觉、灵感、想象等形式。思维方法是精神产品的生产工具，有两个层次，一是思维过程中运用的具有普遍性的逻辑方法，如归纳法、演绎法、分析法、综合法、抽象法、比较法、假说法等，二是根据不同的思维对象，只适用于该对象的、特定的或具有特色的具体方法，如哲学方法、数学方法、系统方法、信息方法、控制方法、模型方法等。在思维方式生产精神产品的过程中，逻辑方法必须与具体方法相结合，融合于具体方法之中，才能生产出精神产品（宋德宣，1989:18）。思维程序是思维方式运行的基本路线，是思维形式和思维方法在思维活动中的有机结合。

思维方式主要由知识、观念、方法、智力、情感、意志、语言、习惯等八大要素组成（陈新夏等，1988:504）。这些要素相互联系，相互作用，形成一个动态、有机、复杂的系统。正是这些要素各自的特征及其结构，规定着思维方式的性质、类型和特征，产生思维方式的差异。

思维方式是一个多对象、多层次的系统。根据不同的角度、标准、特点和理解，思维方式可以分为各式各样的类型②。例如：按照哲学观念，可以分为主观型、客观型和主客观统一型的思维方式；按照思维主体，可以分为个人、群体、社会和人类的思维方式；按照思维对象，可以分为哲学、科学、技术、军事、艺术、宗教等等的思维方式；按照思维任务，可以分为认知型和实践型的思维方式；按照思维结构，可以分为线性、系统、横向、纵向、平面、立体等等的思维方式；按照方法层次，可以分为直观型、具体型、抽象型等等的思维方式；按照认识的阶段和水平，可以分为动作、经验、形象、情感和直觉的思维方式；按照社会效应，可以分为先进与落后、积极与消极、合理与不合理等等的思维方式；按照思维活动的态势，可以分为开放型与封闭型、动态型与静态型、敏捷型与迟缓型、发散型与收敛型、创新型与保守型、多维反馈型与单向直线型等等的思维方式；按照历史阶段，可以分为古代、近代和现代的思维方式；按照地域，可以分为东方、西方、大陆型、海洋型等等的思维方式；按照民族，可以分为汉族、英美民族等等的思维方式。思维方式是一个复杂的系统，其类型与划分仍待深入研究。

从人类思维的整体看，思维方式具有时代特点、区域特点、社会特点和民族特点，四者纵横交错，构成网络结构。研究这个网络结构，不仅是思维学、文化学和社会学的任务，也是语言学的任务。

思维方式是历史的产物，不同历史时代有不同的思维方式。每一时代的思维方式反映该时代的社会和文化，体现该时代的社会生产力、科学发展程度、认识水平、实践方式和时代精神。从历史的眼光看，可以把人类的思维方式分为古代、近代和现代三个阶段。相对而言，中国传统思维方式具有后馈性、再现性和稳定性的特征，不像西方思维方式那样具有明显的阶段性。

古代生产力低下，古人智力不发达，思维能力弱，思维空间狭窄，思维方式简单，把世界看作是一个模糊的整体，把某种事物或现象看作是世界的始基。这种有关于事物发展、变化的朴素思想，往往从主观出发看待客观世界，把主观感受赋予思维对象，加以联想，产生主客互渗、“天人合一”的观念，具有意会体悟的直觉性、笼统素朴的整体性和朦胧猜测的模糊性。古人的智力虽不如现代人，但古代的东方和西方却出现了一批杰出的哲学家和思想家，如孔子、孟子、老子、苏格拉底、柏拉图、亚里士多德等，他们的学说对后代人的哲学思想产生了深远的影响。

近代生产力迅速发展，科技水平大为提高，人们的认识水平和思维能力也远远超过古代。近代西方实验科学诞生之后，思维方式形成了近代的特点：一是注重分析性和精确性，抽象思维能力大大提高，但却忽视事物的整体、运动和联系，导致孤立、静止、片面的形而上学；二是注重形式逻辑，把形式逻辑视为思维必须遵循的最高法则，形式思维和公理思维发展较快，直至黑格尔的辩证逻辑诞生之后，才逐渐改变；三是注重认识客体的同时，也注重认识主体，因而自我意识大为增强，促使近代人本主义和个体主义思潮的发展。

19 世纪以后，尤其是近半个世纪以来，新的科学技术革命促使生产力和社会文化发生巨大变化，同时也促使思维方式发生新的变革，加上东西方思维方式互相吸引、互相渗透、互相补充，思维方式形成了现代的特点：一是注重综合性、系统性。现代的整体综合是辩证的综合，全方位、立体化、多角度、系统性的综合，宏观与微观、纵向与横向、整体与部分、综合与分析、结构与功能、定性与定量的有机结合和互补兼容，不再是古代的直观经验的综合。20 世纪以来，系统论、信息论和控制论运用到思维活动，形成了现代的系统综合思维方式。二是注重形式化、符号化。用人工语言（表意符号）代替自然语言，暂时撇开符号所代表的意义而着眼于形式来描述事物的结构和规律，把对事物的研究转换为对符号的研究，因而思维更具对象性、客观性和精确性。数理逻辑是形式化思维的重大成果，是现代化的逻辑科学，而人工智能则标志着现代思维发展的新阶段。三是注重创造性、多样性。现代思维方式注重立体性、发散性，着眼于新的观念、角度、层次、程序、途径和方法，思维类型越来越多样化，表现出空前的创造性。四是注重动态性、前瞻性。现代人注重以运动、发展、变化的观点和方法思考问题，把注重时间的纵向思维与注重空间的横向思维结合起来，不仅回顾历史，面对现实，而且面向未来；不仅面向本地、本国，而且面向全球乃至宇宙，显示出高度的开放性、前瞻性、开拓性、进取性。五是注重东方和西方思维方式互补并重、辩证运用。东方和西方思维方式各有长处和短处，现代思维方式已形成东西互补的发展趋势，即人文与科学、综合与分析、直觉与逻辑、形象与抽象、模糊与精确、定性与定量、纵向（时间）与横向（空间）、归纳与演绎、历史方法与逻辑方法等等的综合运用。

思维方式的差异本质上是文化差异的表现。长久生活在不同区域的人，具有不同的文化特征，因而也形成不同的思维方式。从地理和文化的角度看，全世界可以分为东方和西方两大区域，东方以中国为代表，西方古代以希腊和罗马为代表，近现代以西欧和北美为代表。东方和西方属于两大不同的文化体系，因而形成两大类型的思维方式。由于不同的地理环境、生活方式、生产方式、行为方式、交往方式、历史背景、政治制度、经济体制、风俗习惯、宗教信仰、语言文字，以及不同的哲学观、世界观、人生观、伦理观、价值观、审美观、时空观、心理特征、表达方式等因素，东方和西方的思维方式从总体上看具有不同的特征，如东方人偏重人文，注重伦理、道德，西方人偏重自然，注重科学、技术；东方人重悟性、直觉、意象，西方人重理性、逻辑、实证；东方人好静、内向、守旧，西方人好动、外向、开放；东方人求同、求稳，重和谐，西方人求异、求变，重竞争等等。

除了东西方两大区域之外，东西方各国、大陆与沿海（包括半岛、海岛）、农村与城市、落后地区与发达地区、沙漠、高山、草原以及农业地区、工商地区和游牧地区等区域的人，思维方式也有不同，如居住大陆从事农业的人，缺乏与其他文明的交流与竞争，眼界狭窄，思维内向、保守、迟缓；安土重迁，乡土观念强；以自我为中心，执著于民族意识；好内省自求、重人际和谐，重群体轻个体，竞争意识淡薄；重农轻工商，重实用技术轻科学理论。居住沿海从事工商业、航海业的人，经常与外界交流与竞争，眼界开阔，思维外向、开放、敏捷；以四海为家，常流动奔波，乡土观念淡薄；重个体，重竞争、好争斗；重科学理论和技术，重功利，重开拓、进取、扩张。不少学者认为，中国传统思维方式属大陆农业型，西方思维方式属海洋工商型。

思维方式是在一定的社会环境中形成的。处于不同社会地位和环境、从事不同职业的个体和群体，在年龄、性别、教育程度以及思维素质、能力、方法等方面都有不同的特点，因而思维方式也有不同。例如，思维方式随着年龄的变化而变换。据心理学者研究，3~7 岁：具体形象思维；7~12 岁：形象—抽象思维；12~18 岁：经验型抽象思维；18 岁以后：辩证思维发展较快。大量的调查研究表明，男女两性具有不同的思维能力，表现为不同的思维方式。男性通常偏于抽象思维，有较强的逻辑分析能力，善于运用概念、判断、推理认识事物，重理性，哲学思维、空间意识、数学推理、机械制作和解决问题的智能较强，偏于对外部世界的认识，思维外向、求异，性格阳刚、直露、好动、好斗，进攻性、独立性强，富于竞争精神；女性一般偏于形象思维，较善于整体观察，善于运用直觉、意象、灵感、想象认识事物，重情感，艺术思维、时间观念、语言能力较强，偏于对内心世界的感觉，思维内向、求同，性格阴柔、含蓄、好静、温和，重人际关系，防卫性、依赖性强，富于和谐精神。有的学者认为，中国传统思维方式具有女性阴柔偏向，西方思维方式具有男性阳刚偏向（刘长林，1990: 573–584）。

每个民族生活在特定的自然地理环境之中，具有各自的历史背景和文化传统，因而也形成了各自的思维方式。民族的思维方式，既有民族性，也有时代性、区域性和社会性；既有各自的习惯性、传统性，又有与其他民族互相吸收、互相渗透的通约性、共同性。以下着重讨论中华民族和西方民族传统思维方式的总体特征。

中西思维方式比较是老课题，也是新课题。严复、林语堂等早期名家及当代不少中外专家、学者，都有过许多精辟的论述。以下挑选十个方面，择其主流，论其大略，着重从总体上简要地讨论中西传统思维方式的基本特征，力图梳理出一个眉目来，为进一步研究提供参考。

## 注　释

① 黑格尔（1976:7）认为，“思维形式首先表现和记载在人们的语言里。”杜威（1933:174）也认为，“吾谓思维无语言则不能生存。”

② *General Education in a Free Society* (by Harvard University, pp. 65–67. Cambridge, Mass.: Harvard University Press, 1945) analyzes effective thinking into three types which, though not mutually exclusive, have each an area of appropriateness in human thought: logical thinking in science, relational thinking in social studies, and imaginative thinking in the humanities. In Chinese thought, even imaginative thinking is colored by relational thinking.

# 1

# 伦理型与认知型

## Ethical vs. Cognitive

中国半封闭的大陆型地理环境、小农经济和春秋战国的社会现实哺育了儒家思想。以儒家为代表的先哲对世界的认识主要不是出于对自然奥秘的好奇，而是出于对现实、社会、政治、伦理和道德问题的关注。《易经》说，“作易者，其有忧患乎”（《易·系辞上》）。出于“忧患”意识，先哲们认为人是认识的对象和核心（the Confucian human-centered philosophy），探索自然主要是为解释社会、政治、伦理和道德的现实问题提供例证，因而从自然现象寻求相应的启示。儒家学说建立在血缘宗法关系基础之上，是做人的“明智之学”。思维的中心在于伦常治道[①]，在于确立和论证君臣之义、父子之亲、夫妇之别、长幼之序、朋友之信。维护人伦关系是为了维护君臣关系和封建专制，最终为了安邦治国（harmonize with each other and adjust themselves to the social environment）。政治、伦理既与哲学紧密相连，又与哲学家本人的生活紧密相关，哲学家也是政治家、道德家，又是文学家或诗人。古代先哲以政治、伦理为视觉焦点，以维护封建宗法制的伦理道德为评判标准，主张“仁、义、礼、智、信”“诚意、正心、修身、齐家、治国、平天下”，力求“明于治乱之道”“审于是非之实”，倡导安身立命，顺应自然，回归自然，体认天道，以天道为人道，以立己为起点，以平天下为归宿，重伦理纲常，重道德修养，重人际关系（interaction between man and man），重社会秩序，重安定和谐，重道义，重现实，重致用，重技艺（The Way，the Way to live and behave，and not the discovery of Truth，was the goal of philosophy）。“天道远，人道迩，非所及也，何以知之？”（《左传·昭公十八年》）天道是彼岸世界的事，不可及也不可知；人道是此岸人间的事，可知又可及，于是成了关注的中心。孔子（公元前551—前479）哲学以“仁”“礼”为中心，“仁”寻求人伦关系规范化，“礼”寻求社会有序化，哲学、伦理、政治三者混为一体，主要是人生哲学、伦理哲学、政治哲学，而非西方的自然哲学、科学哲学、形而上学。先哲们主要论人，也谈天说地，其目的在于“究天人之际，通古今之变”“为天地立心，为生民立命，为往圣继绝学，为万世开太平”，关心的是人道，而非天道，是人生之理，而非自然之性。“天文”指自然秩序，“人文”指人事条理，无论是观天文还是察人文，都是为了预料社会变化，实现人际和谐。“天时不如地利，地利不如人和。”（《孟子·公孙丑下》）儒家注重人伦道德的思辨，但对自然事物和辩论方法却不感兴趣。比较讲究“名辩”之学的荀子（公元前313—前238）也把研究自然事物看作是“无用之辩，不急之察”，可以“弃而不治”，而对于“君臣之义、父子之亲、夫妇之别，则日切磋而不舍也”（《天论》）。在科举制度下，读书人醉心于科举，埋头于八股，“学而优则仕”，对探索自然失去兴趣，科学技术也被统治者视为“奇技淫巧”，受到歧视与打击。林语堂（1988: II，313）指出，“中文道字，西文没有。西文 Truth 字，讲客观的真理，中文也似乎少这观念。老实说，中国人对客观的确与不确，不大感兴趣，对于行为的是非，乃大感兴趣。”这种社会政治环境必然造成重道轻器、重人文轻科学的思维倾向，使中国的传统思维方式具有政治伦理型的特征。

John Meskill（1973: 601）以西方人的角度评介孔子的哲学：

> It is well known that Confucianism, a dominant philosophy in China for more than 2 000 years, is largely a code of ethics governing human relationships. Its focus of attention is not on the individual, but on the web of human relations. Its concern is with order and harmony in family and society and not with the freedom of their constituent members. Thus, the emphasis is on a person's moral obligations to others, not on his own "human rights".
>
> The Confucianist stream of thought was interested in the Will of Heaven, but not the nature of Heaven. The Will of Heaven was revealed in social and political conditions. Hence, Confucius concentrated his attention on human affairs.

总之，中国古代贤哲注重人事而轻视自然，以致中国哲学所讲的自然也常常被纳入人文意识的框架内，没有成为一个独立的研究对象，因而形成自然与人文不分，即贯穿中国哲学的所谓“天人合一”的致思倾向。因此，中国哲学向来崇尚和讲求人伦－政治，追求自然知识的意识不发达，其焦点集中于伦理、道德和政治，而不在于宇宙、自然和规律，于是中国形成了以人伦－政治为核心的社会关系。这种关系在先秦时期经过诸子百家②，特别是儒家的手笔之后，就哲理化了，从此成为贯穿中国几千年社会历史的轴心。

英国科学家、中国科技史专家、中国科学院外籍院士李约瑟（Joseph Needham，1900—1995）在其名著《中国科学技术史》里指出，中国古代科学技术曾极大地影响世界文明进程，为全人类作出过巨大贡献，但也提出了“李约瑟难题”：中国近代科学为什么落后于西方？国内外学者从政治、社会、经济、制度、地理、语言、文化和思维方式等各种角度深入探索，其答案是多方面的。思维方式是精神产品的生产方式。就此而言，李约瑟其实已经作了回答，他认为 The preoccupations of Confucianism is largely responsible for the lack of scientific theory, because of its attitude to Nature:

> Confucianism has little connection with the history of science. A religion without theologians, it had no one to object to the intrusion of a scientific view on its preserves, but in accordance with the ideas of its founding fathers, it turned its face away from Nature and the investigation of Nature, to concentrate on a millennial interest on human society, and human society alone. ③

影响中国最为深远的孔子哲学重人文而轻自然，这样的思维倾向无疑导致中国科技落后。在古代，科学技术处于以搜集和总结经验知识、注重能解决实际问题的技术为主的初级阶段，中国主要在实用技术方面领先于西方。到了近代，西方进入了理论升华阶段，注重分析性、精确性、抽象性、逻辑性，注重认识自然、探索自然、征服自然，这样的思维倾向必然促进西方科学技术大发展，而中国却基本上停滞不前，从此落后于西方。

中国传统哲学的认识论，其形成与政治、社会、伦理、道德等问题的探讨密切相联系，运用的方法除了朴素辩证法之外，形式逻辑也起一定作用，但由于整体有机思维方式比较发达，辩证逻辑对认识论的发展起着更加显著的作用。到了近代，随着西方形式逻辑和数学、自然科学的传入，认识论问题的探讨才同形式逻辑结合起来，因此，思维方式的转换出现了复杂性。西方哲学传统的认识论，其形成与本原、本体问题的探讨密切相联系，其基础主要是数学和自然科学的研究成果，运用的方法除了朴素辩证法之外，主要是形式逻辑。因此，西方认识论的形成和发展，大体上与形式逻辑、数学和自然科学的形成和发展是同步的。也正因为如此，凭借认知的形式分析思维方式占主导地位。④

中国传统哲学注重把握人生，因而必然重视伦理道德，铸造完美人格，建立和谐社会；西方哲学传统注重把握自然，因而必然重视认识自然，倡导理性思辨，强调科学探索。

西方文化的发源地希腊半岛及其附近沿海地区的开放性、海洋型地理环境和手工业、商业、航海业的发展，引起古希腊哲学家对天文、气象、几何、数学、物理等知识的浓厚兴趣，逐渐形成了注重探索自然奥秘的科学传统。古希腊人对大自然的惊奇、敬畏和赞叹以及他们的航海冒险活动，诱发了他们无穷的探索精神。哲学家把探索和认识自然的本性看成自己神圣的使命。因此，在古希腊哲学中，自然或宇宙一直是智者研究的独立对象，从宇宙获得真理、掌握知识、拥有智慧成为人生最大的幸福。R. C. Lamm（1996: 62）指出：

> Systematic speculation about the nature of the universe was a Greek innovation. ... The Greeks thought systematically about the cosmos and their relationship to it, which led not only to the invention of philosophy but also to the concurrent invention of pure science, the essence of which is the pursuit of objective knowledge about the world in which we live.

古希腊哲学家亚里士多德（Aristotle，公元前384—前322）认为，“求知是人类的本性”“认识真理是我们的目标”“哲理的探索起源于对自然万物的惊异和好奇”；哲学家探索哲理“为求知而从事学术，并无任何实用目的”“为摆脱愚蠢”⑤，获得智慧；所谓智慧，就是掌握了事物之所以然；愚人之所以愚，智者之所以智，在于前者昧于原因，后者明于原因；哲学作为智慧的科学，其主要任务是探究原因；万物皆有原因，任何科学皆以探究原因为己任；原因有两类，一是有限事物的原因，这是具体科学的任务，二是无限事物的原因（整体因或第一因），这是哲学的任务，即“寻取最高原因的基本原理”，“最高原因”指“实是之所以为实是”，亦即“本体”。发现事物的本原或原因，也即发现真理，是认识的根本目标。西方智者深信科学技术和能解决问题的科学方法，注重理性（rationality）[⑥]，注重客体意识（objectivity），注重客观事实（facts），注重根据观察或实验而非来自理论的证据（empirical evidence），认为“事必有因”（events have causes），“因必可究”（causes are discoverable），“人可控果”（humans have the power to intervene，mitigate or prevent the effects），这种信念是西方科学技术发达的重要原因。英国唯物主义和近代实验科学的始祖培根（Francis Bacon，1561—1626）进一步发展了崇尚自然、以自然为研究对象的思维传统，相信“知识就是力量”，人可以用知识战胜自然，可以用理性与实验相结合的科学方法来发现自然的规律和真理。笛卡尔强调“用正确的方法追求真理”。哲学家爱智慧、崇理性，尚思辨，以认知自然为视觉焦点，崇尚自然，认识自然，探索自然，最终为征服自然（Human dominion over Nature），而非如中国贤哲那样，把人看作是大自然的一部分，人应与大自然和睦相处（Humans live in harmony with Nature）。西方智者们追究宇宙起源，探索万物本质，分析自然构造，寻求物质元素，诘问人生目的，重视本体论、认识论和方法论，把自然科学看作是战胜自然的一种工具。西方哲学是求知识的学问（Philosophy is the search for knowledge and understanding of the nature and meaning of the universe and of human life.*OALED*，1994: 671），是“爱智之学”（love of wisdom），始于探究客观世界的本质，主体是自然哲学、科学哲学，注重对宇宙、自然的探索和认识，而非中国的人生哲学、伦理哲学、道德哲学（Moral philosophy or ethics is the study of the principles on which human behavior is based. *OALED*，1994: 671）。李约瑟（1990: 36）认为，“自然科学之排斥伦理判断，是科学发展的必经之路。对真理的追求固然本身具有道德价值，但我们无法将自然分为有益教化，可以传诸经传，以及无益教化，必须三缄其口：道德的标准在人类社会的圈子以外就不适用了。科学是无所谓道德与不道德的。”西方身兼数学家或自然科学家的哲学家自古以来比比皆是，如亚里士多德、培根、笛卡尔、莱布尼茨、洛克、康德、罗素、马赫、皮亚杰等，这在中国是罕见的。近现代西方人进一步发展了古希腊崇尚理性、追求知识的传统[⑦]，以探索自然奥秘作为科学家和哲学家共同感兴趣的研究任务。随着自然科学的发展，西方人不断排除臆想和猜测，以自然界本身的原因说明自然现象，从物质的内在结构说明其种种属性，从而产生了以实验为基础的逐层深入的逻辑分析方法和种种推断、证明、解释的思维形式，造就了无数的科学理论和体系，形成了西方科学认知型的思维方式。

当古希腊人把知识和智慧运用于社会生活时，便开始建立法律制度，试图以法办事，以维持天下公正之道。因此，自古希腊社会（以雅典为代表）便开始萌生了以法律为政治轴心的社会关系和人际关系，尤其是到了古罗马社会，表现出以法律为政治轴心的特征。后来，希伯来的宗教与希腊的哲学汇合为一体，又酝酿出了宗教－道德关系。从此，社会法律和宗教－道德关系在西方社会中长期并行不衰，两者互相渗透补充，互相融合，成为西方社会关系的主轴。[⑧]

中国人的传统思维方式具有政治伦理型的特征，判断人的标准往往比较注重身份、地位 (what he / she is)，注重政治、伦理、道德，注重人际关系，注重人际交往 (contacts)，注重社会和谐 (harmony)；西方人的思维方式具有科学认知型的特征，判断人的标准往往比较注重行为、表现 (what he / she does)，注重个人奋斗，注重个人成就，注重合同契约 (contracts)，注重人际竞争 (competitiveness)。中国文化属于人文文化，重人伦，轻器物，价值取向以道德为本位，旨在教人怎样做人；西方文化属于科学文化，重物质，轻人伦，价值取向以功利为本位，重在人怎样创造物。

中国的人文精神不同于西方的人文主义。中国的人文精神以人生为本位，富于人文意识，注重人的伦理道德修养，追求社会秩序安定和谐 (harmonious relations)，倡导仁爱、宽容、义务、奉献，重宗法、等级 (hierarchy)，轻个性 (individuality)，注重"群己合一"，突出社会的人格，把个体看作是群体的分子或角色 (the self is part of a larger whole)，注重群体观念 (group-orientation)，倡导的是集体主义 (collectivism)。欧洲文艺复兴时期所提倡的人文主义，宣扬人性，反对神性；要求人权，反对神权；主张个性解放，反对宗教桎梏；注重个体的人格，认为个体是单独的、自由的 (the self is a unitary free agent)，个体与群体的关系是单个与多数而不是部分与整体的关系 (one vs. many, not part vs. whole)，注重自我中心 (ego-centrism)，倡导的是个体主义 (individualism)。[⑨]

## 注　释

① 辜鸿铭是近代中国著名的文化"怪杰"，通晓西学，精通近10国文字，英语水平被孙中山、林语堂誉为中国第一，生平以英文著书，在西方曾产生过广泛的影响。他于1915年用英语写成的 *The Spirit of the Chinese People*（北京每日新闻社，黄兴涛、宋小庆译为《中国人的精神》，海口：海南出版社，1996年），是他最有影响的英文代表作。他在书中向西方介绍了中国人和中国文化，并与西方文化作了比较。辜鸿铭（1996:209）认为，"在中国，把真正的人生哲学称为'道'，道的内容，就是教人怎样才能正当地生活，人怎样才能过上人的生活。有'文以载道'这样一句话，'文'即'文学'，在中国，文学可以说是教给人们正确的人生法则的东西，西洋人长时间内为了寻找这真正的人生道路，做出了很大的努力，但至今未果。而中国人依据四书五经，就可以明'道'。很遗憾，欧洲没有这样的东西。欧洲有的是基督教。基督教叫人们怎样去做一个好人。而孔子学说则教人怎样成为一个良好的国民，努力做一个好人当然是好事，但这并不是一件什么难事。比如登山拜神即可成为一个好人，而想做好一个良民，则须知'五伦'之道，这却是一件相当难的事。"

②《汉书·艺文志》根据西汉刘歆的《七略·诸子略》把"诸子百家"分为：儒家、道家、阴阳家、法家、名家、墨家、纵横家、杂家、农家、小说家共10家；西汉司马谈、司马迁则提出"六家"之说，认为阴阳家、儒家、墨家、名家、法家、道德家这6家是当时最重要的学派。

③ 转引自 C. Mackerras: *Western Images of China*. p. 129. Oxford: Oxford University Press, 1991.

④ 参见王淼洋、范明生主编：《东西方哲学比较研究》，第205页，上海：上海教育出版社，1994年。

⑤ 参见北京大学哲学系外国哲学史教研室编译：《西方哲学原著选读》，北京：商务印书馆，1999年。

⑥ Fred E. Jandt (1998: 260) 概括出美国文化的一些基本特征，如："People in the United States generally believe in a supreme god or universal spirit and believe that they can control nature. They have a lot of faith in science and technology and are materialistic. They get a sense of identity from work and generally separate work from play. Americans are efficient, practical, and see progress and change as a good thing. They place a high value on time and have a future time orientation, although they often divide it into short-term goals. People in the United States do not agree about whether humans are naturally good, bad, or a mixture of both. However, two beliefs related to human nature — rationality and mutability — are still believed by many Americans. Rationality is the belief that people are reasonable and can make decisions for themselves. Mutability is the belief that people can change. For example, a criminal can learn to be a good citizen. One of the most fundamental beliefs of people in the United States is individualism. Associated with this belief are the ideas of self-motivation, competition, and responsibility for one's own actions. Americans also have an unshakable belief in equality. They do not believe that everyone is the same, but they do believe that everyone does or should have the same opportunities as everyone else. This is the basis of the American Dream. Last, Americans are conformist—it is important to stay in touch with the latest fashions in hair, clothing, and so forth"。

⑦ R. C. Lamm（1996: 124）指出，"The Greeks of antiquity established a superb foundation for the development of most of Western civilization. They constructed a rational, viable, and humanistic culture in which the emphasis was upon the individual and each person's pursuit of excellence"。

⑧ 参见王兴国、孙利：论中西方人格观念的深层差异，《云南社会科学》2002 年第 2 期。

⑨ 西方学者普遍认为，Westerners prize and value ***individualism***, ***rationalism***, ***independence***, ***democracy***, ***freedom***, ***equality***, ***justice***, ***competition***, ***self-motivation***, ***beauty***, ***human rights***, ***the pursuit of excellence***, etc. which created a remarkable civilization。Fred E. Jandt (1998: 214, 250) 也指出，"The first dimension of culture is individualism versus collectivism. This dimension refers to how people define themselves and their relationships with others. One difference is reflected in who is taken into account when you set goals. In individualist cultures, goals are set with minimal consideration given to groups other than perhaps your immediate family, and more importance is given to individuals' needs. In collectivist cultures, other groups are taken into account in a major way when goals are set, and more importance is given to the needs of the group. Individualist cultures are loosely integrated; collectivist cultures are tightly integrated. In individualist cultures such as the United States, for example, when meeting a new person you want to know what that person does. You tend to define people by what they have done, their accomplishments, what kind of car they drive, or where they live. Individualist cultures are more remote and distant. Cultures characterized by collectivism emphasize relationships among people to a greater degree. Collectivist cultures stress interdependent activities and suppressing individual aims for the group's welfare", "The United States is characterized to a high degree by individualism as opposed to collectivism. In fact, surveys in the industrialized nations during 1980s clearly show that the most distinctive and perhaps permanent characteristics of the United States character are independence and individuality. Yet the word "individualism" did not enter the English vocabulary until 1835 when Tocqueville used it to describe what he found in the United States. Those characteristics are echoes of constitutional guarantees of free speech and free press. Freedom for people in the United States is the freedom to be an individual. People in the United States have a passion for freedom. Patterson links this passion with the country's history of slavery. The concept of freedom that emerged from slave-holding Virginia was mass based and egalitarian"。

# 2

# 整体性与分析性

## Holistic vs. Analytic

中国的小农经济使先民们意识到丰收离不开风调雨顺，生存离不开自然的恩赐，进而从男女关系、天地交合和日月交替等现象悟出阴阳交感、“万物一体”“天人合一”的意识。《易经》提出了有机整体的初步图式，把自然现象和人事吉凶都纳入阴阳两爻所组成的六十四卦系统之中，为中国传统思维奠定了基础。春秋战国时期，儒家和道家从不同角度发展了有机整体的思维模式。儒家把自然人性化，道家把人性自然化，都把人和自然看作是一气相通、一理相连的整体。汉儒董仲舒（公元前179—前104）的“天人感应”，理学家的“天人一理”“天人一气”“万物一体”都是整体思维的进一步发展。经过两汉的宇宙论、魏晋的玄学、佛教的本体论，直至宋明的理学体系，有机整体性已成为中国传统思维方式的一大特征。

整体性思维（holistic thought）把人与自然、人间秩序与宇宙秩序、个体与社会看作是不可分割、互相依存、互相对应、互相制约、平衡协调的有机整体（intersecting web of natural，social and personal relationships）。整体包含部分，各部分之间有密切的联系；要了解各部分，必须了解整体。在这个整体结构中，身心合一，形神合一，精神与物质、思维与存在、主体与客体合一。“道”[①]“气”“太极”“理”是整体的基本范畴，阴阳、五行、八卦是整体的基本要素。以人为中心，儒家追求人与社会和谐一致；道家追求人与自然浑然一体（life in perfect accord with nature）。“天人合一”视天道与人道为一体，天中有人，人中有天，“天人之际，合而为一”（《春秋繁露 · 深察名号》），“人者，天地之心也”（《礼记 · 礼运》），“天地与我并生，万物与我为一”（《庄子·齐物论》)，“天地人只一道也，才通其一，则余皆通”(《二程遗书》卷18)，人可“与天地合其德，与日月合其明，与四时合其序，与鬼神合其吉凶”(《易传·乾卦》)，“天亦有喜怒之气，哀乐之心，与人相副，以类合之，天人一也。”(《春秋繁露·阴阳义》)认为天人相类相通，互相感应。这是一种物我不分、物我两忘的诗意境界，是天人同体同德、万物有情的宇宙观。这些观点都把客体自然(天道)化为主体人心(人道)，使主客互渗，人与自然契合无间。“知行合一”强调认知与行为的一致，儒家主张认知与伦理实践一致，墨家主张认知与生产实践一致，法家主张认知与政治实践一致。“情景合一”将主体意向、个人情感与描写客体融合为一，“景中生情，情中生景，故曰景者情之景，情者景之情”(王夫之:《姜斋诗话》)，如此借景抒情，寓情于景，情景交融，“天人感应”。中国的整体性思维不以自然作为认识对象，不把认识自然作为目的，而是以主客一体实现“尽善尽美”的整体和谐境界为目标。

整体性思维②把天、地、人和自然、社会、人生放在关系网中，从整体上综合考察其有机联系，注重整体的关联性 (correlativity)，而非把整体分解为部分加以逐一分析研究；注重结构、功能，而非实体、元素；注重关联、感应，而非个体、因果，注重用辩证的方法去认识多样性的和谐和对立面的统一。J. Needham (1956:280) 指出:

> In coordinative thinking, conceptions are not subsumed under one another, but placed side by side in a pattern, and things influence one another not by acts of mechanical causation, but by a kind of "inductance."

中国古代贤哲在对宇宙长期观察、深入了解的过程中，逐渐形成以太极、阴阳等观念来认识主体内部结构，即太极阴阳思维模式。宇宙在演化过程中产生了阴阳混而为一、天地未分的混沌状态，即太极。太极动而生阳，静而生阴，动极而静，静极复动，一动一静，交替产生出阴、阳来。阴阳交合而生五行(木、火、土、金、水)，五行是构成宇宙万事万物的基本要素。阴阳结构是宇宙万事万物的基本结构，任何事物(含宇宙这个总事物)内部最基本的结构都是阴阳结构，是阴阳的相互对立、相互渗透、相互包含、相互转化、相互代替而构成的。“阴阳者，天地之道也，万物之纲纪，变化之父母，生杀之本始，神明之府也。”（《素问·阴阳应象大论》）不同的事物，显示出不同的阴阳结构，在质和量方面都有各自明确的界限和范畴。事物总是处于阴阳交替变化的过程之中，不存在一成不变的事物，事物都是在变化中生存、发展、和谐、统一。变化的内因是事物内部阴阳的相互转化，这种变化永无止境，因为阴阳本身就包含了向对立面转化的因素（阳中有阴，阴中有阳）。只有变化才能使事物正常发展，并保持相互间的和谐与统一，没有变化就没有事物存在的前提，从而也没有事物本身，没有宇宙。宇宙间的各种事物从表象上看五花八门、无穷无尽、各不相干，但实际上各事物相互之间及其与宇宙间始终保持着一种和谐的同构关系，都以某种微妙的关系相互联系着，而又保持着本身固有的特性与发展变化规律，按照各自固有的轨道或途径而发生、发展、演化着，并保持着阴阳的相对平衡。③

太极、阴阳等观念迅速渗入到宗教、医学与社会的各个领域，在某些地区的一定时期内，成了占有统治地位的世界观和方法论。西周末期，阴阳观念和气的观念结合，产生了阴气、阳气观念。从春秋到战国，阴阳观念进一步经历了阴阳相克说、阴阳转化说、阴阳消长说、阴阳相和说等发展阶段。从哲学上分析，这表明阴和阳之间的对立关系又进一步发展为对立统一的关系。阴阳学说已经渗透到中国传统文化的方方面面，是中国古代朴素的唯物论和自发的辩证法思想，对中国甚至世界的科学都产生了深远的影响。④

战国末期，古代思想家建立了关于万物五类（木、火、土、金、水）相生相克的“五行”学说（the theory of the Five Elements）⑤，并把阴阳和五行两种学说结合起来，用以说明世界上万事万物的变化，形成了一个学派——阴阳家。董仲舒以阴阳五行的观念来解释自然现象和社会现象，使阴阳五行成为一种思维模式。冯友兰（1996:120）认为，“五行学说解释了宇宙的结构，阴阳学说解释了宇宙的起源。阴阳二道互相作用，产生宇宙一切现象。”

中国的整体思维从阴阳互依互根衍生出中庸、兼顾、联系的思想。中国人善于发现事物的对称、对应、对立，并从对立中把握统一，从统一中把握对立，求得整体的动态平衡（strong sense of balance），以和谐、统一为最终目标。古人从直观经验中发现，万物都有对称性（symmetry），“无独必有对”，“孤阴不生，独阳不长”（*Yin* and *Yang* only exist because of each other），任何现象都是一一对立的，任何事物或行为都包含着相对立的两个方面。这两方面相互依存、相互包含、相互转化、相互轮替 (*Yin* alternates with *Yang*)，必须注意对称，保持适中，兼顾两面，互相联系，只有当这两方面处于均衡对称状态时，才能在视觉上产生美感，在心理上得到满足，取得整体稳定感，获得“善”和“美”。《周易大传》认为对立面的相互推移是变化的根源。张载据此作了发挥，提出“两”与“一”的概念，强调“两”( 对立 ) 与“一”( 统一 ) 的对立与统一。“相反相成”“物极必反”( 程颐 ) 体现了中国传统的辩证思维。孔子的“叩其两端用其中”以及无过无不及的“中庸”观 (the Doctrine of the Golden Mean)，主张不偏不倚 (keep a balance between two extremes)，注重适中与适度，反对过分或不足，求公允，忌偏激，“执两用中”，调和对立，实现中道。“中”乃天下万事万物之根本，“和”乃天下共处共行之大道。对立和矛盾不过是走向和谐统一的手段和途径。

中国传统哲学不讲究分门别类 ( 亚里士多德最早对学科作了分类 )，而是追求浑然一体，注重整体的关联性思维 (relational thinking)，不要求对事物作具体的分析，而是注重对整体作综合的考察，如“理学”“玄学”“道学”“诸子之学”“义理之学”等都是一体化的伦理学说；无论《论语》《老子》还是《庄子》，其卷、章、篇都综合地讨论各种问题；孔子的《春秋》既是哲学，也是史学，又是经学、文学。[6] 钱穆认为，中西文化在学术上有一个显著的差异，那就是西方人重具体求知，学术贵分门别类，宗教、科学、哲学、文学、艺术等皆各自独立发展。比如，在近代西方，科学、艺术、宗教分而为三，而宗教与科学则对为两橛。而中国人在学术上则重整体和合，一切学问皆和合会通，融为一体。中国传统学术分经、史、子、集四部，但中国学术并不因学分四部而隔断，而是主张将四部之学相融贯通，“总天下诗书礼乐而会于一手”。与此相连，中国传统学术又形成了尚通不尚专的学术精神。[7] 傅雷也认为，“我人重综合，重归纳，重暗示，重含蓄，西方人侧重分析，细致曲折，挖掘唯恐不尽，描写唯恐不周。”

整体性和辩证性是中国传统思维方式的一大特征。中国人不善于运用分析方法对事物的各个部分深入考察，而是习惯于从总体上把握整个研究对象，忽视微观分解，注重宏观判断，因而难以通过步步分析揭示现象的原因和现象之间的因果关系，也难以得出可以验证的明确结论，由此逐渐养成了对任何事物不下极端结论的近乎圆滑、力求圆融的原始辩证思维方式，即对事物既不说“对”也不说“错”、既不说“是”也不说“非”的所谓辩证方法。这种思维方式能够保证陈述圆通、“永远正确”而不会被驳倒，但科学却要求论证必须“一是一，二是二”，不允许有任何含糊不清的地方，强调任何论证和结论都要经过“实证”，经得起“证伪”，因为这是科学的“生命”。显然，整体性思维必须与分析性思维结合起来，才有利于中国科学技术的发展。林语堂（1994：95）指出：

> 希腊人为自然科学奠定了基础，因为他们的思维基本上是分析型的，这已经被亚里士多德学说引人注目的现代性所证明。埃及人发展了几何学和天文学。这些学问都需要分析性的思维。印度人发明了自己的语法学。而中国人尽管有其天然的智慧，却未能发展起自己的语法学。他们的数学和天文学知识大多是由国外引进的，因为他们只喜欢道德上的陈词滥调。他们的抽象名词，比如“仁”“义”“礼”“忠”等等都是泛泛而谈，在具体讨论中，会发现它们的意义含混到了不知所云的地步。

中国古代先哲也对宇宙进行过思考，但却非常笼统、模糊而简约，认为宇宙是一个整体（a mass of substances rather than a collection of discrete objects），是由混沌的无形之“气”生化而成的，是运动的、和谐的、平衡的（The universe was a continuous medium or matrix within which interactions of things took place，not by the clash of atoms，but by radiating influences. J. Needham），认为“通天下一气耳”（《庄子·知北游》），气是阴与阳之间接触、转化的中介和载体，阴阳通过气来化生，气为万物之源，“有形之万物源于无形之太虚”，即所谓“精气说”[⑧]。“精气说”笼统论证宇宙的“其大无外，其小无内”，不可计量，无从说明其内在结构要素和构成途径，只能从宏观整体把握，在“相生相克”的矛盾运动中寻其发展变化。阴阳鱼太极图则体现整体圆融和会、阴阳互补、和谐平衡、相反相成、相灭相生、互为因果的中国辩证思维方式。“精气说”以“气”作为万物的本原或本体去解释万物的派生，正是整体思维方式的表现，不像西方人那样去深入探讨万物的本原、分析宇宙的生成和构造，直至构成万物的基本元素和原子，甚至原子的性质和形状，即所谓“原子论”。以整体性为特征的“精气说”和以个体性为特点的“原子论”

分别对中西思维方式产生了深远的影响，前者横向铺开，注重事物的相互关系和整体把握；后者纵向深入，注重事物的分析解剖和个体研究。中国重辩证思维，轻形式逻辑，注重事物的运动、发展和变化，强调内在的矛盾、对立和统一[⑨]。中国科技史专家李约瑟（J. Needham，1978: 337）指出，“当希腊人和印度人很早就仔细地考虑形式逻辑的时候，中国人则一直倾向于发展辩证逻辑。与此相应，在希腊人和印度人发展机械原子论的时候，中国人则发展了有机宇宙的哲学。”[⑩]北京大学哲学教授张岱年也认为，“西方以形而上学的思维方式为主即分析思维方式为主，中国以辩证思维方式为主”。[⑪]

混沌的整体性是古人思维的共同特征，但古希腊的整体观是以有确定时空形式的有限实体为对象的。个体实体都是自身统一的整体，整体由部分组成，但不是部分的堆积，整体保持着自己的单一性。这种实体观着眼于物质与能量的分别研究，注重元素、结构、形式的分析方法，这是近代科学传统的思想渊源。古希腊的这种整体观显然不同于古代中国的“万物一体”、相联而存在、相通而变化的浑然一体、水乳交融、连续无限的整体观（a seamless whole composed of a single substance，or interpenetrating substances of several kinds，or continuities in substances and relationships in the environment）。

“天人合一”的思维方式遍涉中国儒、道、佛三家，“主客二分”的思维方式遍涉西方古代和近代的哲学倾向和流派，两者分别对中西思维方式产生了深远的影响。北京大学哲学教授张世英认为，“在中国，占主导地位的是天人合一的思想文化传统，在西方，占主导地位的是主客二分的思想文化传统，这便是中西文化思想传统之主要区别。”[⑫]

柏拉图（公元前427—前347）首先提出了“主客二分”的思想。15世纪下半叶以后，自然科学进入对自然界进行分门别类研究并对事物进行分析解剖的阶段，主要采用以观察和实验为基础的归纳法和数学演绎法，从定性走向定量，从宏观走向微观，以孤立、静止、片面的观点考察和分析事物，于是形而上学思维方式占主导地位。这类观点认为，事物的性质是由其范畴和规律支配的。因为事物受其相关因素的影响，必须把事物从其相关的因素中分离开来（field independence），确定该事物属于何类范畴，然后推定规律如何运用于该范畴[⑬]。17世纪以后，西方注重分析事物的因果关系（causality）而不再注重事物的相互关联（correlation），而中国仍然一直注重事物的关联性（correlativism），这正如 Derk Bodde（1991: 99）所说的：

> Beginning around 1600, the old correlative kind of cosmology, believed in even by Kepler, collapsed under the rising tide of the "discovery of how to discover." Out of the debris a new worldview gradually emerged, much more based on causality than on correlation. In China no such triumph of causality over correlation occurred for a long time. Until the present century, as we shall see, the old correlative cosmology remained dominant. This is a very important difference between Europe and China (as well as other civilizations).

培根作为现代实验科学的鼻祖，只承认"按照一定规律活动着的个体事物"的真实性，认为人类知识的工作和目的就是研究这些个体事物活动的规律和性质。恩格斯（1972: 60）指出，"把自然界分解为各个部分，把自然界的各种过程和事物分成一定的门类，对有机体的内部按其各种各样的解剖形态进行研究，这是最近四百年来在认识自然界方面获得巨大进展的基本条件。"笛卡尔（Descartes，1596—1650）开创的西方近代哲学明确地把主体与客体对立起来，提出"精神实体"与"物质实体"同时存在但彼此独立的二元论世界观，以"主客二分"作为哲学的主导原则。这一原则深刻地影响着近代哲学家，使之成为认识论的一个基本模式，直至海德格尔的存在哲学开始，以及后来的后现代哲学，才使这一模式得以改变。

分析性思维（analytic thought）明确区分主体与客体、人与自然、精神与物质、思维与存在、灵魂与肉体、现象与本质，并把两者分离、对立起来，分别对这个二元世界尤其突出对象及其属性作深入的分析研究。Nisbett（2004: 154）指出，"The obsession with categories of the either / or sort runs through Western intellectual history. Dichotomies abound in every century and form the basis for debates"。西方思维的逻辑性注重从事物的本质来把握现象，这是思维对事物整体加以分析的结果。分析性思维有两个不同的层次。一是把事物从其所处的环境中分离出来，注重其特性，以便分门别类，归入一定的范畴（categorization）；运用范畴的规律来解释和预见事物的表现。这就必须把复杂的现象和事物分解为简单的要素或具体的细节，然后深入考察各部分、各细节、各要素的性质、地位、作用、联系，从而了解其规律，为了解整体及其要素的因果关系提供依据。为此，必须把各部分、各细节、各要素割裂开来、抽取出来、孤立起来，因而分析具有孤立、静止、片面即形而上学的特征。由于这个局限性，思维必须上升至第二层次，即以完整而非孤立、变化而非静止、全面而非片面、相对而非绝对的矛盾、对立、统一的辩证观点去分析复杂的世界。这种辩证的思维方式是马克思主义哲学所提倡的。此外，当代科学发展所产生的系统论方法、控制论方法和信息论方法也从不同方面表现了综合性的思维方式。

中国的整体性思维方式与西方的分析性思维方式体现于中西文化的许多方面，例如中医与西医的差异。传统的中医深受儒家思想的影响，其最早的经典是成书于汉代的《黄帝内经》。中医注重“天人相应”“辨证求因、审因论治”“四诊合参”（即“望、闻、问、切”四诊联合断症）的“整体观”“外内法”和“辨证论治”，把人体看作一个有机的整体（而非将体内个别生理机能活动孤立起来研究），兼顾生理的“形”与心理的“神”、自然的因素与社会的背景，注意时间与空间，由表及里、从象识脏，从外部现象去推测内部本质，把病情的不同状态归纳为八种，即阴阳、表里、寒热、虚实（即“八纲辨证”），采用宏观辨证的方法，研究阴阳五行、经络脏腑、藏象气血、六淫七情，注重临床经验、师徒传授，具有很高的临床正确性，但缺乏实验、解剖和定量分析等科学手段。所谓“辨证论治”的“证”在很大程度上是靠主体自身的主观体验和知觉感受而自我证悟获得的，而不是靠严密的微观分解和逻辑工具进行分析论证，因而难以走向客观化、概念化、精确化、定量化。相比之下，西医注重“辨病施治”，注重生理学、解剖学、病理学、组织学、胚胎学，注重化验、透视、B 超等科学的、量化的验证。西方近代自然科学的进步促进了西医的发展。西方近代思维方式注重分析性、精确性和逻辑性，也促使西医注重局部和微观研究，将复杂的整体分解为部分，再对各个部分进行深入的分析，去除次要因素，排除其他变量，进行单变量因素的线性考察，通过实验分析，追溯其中的因果联系。西医采用对症治疗、微观辨证和由内而外、由里及表的“内外法”，因而客观、可靠，说服力强，易于理解和接受。

总之，体现于中医的思维方式特征是辩证的有机整体观，注重宏观调控，忽视微观分解；注重定性把握，忽视定量分析；注重应用效益，忽视理论思辨；注重横向联系，忽视纵向深入；注重群体共存，忽视个体独立；注重经验积累，忽视实验测定；注重现象解释，忽视因果关系；注重功能解释，忽视元素分解。中医学把人的健康与疾病理解为“完整的人”的正常与异常状态。人是形神合一的统一体，不仅是物理和化学的存在，而且是心理和社会的存在。中医学将人体生命活动整体的功能状态作为研究对象，将功能状态的变化规律作为研究内容，将干预因素与功能状态的相互关联作为研究线索。在诊疗中，通过搜集病者外在和内在的宏观表征，进行综合判断，因人、因时、因地制宜地给予中医药的干预，即所谓“辨证论治”。这一体系的着眼点在功能状态，其生理、病理、诊治的思考轴线是人的整体功能的状态变化，病因的探寻方向是影响功能状态的各种相关因素及其相互作用，治疗的基本途径是通过功能调节以使整体功能恢复。因其思维的核心是围绕外显或病人自觉的表征，因此，内在组织的微观变化不在其思维的线索之中。

相比之下，体现于西医的思维方式特征是形而上学的机械分解观，注重微观分解，忽视宏观调控；注重定量分析，忽视定性把握；注重理论思辨，忽视应用效益；注重纵向深入，忽视横向联系；注重个体独立，忽视群体共存；注重实验测定，忽视经验积累；注重元素分解，探究因果关系。西医学把健康与疾病理解为有特定形态表现的正常与异常状态。健康与疾病都可以通过各种理化指标来加以反映。治疗即是对这些指标的干预，即所谓“辨病施治”。西医的基本理论以解剖学为基础，着眼于形体的器质性改变，其生理、病理、诊疗的核心是定位性的，病因的探寻方向是具有特异致病作用的物质因子，治疗的基本途径是选择性地消除致病因素。因此，对人的生命整体及其综合功能状态的考察与调节常常不在其考虑范围之中。[14]

西医自明代传入我国至今，医学界就没有停止过对“中西医结合”的探讨。中西医各有所长，也各有所短。从思维方式的角度看，整体性思维与分析性思维相结合，应该是一项值得研究的课题。

## 注 释

① 王淼洋、范明生（1994:118）认为，“道”是一个既最高又最普遍的概念。说它是最高的哲学概念，因为“道”派生和统摄万物，是万物的根源；说它是最普遍的概念，因为“道”贯串在天地大化、阴阳感应、五行生克、道体物用的一切过程中。“道”统摄派生万物，是万物的根源。老子说：“道生一，一生二，二生三，三生万物。万物负阴而抱阳，冲气以为和。”又说：“道冲而用之或不盈，渊兮似万物之宗”。庄子说，“道”是“自本自根，未有天地，自古以固存；神鬼神帝，生天生地。”或者，“道”也像天一样的广大，如《管子・心术上》说：“道在天地之间也，其大无外，其小无内。”老子书还说“道”是天下万物之母，是先天地生的。“道”也是表示最普遍性的概念。但“道”的普遍性与万物有所不同。依老子所说的一段话，道似乎是构成万物的精微、恍惚的物、象：“道之为物，惟恍惟惚；惚兮恍兮，其中有象；恍兮惚兮，其中有物。窈兮冥兮，其中有精；其精甚真，其中有信。”道的普遍性主要还是在于它是贯串在一切运动变化过程中的规律那样的东西……《庄子》书中也说：“行于万物者道也”。中国哲学史上一个被普遍接受的观念是，万物的运动变化是由于阴、阳两种因素的矛盾斗争而构成的，这一矛盾斗争的过程也被称为道：“一阴一阳之谓道”（《系辞上传》）。

② Nisbett（2001:300）认为，“Holistic thought involves an orientation to the context or field as a whole，including attention to relationships between a focal object and the field，and a preference for explaining and predicting events on the basis of such relationships”。

③ 参见田运主编：《思维辞典》，第 56 页，杭州：浙江教育出版社，1996 年。

④ 据互联网信息，阴阳太极图备受古今中外哲人、圣贤们的喜爱和青睐。著名数学家莱布尼茨称赞道：“易图是流传于宇宙间科学之最古老的纪念物。伏羲是古代的君中王，世界知名的哲学家，是中华帝国和东洋科学的创造者。”正是中华太极图，启示他发明了二进制，使他成为现代计算机科学的先驱。量子力学的创始人尼尔・玻尔则利用太极图来表述他的互补性概念，并以阴阳太极作为它的标志。世界上第一个登上航天飞机的华人王赣骏博士，就是戴着象征地球人类文明的太极图臂章飞向太空的。美国著名的贝尔研究所所徽、韩国国旗旗徽、第二十四届奥运会会徽，也都采用太极图的图形。

⑤ 学术界对“五行”的理解和英译有多种版本：the Five Elements of wood，fire，soil，metal，and water；the Five（Active）Entities；the Five Substances；the Five Powers；the Five Forces；the Five Agents；the Five Activities；the Five Stages of Change；the Five（Evolutive）Phases（E.P.S）；*Wu Xing*（*Wu Hsing*）。

⑥ John Meskill（1973:601）认为，中国人注重整体的关联性思维，表现在很多方面，如：中国的艺术和建筑以强烈的平衡感（strong sense of balance）著称；人们常常用反义合成来表达一个完整的意思，如“买卖”“矛盾”“进退”“反正”“横竖”等，甚至中国的烹饪也体现关联性思维，而西方的烹饪则体现分析性思维：“Even Chinese cooking reflects relational thinking. In food preparation the Chinese way is to cut things up and cook ingredients in proper combination and proportion. Long experience has established that certain combinations of ingredients are more pleasurable than others. Even dishes of the same dinner must bear pleasing relations to one another. Whether cooking a single dish or making up a menu, it is a matter of pattern building. With slight exaggeration, one could contrast this with Western cooking. The Western style of cooking ties in well with the modern rationale of a balanced meal, which reflects an analytical mind. Meat and vegetables are cooked separately. One eats meat for protein, potato and bread for carbohydrates, butter for fat, vegetables for fiber; drinks coffee for liquid; and, finally, takes a pill for vitamins!"

⑦ 钱穆:《现代中国学术论衡》，第 25 页，长沙：岳麓书社，1986 年。

⑧ 在老子之后，道家演变为宋尹学派和其他学派。在当时对世界本原的争论中，宋尹学派提出“精气说”，是中国古代“气”一元论思想的起始，对后来荀子、韩非等历代“气学”产生了很大的影响。

⑨ Nisbett（2001:300）认为，“Holistic approaches rely on experience-based knowledge rather than abstract logic and are dialectical, meaning that there is an emphasis on change, a recognition of contradiction and the need for multiple perspectives, and a search for the 'Middle Way' between opposing propositions”。

⑩ J. Fraser 指出，“The absence of indigenous natural science in China might be partly attributed to the traditional Chinese preferences for organic naturalism and to the Chinese regard of history as the most exalted form of knowledge, in contrast to the West's regard for mathematics as the queen of the sciences and its high esteem for inorganic naturalism” (from The Problems of Exporting Faust, in *Time, Science, and Society in China and the West*, ed. by J. Fraser, N. Lawrence, F. Haber, The University of Massachusetts Press, 1986)。

⑪ 张岱年：中西哲学比较的几个问题，见左飚主编:《冲突・互补・共存：中西文化对比研究》，第 339 页，上海外语教育出版社，2009 年。

⑫ 参见张世英:《略论中西哲学思想的区别与结合》，原载《学术月刊》，1992 年第 2 期。

⑬ Nisbett（2004:162）认为，“There is good evidence that for East Asians the world is seen much more in terms of relationships than it is for Westerners, who are more inclined to see the world in terms of static objects that can be grouped into categories”。

⑭ 参见肖小芹：从思维方式看中西医的差异，《湖南中医药导报》，第 10 卷第 3 期，2004 年。

# 3

# 意向性与对象性

## Subjective vs. Objective

中国传统哲学是关于人和如何做人的学说，是关于人的存在、本质、意义和价值的学说，这就决定了中国哲学思维是以人为中心的主体思维。中国传统思维把主体自身作为宇宙的中心，“宇宙便是吾心，吾心即是宇宙”（陆九渊:《象山全集》卷36），人是万物的尺度，“万物皆备于我矣”（《孟子·尽心章句上》），认为认识了自身，也就认识了自然界和宇宙的根本规律，用主体的修养代替对客体的认识，自身内心体验是一切认识的出发点。中国的主体思维不是主客体对立意义上的主体思维，而是主客体统一、人与自然合一意义上的主体思维，因而不把人作为客观对象去认识，而是作为思维和实践着的主体去认识。“道”在人心之中，哲学家的任务在于提出自己所体认的“道”，哲学的视野在于伦常治道。古人不以自然为认知对象，而把自然人性化或把人性自然化，“天人合一”，主客不分，不在认知自然的基础上反思，而从主体自身出发，在经验直观的基础上直接返回到主体自身。这种自我体验反思，把知、情、意融合在一起，把情感体验和本体认知合而为一，以情感为主导，主观情感使传统思维带有浓厚的主体意向（ideas and feelings existing in the mind and based on personal taste and views），使思维按照主观情感所决定的方向发展。传统思维重视喜怒哀乐，注重好恶情感，进而产生善与恶、美与丑的评价，这就导致了主体判断。林语堂（1988: 313, 316）说，“中国人对客观的确与不确，不大感兴趣。对于行为的是非，乃大感兴趣。”又说：

> 西人断事之是非，以理为足，中国人必加上情字，而言情理，入情入理，始为妥当。因为我们知道，理是定的，推演的；情是活的，须体会出来的。近情合理始

是真知，去情言理，不足以为道。这是中国人思想法之特征，所以生出中国之近情哲学。

中国贤人注重直觉意象而非逻辑推理，注重求善而非求真。求善的极境，一是内心的完善符合道德规范，二是外在的行为符合伦理秩序。在封建君主专制下，判断学术价值重“经世致用”，重君主的权术和驭民术，而非探究自然规律的成就，即重“治人”，而非“治物”。中国的主体意向性思维从主体的需要和实用出发，以人的伦理规范和审美情趣为标准，以主体意向统摄客体对象，以价值选择优先于真假问题，以政治判断统摄是非优劣，以道德判断代替价值判断，以价值判断制约事实判断，寓事实判断于价值判断之中。这是价值判断型思维，而非事实判断型思维，是主体意向性思维，而非客体对象性思维。价值判断型思维按主体特定的价值系统、价值取向和客体对主体的意义、价值，评价其好坏、优劣和善恶，具有明显的主观性和意向性。意向性思维使主体介入客体，客体融入主体，“物便是我，我便是物”“物我一体”“山性即我性”“山情即我情”，自然有我心，我心有自然，使客体主观化，自然人性化，哲学文学化，政治伦理化，达到情景交融，情感与理性合一。当代中国媒体尤其是宣传语言，较常滥用主观性修饰语，其强烈的主观意志语气使所表达的客观事物带有浓厚的主体意向。中国人的传统饮食观注重食物和饮料的“色、香、味”，甚至“形、状、声”，注重以主观的感觉和好恶为判断标准，而非如西方人那样注重以食物和饮料的客观营养和保健价值为取舍标准，中西不同的烹饪技术也以此为纲[①]。主体意向与本体认知合一，突出了主体能动性，使思维受制于情感，以情感代替理性。传统思维重视“治人”与“人治”的政治伦理，使政治意识与伦理价值结合。在科学方法论的影响下，中国重人文轻科学、重主体意向轻客体认知的传统思维已发生了很大的变化。

西方传统哲学是在人和自然相分离、主体同客体相对立的意义上认识自然界并认识人自身的。西方哲学并不忽视人的主体性，但它所提倡的主体性是以改造和征服自然为特征的，这不同于中国传统哲学所提倡的人与自然合一、以人为中心的主体性。古希腊最伟大的科学发现是发现自然界本身。希腊人把自然界定义为人及其文化以外的天地万物，严格把外部的客观世界与内部的主观世界区分开来，这是因为希腊人从辩论传统中清楚地了解什么是主观性（subjectivity）。西方思维传统以自然为认知对象，认为只有认识自然，才能把握自然，只有探索自然，才能征服自然，因而主客二分，天人对立，划分内心世界与外部自然界，区分自我意识与认识对象，将自然作为自身之外的对象来研究。西方哲学以其创立本体论而持尊重客观的态度。理性主义把主体作为“旁观者”，对客体尤其是本质世界进行探究。西方近代理性思维的鼻祖笛卡尔强调理性，反对以意愿、情感和好恶作为判断是非、辨别真假的标准；对真理的追求和认识，不能夹杂任何个人的意向、信仰和需求（impartial search for truth），不能停留于感性，必须超越感性，达到理性。这种思维倾向必然摆脱主体意向而导致客体意识（not influenced by personal feelings, opinions or views），以科学认知为基础，由事实判断统摄价值判断，注重真假选择而非伦理规范。事实判断型思维按主体特定的方法和手段，反映客体本来的面目、属性和规律，注重以事实、根据和数据判断真假是非（rely more heavily on facts and figures to determine the optimum outcome），具有明显的客观性和对象性。西方注重科学的思维传统明确区分主体与客体，排除主观因素，强调客观性，使客体客观化，“物是物，我是我”，物我二分，以客观和冷静的科学态度对待客观世界（calm fact-teller），以逻辑和理性探索自然规律，追求的是认识的客观有效性。

注　释

① 参见“整体性与分析性”注⑥。

# 4

# 直觉性与逻辑性

## Intuitive vs. Logical

中国传统思维注重实践经验知识（experiential knowledge），注重整体思考，因而借助直觉体悟（sense impression），即通过知觉从总体上模糊而直捷地把握认识对象的内在本质和规律。直觉思维（intuitive thought）通过静观、体认、灵感、顿悟，未经严密的逻辑程序，直接而快速地获得整体感觉和总体把握，重直观内省，轻实测论证，重内心体验，轻实验实证，重直觉领悟，轻逻辑推理。直觉思维因省去许多中间环节，因而能够高效、快捷地领悟认识对象，但偶然性多，准确性差，不像逻辑推理那样严密、准确。这是一种超越感性和理性的内心直觉方法，与整体性和内向性密切相关。儒、道、佛三家都注重直觉体悟宇宙本体，力求达到"天地与我并生，万物与我为一"的"天人合一"境界。孟子的"诚"，老子的"道"，玄学家的"无"，理学家的"太极"，都靠直觉、灵感、顿悟来领会，而不用概念和语言去描述，也不用逻辑推理去论证。孔子说"内省不疚"，孟子（公元前372—前289）认为"尽其心者，知其性也；知其性，则知天矣"（《孟子·尽心上》），由心的内省以领会宇宙的根本规律；《论语》则靠直观的自然知识证明道德规范。道家认为自然是一个整体，不可分析，只可感觉、体验、领悟；庄子是先秦悟性的典型代表，倡导"万物一体"论，认为"道不可言，言而非道""道无为无形，可传而不可受，可得而不可见"（《庄子·大宗师》），主张"无思无虑始知道"（《庄子·知北游》），以直觉体悟宇宙本体。佛教的禅宗主张"顿悟""一闻言下大悟，顿见真如本性"（《六祖坛经》），相信瞬刻之间，便可"豁然贯通""恍然大悟"，强调"不立文字""直指人心"，提倡"心净自悟，顿悟成佛"，力求排除语言文字对思维的束缚，在超时空、非逻辑的精神状态下实现绝对超越，进入佛性本体境界。悟性是直觉思维的核心，通过感觉、体验、意会、领悟、凝思、冥想、内省、自求，以“尽心”“体道”“体物”“置心在物中，究见其理”（《朱子语类》），但难于言表，即所谓“书不尽言，言不尽意”（《易经》），只可意会，不可言传，求简捷而缺推理，靠灵感而非论证，重直觉而轻逻辑，用形象化语言思辨，缺乏结构严谨、条理分明的实证分析，多以语录、点评、杂感、随笔之类的即兴式心得体会表达观点，缺乏像西方那样的系统、完整、抽象的理论体系。中国的直觉思维具有直接性、意会性、整体性和模糊性，但如果以逻辑思维为前提，并与逻辑思维相结合，就可能发挥其创造性。直觉思维对中国哲学、文学、艺术、美学、医学、宗教等的影响尤为深远。

直觉思维方式使中国人对事物的认识只满足于描述现象和总结经验，而不追求对感性认识的深层思考与对现象背后本质的哲学思辨。传统的中医注重感性直观和经验判断，如春秋战国时期名医扁鹊，总结前人经验，创立“望、闻、问、切”四诊法，就是一种凭直觉经验治病的理论。中国古代名著如《山海经》《齐民要术》《梦溪笔谈》《农政全书》《天工开物》等基本上是对现象的描述和经验的总结。中国人对事物的认识常常是“只能意会，难以言传”，习惯停留在表面现象上，对许多事物的认识“只知其然，不知其所以然”，缺乏探求现象背后的深层原因与本质特征的精神。这种思维方式显然不利于中国科学的发展。

林语堂（1988: 315, 317）在比较中西思维方式时指出：

> 中西思想法之不同，简单地讲，可以说是直觉与逻辑，体悟与推理之不同。逻辑是分析的，割裂的，抽象的；直觉是综合的，统观的，象征的，具体的。逻辑是推论的，直觉是妙悟的，体会出来的。西洋逻辑是思想的利器，在自然科学，声光化电的造诣，有惊人的成绩。格物致知，没有逻辑不成。
>
> 耶律大学诺尔摄教授常论中西思想之不同，也说中国人所见的宇宙万物，是“未经分析无已进行的动流”。这动流是难以逻辑切开的，抽刀断水水长流。这是精微之处，也只好用体会体悟方法觉察。这就叫做直觉。

西方思维传统注重科学、理性，重视分析、实证，因而必然发明并借助逻辑推理，在辩论、论证和推演中认识事物的本质和规律。Nisbett（2004: 25）认为：

> The general explanation given for why the Greeks, rather than some other people, invented logic, is that a society in which debate plays a prominent role will begin to recognize which arguments are flawed by definition because their structure results in a contradiction. ... Logic is applied by stripping away the meaning of statements and leaving only their formal structure intact. This makes it easier to see whether an argument is valid or not.

古希腊哲学家、“逻辑之父”亚里士多德开创了形式逻辑，提出了形式逻辑的三大基本规律（同一律、矛盾律、排中律），研究了论证的三大要素（概念、判断、推理），提出了两种思维方法（演绎法、归纳法），尤其创立了演绎推理的三段论（大前提、小前提、结论）以及整个形式逻辑体系，对人类思维产生了深远的影响，也使逻辑性成了西方思维方式的一大特征。形式逻辑还使西方思维方式具有理性、分析性、实证性、精确性和系统性等一系列特征。西方中世纪时期，占主导地位的经院哲学也未能从根本上否定理性和形式思维的作用，依然主要运用形式逻辑的模式，从教会的《圣经》出发，对上帝的存在采用演绎推理加以证明。15 世纪下半叶，自然科学的发展把自然界分门别类，进行分析解剖，进一步推进了形式分析思维模式。17 世纪，英国哲学家、现代实验科学的始祖培根充实并丰富了形式逻辑的内容，针对亚里士多德重演绎、轻归纳的特点，建立了归纳逻辑的基础，认为要获得知识，就要面对自然，面对事实，要以经验和观察为依据，坚持认识起源于感觉，主张用观察、实验、分析、比较、归纳的理性方法整理感觉材料，对归纳法作了比较系统的论述。此后，培根的这些思想，由他的后继者、19 世纪英国逻辑学家穆勒发展为探求因果联系的五种归纳方法（求同法、差异法、求同求异并用法、共变法、剩余法）。归纳法与演绎法相结合，使形式逻辑的内容大体比较完备。17 世纪，法国哲学家、数学家笛卡尔，德国数学家、哲学家莱布尼茨（Leibnitz, 1646—1716），都在演绎逻辑方面作出了贡献，试图用数学的方法来处理逻辑问题，为后来的数理逻辑这门科学的诞生开拓了道路；19 世纪末至 20 世纪初，一些著名的数学家兼逻辑学家如布尔、施雷德、弗雷格、罗素、希尔伯特等人，进一步用数学方法研究逻辑问题，建立了数理逻辑这门科学。数理逻辑用一整套人工符号语言来表达逻辑结构和规律，把对思维的研究转变为对符号的研究，因此也称为符号逻辑。18 世纪末至 19 世纪初，德国哲学家黑格尔（Hegel，1770—1831）建立了唯心主义的辩证逻辑体系，马克思（Marx，1818—1883）和恩格斯（Engels，1820—1895）则以唯物主义改造了黑格尔的辩证逻辑。至此，西方已有了形式逻辑、数理逻辑、辩证逻辑等基本逻辑工具。西方逻辑思维的发展导致思维的公理化、形式化和符号化，并出现了相关的逻辑系统，如概率逻辑、模态逻辑、模糊逻辑、语言逻辑等。西方人重视认识论和方法论，重视语言分析（包括语法、语义、语用分析），都与思维方式的逻辑性密切相关。

相比之下，中国传统的逻辑思维往往与政治、伦理紧密相联，服务并屈从于政治与伦理，受传统价值观的影响，缺少像亚里士多德那样的形式逻辑理论和体系，缺乏像西方那样对逻辑进行抽象的纯理论研究。先秦以墨子（公元前468—前376）为代表的墨家逻辑曾有过辉煌的时期。墨家曾全面地研究了"名"（概念）、"辞"（判断）、"说"（推理）以及逻辑规律问题，主张"以名举实"（用概念反映事物），"以辞抒意"（用判断表达思想），"以说出故"（用推理论证因果），对"名辩之学"（逻辑学的一些问题）展开热烈的争论，其"三物"（故、理、类）逻辑可与亚里士多德的三段论和古印度的因明学相比。但"墨辩"逻辑的哲学构架缺乏西方哲学意义上的"本体论"（ontology, branch of metaphysics that deals with the nature of existence）[①]。西方哲学的根本精神是对自然采取客观主义的态度，把人和自然分割开来，把自然建构为客观实在。西方本体论的关键在于把客观本体划分为本质和现象，思维的逻辑就是从类和本质的一般去推出个体和现象的知识。相比之下，中国传统哲学的基础是"天人合一"，这一核心思想认为人和自然是一致的、和谐的，统一于"道"，不存在离开人、与人无关的自然及其规律，因而缺乏客观本体。此外，当时的逻辑偏于对某些概念和命题的争论（如名实之争，"白马非马"），且仍然采用"设象喻理"（如故事、寓言）的直觉形象方法来代替逻辑规则，没有向抽象化、公理化、形式化、符号化发展，没有形成系统的、完整的理论体系，逻辑思维终究是低水平的、不发达的。英文logic在汉语词汇里找不到对应词，直到清末才由严复音译成"逻辑"。西方语言的主谓结构是语法的基体，也是逻辑的基体。汉语主语与谓语难分，主动与被动难辨，还经常省略主语或谓语。主谓结构之模糊不清影响逻辑概念的展开。中国的"概念"本身常常模糊不清（如“道”“气”“神”“诚”“理”等关键概念）。中国的“推理”也不严密，缺乏明确的规范和程序，只好靠类比，因而牵强附会颇多。东汉初，佛教传入中国，也带来了体现逻辑理性的因明学，但因明学在中国儒、道、玄的悟性文化土壤中并未盛行。汉代以后，“罢黜百家，独尊儒术”，墨学衰微了。现代逻辑学的成果，几乎全是从西方引进的，从中也可以看出思维方式的差异。

从思维方式的角度看，人类的逻辑思维方式主要有两种：形式逻辑思维方式和辩证逻辑思维方式。在中国古代哲学中，两种思维方式都存在，形式逻辑思维方式以《墨经》为代表，辩证逻辑思维方式以《易传》和《荀子》为代表。由于墨学早衰，形式逻辑思维方式在中国没有得到发展，因此，在中国古代哲学中最具代表性的是辩证逻辑思维方式，正如李约瑟（J. Needham, 1978: 337）所指出的，“当希腊人和印度人很早就仔细地考虑形式逻辑的时候，中国人则一直倾向于发展辩证逻辑。”辩证逻辑最根本的规律是对立统一规律，要求客观、全面地看问题，从事物的发展变化中对具体事物作具体分析。辩证综合的思维方式在中国得到了长足的发展，古代科学家也往往从辩证思维方式中取得方法论的指导，获得了显著的成就，如《黄帝内经》将辩证综合的思维方法运用到中医。注重辩证综合，这是中国传统思维方式的优点，但忽视形式逻辑，这是中国传统思维方式严重的弊病。辩证逻辑和形式逻辑从不同的侧面以不同的方式研究思维，揭示不同的思维规律，各有其不同的作用，都为正确思维所必需，不能互相取代。爱因斯坦（1987: 574）说过：

> 西方科学的发展是以两个伟大的成就为基础的，那就是：希腊哲学家（在欧几里得几何学中）发明的形式逻辑体系，以及（在文艺复兴时期）发现通过系统的实验有可能找出因果关系。在我看来，中国的贤哲却没有走上这两步，人们不必对此感到惊讶，令人惊讶的是，这些发明和发现毕竟做出来了。”②

## 注　释

① 参见王淼洋、范明生主编：《东西方哲学比较研究》，第285页，上海：上海教育出版社，1994年。

② Albert Einstein 在1953年4月23日致 J. E. Switzer 的信中写道：“Development of Western science is based on two great achievements: the invention of the formal logical system (in

Euclidean geometry) by the Greek philosophers, and the discovery of the possibility to find out causal relationship by systematic experiment (Renaissance). In my opinion one has not to be astonished that the Chinese sages have not made these steps. The astonishing thing is that these discoveries were made at all." These led to the preeminence of the West in empirical science and technological advances. But there is more: the social and political values of the West have also had worldwide influence, ranging from the thought of Solon, Plato, and Aristotle to Cicero, Dante, Voltaire, John Locke, Thomas Jefferson, and Martin Luther King, Jr. ... The Greeks invented democracy, speculative philosophy, and formal logic. Renaissance innovators invented and developed the experimental scientific method. The list of Western inventions is virtually endless (from D. J. de S. Price: *Science since Babylon*, New Haven: Yale University Press, 1962)。

# 5

# 意象性与实证性

## Imagic vs. Positive

古代中国人注重“观物取象”，立象尽意，设象喻理，取象比类。形象思维通过自我体认形成心中的意象，采用意象—联想—类比来替代概念—判断—推理的逻辑论证，用具体形象符号表现和把握抽象意义，形象地反映客观事物，集中表现在“立意于象”“妙象尽意”“微言尽意”“入理言息”“书不尽言，言不尽意”“得意在忘象，得象在忘言”（王弼:《周易・明象》）等这类经典名言之中。“得意”需靠直觉顿悟，故不能执著语言，又不能离开语言，顿悟之前需要借助语言和形象符号，顿悟之后，就可以“忘象”“忘言”了。“言生于象，故可寻言以观象；象生于意，故可寻象以观意。”（王弼:《周易・明象》）意象性思维以“象”来沟通“意”与“言”，把“象”作为连通思维和语言的纽带。《易经》觉察到文字和语言难以表达意义，提出“立象以尽意”，借助阴阳卦象推断天、地、人之间的变化之理，由象数符号表现其整体意义，对中国传统思维方式产生了深远影响。中国传统哲学讲求实用，“重了悟而不重实证”，用直觉顿悟的内心体验的思维方式去悟出自然法则，而不用概念和语言去描述，也不用逻辑推理去论证。传统思维不重视语言的逻辑分析，却注重语言所指称的抽象意义或本体意义，不善于运用抽象语言，却擅长于形象语言，用形象的方法来表达抽象的事物。中国语言是意象性语言，文字符号具有象形、会意和形声的特征。中国人用文字交流思想时往往摆脱不了具体事物的形象，注重“意在言外”“意出言表”“钩深索隐”“格物渐悟”，注重语言背后的“象”和“意”，以形象符号隐藏意义，把意象看得比语言还重要，具有明显的“隐喻”和形象的特征。隐喻和明喻是汉语中运用得最为广泛而且取得极佳表达效果的修辞方式。汉语的比喻源远流长，无论口语或书面语，都运用了大量的各种各样的比喻，中国人几乎到了不比喻不说话的程度，正如古人云："无譬不能言"（《说苑·善说》）。先秦诸子的哲学皆以文学形式（如诗、辞、传说、故事、寓言、神话等）论述博大精深的哲理，就是思维注重形象和意象的例证。清代王夫之说，"盈天下而皆象矣。《诗》之比兴，《书》之政事，《春秋》之名分，《礼》之仪，《乐》之律，莫非象也。而《易》统会其理。"在他看来，儒家的《六经》都是用形象比喻讲道理的，其中《周易》则集中讲形象类比的思维方法。哲学中的境界说，美学中的意境说，都借助形象符号，达到本体境界。

基于直观经验的意象性思维还表现为类比性（analogism），如比喻、象征、联想、类推等。类比思维根据两种对象在某些属性上的相同或相似，推论它们在其他属性上也可能相同或相似。类比通过由此及彼或由彼及此，沟通异类，由已知到未知，用具体形象表达抽象意义，借类达情，以义起情，使情物交融，生动形象，易于感悟，达到协同效应。古代贤人注重"观物比德"，以类度类，以近知远，以一知万，以实知虚，触景生情，因事寄兴，举一反三，触类旁通，这种类比推理所得出的相似性或相关性，常常是模糊的知识，只注意事物现象之已然，但不解释、论证其本质之所以然，其结论可能是或然的、非本质的，类比的推理往往牵强附会、似是而非，具有猜测性和神秘性。阴阳八卦和五行学说都以天、地、人、物相类比，寻找其间的联系和规律，把人体比作小宇宙，世界由"木""火""土""金""水"五种基本物质构成，把万物都纳入"五"的范畴，如身体有五脏，方位有五方，颜色有五色，气味有五味，声音有五声，祭品有五牲，谷物有五谷，天象有五星，刑罚有五刑，还有一体贯通的"天道""地道""人道"："立天之道，曰阴与阳；立地之道，曰柔与刚；立人之道，曰仁与义"（《太极图说》）。八卦思维是一种比附性的联想思维，所比的是自然或人事中已见已知的现象，所附的是自身或行为中未见未知的现象，如把天象的雷、雨、晴、阴与人间的祸、福、吉、凶相比附。阴阳八卦和五行学说都是从自然现象到社会现象、从个别到个别或一般到一般的类比推理，而非从个别到一般的归纳推理，亦非从一般到个别的演绎推理。类比推理的可靠程度取决于两种对象的相同属性与推理出的属性之间的联系，但推理的根据不充分，无法保证这种联系的必然性，因而其结论是或然的。

古希腊也有过直觉性、整体性和模糊性思维，但西方所追求的知识不是沿着“观物取象”的方向发展，而是沿着抽象理性的方向发展，不是依靠直观类比，而是注重逻辑推理。Nisbett（2004: 8）指出：

> Plato thought that ideas—the *forms*—had a genuine reality and that the world could be understood through logical approaches to their meaning, without reference to the world of the senses. If the senses seemed to contradict conclusions reached from first principles and logic, it was the senses that had to be ignored. ... The fifth century saw a move from sense observation toward abstraction and distrust of the senses.

西方思维不像中国那样注重观察辨物、定性，而是注重形体，特别是解剖，侧重于事物的要素、结构，重定形、定量。随着手工业的发展，注重加工程序、技巧、分析、比较的工匠传统大大发展。到了近代，西方实验科学迅速发展，与此相适应的思维方式便具有很强的实证性。工匠传统与学者传统、技术问题与科学理论有机结合，使思维方式注重实证分析和逻辑论证。近代实验科学的始祖培根创立了归纳法，强调观察、经验、事实、实验、例证、分析、实证，主张用归纳的、理性的方法去整理感性材料，把个别的现象上升到一般的理论。此后，西方注重实证的特点经久不衰，法国哲学家孔德（Comte, 1798—1857）创立了实证主义（positivism, a system of thought based on real facts that can be experienced and proved, rather than on ideas formed in the mind, *LDELC*, 1992: 1025）[①]，认为“科学唯一的目的是发现自然规律或存在于事实中的恒常关系，这只有靠观察和实验才能做到，这样取得的知识是实证的知识，只有被实证科学所证实的知识才能成功地运用到人类实践的各个领域。”奥地利物理学家马赫（Mach，1838—1916）和德国哲学家阿芬那留斯（Avenarius，1843—1896）创立了第二代实证主义，德国哲学家石里克（Schlick，1882—1936）等创立了第三代实证主义，即逻辑实证主义，直接把实证和逻辑连成有机的一体，使知性思维的逻辑和实证互为表里。实证性成了西方思维方式的一大特征。

西方的实证性思维重视语言的作用，把语言作为思维的工具，认为要把概念与观念具体化，必须借助语言。西方形式逻辑的形成，必须依靠语言分析和语法学：词和词组与概念相对应，单句与判断相对应，复句和句群与推理相对应。西方的拼音语言不是对自然现象的模拟，而是人为规定的信号，信号以理性的规则建立象征符号，以声音组合决定意义，取决于人的主观分析、概括和抽象的能力，因而导致语言的形式化、信号化和逻辑化，比较容易上升到逻辑思维。逻辑论证必须借助概念、判断和推理等思维形式和各种思维方法，在理性推演中认识事物的性质和联系，对思维对象进行间接的、概括的加工，因而呈现抽象性特征。

## 注　释

① 参见傍利:《西方哲学史》下册，第 276 页，北京：商务印书馆，1979 年。

# 6

# 模糊性与精确性

## Fuzzy vs. Precise

模糊性是古代思维的共同特征。中国传统思维方式的模糊性经过长期延续而得到丰富和发展，但没有像西方思维方式那样在近代受到精确性的否定，因而直至现代，中国思维虽然吸收了西方思维的精确性，但仍有古代模糊思维的特征。古代中国人把宇宙看作是混沌的整体，思维对象是模糊的，思维主体也是模糊的，以模糊的思维去认识模糊的整体，用模糊的方法和工具（如模糊的概念、范畴、语言和粗制的器具）直觉、整体、综合地把握其总体特征，注重事物间的普遍联系，不注重对事物分门别类、分析解剖，缺乏对事物本质的准确认识，注重定性把握，忽视定量分析，讲究“设象喻理”“刻意神似”“只可意会，不可言传”，疏于分析实证，注重经验积累，缺乏逻辑推理，重视直觉领悟，忽视探究因果，注重解释现象，描述事物重求其似、其神，不甚求其真、其实，不甚求其精确、清晰，满足于“大概”“差不多”“马马虎虎”，往往带有朦胧、粗略、笼统甚至是猜测的成分。模糊性思维使用“亦此亦彼”（“both / and” orientation）的模糊概念和命题进行思维。中国的概念和范畴缺乏周密的界定，几乎都是多相的，即一个概念由多个判断来规定，如“易”就有三个判断来定义，“易一名而含三义：易简一也，变易二也，不易三也。”（《周易·正义》）儒家思想的关键概念“仁”与“礼”，孔子没有明确说明其定义，后来的学者只好众说纷纭。此外，如“道”“气”“理”“神”“诚”“心”“义”“性”“善”等关键概念都缺乏精确界定，不作概念分析和逻辑论证，必须通过内心体验和反复领悟加以整体把握，显得深奥而模糊不清，其内涵与外延的伸缩性和多义性很大，其义还可因人、因时、因地、因语境而异，难以精确把握。由于缺乏明确定义的概念，因而就不存在严密的逻辑推理，因为逻辑推理必须以明确的概念为基础，也难以诞生出西方意义上的科学，因为严密的逻辑推理是构建科学理论体系的最重要手段。中国的推理一般是模式型的，即从某个基本模式出发，按照一定原则，把有关对象都纳入这一模式，如“阴阳五行说”以阴阳五行作为世界模式，推断天地人的变化之理，缺乏严格的规范，不作详细的论证，也不立完整的理论，较多借助类比，以牵强比附代替推理，因而显得模糊而不严密。此外，用整体、联系、运动而非片面、孤立、静止的观点考察事物，事物的界限、状态和性质也不易分清和确定。汉语作为中国人思维的主要工具，经常采用意合法（parataxis），尽可能不用或少用形合手段，用词造句成章灵活性大，多个深层结构（语义结构）可以表现为一个表层结构（句法结构），一个深层结构也可以表现为多个表层结构，许多表达方式在西方人看来是非逻辑的（illogical），模糊性较大，歧义现象较多，必须依靠人的悟性和语境（high-context），才能正确理解。中国画以写意为主，讲究神似、气韵，“作画妙在似与不似之间，太似为媚俗，不似为欺世。”（齐白石）西洋画却以写生为主，讲究形似、逼真，运用透视、解剖、光学等科学原理。两者各有所长，也反映了思维方式的不同。

数千年来，中国封建统治者注重治人之权术，鄙视甚至禁锢科学技术，尤其轻视以精确性为特征的数学。古代中国有算术和算盘，但少有专门从事数学和自然科学的研究，缺乏严格的数学推导和演绎系统；注重实用技术和应用计算，缺乏严密的逻辑规则的制约，缺乏精确实验和定量分析，缺乏严格的定义、公理、定律、公式，因而也缺乏系统的数学理论。相比之下，西方人自古以来就重视数学和逻辑，如欧氏几何和亚氏逻辑，因而具有精确性的素质。

精确性是西方近代思维方式的一大特征。15 世纪以后，随着西方近代自然科学的发展，思维的模糊性逐渐被分析性、精确性和实证性所代替。西方近代实验科学注重对事物分门别类、分析解剖，重视定量分析和精确计算，因而促使数学、力学、天文学、生物学、化学、物理学等学科的确立与发展，也促使西方思维方式具有精确性的特征。思维对象虽然是模糊的，但西方人认识事物的方法和工具（如概念、范畴、定义、逻辑、规则、原理、定律、公式、语言、程序等“软件”和显微镜、望远镜、助听器、计算机等“硬件”）却相当精确，这就导致了精确思维的习惯。西方的概念和范畴是单相的，有周密的界定，即一个概念只用一个判断来规定，其内涵与外延都非常明确，通常需用严格的定义引入。推理一般是命题型的，即从某个初始命题出发，按照逻辑分析规则，依次推出一系列的命题系统，如古希腊德谟克利特从“原子是不可分割的最小微粒”，推出古代原子论。这种推理要求初始命题十分明确，推理程序非常严密，因而显得精确。西方智者在具有明确内涵的概念的基础上，经过严谨的理性分析和严密的逻辑推理，从而得出明确的结论，最终形成完整的理论体系。精确性还体现于西方的美术，“模仿说”与“再现说”长期统治西方美术史。从古希腊开始，西方就强调绘画的客观真实性，苏格拉底说过，“用颜色去模仿一些实在的事物，凹的和凸的，昏暗的和明亮的，硬的和软的，粗糙的和光滑的，幼的和老的。”西方绘画发展到文艺复兴时期，透视学与解剖学取得的成就使绘画进一步走向感性真实。达·芬奇为了视觉效果的真实，甚至让学生透过玻璃来描绘映现在上面的图像。古希腊人注重雕塑这种三维艺术，重视几何图案、透视解剖、形体比例，注重模仿、写实、逼真，忠实于客体对象的原貌和再现，加上科学知识和技术，必然导致精确的思维传统。精确性思维建立在二值逻辑基础之上，使用“非此即彼”的精确概念和命题进行思维，要求对任何概念和命题都作“非此即彼”“非真即假”的判断（“either / or” mentality），不允许第三值或更多值，其基本原则是同一律、矛盾律和排中律。精确性思维还因重视数学而得到加强。西方人在数学方面的严密推理和严谨的公理体系是举世公认的。古希腊的几何学严密地应用推理，亚里士多德的逻辑不但把当时的几何学所应用的推理作为研究对象，而且还把当时的几何学所应用的公理方法作为研究三段论的方法。数学不仅是知识，也是思维的工具，这就导致逻辑和数学汇合成数理逻辑，使思维更趋精确。19 世纪中期以后，大量的数学方法应用于逻辑研究，而逻辑研究的成果也应用于数学的基础和方法研究，集合论、证明论、递归论、模型论，已成为数学和逻辑的共同内容，其应用的方法也已成为数学和逻辑的共同方法。数理逻辑处理人工语言，有整套的符号系统，每个符号的意义都有明确的规定，排除自然语言的歧义和其他不确定的因素，因而具有高度的精确性。西方人崇尚科学和理性，注重思维活动的严格性、明晰性和确定性，注重思维程式的数学化、形式化、公理化、符号化和语言的逻辑性，思维方式也必然带有精确性。英语作为西方人思维的主要工具，经常采用形合法（hypotaxis），尽可能使用各种形合手段限制多义和模糊现象，用词造句遵守严格的词法和句法，造句成章也服从某种逻辑规则，尽量少依靠语境（decontextualization），模糊性较小，歧义现象较少，因而显得比较精确。

严谨的精确性是科学的特点，明确的概念是科学的细胞，严密的推理是科学的手段，定量的分析是科学的法宝。西方智者的这些素质造就了西方发达的科学。

然而，现代科学正朝着综合化、复杂化的方向发展。当代许多交叉学科、综合学科的大量出现，表明只凭西方的细节分析和精确判断是不够的，还必须借助中国的整体综合和模糊判断的思维方式去把握现代科学中出现的许多错综复杂的情况。现代人发现复杂的世界存在着许多模糊的现象和事实，如在程度、真值、关系等方面，很多情况下不可能有精确的结论，反映在思维中就产生了模糊性，由此便出现了模糊数学、模糊逻辑、模糊语言等学科。现代思维的模糊性建立在对外部世界精确把握的基础之上，同时又客观地反映了外部世界的模糊性。精确与模糊并重，精确中有模糊，模糊中有精确，这是现代思维方式的一大特征。

# 7

# 求同性与求异性

## Convergent vs. Divergent

中国传统哲学以“天人合一”为最高境界，因而“天地人只一道也，才通其一，则余皆通”（《二程遗书》卷18），强调从对立中把握统一，从统一中把握对立，求得整体的动态平衡，以和谐、统一为最终目标。中国封建社会的一体化政治结构，要求个人和社会的信仰和观念一元化、一体化、同步化，造就了传统文化的“大一统”思想。秦始皇的“焚书坑儒”是压制异己的先例；“汉代孔子”董仲舒的“罢黜百家，独尊儒术”为大一统提供了思想基础。“春秋大一统者，天地之常径，古今之通义也”。董仲舒认为一统是天经地义的事。儒家倡导三纲五常，宣扬礼乐教化，维护封建“大一统”。“礼”要求社会秩序化，“仁”要求人伦关系规范化；“天人合一”“天人感应”寻求人与自然同一、人与社会同一。经过儒道互补的两汉经学和儒、道、释三位一体的宋明理学，经过长期的积淀与强化，传统文化以儒家思想为正统，以维护君权专制为核心，以皇帝圣旨为最高权威，形成金字塔式的等级特权制度，强化一元化的政治结构，大兴“文字狱”，把不同思想视为异端，视为“离经叛道”“大逆不道”“欺师背祖”。人们以此为主导，形成规范意识、群体意识，形成同一的价值取向、人格标准和行为模式，追求和谐和睦，崇尚群体意识，强调同一性。在这种“大一统”的氛围之下，思维方式趋于求同排异、求同存异或异中求同，而非西方的标新立异、求异存同或同中求异，因而具有收敛性、封闭性，而非发散性、开放性。钱穆认为，“中国人好言同，西方人好言异。中国乃于同中见异，而仍不失其同。西方则求异中得同，故所重则仍在异。”[①]基辛格博士也认为，东方人的思维习惯是“异中求同”，西方人的思维习惯则是

"同中求异"。中国人信奉儒家的中庸之道，反对走极端，避免冒尖，主张恰如其分、适可而止，因而思维方式力求避免与众不同，"不敢为天下先"（老子）。"枪打出头鸟，锤敲露头钉"的观念在人们内心积淀太深，历史的变迁，朝代的更迭，都没有使之脱胎换骨。中国传统文化成为世界上唯一绵延不断、自我调节的"超稳定"文化。稳定性、循环性成了中国文化的特征。正如钱穆（1988: 3–5）所言，中国文化的发展如同一人长跑，西方文化的发展如同多人接力。[②]

西方绝大多数哲学倾向和流派都强调"主客二分"。智者们将自然和宇宙作为客体加以研究，对自然和宇宙的奥秘充满了好奇心。为探求真理，智者们热衷于辩论（the tradition of debate），容许不同观点，不断求异创新，形成了探索未知世界的科学精神。古希腊哲学家苏格拉底、柏拉图和亚里士多德虽是三代师生关系，但在探索、求知的某些问题上既有继承性又有求异性，这正如亚里士多德所说，"吾爱吾师，吾更爱真理"。R. C. Lamm（1996: 124）指出：

> Skeptical, resilient, frequently cantankerous, the Greeks celebrated excellence and despised mediocrity. Constantly seeking an understanding of the world and everything in it, they asked not only "Why?" but also "Why not?" And they expected sane and sensible answers.

自古至今，西方思维方式善于随着不同时代、不同地域、不同思潮尤其是科学发展的不同历程而变化。综观西方哲学史，各个时期都有不同的学术思想和理论体系，可谓流派繁多、思潮澎湃，人才济济，你追我赶，前仆后继，如同多人接力。例如近代以笛卡尔、培根的哲学思维和牛顿的经典力学为规范的理性"分析程序"模式就不同于古代直观的整体思维模式；现代以量子力学、相对论为规范的理性"综合程序"模式又否定了理性"分析程序"；以培根、洛克（John Locke，1632—1704）为代表的经验主义倡导归纳法，贬低亚里士多德的演绎法，而以笛卡尔、莱布尼茨为代表的理性主义又主张演绎法，贬低归纳法。笛卡尔认为"怀疑为我们展现出一条可以使心灵摆脱感觉的捷径"[③]，主张运用理性，反对一味追随传统、习俗和先入之见，对过去的、当代的、人们普遍接受的、自己也信以为真的一切事物和思想，都要用理性的“自然之光”加以重新审视，其“怀疑论”主张思想自由，“破除学界之奴性”，摆脱前人之束缚。西方思维的批判性首先是由理性主义决定的。理性主义把主体与客体对立起来，主体如旁观者认识客体，以批判的眼光看待已有的知识，总认为无垠的世界高深莫测，是个“永恒的谜”，只是“部分地可以认识”（爱因斯坦），求知永无止境，批判不是为了废除知识，而是为了增长知识。这种求异忌同、标新立异的开拓精神使西方科学文化在继承、怀疑、批判、挑战和否定的呼声中不断推陈出新，出现了明显的阶段性，产生了名目繁多的理论体系、彼此各异的思潮和枝叶横生的流派、学派。产生于科学与民主氛围之中的求异性思维使西方人形成个体主义，勇于探索，敢于挑战甚至否定前人、别人、智者、权威的名言、结论，喜欢各抒己见，善于发现并提出问题，“喜欢做自己想做的事，不喜欢做别人要你做的事”，强调无拘无束的自由思考空间，尊重个体的特性（individual distinction），因而思维方式趋于多元化，注重多思路、多方向、多角度、多侧面、多层次、多方法，寻求新的方面、新的途径和解决问题的新办法，重视追根穷源，不断处在“是什么”（what）—“怎么样”（how）—“为什么”（why）这种无限的反复推进的过程，不仅要知其然，而且要知其所以然，具有发散性、开放性，而非收敛性、封闭性，因而有利于发挥创造精神。

### 注　释

① 钱穆：《晚学盲言》，第 526 页，台北：东大图书公司，1987 年。

② 西方文化是多元的。三个源头：古希腊文明及其科学传统，古希伯来文明及其唯上帝意识，古罗马文明及其法制观念。演进趋向：希腊、罗马、葡萄牙、西班牙、荷兰、英国、法国、德国、俄国、美国……中国文化是一元的：北方黄河流域→南方长江流域、珠江流域。中国疆域广阔，回旋余地广大，各地区文化的盛衰兴落，无碍于大系统文化的层出翻新。

③ 转引自李武林：《西方哲学发展教程》，第 312 页，济南：山东大学出版社，1987 年。

# 8

# 后馈性与前瞻性

## Retrospective vs. Prospective

中国封建社会的一体化政治结构和"大一统"思想促使传统思维方式具有"唯圣""唯书""唯上"的后馈性特征。孔子说:"述而不作，信而好古"(《论语·述而》)，朱熹(1130—1200)就此作注:"述，传旧而已。作，则创始也"(《四书章句集注》)，这是传统思维后馈性的写照。两汉以后，独尊儒术，儒家"六经"[①]成为神圣的经典，开始了"经学"时代。经学以研究儒学经典为己任，认为经典所言皆正确，经典所述范围皆应固守。中国贤人膜拜祖先(ancestor worship)，崇尚圣人、经典、权威。贤人们饱读经书，满腹经纶，开口"子曰"，闭口"诗云"，喜欢引经据典[②]，"温故而知新"(孔子)，"言必称三代"(孟子)，嗜好对经书进行训诂、注疏和考据。这一传统使中国人重视回顾自己的历史，崇拜祖先，尊重经验，推崇传统，以托古求认同，以"古已有之"为立论准则，以"故纸堆"而非以自然界为研究对象，习惯在古人、圣人、前人、权威的思维模式和历史结论中再思维，禁忌"离经叛道"，受制于固有的"条条框框"，凡事注意"有例可遵""有章可循"，强调历史的继承性，喜欢"以史为镜"。中国人崇古敬老的传统表现在学术上重经史、社会上崇祖先、心理上怀古旧和思想上好常恶变、求稳怕乱的倾向。近代以前的中国人对未来不大感兴趣，但对过去却甚为自豪，把"祖述尧舜"、祖宗遗训、圣贤教诲作为超越时空的真理。封建统治者排斥非圣人文化，禁锢非传统的新文化和外来文化。这种思维倾向具有浓厚的历史意识，因而思维方式倾向于因循守旧、求同排异。中国宗教色彩淡薄的宇宙观和人生观注重现世和往世，不像西方基督教文化那样注重来世。中国半封闭的大陆型地理环境和长期封建专制、闭关锁国的社会环境，使中国人的思维视野局限在本土之内，善于总结前人的经验教训，从过去了解现在并推知未来，因而偏向于注重时间而非空间。注重时间的纵向思维，视野在于过去、现在和未来，而中国人却注重过去，这就导致中国人具有较强的历史意识而较弱的空间意识。

中国传统思维方式不像西方思维方式那样具有明显的阶段性，这与中国文化数千年绵延不断的超稳定性密切相关。始于秦朝的中国封建社会是在朝代不断更迭、“城头变幻大王旗”之下发展的，因而中国思维方式的传统色彩特别浓厚，远甚于西方。从人类思维发展的历史看，中国传统思维方式基本上属于近代分析性思维以前的直观综合、整体把握的阶段，尚有待于从“传统”转变为“现代”，从“向后看”转变为“向前看”，从“后馈性”转变为“前瞻性”。

始于古希腊城邦制的公民文化以及崇尚民主、自由、科学和理性的传统是西方文化的主流。西方智者对自然奥秘富于好奇和想象，不断探究事物的本质和规律，对未来的发展善于提出预测和预言，进而运用预见、理性和科学信念，面向现实和未来，不断提出假设、理论和方法，不断探索、开拓和创新。自古以来，预测性、前瞻性思维使西方人产生无数的理论和学说，如柏拉图的理想国，圣西门、傅立叶和欧文的空想社会主义，马克思、恩格斯的科学社会主义和共产主义，哥白尼的日心说，门捷列夫的元素周期表，以及关于人口、生态、空间、海洋等的种种预测和展望。1943 年，德国弗勒希特海姆首创未来学，主张像研究历史一样研究未来。未来学注重各种预测，包括社会预测、经济预测、科技预测和市场预测等。超前意识和个体主义使西方人不迷恋历史，不崇拜权威，不固守前人已有的思维模式，而强调怀疑、批判和否定的精神。正是这种精神使西方人勇敢地反叛了黑暗的中世纪，深刻地批判了封建专制主义文化、神学、经院哲学和先哲们的许多观念。文艺复兴之后，西方人不再时兴以圣贤之言作为论据，较少引用前人的言辞，而喜欢使用自己的语言，以避免陈词滥调、老生常谈。西方近代经验论者心目中的理性，反对中世纪以来把知识局限于书本、权威、传统和思想中固有的观念，主张把理性引向事实、经验、自然，注重“唯真”“唯实”“唯理”“唯法”。美国人有个显著的特征，即前瞻性（future-mindedness / future-oriented）：“现在就过着未来的生活”（live the future in the present），站在未来的高度来考虑现在如何行事（be motivated by the future in how to act in the present）[③]，摆脱过去的束缚而更加亲近未来（more emotionally attached to things to come）。这正如爱因斯坦所言：“对美国人来说，生活总是进取，而非守成（Life for the American is always becoming, never being）。”西方科学的不断开拓和创新推动西方文明史的发展。开放的海洋型地理环境和长期自由、民主的社会环境，使西方人的思维视野不受地域限制，因而偏向于重视空间，注重全球乃至太空，同时也注重现在和未来。注重空间的横向思维，视野宽广，遍布微观、宏观和宇观的物质世界和精神世界，没有局部性、时间性、地区性和“禁区”的限制，因而有利于探索、开拓、进取和创新，也有利于培养前瞻性意识。

西方思维方式的发展具有明显的阶段性，各个阶段的差异比较大，随着科学的不断发展，进步的幅度也比较大，因而不称为“传统思维方式”。西方思维方式既继承传统的重自然、重理性、重科学的基本精神，又不固守传统的、过时的思维模式。近代实验科学的发展使西方人扬弃了古希腊人那种朴素的直观整体的思维方式；现代科学的发展又使西方人扬弃了近代那种孤立、静止、片面、机械的形而上学的思维方式，发展为多维、开放、系统、综合、形式化、公理化的具有现代特点的思维方式。西方人注重认识论和方法论的转换和变换，注重引入新方法以征服自然、认识自身，不求一成不变的稳定性。中国人则对新方法反应冷淡，习惯于因循守旧、按部就班。严复说，“中之人好古而忽今，西之人力今以胜古。”“中国重节流，而西人重开源。”梁漱溟也认为，“西方文化意欲向前为根本精神。”中国贤者是传播真理的使者，西方智者是追寻真理的勇士。西方思维方式的许多特征是随着科学技术的发展而形成和完善的，具有自觉性、反思性、突破性和革新性；中国传统思维方式的许多特征是沿着社会、历史和政治的发展而形成和完善的，具有自发性、连续性、再现性和稳定性。从总体看，西方思维方式具有“向前看，着眼于未来”的前瞻性、创造性的特征；中国传统思维方式具有“向后看，立足于过去”的后馈性、保守性的特征。

## 注　释

① 儒家经典著作的“六经”是:《易》《诗》《书》《礼》《乐》《春秋》。这些经典记载了“先王之陈迹”，是中国文化史上最早的一批载诸典册的文字成果。

② Derk Bodde（1991:82）也认为中国人写作时喜欢引经据典:“Another conspicuous feature in almost all traditional Chinese writing is the appeal to historical precedent. Like the analogy, this device compares one person or situation with another, but by definition does so in historical terms only. Like the quotation or allusion, it makes its appeal to a traditional authority strengthened by the fact that it comes from the past. Like the cliché, it often symbolizes rather than realistically portrays the person or situation to which it is applied. And like all these devices, its use tends to atomize rather than synthesize the subject matter at hand”。

③ Fred E. Jandt（1998:246）认为，“Cultures differ widely in their conceptions of time. First of all, in the United States, time is viewed as a commodity.You use such phrases as '*time is money*,' '*how much time do you have*?' '*don't waste time*,' and '*budget your time*.' Think about your conception of time as a commodity and the consequences of that belief. Because time is thought of as a commodity, you need to be constantly aware of it. Time clocks are everywhere: in homes, cars, worksites, on wrists, at organized play sites. Many people report feeling uncomfortable not knowing the time. Perhaps only camping in the woods —without a radio and clocks —can you be free of time awareness. When time is considered a resource, it becomes something to be managed and used responsibly. It can become a master if you become a slave to it. How many people do you know who carry schedules of their day, week, year? Second, when time is viewed in a linear fashion, it obviously has a past, a present, and a future. Most will admit to being motivated by the future in how to act in the present. You go to school to get a degree and a satisfying job. You work to be able to provide for yourself and your family in the future. You diet so you can have a better figure and more friends in the future. You train so that you can be better at sports in the future. You live the future in the present”。

# 9

# 内向性与外向性

## Introversive vs. Extroversive

中国地理环境有内外两大特点：就外部而言，由于古代交通工具不发达，以黄河流域为发祥地的中国与外部世界是相对隔绝的，其北边是难以逾越的蒙古戈壁和西伯利亚原始大森林，这里的严冬冰雪覆盖，寒冷荒凉；西北是浩瀚无垠的漫漫黄沙，虽有过“丝绸之路”，但旅途漫长艰难，始终未能发展成为康庄大道；西南是世界上最险峻的青藏高原和喜马拉雅山脉，这里崇山峻岭，步履艰难。有些地理学家说，地球上有两个最难逾越的地区，一是北非的撒哈拉沙漠，一是东亚的青藏高原。东边和南边面临地球上最大的海洋——太平洋。对于缺乏航海技术的古人来说，这也是难以征服的障碍：浩瀚无际的大洋，波涛汹涌，可怕的台风，先民只能望洋兴叹。就内部而言，以黄河流域为中心的中原地区，腹地开阔，回旋余地比较大，容易自给自足，互相支援：北方如有天灾人祸，人可以往南迁，反之也一样。

中国半封闭的大陆型地理环境、自给自足的小农经济和长期的闭关锁国，使人们缺乏与外界的联系，视野狭窄，思维闭塞，安守田土，依时而行，日出而作，日入而息，耕田而食，凿井而饮，“知足常乐”，重乡土观念，重“叶落归根”，视中原为本土，视中国为“天下之中”（the Middle Kingdom，the center of the world），加上一体化的社会政治结构和“大一统”的思想，使思维对象指向内部而非外部，指向自我而非自然，指向内心世界而非外部世界，指向主体的内在意识而非客体的外在事物，把内在意识的自我觉悟和自我实现作为根本目标，“一向注重向内看”“惟望时间之绵延”（钱穆），寻求人与自然、人与人的和谐，重视社会治理，探究“治世之道”，重视历史传统，唯圣、唯书、唯上，这种种因素促使中国文化沿着自己的方向独立发展，创造与其他文化不同的品格和成果，保持自成一体的延续性和稳定性。

中国传统思维注重内向自求，认为价值之源在于一己之心，寂静寡欲、无善无恶的心发迹出善恶有别、尊卑有序的人的世界和物的世界，天理就存在于人的心中。这个包容宇宙万理之心，不仅跨越时空、古今无异，而且虚寂无感、无恶无善，可以流变出世间万品乃至人间万事。内心之用意附着于外界事物之时，内心便会与事物“一起明白起来”，因而注重“心术”，重自我反思，重身心修养，重伦理道德，重三纲五常，以“正心、修身、齐家、治国、平天下”。“内圣外王”是修身内省的最高目标，通过“反求诸己”“反求自识”“反身而诚”“反省内求”以汇通万物，达到去恶求善。“人人可以反求自识，而无事乎向外追索”（新儒学的代表人物熊十力）。自识本心即可达到自我完善，亦即把握了外界事物的本体。儒家在人与社会的统一中反省人的社会本质，道家在人与自然的统一中反省人的自然本性。这种返回到人自身的思维倾向是内向性、收敛型的，而不是外向性、发散型的。

内向性思维导致中国人求稳的心理和好静的性格。自然静，人也静，以静对静，只有静才能体悟自然、自识本心，才能悟出人生真谛、寻求人际和谐。老子的《道德经》称道虚静，倡导平心静气、安静自守、洁身自好、好自为之、节制欲望，不可争名夺利。“静”“思”“悟”“忍”成了许多中国人思维和性格的特征[①]，整个社会显得“内向”“内省”“内求”“内敛”。内向自求还造成种种特性，如：清静无为、安分守己、知足忍让、中庸守常、重义轻利、满足现状、害怕竞争、求稳忌变、怯于突破。在这种内向自求的氛围之中，人们不求开拓、创新，而是保守、节制；不求向外探索，而是对内压抑；不求自由选择，而是众求归一。

梁漱溟的《东西文化及其哲学》（商务印书馆，1922）认为中国文化“以意欲自为调和持中”为其根本精神，西方文化“以意欲向前要求”为其根本精神，印度文化“以意欲反身向后要求”为其根本精神。中国人的思想是“安分”“知足”“寡欲”“摄生”，能“随遇而安”。农耕民族，必须依据气候、季节的变化规律来安排农事，绝不能揠苗助长。这种依时而行的生活方式，也促使中国人注重自然的渐变、人文的自化，而不习惯于人为的求变、求新。钱穆指出，中国人做事“务求其先后条贯，一向重化不重变”“中国好言常，而西方好言变。中国则变而不失其常，西方则即变以为常。”②

西方文化的发祥地——古希腊及其周围的爱琴海、地中海的地理环境与中国所处的半封闭大陆型地理环境大不一样：这里最初的疆域主要由狭长的半岛和沿海的岛屿组成，大部分地区依山临海，拥有世界上最曲折的海岸线，形成了典型的海洋地理环境。爱琴海和地中海是由大陆环绕的陆间海，海面较为平静，分布着许多参差的半岛和岛屿，随处都可就近找到避风的港湾，这对于航海技术尚未成熟的古人来说，驾驭这样的海域当然比征服浩瀚无际的太平洋要容易得多③。这样的海域成了古希腊人和罗马人练习航海的好场所，不但不构成与外界隔绝的因素，反而成了“地球上四分之三面积结合的因素”（黑格尔，1963:134），成了比陆路更加经济、方便、自由的坦途。另一方面，这里的陆地狭窄、多山，到处是贫瘠的土壤和石灰岩，可耕面积有限，加上冬季湿润，夏季干燥、炎热，不利于粮食作物的生长，很难形成自给自足的农业经济，因而人们不得不转向大海，向外拓展，谋求生存。大海神秘，隐伏祸患，激发人们抗争与征服的勇气与智慧。R. C. Lamm（1996）指出：

> Frequent voyages to foreign ports exposed sailors, merchants and tourists to a wide world of different ideas and customs, making these travelers more cosmopolitan than their Near Eastern contemporaries, most of whom never left home. Civilizations are shaped mostly by developments in urban living, commerce, trade and travel. The Greeks absorbed much of the cultural heritage of Mesopotamia and Egypt while also drawing upon the indigenous cultures of the Aegean civilizations.

黑格尔（1963:134）在讨论历史的地理基础时骄傲地宣称：

> 大海给了我们茫茫无定、浩浩无际和渺渺无限的观念，人类在大海的无限里感到自己的无限的时候，他们就被激起了勇气，要去超越那有限的一切。大海邀请人类从事征服，从事掠夺，同时也鼓励人们追求利润，从事商业。平凡的土地、平凡的平原流域把人类束缚在土壤里，把他卷入到无穷的依赖性里，但是大海却挟着人类超越了那些思想和行为的有限圈子。

当然，地理、气候和自然资源等客观因素并非影响文化和思维方式的唯一因素，但这些却是重要因素。

西方大多数国家处于开放的海洋型地理环境，工商业、航海业发达，自古希腊时期始就有注重研究自然客体、探索自然奥秘的传统。思维的对象倾向于外界，重视认识自然、改造自然、征服自然，寻求外部世界对人最有价值的东西，为己所用，富于好奇和想象，较易接受新事物，思维方式具有开放性、广泛性和多面性（universalism）的特征。在征服自然的实践中，西方人逐渐形成了“向外探索进取，人生才有意义”的人生观和世界观，把获得知识、发明技术、探索科学、发现真理、开拓创新、征服自然看作是人生的追求、理想和幸福。西方人自古以来喜欢辩论的传统和精神，也促使思想和社会开放，这正如 Nisbett（2004: 209）所说，“Western debate style，and the mental habits it encourages，are important for keeping societies open and open-minded”。西方文艺复兴时期，人文主义者主张个性解放，反对宗教桎梏。这种追求自由、个性的精神对西方思维产生了深远的影响。

西方文化起源于内能不足的古希腊，因而需要不断向外寻求，以“吸收外面的养料来营养他自己”。西方海洋工商型文化继承并发扬了这一传统，比较注重空间的拓展和武力的征服，有强烈的富强欲、战胜欲和征服欲，容易形成内部团结、流动进取、崇尚竞争、富有战斗性和侵略性的民族性格。西方文化是发散型的，中国文化是内敛型的。钱穆（1994: 259）说过，“西方文化乃由一小地面酝酿成熟，推扩以达四围。正犹其知识之获得亦由一抽象之点或线，向外引申推概以造成一有系统之理论，用此以侵入其前所未知之部分。中国文化则由一大地面融合凝结，向内充实，而非向外展扩。”

1298 年后，《马可·波罗游记》（*The Travels of Marco Polo*）成书并在欧洲广泛流传，激起了欧洲人对东方文明与财富的倾慕与贪婪。15 世纪末至 16 世纪初，中国人发明的指南针技术传入欧洲，推动了欧洲航海事业的发展，从而开辟了新航路，发现了新大陆。1492—1504 年，哥伦布（Columbus）想寻找一条从西方通向印度和中国的新航线，并草拟了从欧洲西行至东方的航海计划，在西班牙女王的支持下，带着国王致中国皇帝的国书，四渡大西洋，发现了美洲许多岛屿，首次踏上南美大陆，开辟了欧洲到美洲的航线。哥伦布所发现的地方并非中国和印度，1501 年意大利商人和航海家阿美利哥·韦斯普奇（Amerigo Vespucci）到达美洲，才认识到这是新大陆，后来以其名命名为

America。哥伦布外向探险充满了殖民味和征服欲，其航海探险成功，激起欧洲各国的航海热潮，引发欧洲人征服异域的殖民扩张。1497—1498 年，达·伽马（da Gama）受葡萄牙国王的派遣，为了寻找航路、财富和市场，绕过好望角到达印度，开辟了从欧洲绕过非洲到达亚洲的航路。1519—1522 年，麦哲伦（Magellan）奉西班牙国王之命，率领船队，环球航行。他横渡大西洋，沿巴西海岸南下，绕过美洲南端（后来以他的姓氏命名）的麦哲伦海峡，进入太平洋，直到菲律宾群岛。麦哲伦在同菲律宾人的冲突中战死，他的同伴经印度洋，绕过好望角，于 1522 年回到西班牙，开辟了从欧洲绕过南美洲到达亚洲的航路。地理大发现促使西方人海上大扩张，对外侵略、推行殖民主义和霸权主义成了西方近现代文化的一大特征。

相比之下，早在西方人以上这些航海壮举之前，1405—1433 年，中国航海家郑和（1371—1435）率领船队，七下西洋，到达亚、非 30 多个国家和地区，远至非洲东岸、红海海口和伊斯兰教圣地麦加。郑和下西洋虽然比哥伦布的远航早 87 年，而且拥有世界上无与伦比的庞大船队，但不以开拓、征服、移民、传教、寻找新航路为目的，而是为了营造“万国来朝、四夷咸服”“天朝”的气势，宣扬国威，施恩于海外诸国。但随后，明朝强化了“海禁”，实行闭关锁国政策。

郑和七下西洋，拥有强大的船队：首航大船 62 艘，船员 2.78 万人，每艘船长 44 丈，约 148 米，宽 18 丈，约 60 米，可容 1 000 多人，此后每次下西洋人数都在 2.7 万人以上；船上拥有当时先进的航海设备，如指南针、航海图等，外国学者称之为实力雄厚的“特混舰队”。郑和船队规模之大，人员之众，航程之远，影响之大，在古代世界航海史上是空前的。船队途经南洋，甚至南至印尼爪哇、苏门答腊，但未能发现（或可能不想去探索和征服）邻近的澳大利亚，也未能开辟新航路。87 年之后，哥伦布率领的船队虽比郑和当年的船队小得多（首航 3 艘船，每艘船长 24 米，宽 6 米，船员 88 人），后来的达·伽马船队（4 艘船，船员 170 人）和麦哲伦船队（5 艘船，船员 265 人）也远远比不上郑和的船队，但却发现了新大陆，开辟了新航路④。这些重大的史实，足以说明中国人的内向性思维和西方人的外向性思维可对各自的文明史产生多么大的影响。

外向性思维导致西方人求变的心理和好动的性格。自然动，人也动，以动对动，只有动才能改造自然、征服世界。“动”“变”“争”“斗”成了许多西方人思维和性格的特征，整个社会显得“外向”“外显”“外求”“外张”。外向性思维还使西方人富有全球观念和宇宙意识（the frontier of outer space has become the latest challenge）。人们以四海为家，勇于进取，敢于冒险，崇尚竞争（overwhelming presence of competition）[⑤]，喜欢变动（strong faith in progress and change）[⑥]，惯于弃旧迎新（courage to try something new），较常离婚择偶，经常易地搬迁（the highest moving rates in the world），频繁买卖车辆，多次“跳槽”，另谋高就，爱好攻击性、刺激性的激烈运动。美国人尤其酷爱驾车出游，美国社会成了“四轮子社会”（highly mobile American society: society on four wheels）。人们宁可离开难以忍受的生活或工作环境，多方寻找新的出路和希望。孔子说，“知者乐水，仁者乐山；知者动，仁者静；知者乐，仁者寿。”（《雍也》）这也可以看出中国的“仁者”与西方的“知者”之间的不同。

林语堂（1988: II 309）在《论中外的国民性》一文中比较了中国人和西洋人：

> 中华民族与西方国家比较，进取不足，保守有余，勇毅有为之精神不足，而动心忍性之功夫甚深。……忍辱负重，他人不如我，睚眦必报，我不如人。得过且过是表示我们祖传的涵养，励精图治是东洋人及西洋人的作风。总而言之，中国的文化是静的文化，西洋的文化是动的文化。中国主阴，外国主阳，中国主静，西洋主动。中国人的美德是静的美德，主宽主柔，主知足常乐，主和平敦厚；西洋之美德是动的美德，主争主夺，主希望乐观，主进取不懈。中国人主让，外国人主攘。外国人主观前，中国人主顾后。……中国人尚文，西方人尚武。……似乎我们少了一种动力，而容易陷于听天由命、得过且过的态度。中国人比西方民族，似乎少了一种奋发勇往迈进的生命力。[⑦]

## 注　释

① 林语堂于1934年用英语写成的 ***My Country and My People***（New York: The John Day Co., 1935，郝志东、沈益洪译为《中国人》，上海：学林出版社，1994年），是他在西方文坛的成名作和代表作。他在书中向西方介绍了中国人和中国文化，并与西方文化作了比较。他认为中国人的性格特点主要有：“老成温厚，遇事忍耐，消极避世，超脱老猾，和平主义，知足常乐，幽默滑稽，因循守旧，酷爱自然，多生多育，耽于声色，稳健，

单纯，勤劳，节俭，热爱家庭生活”。Arthur Henderson Smith（明恩溥）是19世纪末至20世纪初美国大名鼎鼎的“中国通”，在中国传教和从事写作近50年，其一系列关于中国人特性的看法和有关中国的建议，对当时的美国对华政策影响很大。鲁迅对中国国民劣根性的许多批评，也受过其著作的影响。明恩溥在 *Chinese Characteristics*（New York，1890，1892）一书中对中国人的特性作过如下的点评：“面子要紧，节俭，勤劳，客气，缺乏时间观念，缺乏精确习惯，好误解人意，好兜圈子，温顺而又固执，思维紊乱，麻木不仁，蔑视外国人，有私无公，因循保守，不求舒适与方便，生命力顽强，富有耐性与毅力，知足常乐，孝顺，仁慈，缺乏同情心，好争斗，重责守法，互相猜疑，缺少信用，多神论、泛神论与无神论；同一而又多样，裙带关系，社会裙带关系，善于吸收，好吃，好名利，好轻信，温和，怕得罪人，安于寄生，忽视基础，不会保存古迹，重视中介人，缺乏利他主义”。易中天在其《闲话中国人》(2000:1，上海文艺出版社）一书中认为，“的确，中国人是不大容易看懂的。岂但外国人‘看不懂’，便是中国人自己，也不一定‘说得清’。比方说，中国人耿直却又圆滑，坦诚却又世故，多疑却又轻信，古板却又灵活，讲实惠却又重义气，尚礼仪却又少公德，主中庸却又走极端，美节俭却又喜排场，守古法却又赶时髦，知足常乐却又梦想暴发，烧香算命却又无宗教感，爱抱团儿却又好窝里斗，爱挑刺儿却又会打圆场，不爱管闲事却又爱说闲话，懂得‘只争朝夕’的道理却又主张‘慢慢来’，等等，等等。结果，中国在世界历史上最早‘先富起来’，却又最终弄得‘一穷二白’。”应该说，当今的中国人在某些方面已不再是某些中外学者笔下的中国人，然而，他们的话值得中国人对传统文化进行反思。

② 钱穆:《晚学盲言》，第526页，台北：东大图书公司，1987年。

③ R. C. Lamm（1996） 指 出，“Climate, topography and geography shape culture in particular ways. Greece enjoyed a temperate maritime climate more energizing than that of the landlocked agricultural areas，with ready access to the sea and 1 000 islands dotting the Aegean. Sailors were never out of sight of land，which was a vital factor in the days of rudimentary navigation. Even on the mainland, no one was more than a few hours' ride from the sea”，“Greek mainland was a harder country to live in. Mountains were so eroded that little farmland was available. When nature yields little, people must manufacture objects to make a living. The proximity of the sea offered a livelihood for sailors and traders. Commerce broadened horizons: goods, services, ideas, etc”。

④ 哥伦布四渡大西洋而发现了新大陆，与此相比，郑和七下西洋但未能发现新大陆（如澳大利亚），这除了思维方式不同之外，还有其他一些原因，如：郑和航海缺乏强大的、持续的经济动因，也无航海探险、寻找新航线的开拓动因，而只是炫耀国威于四方，具有明显政治色彩的和平远征。当皇帝改变主观意志而不再支持郑和航海时，海上探索就进行不下去了。郑和下西洋的软弱动因和暂时性质，是当时中国不能完成地理大发现的一个根本原因。其次，狭隘的大地观是郑和航海未能引导中国人去完成地理大发现的重要原因。在古代中国，地平的大地观是根深蒂固的。明初占统治地位的宇宙理论是中国传统的“浑天说”。浑天说认为“浑天如鸡子，天体圆如蛋丸，地如蛋中黄，孤居于

内，天大而地小。”这虽包含球形大地观，但其对大地球形的理解，与地理大发现时代的哥伦布、麦哲伦等航海家对大地球形的理解，有本质的不同。浑天说所谓的球形，大半个在水中，小半个在水上。自然水中的半球并非人世，航行是无法到达的。所以，浑天说中的人类世界实际上还是个半球，和新“盖天说”中的拱形大地倒有相似之处。在郑和航海时代，郑和船队的航海家们无论持浑天说或是持盖天说的宇宙理论，都不会像世界大航海时代的西欧航海家那样，确信大地是球形的，因此，他们考虑不到航海西行可以东达，或东行可以西达，也不会对自己提出环球航行的问题。其三，当时的中国传统地图有其缺陷，不如欧洲人的地图准确，这也是重要原因。明初中国远远不具备西欧人完成地理大发现的那些得天独厚的条件。如果明初中国资本主义迅速发展，从而产生强大、持续的经济动因，加上外向性的思维方式，那么，封锁的海洋政策、皇帝的主观意志、狭隘的大地观以及传统地图的缺陷等不利条件都可能改变，中国人也可能会完成地理大发现。（参见郑一钧：《论郑和下西洋》，海洋出版社，2005；F. Dainian & R. Cohen: *Chinese Studies in the History and Philosophy of Science & Technology*, London: Kluwer Academic Publishers, 1996）

⑤ Fred E. Jandt（1998:254）认为，“Closely related to individualism and self-motivation is the presence of competition. Competition is a part of life from early childhood. Children play games in which only one person can win. Video games are competitive. Schools are competitive. And that competition is carried into the workplace. The overwhelming presence of competition in U.S. society can be seen in the ever present sports metaphor. Many human endeavors are spoken of in sports language: a playing field, competitors, scores, winners, rankings. A good book or a good movie is ranked #1 by the newspapers. Presidential candidates are given daily scores by the media —one candidate is so many points ahead of the competition”。

⑥ Alexis de Tocqueville 在其 *Democracy in America* 书中认为，“In the United States they all consider society as a body in a state of improvement，humanity as a changing scene，in which nothing is, or ought to be，permanent；and they admit that what appears to them today to be good, may be superseded by something better tomorrow”。Fred E. Jandt（1998：246）也指出，“The willingness to accept change also explains why the United States has one of the highest moving rates in the world. Each year，nearly one in five U.S. households moves. The belief that progress and change are good is associated with technological developments. Some observers, however, contend that the faith in progress and change is also being applied to values. U.S. values or standards of what is right and wrong do change，and most would agree that these changes are proper. Because social beliefs are changed so easily and so frequently in the United States, some say there are no longer any beliefs that are permanent”。这也印证了政治家的名言：“没有永久的朋友，也没有永久的敌人。” Nisbett（2004：63）则举例说，“The U.S. is sometimes described as a place where, if you claim to amount to much，you should be able to show that you change your area code every five years or so"。

E. Tiersky & M. Tiersky 在其 *USA —Custom and Institutions* 一书中认为，"What does all this moving about do to attitudes and values? Vance Packard, One of the nation's well-known nonfiction writers, discusses the problem in his popular book *A Nation of Strangers*. He believes that the highly mobile American society leaves individuals with feelings of rootlessness, isolation, indifference to community welfare, and shallow personal relationships. He urges that efforts be made to stabilize our shifting population so that Americans can 'rediscover the natural human community'. Americans who do not change residence are also on the move —traveling by air or auto to see their own country and to visit others. The need to explore a new frontier is basic to the American character. Now that most of the nation's wilderness is settled, the frontier of outer space has become the latest challenge. The courage to try something new has been an American characteristic since colonial times, when the nation's founding fathers started one of the greatest experiments of all times—the creation of American democracy"。

辜鸿铭（1996:211）认为，"欧洲人认为人生的目的在于运动，而我们东洋人认为人生的目的在于生活。西洋人为运动而生活，东洋人则为生活而运动，他们是为赚钱而活着，我们则是为享受人生而创造财富，我们不把金钱本身作为人生的目标，而是为了幸福而活动。孔子说：'仁者以财发身，不仁者以身发财'，那意思就是好人为了生活而创造钱财，而恶人则是舍身去赚钱。西洋人，尤其是美国人，为了赚钱连命都不要，这就是东西方人的差异之处。也就是说，西洋人贪得无厌不知足，而东洋人则是知足者常乐。"

⑦ 易中天在其《闲话中国人》(2000:3，5，6，上海文艺出版社）一书中认为，"中国人见面鞠躬作揖，是因为中国人的文化性格'内向'；西方人见面握手拥抱，则是因为西方人的文化性格'外向'。外向，所以伸出手去握别人的手；内向，所以伸出手握自己的手。这就正如中国人吃饭用筷子夹，是向内用力；西方人吃饭用叉子戳，是向外用力。一向外，一向内，故西方文化的象征物是'十字架'，中国文化的象征物是'太极图'，一个从一点出发向四面扩展，一个由两极构成在圈内互动。

中国文化的思想内核是群体意识，而西方文化的思想内核是个体意识。所谓个体意识，简单一点说，就是认为每个人都是单独的个体，是具有独立人格和自由意志的个人。因为具有自由意志，所以，每个人的幸福都要靠每个人自己去争取，每个人的行为也要由每个人自己来负责。所谓群体意识，也简单一点说，就是认为每个人都是群体的一部分。群体的利益就是个人的利益，群体的价值就是个人的价值。个人的意志，必须服从于群体的共同意志；个人的人格，只能依附于群体的共同人格。

一般地说，以个体意识为思想内核的民族多半性格外向，以群体意识为思想内核的民族多半性格内向。因为个体已是社会的最小单位，实在已无'内'可'向'。只有向外发展，才能求得生存空间。群体却有着自己的内部空间。以群体为单位，生存空间界定以后，要解决的就是内部问题，眼睛非向内看不可。所以，中国人性格内向而西方人性格外向，当然也就有着不同的交际方式。西方人见面，是两个单独个体的事情。个体的独立人格‘不可入’，自由意志‘不可犯’。因此必须敞开怀抱，伸出双手，表示愿意建立关系；还必须握手拥抱，相互接触，关系的建立才能得到确证。中国人见面鞠躬作揖，则另有一番意义。双手抱拳，表示关系早已确定，大家都是自己人，就像左手和右手，早就抱成了团儿，不必再分彼此，如果把手伸了出去，岂非见外？至于点头弯腰，则无非表示敬意。因为即便是‘哥们’，也有大有小有兄有弟。自己的头低一点，腰弯一点，也就抬高了对方。大家都礼貌，都谦让，也就能‘群’。”

# 10

# 归纳型与演绎型

## Inductive vs. Deductive

中国传统思维方式注重直观经验，习惯于直觉体悟。圣贤们从主体意向出发对实践经验和内心体悟加以汇集、总结、归纳、浓缩，成为“圣言式”或“格言体”的“微言大义”，如“道”“气”“理”“心”等学说。这些多为意会、领悟的结果，缺乏明确的概念界定与严密的推理论证，因而难以形成像西方那样完整而系统的科学体系。冯友兰（1996:12）指出，“《论语》《老子》中简短的言论，都不单纯是一些结论，而推出这些结论的前提都给丢掉了。它们都是富于暗示的名言隽语。”如果说中国的传统思维也有演绎法，那基本上是“唯圣”“唯书”“唯上”的演绎法，即把圣言、经典、圣旨或主观成见作为绝对正确的演绎前提，但也缺乏形式化、公理化系统，不像西方那样注重形式逻辑。中国传统思维方式除了初级的归纳推理和演绎推理之外，习惯上更擅长类比推理，即喜欢利用比喻、联想、想象进行类推。这是从自然现象到社会现象（或反之）、从个别到个别或一般到一般的类比推理，而非从个别到一般的归纳推理，也非从一般到个别的演绎推理，例如利用阴阳、五行把自然现象与人体、人生相类比，其结论往往是或然性的。

传统中医基本上是医疗实践经验的综合、总结、归纳和概括，缺乏严密的逻辑论证体系。“神农尝百草”等故事生动地说明了中国智者重亲身体验，轻理论论证，重经验总结，轻演绎推理的思维倾向。语法与逻辑有着密切的联系。由于中国的逻辑学不发达，汉语语法学也不发达，直至1898年才出现了借鉴拉丁语法的第一部汉语语法《马氏文通》。长期以来，汉语学者着重对具体的语言现象作分析、描写、总结、归纳，没有形成完整的汉语语法体系。相比之下，公元前100年古希腊就有语法专著《语法术》。亚里士多德从希腊语得到启发，创立了逻辑学，逻辑学也反过来促进西方语法学的诞生和发展。中国智者长于算术，但疏于数学；长于“语录式”和“格言体”的“微言大义”，但短于系统而完整的理论体系；擅长于能解决实际问题的技术和技巧，缺乏能指导实践的科学理论和原理；注重“经世致用”，忽视基础的、宏观的或抽象的理论研究（far more interested in the pragmatic application of knowledge than with abstract theorizing）。西汉张苍、耿寿昌（删补整理）的数学名著《九章算术》、北魏贾思勰的农学名著《齐民要术》、北宋沈括的“中国古代百科全书”《梦溪笔谈》、明朝李时珍的药物学名著《本草纲目》、明朝宋应星的农业、手工业技术名著《天工开物》等是中国科技名著，但都是实录所见所闻，记述已有知识，搜集、整理、编纂、归纳、总结实用性科技的经验、体会和方法，多属现象的描述和经验知识的累积，缺乏实验和严密的逻辑论证，没有形成完整的理论体系（reflection of a genius for practicality instead of a penchant for scientific theory and investigation）。由于缺乏逻辑工具和理论体系，中国科技发展缺少原创性，基本上属于六种类型：实用型、经验型、直观型、技艺型、师传型、模仿型。Derk Bodde（1991: 361）认为：

> A serious methodological weakness characterizing much traditional Chinese scholarship is its all-too-common preoccupation with discrete events and details at the expense of overall synthesis, generalization, and analysis. The same preoccupation often appears in Chinese scientific writing. So too does the companion tendency of concentrating on pragmatic application at the expense of theory. One might expect this for the technologies, but such practicality is to be found also in the other categories enumerated above, including even that of the “pure” sciences. Han mathematicians, for example, unlike their Greek and Hellenistic opposites, showed little interest in explaining their techniques (Needham 1926: 59). ... In similar fashion, Chinese astronomy, “like all Chinese science,” was “fundamentally empirical and observational” (Needham 1959: 460). Perhaps this disinterest in theory helps explain why the Chinese failed to follow up several inventions or discoveries in which they had been pioneers.

长期停滞于小农经济的中国社会，科技发明有过辉煌的成就，但由于“重道轻器”，缺乏系统、严密的逻辑工具，加上其他因素，科学技术的理论、实践、应用和推广一直没有得到进一步发展。林语堂（1994: 98）指出：

> 中国人的逻辑建立在中国人对真理的观念之上。根据中国人的观点，真理永远不能被证实，只能被感知。庄子很早以前就在《齐物论》中指出了知识的主观性。……根据这种理论，真理是无法证明的，尽管它能被“会心于忘言之境”（庄子）。人们常说：“知其然而不知其所以然”，“道即真理，不知其然谓之道。”所以，真理只能被一种直觉所感知。中国人并非都在有意识地接受庄子的认识论，但是他们本质上是赞同这个观点的。逻辑从来也没有被发展成为一种科学，所以他们也不仰仗逻辑，而是靠自己或许是更健全的庸见。……中国人从来不会写一篇万言或者五千言的论文去证明某一个论点，他仅仅是做笔记。至于论点本身的是非，则留待后人评说。这就是为什么中国学者总是留给我们这么多笔记集，称作“随笔”或“笔记”。……庸见在中国代替了推理与演绎。庸见通常更合乎情理，因为分析性的论证是通过把真理分成若干部分去探索真理，结果使真理失去其自然的联系与含义。而庸见则把事物看作一个活的整体。
>
> 这种对庸见的崇拜有其哲学基础。人们很有兴趣地注意到，中国人在判断某论点正确与否时，并不仅仅诉诸道理，而是既诉诸道理，也诉诸人情。“Reasonableness”译成中文为“情理”，包含了两方面的内容，“情”即“人情”，或“人性”；“理”即“天理”，或“外部原因”。“情”代表着可变的人的因素，“理”代表着不变的宇宙的法则。这两个因素的结合，就是评价某项活动，或某个历史问题的标准。
>
> 对西方人来讲，一个观点只要逻辑上讲通了，往往就能认可。对中国人来讲，一个观点在逻辑上正确还远远不够，它同时必须合乎人情。实际上，合乎人情，即“近情”比合乎逻辑更重要。

古希腊哲学家亚里士多德开创了形式逻辑，这对西方思维方式产生了长久而深远的影响。亚里士多德（转自北京大学哲学系 1957: 293）注重演绎法，把它看作是“能产生科学知识”的论证工具。此后，演绎法不仅成为西方学者构建理论体系的一种手段，而且成了西方人比较习惯的一种思维方法。美国著名学者 Edward De Bono 认为，西方的传统思维方式牢固建立在逻辑推理上，即往往从某一角度考察问题，然后看看从中能演绎出什么。这种方式可称为纵向思维，因为它以公认为一贯确立的东西为基础（Western thinking traditions are very firmly based on logical thinking in which we start off with a certain way of looking at things and then see what we can deduce from that. This can be called vertical thinking since it involves building on what is accepted as traditional）。到了 17 世纪，以培根为代表的经验主义认为，当时流行的演绎逻辑已不能满足科学发展的需要，演绎只能阐明已经发现的东西，只能判定由一个思想推出另一个思想的过程是正确的或错误的；亚里士多德的三段论不能发现科学原理，而旧的归纳法又得不出可靠的结论，必须建立一种新逻辑，即培根所说的真正的归纳法。以笛卡尔、莱布尼茨为代表的理性主义又把演绎法作为根本方法，认为由归纳法得出的知识是或然的，不具有普遍性和必然性。从总体看，西方思维方式既有演绎法，也有归纳法，在各个时期以及思维的过程中均发挥了不同的作用。

近代西方经验主义与理性主义的论战表明，归纳法与演绎法各有长处和短处，必须互相补充，交替并用，辩证统一，才能获得科学的知识。一方面，归纳为演绎提供前提。演绎（deduction）借助一般去认识个别（from generals to particulars），但这个一般却源于个别，是个别归纳的结果。另一方面，演绎为归纳提供观念的指导。归纳（induction）从个别推出一般（from particulars to generals），但归纳的过程必须在一般性的观念指导下有意识、有目的地进行，才能有针对性和有效性，而这个观念的指导正是由演绎提供的。没有经过演绎论证，归纳的结论也难以上升为规律性的科学理论。由于归纳与演绎互为前提，互相渗透，互相依赖，因而归纳与演绎必须互相补充，互相转化。人们以一般观念原理为指导，通过归纳，从个别到一般，当这个一般成为演绎的前提时，就必须再转化为演绎，才能使归纳的知识得到扩大与加深。S. Baker（1985: 91）这样解释归纳与演绎：

> Induction and deduction are the two paths of reasoning. Induction is "leading into", thinking through the evidence to some general conclusion. Deduction is "leading away from" some general precept to its particular parts and consequences. All along, you have been *thinking inductively* to find your thesis, and then you have turned the process around, *writing deductively* when you present your thesis and support it with your evidence. Both modes have their uses, and their fallacies.

恩格斯（1971: 206）指出，"归纳和演绎，正如分析和综合一样，是必然相互联系着的。不应当牺牲一个而把另一个捧到天上去，应当把每一个都用到该用的地方，而要做到这一点，就只有注意它们的相互联系、它们的相互补充。"归纳法从无限或有限的面走向有限的点，点与点之间是并列关系，彼此相对独立，难以凑成一个体系；演绎法从有限的点走向无限的面，是点的无限繁殖，点与点之间是血缘关系、派生关系、枝叶关系。观点家族不管枝叶如何茂盛，均系于一棵大树（大前提）之下，同属一个结构之内。归纳与演绎如此相互作用，往复循环，步步加深，形成科学的理论体系。

西方思维方式自古以来就注重形式逻辑，擅长于演绎法；近代实验科学诞生之后，又重视归纳法。演绎与归纳相结合，使西方产生无数的理论体系，大大地促进西方科学的发展。相比之下，中国传统思维方式注重经验的、直觉的归纳，也有“唯圣式”的演绎推理，但形式逻辑不发达，较少产生科学的理论体系，而擅长于“语录体”的言论和“点评式”、随感式、漫谈式、印象式或就事论事的议论。林语堂（1988: II 313）认为：

> 西洋重系统的哲学，而中国无之。系统的哲学就是所谓Systematic philosophy，就是把一条理论，贯串一切，自己成立一理论的大系统，如康德、黑格尔等。在西洋人看来，你没有系统的哲学，就不足当“哲学”二字的名称。系统的哲学，是一种推论的结构，有前提，有证实，有结论的踪迹可寻，如七宝楼台，有轮廓，有基石，有顶层，琳琅满目。中国的哲言，字字珠玑，如夜明宝珠，单独一个，足以炫耀万世，又如半夜流星，忽隐忽现，不知来源，不测去向。爱墨生（Emerson）是美国有名的论文家，所说的都是精深的议论，很近中国式。就有人批评他不足称为哲学家，因为他有雕金削玉的名言，却找不到系统的线索。正要听他阐发论据时，他已经谈到别的题目去，也只让读者自己体会去罢。中国思想，如墨子，如王夫之，有精细详切的推论的极少。

有的学者认为，中国人善于将一本书归纳成一句话，而西方人却善于将一句话演绎成一本书。这在一定程度上反映了中西思维方式的差异。

中西思维方式的上述十对基本特征，是互相联系、互为因果的。早在2 000多年前，中西思维就出现两种不同的偏向：中国贤者的思维沿着政治伦理的方向发展，注重求道，求可行之道；而西方智者的思维却沿着科学认知的方向前进，注重求知，求客观真理。中国思维具有阴柔偏向，含有艺术家的素质，力图求善；西方思维具有阳刚偏向，含有科学家的素质，力图求真。中国政治伦理型的思维方式重伦理道德，重身心修养，重内向自求，重安邦治国，因而带有强烈的主体意向性。政治上追求安邦治国，产生了“大一统”思想，唯圣、唯书、唯上使思维带有后馈性和求同性。注重政治伦理，必然对探索自然失去兴趣，以价值观代替认识论，其出发点不是认知自然，而是内心修养与道德实践，因而热衷于对天地人作比附，进行直觉体悟与整体综合，用以解释政治、社会、伦理、人生的种种问题。内向自求、主体意向与直觉体悟相关，直觉体悟又必须以整体综合为前提，而整体综合是直观经验的结果。重直观经验又引出重意象、重归纳。以直觉体悟、整体综合把握事物，易使思维带有模糊性。西方科学认知型的思维方式重探索自然、重求知、重理性，重外向探求，因而带有强烈的客体对象性。科学上追求知识和理性，必然要借助逻辑，以分析和实证的手段获得对认知对象的精确认识。追求科学认知又促使人们不断求异、创造、超前，采用演绎与归纳的方法，不断推导出新的科学体系。

上述中西思维方式的不同特征是从总体的、相对的角度而言的。这些差异多属相对的此强彼弱而非绝对的此有彼无。采用不同的角度，考察不同的时期和民族，根据不同学科的标准，按照不同群体的观点，为了不同的研究目的，可能对中西思维方式的特征得出不尽相同的看法。

# 综　述

## 悟性与理性

***Wuxing* vs. Rationality**

哲学有两种基本的思维方式：悟性思维与理性思维。悟性思维①借助形象，运用直觉、灵感、联想、想象等思维形式，把感性材料组织起来，使之构成有条有理的知识，具有直觉性、形象性、主观性、整体性、模糊性、偶然性、或然性等特征；理性思维②借助逻辑，运用概念、判断、推理等思维形式，探索、揭示事物的本质和内在联系，具有逻辑性、抽象性、客观性、分析性、确定性、普遍性、必然性等特征。中国传统思维方式虽含有理性主义因素，但较注重直觉、体验、领悟，因此本质上是悟性主义的，但不归为非理性主义和直觉主义；西方哲学思维方式本质上是理性主义的，德国古典哲学堪称其范本。

### 一、中国的悟性

古代中国人的思维方式没有形成像亚里士多德形式逻辑那样的理性模式，而是形成了中国式的悟性：思维主体对客体对象或主体自身的本性与内蕴的直觉洞察和领悟，即儒家的“外悟说”和道家、佛教禅宗的“内悟说”（冯凭，1986: 48-53；侯才，2003: 27-31）。

儒家的“外悟说”，即“格物致知”的“格致之学”，强调从外界的经验中，尤其是前人已有的经验中，去领悟事物的本质和内在的联系，如孔子所说的“温故而知新”。“格致”或“格物”之法，是孔子哲学观的代表作《大学》之旨。所谓“格物”，就是用既有的思维尺度和框架去衡量、测度对象，即用康德所说的“先验范畴”对思维对象加工、整理和把握，推究事物的道理，达到“豁然贯通”，但非理性。北宋的程颢、程颐提出了格物致知的外悟新说，主张把外界作为格物致知的对象：“或读书讲明义理，或论古今人物，别其是非，或应是接物而处其当，皆言理也”“须是今日格一物，明日格一物，积习既多，然后豁然有贯通之处”（《遗书》卷十八）。朱熹把二程的格物致知说系统化并加以发挥：“所谓致知在格物者，言欲致吾之知，在即物而穷其理也。是以大学始教，以使学者即凡天下之物，莫不因其已知之理而益穷之，以求至乎其极。盖人心有灵，莫不有知，而天下之物，莫不有理。至于用力之久，而一旦豁然贯通焉，则众物之表里精粗无不到，而吾心之全体大用无不明矣”（《大学章句》）。所谓“格物穷理”，即穷事物之理，积久便可豁然贯通，使心中之理彰明。朱熹认为人心有领悟事物本质的内在能力，“置心物中”便可“究见其理”（《朱子语类》卷九十八），对本体的直觉把握就是悟。孔子的儒学以宋明理学的形式达到了发展的高峰，外悟说也因此声名大振。

道家的“内悟说”主张“玄览”，即“心居玄冥之处，览知万物”“塞其说，闭其门，挫其锐，解其纷，和其光，同其尘”（《老子》五十六章），反对向外界观察体悟，排除一切感性经验、语言概念和欲望杂念，保持内心的清静和安宁，达到“常无欲，以观其妙”（《老子》一章），主张内心省悟，向内心世界寻求外界事物的真谛。魏晋时期的玄学，就是这一方法论的发挥。老子最先背离了感性模式，提出了抽象的、不能直观的“道”作为万物之本：“视之不见名曰夷，听之不闻名曰希，博之不得名曰微。此三者不可致诘，故混而为一”（《老子》）。道与八卦、五行等可感事物不同，是无法通过感官认识的，也是不可言说的，但道又是可感万物的本原，“自本自根”“无所不在”，只好求助于非感性的内悟了。老子的内心省悟模式主张“不出户，知天下；不窥牖，见天道”“致虚极，守静笃”“静观”“玄览”，反对向外界观察、探究。陆九渊和王阳明提出“心学”，主张向内心世界去寻求外界事物的真谛。陆九渊发挥了孟子“万物皆备于我”的观点，提出“心即理也”，认为理存于心中，不必外求，“宇宙便是吾心，吾心即是宇宙”（《杂说》），只有反躬自悟才能达到“一是即皆是，一明即皆明”，极力反对来自外界的知识。王阳明也反对朱熹的“格物致知”，而主张“致知格物”：“所谓致知格物者，致吾心之良知于事事物物也。吾心之良知即谓天理也。致吾心良知之天理于事事物物，则事事物物皆得其理矣。致吾心之良知者致知也。事事物物皆得其理者格物也”（《传习录》）。由于陆九渊和王阳明的努力，内悟说一时大振。

中国佛教尤其是禅宗的“内悟说”，吸收了儒家特别是道家和玄学之要素，凝聚了中国乃至东方悟性思维的精华，体现了佛教思维方式的“了悟”：“生起真智，反转迷梦，觉悟真理实相。”禅宗的内悟说以自我为悟之主体和客体，道我不分，佛我不分，“识自本心”“自悟自修”（《坛经》），自格自致，“心净自悟，顿悟成佛”“忘象息言”“彻悟言外”（《高僧传》），“以心传心”“智慧关照，不假文字”（《坛经》），依靠个人自我体认，实现对整体“中道”的领悟。佛教在长期的历史发展过程中，创造和积累了一整套系统而完备的了悟方法，如依所悟之程度，将悟分为“小悟”和“大悟”（“悟一分为小悟，悟十分为大悟”）；依所悟之迟速，将悟分为“渐悟”和“顿悟”；依所悟之途径，将悟分为“解悟”和“证悟”（由理解真理而知者为解悟，由实践修行而体得真理者为证悟）；依所悟之主体，将悟分为“悟自”和“悟他”（自己了悟为悟自，令他人了悟为悟他）；还有日常经历的“体悟”，互相交流的“领悟”，参与活动的“参悟”，领略体验的“感悟”，经验启迪的“妙悟”，如此等等。

佛教自印度传入中国后，与儒、道、玄相互融合，大大促进了中国人的悟性思维。到了宋代，儒、道、佛合而为一，成为理学③，这是典型的悟性哲学。佛教传入中国时，也带来了体现逻辑理性的古印度“因明学”，但“因明学”在中国儒、道、玄的悟性文化土壤中并未盛行，反而被儒、道兼并。悟性与语言也有关联。亚里士多德逻辑来自希腊语，希腊语适合严谨的理性思维，而中国佛教的禅宗却认为悟真如的首要障碍就是语言，以及语言中的文化偏见。《坛经》认为，人的本性清净，具有先天的智慧，只是因为一向被妄念的浮云所覆盖，所以未能自悟。这里所说的覆盖先天智慧的浮云并使本性不再清净的障碍，就是语言，因此禅宗认为“迷人向文字中求，悟人向心而觉”（《大珠禅师语录》），主张弃绝语言，“不立文字”“直指人心”，或超越语言，不要停留于语言表面的联想和想象，而要凭直觉去体验和领悟真谛。然而，完全弃绝语言的悟是不可能的，但适合于悟性发展的语言是存在的，汉语就是这样的语言。禅宗在汉语中找到了灵感，激发了悟性的发展。

外悟说是“经验的领悟”，内悟说是“内省的了悟”，两者都不是感官的印象，更不是逻辑的推论，而是内心对思维主体和客体的领悟。中国人很早就扬弃了感性模式，但始终没有形成理性模式，悟性成了中国人的思维方式。

中国古代的理性没有形成一个专门的范畴，没有从主体理性意义加以研究，也没有引起中国哲学家们的注目。中国哲学所讲的理，是世界本体及其运行法则，而不是主体理性及其本质、功能、作用。中国哲学的理性追逐，也讲真，很早就提“格物致知”，但是，最终目的不是西方那种“认知理性”，达于真，而是中国式的“道德理性”，止于善。道德是理性追逐的中心。理性的功能和作用只是探求“天地神明之心与人事成败之真”。人的理性仍然没有独立存在的意义和价值，只能与“天理”直接相符。“天理”又是以维护封建秩序为内容的。理性不仅被神化，而且被道德化、伦理化、政治化、情操化了。以道制欲，以义抑利，以理化情，这是中国的理性传统。（刘世铨，1990：31–33）

## 二、西方的理性

西方“理性”（reason / rationality）一词，源于希腊文 logos（逻各斯 / 罗格斯）[④]和 nous（努斯）。逻各斯的本义为“理性”“思想”“规律”“语词”“道理”“概念”，兼有理性与语言两层含义，是统制宇宙、支配万物的最根本、最普遍的规律。努斯的本义是心、思想，都是主体精神性的，又是客体事物的规律和精微。理性属于观念，存在于主体之中，并被认为是真理，既然是真理，必定也存在于客体事物之中。西方理性模式的奠基人柏拉图（Plato，公元前 427—前 347）把理念看作是客体事物的范型、型式、形相，又是居于“灵魂”中的观念，属观念中的最高层，它只追求真理，是永恒不灭的。柏拉图的理念论认为，殊相之源的共相理念，实际上是人类从殊相中概括出来的共相概念。概念是推理的基础。亚里士多德借助概括形成抽象概念，制定了抽象思维的基本规则，即逻辑学。逻辑（logic）一词也源于 logos，原指思想、概念、言辞、理性。逻辑学的核心是通过概念、判断、推理而不是通过感觉来认识客观事物和主体思维的规律，这也是理性模式的核心。亚里士多德（转自北京大学哲学系，1957: 293）认为，“我们确是借助论证来获得知识的。所谓论证，是指一种能产生科学知识的三段论式”“知识在于认识事物的普遍性，必须依靠证明和定义。”定义和推理论证是获取知识的基础。运用概念作出判断和进行推理的思维过程，离不开运用语词、语句等语言形式，没有语词和语句也就没有概念、判断和推理。逻辑把理性形态化地严格确立起来，进而把理性贯彻到整个西方文化，这种理性首先扎根于科学。韦伯（1987: 15）指出[5]，理性是整个西方文化的根本特征。理性导致西方社会有着“理性化的经济生活、理性化的技术、理性化的科学研究、理性化的军事训练、理性化的法律和行政机关”，当然，也有理性化的思维方式和语言。

柏拉图和亚里士多德的认识论，倾向于以数学为模式、凭借逻辑学的方法去探讨和认识问题，充分体现了古希腊人偏重演绎证明和理论思维、注重理性思维的特点。这对西方逻辑学、认识论和方法论的发展具有深远的影响，为西方思维方式的形成奠定了基础。[6]

从亚里士多德开始，形式逻辑在漫长的时间里不断得到研究、补充、发展和完善。智者们热心于逻辑推论，经院哲学也借助论证来证明上帝的存在，以形式逻辑尤其是三段论为核心的、以抽象思维为主要内容的理性认识模式逐渐取得了压倒感性认识模式的地位。

然而，至此的理性模式仍然是不完善的。三段论固然可以得出不少正确的结论，但也可以导致许多错误的判断。培根（转自北京大学哲学系，1958: 10）首先对亚里士多德的演绎法发起挑战，认为“寻求和发现真理的道路只有两条，也只能有两条。一条是从感觉和特殊事物区别最普遍的公理，把这些原理看成固定和不变的真理，然后从这些原理出发，判断和发现中间的公理，这条道路现在是流行的；另一条道路是从感觉和特殊事物把公理引出来，然后不断地逐渐上升，最后才达到最普遍的公理。这是真正的道路，但还没有试过。”这里所说的第一条道路，是从大前提推出结论的途径，也就是亚里士多德的演绎法，而后一条路，则是培根的归纳法。培根正是试图以归纳法来解决大前提的正确性的。英国经验派大师洛克、贝克莱和休谟认为感官经验虽是推论的起点，但感觉无法证实的，都不能作为大前提。莱布尼茨用充足理由律为亚氏逻辑作了补充，以保证大前提的正确性，这也是培根、霍布斯、笛卡尔、斯宾诺莎、洛克、贝克莱、休谟等人所追求的。

康德（Kant，1724—1804）也怀疑理性模式的完善性，并于18世纪首次提出了感性、悟性（知性）和理性三大思维模式。康德（转自宋原放，1984：646）认为，“我们的一切知识从感官开始，从感官而悟性，最后以理性结束。”感性是接受印象的能力，悟性是制订规则的能力，理性是制定原理的能力。悟性依据一定的规则，把各种感觉表象进行综合统一，由于受感性的限制，不可能是绝对完整的统一，而是有条件的、经验现象的统一；理性利用概念来统一悟性杂多的认识，是超越感性的、无条件性的、无限制性的。“理性概念使人思考；悟性概念使人领悟。”康德把悟性的概念叫做范畴，把理性的概念叫做理念。理念有三个基本特点：① 总体性。理念是概括悟性的一切有条件的东西而形成的总体概念；② 必然性。理念不是任意制造的，而是理性自身本性所设置的；③ 超验性。理念超出一切经验的界限。

西方近代经验论心目中的理性，反对中世纪以来把知识局限于书本、权威、传统，即思想中固有的观念，主张把理性引向事实、经验、自然。近代理性的鼻祖笛卡尔认为，运用理性，首先意味着反对传统，反对习俗，反对先入之见；对过去的、当代的、人们普遍接受的、自己也信以为真的一切事物和思想，都要用理性的“自然之光”加以重新审视；反对以情感、意愿、爱好作为判断是非、辨别真假的标准，对真理的认识，不能掺进丝毫情感和意愿的成分，不能夹杂任何个人需求、信仰和意向的内容，不能以感性材料为对象，必须超越感性。

西方理性说独尊1 000多年，而悟性说的出现只不过200多年，因而可以说理性模式是西方思维方式的主要倾向。早在古希腊时期，哲学家们就崇尚理性，柏拉图、亚里士多德等大多自发地相信理性的权威，认为凭借理性就可以把握绝对。随着近代科学的发展，以培根、笛卡尔为代表的理性主义哲学认为理性是绝对的、至高无上的，任何事物都必须接受理性的审判，顺理性者存，逆理性者亡。到了18世纪末和19世纪初，以康德、黑格尔等为代表的德国古典哲学实质上是绝对理性主义哲学，主张理性具有至高无上的地位和权威，理性是人的本质（Rationality is the innate nature of humans），是人类追求的目标，科学和理性可以解决人类的所有问题。近代欧洲的经验论和唯理论，都以理性为对象，研究主体的理性本身和理性能力。虽然现代非理性主义思潮对德国古典哲学的绝对理性主义提出挑战，但现代科学主义思潮则以另一种形态沿袭了理性主义。

西方哲学的根本精神是理性主义。这种理性主义把主体和客体分离开来、对立起来，进而又把客体分割成本质和现象。主体是认识的主体，客体是被认识的对象，认识的任务是从现象去把握本质。西方哲学的方法论就是在这种理性主义的土壤里产生的。中国传统哲学的基本特征是“天人合一”，不把主体和客体分离开来、对立起来，也不把客体分割成本质和现象，而是主体与客体浑然不分，天道与人道合于一道，“天地人只一道也，才通其一，则余皆通”（《二程遗书》卷18）。内心的体验和领悟是一切认识的出发点。

科学是理性知识，不是感性知识。两者的区别在于：理性知识是对现象背后原因的认识，是对感性知识进行理性思维的理论升华，感性知识只是对现象的认识，是经验判断。例如，物体会从高处堕落地面，这是现象，目睹了这种情景，这是经验，但是，知道这是由于引力所造成的现象，这才是理性知识。又如，英汉语言有种种不同，这是语言现象，但是，知道这其中是由于中西文化或思维方式所造成的不同语言现象，“追究它们何以有此异同”（吕叔湘），这才是理性知识。西方传统思维方式不局限于现象和经验，而是特别注重探究现象背后的原因，追究各种因果关系，“不仅要知其然，更要知其所以然”，依此构建理论体系，促使科学技术进步。这种“追本溯源”的思索恰恰是科学的精神。亚里士多德（1959:6，3）认为，“我们必须求取原因的知识，因为我们只能在认明一事物的基本原因之后才能说知道了这一事物。”而且，“智慧就是有关原理与原因的知识。”相比之下，中国传统思维方式比较满足于描述现象和总结经验，从而领悟其中的道理，几乎不大重视追究现象背后的原因和各种因果关系，也不重视依此构建理论体系，因而科学技术难以突破。尽管古代中国人也用“阴阳”学说来解释自然现象、社会现象和人体疾病，但“阴阳”学说本身也是从现象和经验中总结出来的，这只能说是用现象来说明现象，以经验来解释经验，而不是用本质来说明现象，以理论来论证经验，从原因来解释结果；这也只能说是类比推理，而不是逻辑推理。

赫拉克利特（约公元前540—前480）的“逻各斯”与老子（约公元前

580—前500之后）的“道”这一对西方与中国哲学的最高范畴，经常互译互释。两者都是千变万化的宇宙中的永恒之物、万物之源，但“逻各斯”倾向于“有”，是可以言语的，因而“思”更多地关注一个必然的实体世界，探索其中的必然性和规律性；“道”倾向于“无”，是不可言说的，通过可以领悟的情与景的结合，传达出意境深处无限悠远的“道”，使“悟”趋向于对无限和偶然的体验。由此衍生出“理性”与“悟性”两种不同的思维方式。“逻各斯”本身并不是无，是可以认识的。赫拉克利特说过：“智慧在于一件事，就是认识那善于驾驭一切的思想”，“思想是最大优点，智慧就在于说出真理”（北京大学哲学系，1957: 18）。可见，通过求知去认识自然，掌握规律从而理智地说话正是“逻各斯”的言说方式。“道生一，一生二，二生三，三生万物”，“道之为物，唯恍唯惚”（《老子》第二十一章），“道可道，非常道”（《老子》第一章），“天下万物生于有，有生于无”（《老子》第四十章），这里，“有”指有形的天地万物，“无”指无形、无象、无状、无声的“道”。“道”作为即物而超物但又御万物的存在，无法成为认识和思维的对象，只能由“悟”去体证它的存在。“悟”倾向于将对象作为一个不可分割的整体来把握，讲求其间的联系，而不拘泥于单独的实体或元素。要把握整体的“道”，必须经过思维的飞跃和超越，所以“悟”是一种直接性、非逻辑性、自发性的瞬间直觉。

“理性”表现为主客体二分的主体对象性思维，“悟性”则表现为主客体合一的主体意向性思维；“理性”体现为外向型思维，“悟性”则体现为内向型思维；“理性”属于逻辑化的理智思维，“悟性”则属于情感体验型的直觉思维。

西方的悟性不同于中国的悟性（黄盛华，1992: 36）。西方的悟性强调悟性主体与被悟对象的分离和悟性与理性的并存；悟性包蕴理性，是在理性充分发展之后的自觉思维；肯定语言符号在悟性认识中的作用，承认语言是本体的表征，认为“语言是存在的寓所”，在认知活动中具有认识中介和意义生成作用，呈现为自觉的理性之悟。中国式的悟性力求将悟性主体与被悟对象融合为一，使主客合一、天人合一；主体对客体的把握是在主客体交融中实现的，而非把主体与客体分离开来，使主体客观、冷静地认识客体；悟性超越感性和理性，是未经理性化的自发思维，认为借助语言符号难以领悟被悟对象的本意，强调悟性主体对被悟对象的直接领悟，或主张以意象代替语言文字，或干脆“不立文字，直指人心”，呈现为自发的非理性之悟。刘清平认为，“中国古代哲学对于语言及其功能也持一种怀疑甚至贬抑的态度，如老子说的‘道可道，非常道’，孔子说的‘巧言令色，鲜矣仁’，庄子说的‘得意而忘言’，《易传·系辞》说的‘言不尽意’，禅宗说的‘不立文字’等，都是如此。这种欠缺理性——语言的‘罗格斯’精神——的特征，极大地影响到中国古代哲学自身的发展，使其虽然不乏关于人生哲理的富有深刻体验性意蕴的格言名篇，却更少有西方哲学史上那样逻辑严密、推理精确、思辨清晰、条理分明的理论体系，甚至许多概念、范畴也缺乏严格精细的界定。中国近现代哲学虽然在西方哲学的影响下开始注重认识论问题，但在一段时间内，受到人们青睐的也主要不是西方的理性主义哲学，而是包括实用主义在内的各种经验主义、实证主义哲学。”⑦

中国的悟性思维和西方的理性思维必然表现在中西文化的各个方面，如哲学、语言、美学、文学、艺术、医学、建筑、译学等。

## 注 释

①《辞海》(1999:2094，上海辞书出版社）对“悟性”词条作如下解释：知性亦称“悟性”“理智”“理解力”。划分认识能力或认识能力发展阶段的用语。一般有下列意义：(1）指理解的性能，包括规定、判断、分析、推论、区别、比较等认识的性能或求知的能力在内。在这种意义上，知性有时也译为“理智”“理解力”等。(2）在康德哲学中，指将感性材料组织起来，使之构成有条有理的知识的认识能力。但知性只能认识事物的现象，不能认识自在之物。(3）在黑格尔哲学中，指抽象的思维。他主张将知性认识同理性认识分开，认为知性认识是形而上学的，即把一切都看成是静止不变的，只有理性认识才是辩证的，是联系、发展、转化的思维活动，也是认识的高级阶段。

②《辞海》(1999:1467，上海辞书出版社）对“理性”词条作如下解释：(1）一般指概念、判断、推理等思维活动或能力。(2）划分认识能力或认识能力发展阶段的用语。各种哲学流派对理性有不同的理解，如：1）斯多葛派认为理性是神的属性与人的本性。2）唯理论认为只有理性才是最可靠的，把理性看成知识的源泉。3）18世纪法国唯物主义者认为凡是合乎自然和人性的就是理性，主张把理性作为衡量一切现存事物的唯一标准，建立一个理性与永恒正义的王国。4）在康德哲学中，狭义的理性指认识无限的、绝对的东西的能力。它位于感性与知性之上，企图完全脱离经验去思维超经验的理念（世界、灵魂、上帝），要求对自在之物有所认识。但理性在试图认识自在之物时，不可避免地陷入难以自解的矛盾即“二律背反”或推论谬误，这表明自在之物不可认识。广义上的“理性”包括感性、知性先天形式。5）在黑格尔哲学中，指具体的、辩证的思

维。他认为理性是最完全的认识能力，是认识的高级阶段，只有理性才能揭示事物的本质。他将理性区分为“消极理性”与“积极理性”，认为消极理性是认识到“正”“反”两面互相排斥、互相矛盾的阶段，在积极理性中“正”“反”两面才得到统一；只有到达积极理性阶段，才能全面地、具体地、深刻地把握事物。

《大英百科全书》（*Encyclopedia Britannica*, 2005: 4348）对“reason”词条作如下解释：In philosophy, the faculty or process of drawing logical inferences. The term “reason” is also used in several other narrower senses. Reason is in opposition to sensation, perception, feeling, desire, as the faculty (the existence of which is denied by empiricists) by which fundamental truths are intuitively apprehended. These fundamental truths are the causes or “reasons” of all derivative facts. According to the German philosopher Immanuel Kant, reason is the power of synthesizing into unity, by means of comprehensive principles, the concepts that are provided by the intellect. That reason which gives a priori principles Kant calls “pure reason,” as distinguished from the “practical reason,” which is specially concerned with the performance of actions. In formal logic the drawing of inferences (frequently called “ratiocination,” from Latin *ratiocinari*, “to use the reasoning faculty”) is classified from Aristotle on as deductive (from generals to particulars) and inductive (from particulars to generals).

In theology, reason, as distinguished from faith, is the human intelligence exercised upon religious truth whether by way of discovery or by way of explanation. The limits within which the reason may be used have been laid down differently in different churches and periods of thought: on the whole, modern Christianity, especially in the Protestant churches, tends to allow to reason a wide field, reserving, however, as the sphere of faith the ultimate (supernatural) truths of theology.

③ 理学是宋明时期的一种哲学思想，主要有以周敦颐、程颢、程颐、朱熹为代表的客观唯心主义和以陆九渊、王守仁为代表的主观唯心主义。前者认为“理”是永恒的、先于世界而存在的精神实体，世界万物只能由“理”派生。后者提出“心外无物，心外无理”，认为主观意识是派生世界万物的本原。理学也叫道学。

④《辞海》（1999:1277，上海辞书出版社）对“逻各斯”词条作如下解释：希腊语 logos 的音译。意译为理性、理念。原意为词、谈话，即讲的东西。在古希腊赫拉克利特的著作中，指一种尺度、大小、分寸、比例关系，引申为规律性。后该词转义为普遍的理性或神秘的精神实体，如斯多葛派用以指“宇宙理性”或“命运”，斐洛用以指“神的理性”，普罗提诺用以指从神流出的理性从而产生万物的“理念”。基督教利用这种神秘主义的说法将它变为神学术语，认为逻各斯是与神同在、与神同一的“道”，即神的话语，并把“圣子”（耶稣）说成为“道成肉身”。在黑格尔哲学中，逻各斯指概念、理性、绝对观念。在现代西方哲学中又恢复了它的话语、语言的意义。

《大英百科全书》（*Encyclopedia Britannica*, 2005: 2348）对 logos 词条作如下解释：In Greek philosophy and theology, the logos means the divine reason implicit in the cosmos, ordering it and giving it form and meaning. The idea of the logos in Greek thought harks back at least to the 6th-century-BC philosopher Heracleitus, who discerned in the cosmic process a logos analogous to the reasoning power in man. Later, the Stoics, philosophers who followed the teachings of the thinker Zeno of Citium (4th–3rd century BC), defined the logos as an active rational and spiritual principle that permeated all reality. They called the logos providence, nature, god, and the soul of the universe, which is composed of many seminal logoi that are contained in the universal logos. Philo of Alexandria, a 1st-century-AD Jewish philosopher, taught that the logos was the intermediary between God and the cosmos, being both the agent of creation and the agent through which the human mind can apprehend and comprehend God. According to Philo and the Middle Platonists, philosophers who interpreted in religious terms the teachings of the 4th-century-BC Greek master philosopher Plato, the logos was both immanent in the world and at the same time the transcendent divine mind.

⑤ 韦伯:《新教伦理与资本主义精神》，北京：三联书店，1987 年。

⑥ 参见王淼洋、范明生主编:《东西方哲学比较研究》，第 209 页，上海：上海教育出版社，1994 年。

⑦ 刘清平：中美哲学精神之比较，见左飚主编《冲突・互补・共存：中西文化对比研究》，第 408 页，上海：上海外语教育出版社，2009 年。

# 参考文献

## Bibliography

### 一、英语文献

Altarriba, J. 1993. (ed.) *Cognition and Culture: A Cross-Cultural Approach to Psychology*. Amsterdam: Elsevier Science Publishers B.V.

Altick, R. 1956. *Preface to Critical Reading*. New York: Henry Holt and Co. Inc.

Baker, Sheridan. 1985. *The Practical Stylist*, 6th edition. New York: Harper & Row Publishers, Inc.

Bander, Robert. 1978. *American English Rhetoric: A Writing Program in English as a Second Language*, 2nd edition. New York: Holt, Rinehart and Winston.

Barnhart, Clarence L. & Robert K. Barnhart. 1981. (eds.) *The World Book Dictionary*. Chicago: Doubleday & Company, Inc.

Baugh, A. C. & T. Cable. 1993. *A History of the English Language*. London: Routledge.

Bloomfield, Leonard. 1935. *Language*. London: George Allen & Unwin Ltd.

Bodde, Derk. 1991. *Chinese Thought, Society, and Science.*

Honolulu: University of Hawaii Press.

Bradley, Henry. 1975. *The Making of English*. Revised by Simeon Potter. London: Macmillan & Co. Ltd.

Chao, Y. R（赵元任）. 1968. *A Grammar of Spoken Chinese*. Los Angeles: University of California Press.

Cole, M. & S. Scribner. 1974. *Culture and Thought: A Psychological Introduction*. New York: John Wiley & Sons, Inc.

Crews, Frederick. 1974. *The Random House Handbook*. New York: Random House, Inc.

Cuddon, J. 1986. *A Dictionary of Literary Terms*. Middlesex: Penguin Books, Ltd.

Eastman, Richard M. 1984. *Style: Writing and Reading as the Discovery of Outlook*, 3rd edition. New York: Oxford University Press.

Flesch, Rudolf. 1946. *The Art of Plain Talk*. New York: Harper & Brothers Publishers.

Foster, Brian. 1981. *The Hanging English Language*. London: The Macmillan Press Ltd.

Fowler, H. W. 1965. *A Dictionary of Modern English Usage*, 2nd edition. London: Oxford University Press.

Fowler, H. W. & F. G. Fowler. 1951. *The King's English*, 3rd edition. Oxford: Oxford University Press.

——. 1976. *The Concise Oxford Dictionary*. Oxford: Clarendon Press.

Freeborn, Dennis. 1996. *Style: Text Analysis and Linguistic Criticism*. London: Macmillan & Co. Ltd.

Gowers, E. 1987. *The Complete Plain Words*. Middlesex: Penguin Books, Ltd.

Gramley, S. & K. Patzold. 1992. *A Survey of Modern English*.

London: Routledge.

Guth, H. 1969. *Words and Ideas*. New York: Wadsworth Publishing Company, Inc.

Hall, D. & D. L. Embler. 1979. *A Writer's Reader*. Boston: Little, Brown & Co.

Hall, Edward. 1976. *Beyond Culture*. New York: Doubleday.

Hu Wenzhong ( 胡文仲 ). 1990. (ed.) *Selected Readings in Intercultural Communication*. 长沙：湖南教育出版社.

Hymes, D. 1971. On Communicative Competence. In Pride, J. B. & J. Holmes. (eds.) *Sociolinguistics*. Harmondsworth: Penguin.

Inkeles, A. & M. Sasaki. 1996. (eds.) *Comparing Nations and Cultures: Readings in a Cross-Disciplinary Perspective*. New Jersey: Prentice Hall.

Jandt, Fred E. 1998. *Intercultural Communication: An Introduction*. London: Sage Publications.

Jespersen, Otto. 1908. The History of English in Relation to Other Subjects. In *Selected Writings of Otto Jespersen*. London: George Allen & Unwin Ltd.

——. 1933. *Essentials of English Grammar*. London: George Allen & Unwin Ltd.

——. 1951. *The Philosophy of Grammar*. London: George Allen & Unwin Ltd.

——. 1954. *Language, Its Nature, Development and Origin*. London: George Allen & Unwin Ltd.

——. 1956. *Growth and Structure of the English Language*. Bristol: Western Printing Services Ltd.

Kaplan, Robert B. 1966. Cultural Thought Patterns in Inter-Cultural Education. In *Language Learning*, 16: 1–20. Also in K. Croft. 1980. (ed.) *Readings on English as a Second Language: For Teachers and Teacher Trainees*, 2nd edition. Cambridge: Winthrop.

Kress, G. R. 1971. Sentence Complexity in Contrastive Linguistics. In G. Nickel. (ed.) *Papers in Contrastive Linguistics*. Cambridge: Cambridge University Press.

Lamm, R. C. 1996. *The Humanities in Western Culture*, 4th edition. London: Brown & Benchmark Publishers.

LaPalombara, Lyda E. 1976. *Introduction to Grammar*. UK: Winthrop Publishers.

*LDELC: Longman Dictionary of English Language and Culture*. 1992. Essex: Longman Group UK Ltd.

Leech, Geoffrey & J. Svartvik. 1974. *A Communicative Grammar of English*. London: Longman Group Ltd.

Lerner, R., S. Meacham & E. Burns. 1998. *Western Civilizations: Their History and Their Culture*, 13th edition. New York and London: W. W. Norton & Co.

McCrimmon, J. 1976. *Writing with a Purpose*. Boston: Houghton Mifflin Co.

McMahan, E. & S. Day. 1980. *The Writer's Rhetoric and Handbook*. New York: McGraw-Hill, Inc.

Meskill, John. 1973. (ed.) *An Introduction to Chinese Civilization*. New York: Columbia University Press.

Neaman, J. & C. Silver. 1990. *Kind Words: A Thesaurus of Euphemisms*. New York: Facts on File, Inc.

Needham, J. 1956. *Science and Civilization in China*, vol. II. Cambridge: Cambridge University Press.

Nida, Eugene. 1964. *Toward a Science of Translating*. Leiden: E. J. Brill.

——. 1982. *Translating Meaning*. San Dimas: English Language Institute.

Nisbett, R. E. 2004. *The Geography of Thought*. New York and London: Free Press.

Nisbett, R. E., K. Peng, I. Choi & A. Norenzayan. 2001. Culture and Systems of Thought: Holistic vs. Analytic Cognition. In *Psychological Review*. 108.

Norton, Robert. 1987. *AFS Occasional Papers*, No. 12.

*OALED: Oxford Advanced Learner's Encyclopedic Dictionary*. 1994. Oxford: Oxford University Press.

Orwell, George. 1974. Politics and the English Language. In *Shooting an Elephant and Other Essays*. Britain: Sonia Orwell.

Partridge, Eric. 1939. *The World of Words*. London: George Routledge & Sons.

Perlmutter, J. 1965. *A Practical Guide to Effective Writing*. New York: Facts on File, Inc.

Potter, S. 1969. *Changing English*. London: Andre Deutsch.

Quirk, R., S. Greenbaum, G. Leech & J. Svartvik. 1972. *A Grammar of Contemporary English*. Essex: Longman.

Quirk, Randolph. 1968. *The Use of English*, 2nd edition. London: Longman Group Ltd.

Rakoczy, S. 1992. (ed.) *Common Journey, Different Paths: Spiritual Direction in a Cross-Cultural Perspective*. New York: Orbis Books.

Riencourt A. de. 1959. *The Soul of China*. London: Jonathan Cape.

Russell, B. 1996. *History of Western Philosophy*. London: Routledge.

Samovar, L. & R. Porter. 1997. (eds.) *Intercultural Communication:*

*A Reader*, 8th edition. New York: Wadsworth Publishing Company.

Shlechter, T. & M. Toglia. 1985. (eds.) *New Directions in Cognitive Science*. New Jersey: Ablex Publishing Corp.

Shuttleworth, M. & M. Cowie. 1997. *Dictionary of Translation Studies*. Manchester: St. Jerome Publishing.

Sweet, H. 1920. *The History of Language*. London: Aldine House, J. M. Dent & Sons, Ltd.

The editors of the Reader's Digest and the Funk & Wagnalls Dictionary Staff. 1971. *Use the Right Word*. New York: the Reader's Digest Association Ltd.

Tichy, H. J. 1967. *Effective Writing*. U.S.A.: John Wiley & Sons, Inc.

Venuti, Lawrence. 1995. *The Translator's Invisibility: A History of Translation*. London: Routledge.

Wrenn, C. L. 1978. *The English Language*. London: Methuen & Co. Ltd.

Zandvoort, R. W. 1957. *A Handbook of English Grammar*. London: Longmans, Green and Co. Ltd.

Zeiger, A. 1978. *Encyclopedia of English*, revised edition. New York: Arco Publishing Company, Inc.

## 二、汉语文献

爱因斯坦，1987，《爱因斯坦文集》(第一卷)，北京：商务印书馆。

北京大学哲学系编译，1958，《十六至十八世纪西欧各国哲学》，北京：商务印书馆。

北京大学哲学系外国哲学史教研室，1957，《古希腊罗马哲学》，北京：商务印书馆。
曹文轩，1991，《思维论》，上海：上海文艺出版社。
陈保亚，1993，《语言文化论》，昆明：云南大学出版社。
陈建民，1989，《语言文化社会新探》，上海：上海教育出版社。
陈新夏、郑维川、张保生，1988，《思维学引论》，长沙：湖南人民出版社。
陈原，1980，《语言与社会生活》，北京：生活·读书·新知三联书店。
程镇球，1980，《翻译问题探索——毛选英译研究》，北京：商务印书馆。
——，2002，《翻译论文集》，北京：外语教学与研究出版社。
邓炎昌、刘润清，1989，《语言与文化——英汉语言文化对比》，北京：外语教学与研究出版社。
丁润生等，1992，《现代思维科学》，重庆：重庆出版社。
杜威，1933，《思维术》，北京：中华书局。
段连城，1992，《中译英技巧文集》，北京：中国对外翻译出版公司。
——，1993，《怎样对外介绍中国》，北京：中国对外翻译出版公司。
恩格斯，1971，《自然辩证法》，北京：人民出版社。
——，1972，《反杜林论》，见《马克思恩格斯选集》第3卷，北京：人民出版社。
冯凭，1986，理性与悟性，《社会科学研究》第2期。
冯友兰，1996，《中国哲学简史》，北京：北京大学出版社。
高名凯，1986，《汉语语法论》，北京：商务印书馆。
辜鸿铭，1996，《中国人的精神》，黄兴涛、宋小庆译，海口：海南出版社，原版为 *The Spirit of the Chinese People*，北京每日新闻社，1915年。
黑格尔，1963，《历史哲学》，北京：商务印书馆。

——，1976，《逻辑学》，北京：商务印书馆。
侯才，2003，论悟性，《哲学研究》第1期。
胡裕树主编，1979，《现代汉语》，上海：上海教育出版社。
黄盛华，1992，中西悟性认识的差异，《湘潭师范学院学报》第2期。
李约瑟，1978，《中国科学技术史》第3卷，北京：科学出版社。
——，1990，《中国古代科学思想史》，南昌：江西人民出版社。
连淑能，1996，现代语言学的研究历程——兼论语言与社会、文化的研究，见厦门大学外国语言文学研究所编《语言符号与社会文化》，福州：福建人民出版社；另见《全国优秀英语学术论文集》，成都：成都科技大学出版社，1996年。
——，1997，关于建立汉英文化语言学的构想，见黄国文、张文浩主编《语文研究群言集》，广州：中山大学出版社；另见《全国优秀英语学术论文集》，北京：中国国际广播出版社，1999年；《世界学术文库》，北京：中国言实出版社，1999年。
——，2002，外语科研的创新问题，见张后尘主编《来自首届中国外语教授沙龙的报告》，北京：商务印书馆；另见连淑能主编《语言·社会·文化》，厦门大学出版社，2003年；原载《外语与外语教学》2001年第10期。
——，2004，再论关于建立汉英文化语言学的构想，见杨自俭主编《英汉语比较与翻译》(5)，上海：上海外语教育出版社；原载《外语与外语教学》2004年第1期。
——，2006，《英译汉教程》，北京：高等教育出版社。
——，2007，《英译汉教程》教师用书，北京：高等教育出版社。
——，2009，论中西思维方式，见左飚主编《冲突·互补·共存：中西文化对比研究》，上海：上海外语教育出版社；另见王菊泉、郑立信编《英汉语言文化对比研究（1995—2003）》，上海外语教育出版社，2004年；连淑能主编《语言·社会·文化》，厦门大学出版社，2003年；杨自俭主编《英汉语比较与翻译》（4），上海外语教育出版社，2002年；顾嘉祖、陆昇主编《语言与文化》（第二版），上海外语教育出版社，2002年；原载《外语与外语教学》2002年第2期。

——，2009，中西思维方式：悟性与理性——兼论汉英语言常用的表达方式，见左飚主编《冲突·互补·共存：中西文化对比研究》，上海：上海外语教育出版社；另见杨自俭主编《英汉语比较与翻译》（6），上海外语教育出版社，2006年；原载《外语与外语教学》2006年第7期。

林语堂，1974，《林语堂散文经典全编》（第一卷），北京：九州出版社。

——，1988，《林语堂选集》上下册，福州：海峡文艺出版社。

——，1994，《中国人》，上海：学林出版社。

刘长林，1990，《中国系统思维》，北京：中国社会科学出版社。

刘宓庆，1991，《汉英对比研究与翻译》，南昌：江西教育出版社。

——，1992，《汉英对比与翻译》（修订本），南昌：江西教育出版社。

刘世铨，1990，理性论旨，《新华文摘》第9期。

卢明森，1994，《思维奥秘探索——思维学导引》，北京：北京农业大学出版社。

陆国强，1998，《现代英语词汇学》，上海：上海外语教育出版社。

吕叔湘，1979，《汉语语法分析问题》，北京：商务印书馆。

——，1980，《中国人学英语》（重订本），北京：商务印书馆。

——，1982，《中国文法要略》，北京：商务印书馆。

——，1984，《汉语语法论文集》（增订本），北京：商务印书馆。

吕叔湘、朱德熙，1979，《语法修辞讲话》，北京：中国青年出版社。

吕叔湘主编，1980，《现代汉语八百词》，北京：商务印书馆。

蒙培元，1993，《中国哲学主体思维》，北京：东方出版社。

钱穆，1988，中国文化传统之演进，见《港台及海外学者论中国文化》（上），上海：上海人民出版社。

——，1994，《中国文化史导论》，北京：商务印书馆。

裘克安编著，1993，《英语与英国文化》，长沙：湖南教育出版社。

阙道隆主编，1994，《中国文化精要》，北京：中国青年出版社。

荣开明等，1989，《现代思维方式探略》，武汉：华中理工大学出版社。

邵敬敏、方经民，1991，《中国理论语言学史》，上海：华东师范大学出版社。

申小龙，1988，《中国句型文化》，长春：东北师范大学出版社。

史式，1979，《汉语成语研究》，重庆：四川人民出版社。

宋德宣，1989，思维方式论，《甘肃社会科学》第1期。

宋原放主编，1984，《简明社会科学词典》，上海：上海辞书出版社。

宋振华等主编，1984，《现代汉语修辞学》，长春：吉林人民出版社。

谭载喜，1984，《奈达论翻译》，北京：中国对外翻译出版公司。

王力，1984，《中国语法理论》，见《王力文集》第一卷，济南：山东教育出版社。

——，1985，《中国现代语法》，见《王力文集》第二卷，济南：山东教育出版社。

王淼洋、范明生主编，1994，《东西方哲学比较研究》，上海：上海教育出版社。
王希杰，1983，《汉语修辞学》，北京：北京出版社。
王宗炎，1985，《语言问题探索》，上海：上海外语教育出版社。
——，1997，《汉英语文研究纵横谈》，北京：北京大学出版社。
王佐良，1989，翻译中的文化比较，见《翻译：思考与试笔》，北京：外语教学与研究出版社。
吾淳，1998，《中国思维形态》，上海：上海人民出版社。
厦门大学外文系英语语法小组编（连淑能修订），1984，《英语基础语法新编》，福州：福建人民出版社。
亚里士多德，1959，《形而上学》（吴寿彭译），北京：商务印书馆。
杨自俭、李瑞华编，1990，《英汉对比研究论文集》，上海：上海外语教育出版社。
姚亚平，1990，《文化的撞击——语言交往》，长春：吉林教育出版社。
游汝杰，1993，《中国文化语言学引论》，北京：高等教育出版社。
余立三，1985，《英汉修辞比较与翻译》，北京：商务印书馆。
张岱年、成中英等，1991，《中国思维偏向》，北京：中国社会科学出版社。
张恩宏，1987，《思维与思维方式》，哈尔滨：黑龙江科学技术出版社。
张拱贵主编，1996，《汉语委婉语词典》，北京：北京语言文化大学出版社。
张今、陈云清，1981，《英汉比较语法纲要》，北京：商务印书馆。
张静，1980，《语言的学习与运用》，上海：上海教育出版社。
张静主编，1986，《新编现代汉语》（修订本），上海：上海教育出版社。
张义生，1991,《现代思维概论》，南京：南京大学出版社。
张志公，1985,《汉语语法的特点和学习》，上海：上海教育出版社。
张志公主编，1985,《现代汉语》，北京：人民教育出版社。
章振邦主编，1983,《新编英语语法》，上海：上海译文出版社。
中国对外翻译出版公司编，1983,《翻译理论与翻译技巧论文集》，北京：中国对外翻译出版公司。
中国修辞学会编，1985,《修辞学论文集》，福州：福建人民出版社。
中国译协《中国翻译》编辑部选编，1986,《论英汉翻译技巧》，北京：中国对外翻译出版公司。
朱德熙，1980,《现代汉语语法研究》，北京：商务印书馆。
朱光潜，1988,《朱光潜美学文集》，上海：上海文艺出版社。

**图书在版编目（C I P）数据**

英汉对比研究 / 连淑能著. -- 增订本. -- 北京 :
高等教育出版社，2024.3（2025.8 重印）
ISBN 978-7-04-061810-5

Ⅰ. ①英… Ⅱ. ①连… Ⅲ. ①英语－文化语言学－对
比研究－汉语 Ⅳ. ①H31-05

中国国家版本馆CIP数据核字(2024)第025527号

YINGHAN DUIBI YANJIU

策划编辑　甘红娜
责任编辑　甘红娜　钱雨漠
封面设计　王凌波
版式设计　王凌波
责任校对　王春玲
责任印制　张益豪

出版发行　高等教育出版社
社　　址　北京市西城区德外大街4号
邮政编码　100120
购书热线　010-58581118
咨询电话　400-810-0598
网　　址　http://www.hep.edu.cn
　　　　　http://www.hep.com.cn
网上订购　http://www.hepmall.com.cn
　　　　　http://www.hepmall.com
　　　　　http://www.hepmall.cn

印　　刷　北京中科印刷有限公司
开　　本　787mm × 1092mm　1/16
印　　张　24.5
字　　数　383千字
版　　次　2024年3月第1版
印　　次　2025年8月第6次印刷
定　　价　99.00元

本书如有缺页、倒页、脱页等质量问题，
请到所购图书销售部门联系调换。



物 料 号　61810-00